NOVAS FRONTEIRAS
EM INOVAÇÃO ABERTA

Blucher

Henry Chesbrough
Wim Vanhaverbeke
Joel West
(organizadores)

NOVAS FRONTEIRAS EM INOVAÇÃO ABERTA

Tradução
Giseli Valentim Rocha

Revisão técnica
Carlos Henrique Pereira Mello

Título original: *New frontiers in open innovation*
Novas fronteiras em inovação aberta
© Oxford University Press 2014
© Editora Edgard Blücher Ltda. 2017

Imagem da capa: iStockphoto

New frontiers in open innovation foi originalmente publicada em inglês em 2014. Esta tradução é publicada a partir de acordo firmado com a Oxford University Press. A Editora Edgard Blücher Ltda. é a única responsável por esta tradução da obra original e a Oxford University Press não tem responsabilidade por quaisquer erros, omissões e imprecisões ou ambiguidades em tal tradução ou por quaisquer perdas causadas por confiança nesta.

New frontiers in open innovation was originally published in English in 2014. This translation is published by arrangement with Oxford University Press. Editora Edgard Blücher Ltda. is solely responsible for this translation from the original work and Oxford University Press shall have no liability for any errors, omissions or inaccuracies or ambiguities in such translation or for any losses caused by reliance thereon.

Blucher

Rua Pedroso Alvarenga, 1245, 4º andar
04531-934 – São Paulo – SP – Brasil
Tel.: 55 11 3078-5366
contato@blucher.com.br
www.blucher.com.br

Segundo o Novo Acordo Ortográfico, conforme 5. ed. do *Vocabulário Ortográfico da Língua Portuguesa*, Academia Brasileira de Letras, março de 2009.

É proibida a reprodução total ou parcial por quaisquer meios sem autorização escrita da editora.

Todos os direitos reservados pela Editora Edgard Blücher Ltda.

Dados Internacionais de Catalogação na Publicação (CIP)
Angélica Ilacqua CRB-8/7057

Novas fronteiras em inovação aberta / organizado por Henry Chesbrough, Wim Vanhaverbeke, Joel West; tradução de Giseli Valentim Rocha; revisão técnica de Carlos Henrique Pereira Mello. – São Paulo: Blucher, 2017.

382 p. : il.

Bibliografia
ISBN 978-85-212-1120-4

Título original: New frontiers in open innovation

1. Inovações tecnológicas – Administração 2. Pesquisa industrial 3. Difusão de inovações I. Chesbrough, Henry II. Vanhaverbeke, Wim III. West, Joel IV. Rocha, Giseli Valentim V. Mello, Carlos Henrique Pereira

16-1125   CDD 658.514

Índices para catálogo sistemático:
1. Inovações tecnológicas – Administração

PREFÁCIO: INOVAÇÃO ABERTA E CRIAÇÃO DE CONHECIMENTO

INTRODUÇÃO

Inovação aberta é um novo paradigma de gestão que originalmente surgiu a partir das práticas e pesquisas da indústria de alta tecnologia nos Estados Unidos e no Japão. Conforme o mundo entrou no século da "Sociedade do Conhecimento" (Drucker, 1993), utilizar ideias e conhecimentos de dentro e de fora dos limites da empresa se tornou mais importante do que nunca. Por conseguinte, o tema da inovação aberta pode ser analisado e discutido a partir de várias perspectivas de gestão: posicionamento estratégico, cadeia de valor, modelo de negócios, competência central, criação de conhecimento e gestão etc. Henry Chesbrough, o principal estudioso desse campo, vem realizando pesquisas e promovendo o conceito ativamente entre profissionais e acadêmicos. Tenho interagido de perto com ele ao longo dos anos, pois os nossos interesses se cruzam na área de inovação e de criação de conhecimento.

A visão da empresa baseada no conhecimento teve início com os estudos de desenvolvimento de novos produtos em empresas japonesas. Takeuchi e eu descrevemos a importância da abordagem "*scrum*" para o processo de desenvolvimento de produto e usamos essa metáfora do *rugby* para mostrar como o processo pode ser mais ágil e como o conhecimento pode ser compartilhado dentro da equipe. Esses estudos levaram ao desenvolvimento da teoria da criação do conhecimento, que se concentrou no processo espiral de tornar explícito o conhecimento tácito (e vice-versa) entre indivíduos, grupos e organizações (Nonaka e Takeuchi, 1995). Compartilhar conhecimento, em nossa visão, não deteriora seu valor, mas, em vez disso, promove sua criação. Nesse sentido, o processo de criação de conhecimento precisa ser aberto e é disso que se trata a "inovação aberta".

Neste prefácio, eu gostaria de explicar brevemente como a inovação aberta é diferente das teorias existentes de inovação e por que é importante para os profissionais e acadêmicos.

COMO A INOVAÇÃO ABERTA É DIFERENTE DAS TEORIAS DE INOVAÇÃO EXISTENTES

Inovação aberta é definida no Capítulo 1 deste livro como "um processo de inovação distribuída que envolve propositalmente os fluxos da gestão de conhecimento através das fronteiras organizacionais, usando mecanismos pecuniários e não pecuniários, alinhados com o modelo de negócio da organização" (Chesbrough e Borgers, neste volume, p. 17). Em outras palavras, uma das características principais da inovação aberta é a utilização do conhecimento, tanto dentro como fora da empresa, para inovar em alguma coisa. Essa alguma coisa pode ser um novo produto, um novo serviço ou até mesmo um modelo de negócios; nesse sentido, a inovação aberta leva ao mesmo resultado que a inovação convencional. O que a torna diferente é que é aberta e não fechada dentro dos limites da empresa – ela transcende os limites da empresa. E, pelo fato de que a inovação aberta transcende os limites da empresa, tanto o conhecimento utilizado na inovação como o conhecimento resultante da inovação conseguem permear os limites internos e os externos à organização.

A maioria das teorias convencionais de gestão e práticas de negócios tem seguido um caminho diferente: elas colocam o conhecimento em uma "caixa preta", mantendo-o dentro dos limites organizacionais da empresa, supondo que é de fato a fonte de seu desempenho sustentável superior, que agrega valor aos canais da empresa, que mantém as competências centrais da empresa e a diferencia das outras empresas. Esse tipo de pensamento leva a fenômenos como a síndrome do "não foi inventado aqui", na qual as empresas consideram inferior o conhecimento não gerado por elas. A verdade é que, na época da inovação técnica, por exemplo, antes dos anos 2000, a estratégia da "caixa preta" funcionou bem: gerou altos retornos do capital investido ao manter o conhecimento – majoritariamente conhecimento explícito na forma de *know-how* e propriedade intelectual – dentro dos canais de valor da empresa.

Entretanto, desde os anos 2000, tem havido uma mudança na inovação de produtos para serviços. Como as empresas se tornaram mais globalizadas e as necessidades dos clientes mais complexas, ambos foram acelerados pelo surgimento dos TICs. Produtos não são mais suficientes para encontrar a proposição de valor; eles precisam ser acompanhados por serviços dentro de um modelo de negócio. Nós chamamos esse movimento de mudança de orientação "da coisa" para orientação do "evento", ou de *mono* (coisa) para *koto* (evento). Assim, as empresas precisaram expandir suas cadeias de valor da integração vertical para a horizontal, do sistema linear e fechado para um ecossistema aberto e complexo, da extração para a inclusão. Contudo, as teorias convencionais de gestão não conseguem explicar totalmente esse movimento, porque estão baseadas na teoria econômica neoclássica, a qual presume perfeita competição e equilíbrio de mercado. É aí que entra o conceito de inovação aberta. Tal conceito explica os processos e as consequências de abrir a caixa preta: como o conhecimento compartilhado pode promover inovação além dos limites da empresa e efetuar a criação de valor baseado em evento. Isso pode explicar também a cocriação de valor dos clientes com empresas e consumidores, academia e governo. Já não há mais cinco forças que pressionam o mercado, mas sim forças cooperativas para criação de relacionamentos e alcance de interesses e objetivos comuns. Nós chamamos isso de ecossistema de negócios.

POR QUE A INOVAÇÃO ABERTA É IMPORTANTE PARA PROFISSIONAIS E ACADÊMICOS

Como descrito anteriormente, nós vivemos em um mundo de complexidade global e precisamos de teoria e prática que possam atingir uma situação ganha-ganha. Nós precisamos de um modelo de negócios inclusivo, no qual todos os *stakeholders* possam ganhar valor. Acreditamos que a inovação aberta é a solução. Ela integra conhecimento diverso dentro do ecossistema de negócios e objetiva criar novos conhecimentos que beneficiam múltiplos *stakeholders*. O ecossistema no qual vivemos hoje é muito complexo; dentro dele, eventos e coisas interagem uns com os outros em múltiplas camadas com mudanças constantes de relacionamentos. Todas as coisas fluem sem um fim. Em tal contexto, ideias e conhecimento precisam ser compartilhados e combinados entre *stakeholders* e além deles, a fim de serem efetivos e eficientes nesse contexto específico. A inovação aberta pode explicar tais processos e consequências. Assim, para os profissionais, a pesquisa sobre inovação aberta pode oferecer a teorização de tais processos e consequências; os profissionais podem utilizar a teoria para institucionalizar tais processos em práticas. Para os acadêmicos, a pesquisa em inovação aberta abrirá um novo campo de estudo em várias áreas, como estratégia, comportamento organizacional, marketing, finanças e gestão do conhecimento.

De fato, a teoria da inovação aberta pode explicar recentes desenvolvimentos neste campo, como os "laboratórios vivos". Promovidos principalmente nos países europeus, esses laboratórios são um dos movimentos de inovação aberta. Os laboratórios vivos incorporam tanto a pesquisa como o processo de inovação e são operacionalizados como uma parceria pública e privada, geralmente em uma única cidade ou centro. Um conceito e/ou tecnologia é testado, desenvolvido e criado em uma situação do mundo real, no intuito de criar novos produtos e serviços centrados no usuário. Nesse contexto, o conhecimento é cocriado entre a parceria pública e privada. A teoria de inovação aberta pode explicar o conceito e as práticas dos "laboratórios vivos".

CONCLUSÃO

A inovação aberta não é um termo da moda – ela está acontecendo no mundo real. Para entendê-la e buscá-la, precisamos enfrentar várias questões, por exemplo: como uma empresa pode ultrapassar o conhecimento interno e transcender o limite organizacional? Como uma empresa pode obter conhecimento inclusive de fora da empresa? Como uma empresa pode ofertar seus conhecimentos para fora e quais são as questões e consequências de se fazer isso? Que tipos de capacidades individuais são necessárias nos múltiplos níveis da empresa? Ao responder a essas questões, este livro irá prover ao leitor um claro entendimento do que é a inovação aberta e de como alcançá-la.

Agosto de 2013

Ikujiro Nonaka
Professor Emérito, Universidade de Hitotsubashi

CONTEÚDO

Lista de figuras   13

Lista de tabelas   15

Lista de colaboradores   17

PARTE I   INOVAÇÃO ABERTA: DEZ ANOS DEPOIS   25

1. **Explicando a inovação aberta: esclarecendo esse paradigma emergente para o entendimento da inovação**   27

    Henry Chesbrough e Marcel Bogers

2. **Empresas, usuários e inovação: um modelo interativo de inovação aberta acoplada**   55

    Frank Piller e Joel West

3. **Uma classificação de inovação aberta e de modelos de negócio abertos**   77

    Wim Vanhaverbeke e Henry Chesbrough

PARTE II   ANALISANDO A INOVAÇÃO ABERTA EM DIFERENTES NÍVEIS DE ANÁLISE   97

4. Desafios no financiamento de plataformas de inovação aberta: lições do Symbian Ltd.   99

   Joel West

5. Inovação aberta e dinâmica industrial – rumo a um modelo de convergência de negócios   123

   Jens Frøslev Christensen

6. Explorando inovação aberta em projetos de P&D   145

   Wim Vanhaverbeke, Jingshu Du, Bart Leten e Ferrie Aalders

PARTE III   NOVOS CAMPOS DE APLICAÇÃO PARA INOVAÇÃO ABERTA   163

7. Explorando a inovação aberta em pequenas e médias empresas   165

   Sabine Brunswicker e Vareska van de Vrande

8. Inovação aberta em corporações multinacionais: novas ideias a partir da corrente de pesquisa em P&D global   187

   Kazuhiro Asakawa, Jaeyong Song e Sang-Ji Kim

9. Inovação social aberta   201

   Henry Chesbrough e Alberto Di Minin

PARTE IV   GERENCIAR E ORGANIZAR A INOVAÇÃO ABERTA   223

10. Inovação aberta e propriedade intelectual: os dois lados da perspectiva de mercado   225

    Henry Chesbrough e Roaya Ghafele

11. Gerenciando a inovação de dentro para fora: o caso dos empreendimentos complexos   241

    Henry Chesbrough e Chris Winter

12. Padrões de implementação da inovação aberta em multinacionais 257

    Letizia Mortara e Tim Minshall

13. Recebendo ajuda dos inomediários: o que os inovadores podem fazer para aumentar o valor na busca por conhecimento externo? 277

    Nadine Roijakkers, Andy Zynga e Caroline Bishop

14. Teorias da empresa e inovação aberta 291

    Wim Vanhaverbeke e Myriam Cloodt

PARTE V CONCLUSÕES 313

15. Surfando na nova onda de pesquisa em inovação aberta 315

    Wim Vanhaverbeke, Henry Chesbrough e Joel West

Referências 329

Índice remissivo 373

LISTA DE FIGURAS

Figura 1.1	Citações anuais de inovação aberta no Google Acadêmico (critério de pesquisa: "inovação aberta", Chesbrough)	29
Figura 1.2	Crescimento de publicações sobre inovação aberta na base *Web of Science*	32
Figura 1.3	Nuvem de palavras baseada nos resumos – trinta palavras mais encontradas (gerada a partir do Wordle.net)	35
Figura 1.4	Nuvem de palavras com base nas palavras-chave mais utilizadas – cinquenta palavras mais encontradas excluindo "aberta (*open*)" e "inovação (*innovation*)" (gerada a partir do Wordle.net)	40
Figura 1.5	Modelo de inovação aberta	43
Figura 2.1	Duas formas de inovação aberta acoplada	66
Figura 4.1	Vendas globais unitárias de *smartphones* e participação de mercado da Symbian, 2002-2012	111
Figura 4.2	Fatia de mercado global dos principais fabricantes de celulares, 1997-2012	116
Figura 5.1	Concepções de ambientes de negócios	133
Figura 5.2	O ciclo de vida de convergência	138
Figura 6.1	Representação gráfica do processo de inovação aberta da Philips	152
Figura 6.2	Fatores que afetam a organização de projetos de P&D e seus resultados	159
Figura 9.1	Inovação social como entendida pela NESTA e pela Fundação Young	202

Figura 9.2	Cadeia de Valor Híbrida da Ashoka	210
Figura 9.3	CHAMPS2: transformando serviços públicos	214
Figura 10.1	Os muitos caminhos possíveis para criação de PI	227
Figura 12.1	Modelo de implementação para inovação aberta	272
Figura 13.1	Potencial valor adicionado por intermediários de inovação nos diferentes estágios da busca por conhecimento externo, ações que agregam valor por empresas inovadoras e fatores-chave de sucesso relacionados a cada fase	280
Figura 14.1	Funil da inovação aberta	293

LISTA DE TABELAS

Tabela 1.1	Livros com inovação aberta no título desde 2003	30
Tabela 1.2	Campos representados por amostra de periódicos	32
Tabela 1.3	Vinte artigos mais citados na amostra com número de citações, tópicos principais e níveis de análise	36
Tabela 1.4	Possíveis unidades de análise e objetos de pesquisa para pesquisa em inovação aberta	51
Tabela 2.1	Comparação entre inovação aberta e centrada no usuário	57
Tabela 2.2	Múltiplas dimensões dos processos acoplados de inovação aberta	64
Tabela 2.3	Um modelo de processo para projetos de inovação aberta acoplada	67
Tabela 3.1	Classificação de combinações de inovação aberta e de modelos de negócio abertos	81
Tabela 4.1	As categorias de membros do ecossistema da Symbian (por volta de 2002)	106
Tabela 4.2	Acionistas da Symbian Ltd., 1998-2008	108
Tabela 4.3	Mudanças na estrutura de capital da Symbian, 1998-2008	109
Tabela 4.4	Licenciados dos sistemas operacionais para *smartphones*	114
Tabela 4.5	Plataformas de inovação aberta de sucesso	118
Tabela 4.6	Exemplos de encadeamento de sucesso a partir de uma plataforma "vaca leiteira" para uma nova plataforma	121
Tabela 7.1	Visão geral dos estudos empíricos sobre a inovação aberta nas PMEs	168
Tabela 8.1	Características comuns da pesquisa sobre inovação aberta	191

Tabela 8.2	Enriquecimento recíproco da pesquisa sobre inovação aberta e sobre P&D global	198
Tabela 9.1	Inovação social aberta em três organizações sem fins lucrativos	216
Tabela 12.1	Áreas-chave para pesquisas futuras	274

LISTA DE COLABORADORES

Ferrie Aalders é responsável pela abordagem de Business Excellence e sua implementação na Philips Research em todo o mundo. Ele começou sua carreira realizando pesquisas científicas em física na Utrecht University, Holanda, e concluiu o curso em 1985 com um ph.D. em matemática e ciências naturais. Desde então, ele trabalha para a Philips, inicialmente em pesquisa em CAD e simulação computacional de dispositivos ópticos de elétrons e, a partir de 1990, no setor de desenvolvimento avançado na Philips Display e, mais tarde, na LG-Philips Display. Em 2001, ele voltou para a Philips Research, onde combina suas responsabilidades em Business Excellence com o cargo de secretário da equipe de gestão de pesquisa e diretor de controle de exportação para o Philips Innovation Group. Ao longo de sua carreira, trabalhou com inovação na interface entre tecnologia e organização. É membro do comitê de estratégia da European Foundation for Quality Management e do conselho consultivo científico do International Institute for Performance Management (Iperf), em Luxemburgo.

Kazuhiro Asakawa é professor titular de gestão na Graduate School of Business Administration da Keio University, no Japão. É ph.D. pelo INSEAD e MBA pela Harvard Business School. Seus interesses de pesquisa estão focados em inovação e gestão de P&D em empresas multinacionais. Ele é editor associado do *Global Strategy Journal* e atua nos conselhos editoriais dos periódicos *Academy of Management Perspectives, Journal of International Business Studies, Journal of International Management* e *Asia Pacific Journal of Management*. Preside a seção do Japão da Academy of International Business. Foi professor visitante na Sloan School of Management e professor adjunto dos institutos de pesquisa do Ministério da Economia, Comércio e Indústria e do Ministério da Educação do Japão.

Caroline Bishop, após um início de carreira na NHS, passou vinte anos na University of Birmingham, onde atuou em uma variedade de papéis progressivamente influentes. Sua carreira inclui a criação de um programa de MBA em Hong Kong e o desenvolvimento e implementação de uma parceria de 2 milhões de libras com cinco universidades em todo Oriente e West Midlands, para proporcionar formação em transferência de tecnologia para estudantes de medicina. Foi particularmente influente no desenvolvimento da IXC UK, assegurando 3,6 milhões de libras de subvenção para configurar o projeto piloto inicial. Guiando a IXC UK durante os primeiros anos, ela supervisionou o *spin out* da Universidade de Birmingham como uma "sociedade limitada por garantia" e continua a dirigir a empresa como diretora administrativa.

Marcel Bogers é professor associado de inovação e empreendedorismo no Mads Clausen Institute da University of Southern Denmark. Ele obteve um título combinado de B.Sc. e M.Sc. em tecnologia e sociedade (ciências de inovação) pela Eindhoven University of Technology e um ph.D. em gestão de tecnologia da Ecole Polytechnique Fédérale de Lausanne. Seus principais interesses giram em torno da concepção, da organização e da gestão de tecnologia e inovação. Mais especificamente, ele tem estudado as áreas de modelos de negócios, inovação aberta, usuários como inovadores, prototipagem colaborativa, empreendedorismo, improvisação e aprender fazendo.

Sabine Brunswicker é pesquisadora de inovação e consultora com foco particular em ecossistemas de inovação e inovação aberta. Ela é professora associada de inovação e diretora do Research Center for Pen Digital Innovation (RCPDI) na Purdue University, em West-Lafayette, Estados Unidos. Ela também é afiliada ao Innovation and Knowledge Management Institute da Esade Business School, da Universitat Ramon Llul (Espanha), e da School of Information Systems da Queensland University of Technology (QUT) (Austrália). Antes de ingressar na Purdue, no outono de 2014, era chefe de inovação aberta no Fraunhofer Institute for Industrial Engineering da Fraunhofer Society. É mestra em engenharia mecânica e ciência da gestão (grau duplo), mestra em comércio, com especialização em marketing e empreendedorismo e doutora em engenharia na área de gestão da inovação.

Mantém uma rede ativa com parceiros da indústria por meio de projetos de pesquisa conjuntos, tanto com PMEs como com empresas globais, como SAP, Philips e Porsche. Além disso, ela interage intimamente com a Comissão Europeia e é membro do Open Innovation Strategy and Policy da DG Connect.

Henry Chesbrough é diretor do Garwood Center for Corporate Innovation na Haas School of Business da University of California, Berkeley. Anteriormente, ele foi professor assistente de administração de empresas e membro da classe de 1961 da Harvard Business School. Tem um ph.D. em Administração pela University of California, em Berkeley, um MBA da Stanford University e um BA da Yale University, *summa cum laude*.

Sua pesquisa centra-se na gestão de tecnologia e inovação. Seu livro, *Open Innovation* (2003), articula um novo paradigma para a organização e gestão de P&D. Seu segundo livro, *Open Business Models* (2006), estende a análise da inovação para modelos de negócios, gestão da propriedade intelectual e mercados para inovação. A terceira obra, *Open Services Innovation* (2011), explora a inovação aberta em empresas de serviços.

Seus trabalhos acadêmicos foram publicados nos veículos *Harvard Business Review, California Management Review, Sloan Management Review, Research Policy, Industrial and Corporate Change, Research-Technology Management, Business History Review* e *Journal of Evolutionary Economics*.

Jens Frøslev Christesen é professor de gestão de inovação na Copenhagen Business School. Ele tem publicado diversos livros e numerosos artigos em revistas internacionais, como *Industrial and Corporate Change, Research Policy, Industry and Innovation* e *Managerial and Decision Economics*. Seu principal foco de pesquisa é a ação combinada entre gestão de inovação, estratégia corporativa, dinâmicas industriais e, mais recentemente, os desafios da sustentabilidade.

Myriam Cloodt é professora assistente de empreendedorismo e inovação na Eindhoven University of Technology (Holanda). Seus interesses de pesquisa incluem principalmente inovação aberta, empreendedorismo (corporativo), fusões e aquisições e alianças estratégicas de tecnologia. Seus trabalhos têm sido publicados, entre outros, nos veículos *Research Policy, R&D Management, International Entrepreneurship and Management Journal, European Journal of Innovation Management, Business History* e *Business History Review*. É coautora do capítulo "Open Innovation in value networks", do livro organizado por H. Chesbrough, W. Vanhaverbeke e J. West intitulado *Open Innovation: Researching a New Paradigm* (Oxford University Press, 2006).

Alberto Di Minin (http://www.diminin.it) é professor associado de estratégia no Istituto di Management – Scuola Superiore Sant'Anna (http://www.sssup.it) e pesquisador na Berkeley Roundtable on International Economy (http://brie.berkeley.edu/). Sua pesquisa e ensino lida com a apropriação da inovação. Em particular, se concentra em inovação aberta e novos modelos de negócio. Ele também trabalha com transferência de tecnologia, propriedade intelectual e gestão de P&D. Suas últimas publicações incluem *California Management Review, Journal of International Business Studies, R&D Management Journal* e *Research Policy*.

Alberto contribui regularmente com o diário *Il Sole 24 Ore*, cobrindo estudos de caso de empresas inovadoras italianas. Ele recebeu um ph.D. da University of California, em Berkeley, e um Master em Políticas Públicas do Georgia Institute of Technology.

Durante 2013 foi consultor de políticas de inovação do ministro italiano de pesquisa e educação.

Jingshu Du é pesquisadora na Vlerick Business School e Hasselt University, ambas na Bélgica. Seu interesse de pesquisa abrange inovação aberta e colaborativa, estratégias de PI e desenvolvimento de novos produtos. Em sua pesquisa, ela investiga os efeitos e a organização da inovação aberta no âmbito do projeto, tendo como foco o modo como a colaboração de P&D afeta inovações em projetos de P&D, quais as contingências nas colaborações de P&D e como gerenciar com sucesso as colaborações. Sua pesquisa é conduzida em estreita colaboração com empresas europeias nas indústrias de manufatura e farmacêuticas. Pesquisas empíricas e abordagens de estudo de caso são usadas para direcionar suas questões.

Roya Ghafale é professora assistente da escola de direito da University of Edinburgh. Ela tem três bolsas de pesquisa na Oxford University, entre elas na Said Business School e no Oxford Intellectual Property Research Centre. Além disso, é membro fundadora da Oxfirst Limited, uma empresa de consultoria especializada em economia de PI.

Anteriormente, foi professora assistente na Oxford University e pesquisadora na Hass School of Business, na University of California, em Berkeley. De 2002 a 2007, ela trabalhou na Organização Mundial de Propriedade Intelectual da ONU (OMPI) e na Organização para a Cooperação e Desenvolvimento Econômico (OCDE). Em 2000, começou uma carreira na McKinsey & Company.

Seu ph.D. recebeu o prêmio Theodor Koerner Research da presidência da República da Áustria. Estudou na Johns Hopkins University, na School of Advanced International Studies, na Sorbonne e na University of Vienna.

Sang Ji Kim é pesquisadora visitante na Seoul National University (SNU). Ela concluiu seu B.A. em economia em 2002 pela SNU e o ph.D. em estratégia e gestão internacional (2014). Antes de voltar aos estudos, ela trabalhou para a Samsung Corning Precision Glass (atualmente Samsung Corning Precision Materials), uma empresa de *joint venture* entre a Samsung Eletronics e a Corning Precision Inc. O atual interesse de pesquisa de Sang Ji Kim abrange estratégia competitiva baseada em gestão do conhecimento e aprendizado, estratégia global de corporações multinacionais e estratégia de inovação, fornecimento e compartilhamento de redes globais de P&D da empresa, obtenção de estratégias para empresas de risco e inovação aberta.

Bart Leten é professor assistente de economia administrativa, estratégia e inovação na Catholic University of Leuven (Bélgica) e professor assistente de gestão da inovação na Vlerick Business School (Bélgica). Ele é editor associado do *Journal Industry and Innovation*. Sua pesquisa concentra-se em inovação e estratégia de negócios internacionais de grandes empresas e tem publicado em periódicos, como *Journal of International Business Studies, California Management Review, Journal of Product Innovation Management, Regional Studies and Environment* e *Planning A*.

Tim Minshall é professor do Centre for Technology Management da University of Cambridge. Ele pesquisa, ensina, escreve e dá consultoria em inovação aberta, empresa tecnológica, financiamento de inovação e troca de conhecimento entre universidade e indústria. É diretor não executivo do Innovation Centre Ltd. em St. John e professor visitante na Doshisha University Institute for Technology, Enterprise and Competitiveness, no Japão. Ele tem um BEng pela Aston University e um ph.D. pelo Engineering Department da University of Cambridge. Antes de trabalhar em Cambridge, atuou como engenheiro, professor, consultor, escritor *freelance* e gerente de projetos em Reino Unido, Japão e Austrália.

Letizia Mortara é pesquisadora associada sênior no Centre for Technology Management do Institute of Manufacturing na University of Cambridge. Seus interesses e experiência incluem inovação aberta, manufatura aditiva e inteligência tecnológica.

Ela pesquisa, ensina e dá consultoria nesses tópicos. Fez sua primeira graduação em química industrial pela Università di Bologna (Itália). Antes de ingressar na University of Cambridge, ela trabalhou como gerente de processo/produto para o grupo IVM, especialista em revestimentos, corantes, *primers* para madeira. Depois, obteve seu ph.D. em processamento e processo avançado de materiais cerâmicos pela Cranfield University, quando se mudou para o Reino Unido.

Frank Piller é professor de administração e diretor do Technology & Innovation Management Group na RWTH Aachen University (Alemanha). Ele também é membro docente do MIT Smart Customization Group no Media Lab, Estados Unidos. Sua pesquisa concentra-se na cocriação de valor entre empresas e consumidores/usuários, estratégias para aumentar a produtividade de resolução técnica de problemas com inovação aberta e o mercado de intermediários de inovação aberta. Também tem um interesse contínuo em customização em massa e codesign com consumidor. Sua pesquisa é financiada com subvenções da Comissão Europeia, DFG, BMBF e outras instituições. Ele tem dado consultoria e *workshops* executivos para muitas empresas da Dax30 e Fortune500. Como investidor, membro da diretoria ou consultor científico de diversas empresas de tecnologia, ele transfere sua pesquisa para a prática.

Nadine Roijakkers escreveu sua tese de ph.D. na United Nations University MERIT sobre a inovação colaborativa entre empresas na indústria farmacêutica de biotecnologia. Durante o período de 2002 a 2007, ela teve várias posições em pesquisa e na academia. De 2007 a 2009, foi consultora estratégica sênior para empresas que operavam em vários setores da indústria na KPMG Consulting. Em novembro de 2009, ela se tornou professora assistente de estratégia e gestão de inovação na Hasselt University (Bélgica). Publicou numerosos artigos e capítulos de livros sobre gestão de aliança e gestão de inovação. Seus trabalhos foram apresentados, entre outros, nos periódicos *Long Range Planning, Research Policy, Business History Review, British Journal of Management, European Management Journal, Technological Forecasting and Social Change, Small Business Economics* e *California Management Review*.

Jaeyong Song foi professor na Columbia e Yonsei antes de se juntar à Seoul National University (SNU). Ele é vice-presidente na Korea Academy Society of Business Administration (KASBA) e presidente da Association of Korean Management Scholars. Recebeu prêmios de melhor dissertação da Academy of Management e da European International Business Association. Ganhou o prêmio Chazen Teaching Innovation na Columbia Business School, o SNU Teaching Award e o título de professor com melhor desempenho da Yonsei University (Coreia do Sul). Ele recebeu os prêmios de melhor artigo da KASBA, da Korean Academy of Management e da Korean Academy of International Business. Seus trabalhos foram publicados nos periódicos *Management Science, Harvard Business Review, Strategic Management Journal, Organization Science, Journal of Economics & Management Strategy, Journal of Management, Journal of International Business Sutudies* e *Research Policy*. Atua como editor do *Journal of International Business Studies*.

Vareska van de Vrande é professora associada de gestão estratégica da Rotterdam School of Management da Erasmus University. Entrou para a RSM em 2007 depois de completar um ph.D. em engenharia industrial e gestão de ciências na Eindhoven University of Tecnhology. Sua experiência centra-se nas áreas de empreendedorismo corporativo, fornecimento de tecnologia externa, investimentos corporativos de capital de risco, alianças estratégicas, *joint ventures* e fusões e aquisições. Outros interesses de pesquisa incluem inovação aberta e risco corporativo. Publicou artigos em periódicos, incluindo *Strategic Management Journal, Journal of Product Innovation Management, IEEE Transactions of Engineering Management* e *Journal of Business Venturing*.

Wim Vanhaverbeke é professor na University of Hasselt. Ele também é professor visitante da ESADE Business School e da National University of Singapore. Tem publicado em vários periódicos internacionais, como *Organization Science, Research Policy, California Management Review, Journal of Management Studies, Small Business Economics, Journal of Business Venturing* e *Technovation*. Foi coeditor com Henry Chesbrough e Joel West do livro *Open Innovation: Researching a New Paradigm* (Oxford University Press, 2006). É um pesquisador dedicado a inovação aberta, colaborando com diferentes parceiros em universidades e empresas ao redor do globo. Sua pesquisa atual está se concentrando em inovação aberta nas PMEs, ecossistemas de inovação e implementação de práticas de inovação aberta. Ele estabeleceu o European Innovation Forum com Henry Chesbrough, em 2012. É frequentemente convidado como palestrante para as principais conferências internacionais e atua como conselheiro em várias empresas que operam globalmente. Ele tem sido consultor e organizador de oficinas para multinacionais e empresas de tecnologia.

Recentemente, foi reconhecido pela International Association of Management of Technology (IAMOT) como um dos cinquenta melhores autores de tecnologia e gestão da inovação ao longo dos últimos cinco anos (2008-2012).

Joel West é professor de inovação e empreendedorismo na Keck Graduate Institute School of Applied Life Sciences, depois de ter ocupado uma posição semelhante na San Jose State University College of Business. Sua pesquisa sobre inovação aberta inclui coedição de *Open Innovation: Researching a New Paradigm* (Oxford, 2006) e uma edição especial da *Research Policy* (2014); ele também criou e edita o *blog* Open Innovation (blog.openinnovation.net). Em outras pesquisas, analisou estratégias de plataforma de empresas de *software* de código aberto e telecomunicações móveis. Tem artigos publicados nos periódicos *Industry & Innovation, Information Systems Research, Journal of Management Studies, Journal of Product Innovation Management, Journal of Technology Transfer, R&D Management, Research Policy* e *Telecommunications Policy*, entre outros. Ele tem um ph.D. da UC Irvine, um S.B. (bacharelado em ciências) do MIT e mais de vinte anos de experiência na indústria de *software*.

Chris Winter é sócio da New Venture Partners, onde trabalha desde 2003. Ele também é presidente da Health Enterprise East, uma parte do U.K. National Health Service, responsável pela exploração de PI desenvolvida na NHS. Anteriormente, foi cofundador da Brightstar, incubadora empresarial da BT, em 2000, e atuou como CTO na identificação e construção de novas empresas para serem lançadas pela BT. Antes de cofundar a Brightstar, foi vice-presidente de engenharia da Cyberlife Technologies Ltd., uma *startup* de *software* com sede no Reino Unido. Chris passou os últimos doze anos na BT em várias posições, incluindo a de coordenador de pesquisas futuras, trabalhando com equipes de cientistas e engenheiros em pesquisa e desenvolvimento de interruptores ópticos, computação óptica, próxima geração de sistemas de suporte operacional ("OSS"), *software* de IA e gerenciamento de redes móveis.

Tem B.A. (bacharelado em administração) em bioquímica pela Oxford University, ph.D. em física pela Lancaster University e é professor visitante de empreendedorismo tecnológico na UCS, Suffolk (Reino Unido).

Andy Zynga entrou para a NineSigma em fevereiro de 2008, estabelecendo e aumentando rapidamente a presença da empresa europeia. Em setembro de 2009, foi nomeado CEO global do NineSigma Group, expandindo os negócios em todas as regiões. Durante sua carreira, Zynga construiu quatro empresas de alta tecnologia e serviço com grande sucesso na Europa e nos Estados Unidos. Também passou seis anos na KPMG Consulting (atual Bearingpoint) na Alemanha e em Londres, onde desenvolveu com sucesso uma divisão da Information, Communication and Entertainment (ICE) Consulting Practice, transformando-a em uma importante empresa internacional. Antes de ingressar na NineSigma, passou quatro anos como membro do Comitê Executivo da Telindus, uma integradora de rede global e empresa de terceirização com mais de 1 bilhão de dólares em receitas e 3 mil funcionários em catorze países. Enquanto trabalhava lá, ele recuperou uma parte da empresa que apresentava prejuízos e obteve um aumento de mais de 10% do EBITDA e um crescimento das receitas de mais de 30%, para mais de 150 milhões de dólares. Tem mestrado duplo em administração de empresas e engenharia mecânica pela Technical University of Berlin (Alemanha).

PARTE I
INOVAÇÃO ABERTA: DEZ ANOS DEPOIS

CAPÍTULO 1
Explicando a inovação aberta
Esclarecendo esse paradigma emergente para o entendimento da inovação

Henry Chesbrough e Marcel Bogers

1.1 INTRODUÇÃO

Neste capítulo, foi feito um considerável levantamento da literatura acadêmica que surgiu desde a publicação do livro *Open Innovation* (Chesbrough, 2003a), em abril de 2003. De acordo com o Google Scholar, houve mais de 6 mil citações desse livro desde a sua publicação, uma década atrás. Além disso, periódicos profissionais e acadêmicos organizaram edições especiais que foram inspiradas pelo livro e motivaram estudos subsequentes. Esses periódicos incluem *R&D Management*, *Technovation*, *Research Policy* e *Research-Technology Management*. Estimular ainda mais a pesquisa acadêmica em inovação aberta era a intenção explícita de um volume editado por Chesbrough, Vanhaverbeke e West (2006).

Esse tema acadêmico tem sido mais que recompensado pela resposta do setor ao livro e seu trabalho posterior. O Google agora aponta milhões de *links* de páginas em resposta ao termo "inovação aberta". Muitas empresas de consultoria atualmente dispõem de uma área de práticas de inovação aberta em seus portfólios de serviços. Os cargos com os títulos como gerente ou diretor ou vice-presidente de inovação aberta estão se tornando mais comuns em muitos setores.

Neste capítulo, nós procuramos fornecer uma visão geral do trabalho que levou a essa ampla aceitação. Informados pela análise das citações científicas, mostramos o crescimento da pesquisa acadêmica na área da inovação aberta (incluindo a crescente amplitude da pesquisa de inovação aberta em outros campos), identificamos as principais áreas com progresso significativo na pesquisa sobre inovação aberta e consideramos áreas pouco estudadas. Ao destacar os temas mais gerais e o desenvolvimento amplo do conjunto de pesquisas relacionadas à inovação aberta, visamos complementar as revisões da literatura existentes nessa área (por exemplo, Bogers e West, 2012; Dahlander e Gann, 2010; Elmquist, Fredberg, e Ollila, 2009; Huizingh, 2011; van de Vrande, Vanhaverbeke e Gassmann, 2010; West e Bogers, 2014).

Nosso outro objetivo neste capítulo é tornar mais claro o conceito de inovação aberta, que Chesbrough (2006b) definiu como "o uso de entradas e saídas intencionais de conhecimento para acelerar a inovação interna e expandir os mercados para uso externo da inovação, respectivamente" (p. 1). Ao discutir os fundamentos da inovação aberta, também tratamos de vinculá-la de forma mais clara à literatura preexistente em economia e gestão da inovação. Abordamos particularmente a noção de transbordamento da pesquisa e desenvolvimento (P&D) e propomos que mecanismos estruturais intencionais para administrar tais transbordamentos sejam a única característica definidora do conceito de inovação aberta. Consequentemente, podemos concluir que a inovação aberta deveria ser conceituada como um processo de inovação distribuída que envolve propositalmente os fluxos da gestão de conhecimento por meio das fronteiras organizacionais. Também vinculamos essa definição aos principais tipos de inovação aberta, denominadas de fora para dentro (*outside-in* ou *inbound*), de dentro para fora (*inside-out* ou *outbound*) e do tipo acoplado combinado, bem como os mecanismos associados, incluindo os fluxos pecuniários e não pecuniários.

Com base no nosso objetivo de promover mais coerência em torno da definição de inovação aberta dentro da ampla literatura sobre inovação, discutimos pontos de vista divergentes sobre inovação aberta, demos atenção especial à confusão que surgiu entre "inovação aberta" e "inovação colaborativa aberta" e tratamos as diferenças e complementaridades entre essas perspectivas. Dessa forma, esperamos encorajar os nossos colegas acadêmicos a adotar uma definição consistente do conceito, de modo a manter a coerência da pesquisa nessa área (assim como em outras áreas).

A seguir, nós resumimos e abordamos algumas das críticas à inovação aberta que surgiram na literatura. Tais críticas acadêmicas são importantes para o desenvolvimento de qualquer domínio do trabalho acadêmico e, por isso, respondemos às críticas mais importantes, na esperança de fazer avançar o debate em torno do conceito da inovação aberta. Finalmente, consideramos o progresso que essa pesquisa tem conseguido, em relação à pauta da pesquisa identificada por Chesbrough et al. (2006).

1.2 UMA REVISÃO DOS DEZ ANOS DE PESQUISA SOBRE INOVAÇÃO ABERTA

1.2.1 CRESCIMENTO DA INOVAÇÃO ABERTA

A inovação aberta tem crescido rapidamente desde que o termo foi cunhado por Chesbrough (2003a). Quando o livro foi lançado, uma pesquisa no Google sobre o termo *inovação aberta* rendeu cerca de 200 *links* de páginas, a maioria dos quais tinha apenas as duas palavras próximas umas das outras em uma frase, como "empresa X abriu seu escritório de inovação na cidade Y". Não havia ainda significado específico às duas palavras juntas em uma frase. Por outro lado, uma pesquisa no mesmo veículo de busca em abril de 2012 gerou 483 milhões de *links*, nos quais, ao se percorrer alguns, geralmente parecia ter ligação com esse novo e diferente modelo de inovação. Isso sugere que a inovação aberta tornou-se amplamente conhecida.

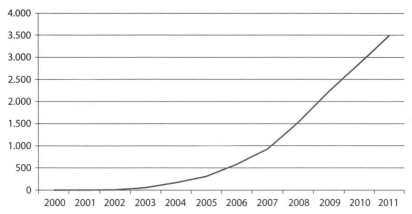

Figura 1.1 Citações anuais de inovação aberta no Google Acadêmico (critério de pesquisa: "inovação aberta", Chesbrough).

Dentro da pesquisa acadêmica, as citações a "inovação aberta" no Google Acadêmico como um termo e/ou ao livro de Chesbrough (2003a) também têm sido crescentes, como mostrado na Figura 1.1. No entanto, como também pode ser visto nessa figura, esse crescimento das citações anuais (a segunda derivada) começou a diminuir nos últimos dois anos. No entanto, a figura mostra vários milhares de novas contribuições acadêmicas a cada ano.

Devido ao enquadramento do livro de 2003, seu público tem incluído acadêmicos e gestores desde sua criação. Em contraste com a redução da taxa de novos artigos acadêmicos ano após ano, o número de livros sobre inovação aberta está crescendo ano após ano (Tabela 1.1). Isso sugere que inovação aberta está sendo traduzida para além da pesquisa acadêmica em direção à prática na indústria a uma taxa crescente.

Tabela 1.1 Livros com inovação aberta no título desde 2003.

Autor(es)/Editor(es)	Título	Ano de publicação
Chesbrough	Open Innovation: the New Imperative for Creating and Profiting from Technology	2003
Chesbrough	Open Business Models: How to Thrive in the New Innovation Landscape	2006
Chesbrough, Vanhaverbeke e West	Open Innovation: Researching a New Paradigm	2006
Gaule	Open Innovation in Action: How to Be Strategic in the Search for New Sources of Value	2006
OECD	Open Innovation in Global Networks	2008
Fasnacht	Open Innovation in Financial Services: Growing Through Openness, Flexibility and Customer Integration	2009
Hafkesbrink, Hoppe e Schlichter	Competence Management for Open Innovation	2010
Lindegaard	The Open Innovation Revolution: Essentials, Roadblocks, and Leadership Skills	2010
Bingham e Spradlin	The Open Innovation Marketplace: Creating Value in the Challenge Driven Enterprise	2011
Chesbrough	Open Services Innovation	2011
Dahlander, Frederiksen e Rullani	Online Communities and Open Innovation: Governance and Symbolic Value Creation	2011
Kinoshita	Service Entities in Open-Closed Innovation	2011
Rahman e Ramos	SMEs and Open Innovation: Global Cases and Initiatives	2011
Sloane	A Guide to Open Innovation and Crowdsourcing: Advice from Leading Experts	2011
Brem e Tidd	Perspectives on Supplier Innovation: Theories, Concepts and Empirical Insights on Open Innovation and the Integration of Suppliers	2012
De Pablos Heredero e Lopez	Open Innovation in Firms and Public Administrations	2012
Lyons, Coronado Mondragon, Piller e Poler	Customer-Driven Supply Chains: From Glass Pipelines to Open Innovation Networks	2012
Spithoven, Teirlinck e Frantzen	Managing Open Innovation: Connecting the Firm to External Knowledge	2012

Nota: Baseado em pesquisa no <www.amazon.com> de livros até 2012 com o termo "inovação aberta" no título. A inclusão de livros é determinada pela relevância para prática e pesquisa sobre inovação aberta, embora tenham sido excluídas as "publicações acadêmicas" puras, como teses ou dissertações.

1.2.2 O ESCOPO E A AMPLITUDE DA PESQUISA SOBRE INOVAÇÃO ABERTA

Em seguida, exploramos um pouco mais especificamente a pesquisa acadêmica sobre inovação aberta que foi publicada em periódicos com revisão por pares. Nosso objetivo aqui é fornecer uma visão geral da importância da inovação aberta como uma área de pesquisa, analisando o crescimento da pesquisa acadêmica relacionada ao tema, as áreas em que a inovação aberta tem atraído mais atenção e sua capacidade de influenciar outras áreas que não a de negócios e gestão dentro das ciências sociais e em outras áreas fora da ciência social.

A fim de identificar a pesquisa relevante, buscamos artigos dentro da base Thomson Reuters (antigo ISI) *Web of Science*[1] com o termo "inovação aberta" no título, resumo ou palavras-chave e/ou citações ao livro original de Chesbrough (2003a). Em comparação com alguns outros comentários (por exemplo, Dahlander e Gann, 2010; West e Bogers, 2014), optamos por uma abordagem ampla e geral por também incluir artigos, (1) que não abordam explicitamente nem adotam a definição de inovação aberta como sugerido por Chesbrough (2003a, 2006b) e (2) que foram listados como material editorial, revisão ou resumo de congressos. Além disso, buscamos artigos relevantes não só no Índice de Citações de Ciências Sociais (*Social Science Citation Index* – SSCI), como também no Índice de Citações de Ciências (*Science Citation Index*[2] – SCI) e no Índice de Citações de Artes e Humanidades (*Arts and Humanities Citation Index* – A&HCI).

A Figura 1.2 mostra o crescimento do número de publicações relacionadas a inovação aberta, com um número total de 941 artigos[3] em todos os campos da SCI, SSCI, e A&HCI (mostrado como "Todos" na figura). A pesquisa sobre inovação aberta começou nos periódicos de gestão e negócios e logo se expandiu para outros periódicos das ciências sociais em 2005, com um número crescente de publicações dos periódicos das ciências sociais mais gerais a partir de 2006.[4] Por volta de 2008, observou-se um grande crescimento dos periódicos que publicam pesquisa sobre inovação aberta nas ciências físicas e naturais (e, em menor medida, nas artes e humanidades).

A Tabela 1.2 exibe a amplitude da influência da inovação aberta, apresentando o número de artigos nas várias categorias da base do *Web of Science*, que são usadas para classificar os periódicos e, assim, os artigos neles contidos. A tabela mostra que gestão e negócios são as categorias que mais se destacam. Ao mesmo tempo, outras áreas como engenharia, geografia, ciências da computação e química também estão bem representadas na pesquisa sobre inovação aberta. Essas publicações geralmente incluem estudos de caso ou discussões mais gerais da inovação aberta em setores específicos, como as indústrias química, farmacêutica e de alimentos (embora possamos notar que as indústrias de baixa tecnologia são ainda pouco estudadas). Também representativas são as propostas sobre como a inovação aberta pode resolver problemas sociais graves, tais como as doenças negligenciadas.

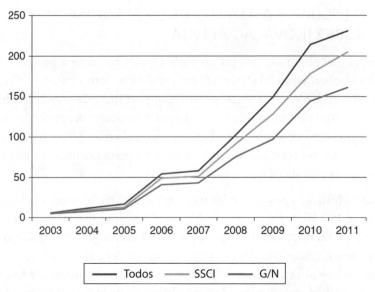

Figura 1.2 Crescimento de publicações sobre inovação aberta na base *Web of Science*.

Notas: critério de pesquisa: *"open innovation"* em título, resumo ou palavras-chave ou citações a Chesbrough (2003a); Todos = SCI, SSCI e A&HCI; SSCI = Índice de Citação das Ciências Sociais; G/N = categoria de Gestão ou Negócios (dentro do SSCI).

Tabela 1.2 Campos representados por amostra de periódicos.

Campo (Categoria da *Web of Science*)	Número de artigos
Gestão	603
Negócios	338
Engenharia de Produção	173
Pesquisa Operacional e Ciências de Gestão	129
Planejamento & Desenvolvimento	123
Economia	72
Engenharia, Multidisciplinar	47
Ciência da Informação & Biblioteconomia	43
Geografia	32
Estudos do Meio Ambiente	29
Ciência da Computação, Sistemas de Informação	26

(continua)

Tabela 1.2 Campos representados por amostra de periódicos (*continuação*).

Campo (Categoria da *Web of Science*)	Número de artigos
Estudos Urbanísticos	22
Química, Multidisciplinar	20
Ciências Multidisciplinares	20
Engenharia, Elétrica & Eletrônica	15
Ciência da Computação, Engenharia de *Software*	14
Administração Pública	14
Ciência da Computação, Aplicações Interdisciplinares	13
Farmacologia & Farmácia	13
Ciência da Computação, Inteligência Artificial	11
Engenharia, Manufatura	11
Química, Medicinal	10
Ciência da Computação, Teoria & Métodos	10
Biotecnologia & Microbiologia Aplicada	9
Ciência & Tecnologia de Alimentos	9
Telecomunicações	9
Educação & Pesquisa em Educação	8
Ciências Sociais, Interdisciplinar	8
Psicologia Aplicada	7
Sociologia	7
Artes	5
Bioquímica & Biologia Molecular	5
Engenharia, Química	5
(Categorias com quatro ou menos publicações)	105
Total	**1965**

Nota: um periódico pode ser listado em mais de uma categoria, o que explica por que o número total de categorias é maior do que o número total de artigos na amostra.

1.2.3 O IMPACTO DA PESQUISA DE INOVAÇÃO ABERTA

Agora iremos tratar das pesquisas mais citadas relacionadas com inovação aberta. A Tabela 1.3 mostra os vinte artigos mais citados que estão na nossa amostra; cada contagem das citações é direcionada para publicações anteriores e não é possível identificar trabalhos mais recentes que serão influentes no futuro.

A tabela lista os artigos que consideramos estar dentro do domínio da inovação aberta, bem como aqueles que não abordam a inovação aberta. Nestes últimos, há uma série de artigos que não avançam nossa compreensão a respeito da inovação aberta, mas, sobretudo, utilizam os conceitos da inovação aberta para aumentar nossa compreensão de outras áreas. O artigo mais citado é Teece (2007), o qual é muito mais focado no avanço de teorias de estratégia de negócios do que em teorias da inovação industrial. Teece argumenta que praticar inovação aberta é uma parte importante nas capacidades dinâmicas das empresas – de modo a trazer a inovação aberta para o domínio das teorias estratégicas da empresa. Um argumento semelhante, embora menos contundente, pode ser apresentado em relação a Rothaermel e Hess (2007). Outros artigos nessa lista também aplicam a inovação aberta para avançar o entendimento da estratégia de negócios. A Tabela 1.3 classifica esses vinte artigos em sete categorias, com base em nossa leitura detalhada de cada um deles.

Enquanto alguns artigos abordam especificamente modelos de desenvolvimento de produto, tal como Cooper (2008), que discute reinventar seu modelo *stage-gate* para uso com a inovação aberta, a maioria dos artigos aborda algum aspecto do processo da inovação. Isso inclui o texto de Laursen e Salter (2006) sobre o uso (ideal) do conhecimento externo para o desempenho da inovação, que é o artigo de periódico mais citado sobre, em sua essência, inovação aberta. Outros artigos que tratam especificamente do papel das universidades – tal como os relacionamentos universidade-indústria ou a abertura sob a perspectiva das universidades – e do contexto ambiental têm um foco menos explícito sobre conceito central da inovação aberta. Além disso, é importante notar que apenas alguns poucos desses influentes artigos abordam especificamente os limites, os riscos e os custos da inovação aberta. Finalmente, alguns artigos consideram o papel da tecnologia e dos usuários na inovação. Um exemplo interessante é o artigo de Fleming e Waguespack (2007) sobre o que chamam de "comunidades de inovação aberta", embora não se refiram especificamente à noção de inovação aberta[5] de Chesbrough (2003a).

1.2.4 TÓPICOS DA PESQUISA SOBRE INOVAÇÃO ABERTA

Vamos agora abordar alguns dos principais temas que surgiram na literatura de inovação aberta. Para complementar nossa compreensão geral dessa literatura e o que sabemos de outros comentários recentes, fizemos uma varredura dos artigos de nosso banco de dados para a construção iterativa de padrões de temas recorrentes e desenvolvemos uma nuvem de palavras como uma ferramenta para encontrar aquelas mais frequentemente recorrentes nos títulos, resumos e palavras-chave dos artigos.[6]

A Figura 1.3 mostra uma nuvem de palavras com aquelas que mais comumente aparecem nos resumos dos 941 artigos da nossa amostra. Não é nenhuma surpresa que "aberta" e, especialmente, "inovação" sejam as palavras que ocorrem com mais frequência. Ao mesmo tempo, palavras como "firmas", "conhecimento" e "tecnologia" também são usadas com frequência. Além disso, o aparecimento de palavras como "desempenho", "valor", "estratégias" e "gestão" reforçam a observação de que a pesquisa sobre inovação aberta lida comumente com empresas com fins lucrativos (geralmente de grande porte).

Figura 1.3 Nuvem de palavras baseada nos resumos – trinta palavras mais encontradas (gerada a partir do Wordle.net).

Como um complemento, a Figura 1.4 apresenta uma nuvem de palavras com base naquelas que ocorreram com mais frequência nas palavras-chave dos artigos (em vez de nos resumos, como na Figura 1.3).[7] Aqui nós retiramos as palavras "aberta" e "inovação" a fim de obter melhor compreensão dos temas relacionados no âmbito da inovação aberta. Com base em nossa análise, descobrimos grande quantidade de pesquisa sobre a dimensão de fora para dentro (*outside in* ou *inbound*) da inovação aberta. Essa pesquisa lida com a forma como as empresas podem alavancar a tecnologia e o conhecimento externos para acelerar a inovação interna. Existe sempre um foco em P&D com um papel proeminente da capacidade de absorção. Há geralmente um menor foco na dimensão de dentro para fora (*inside-out* ou *outbound*) da inovação aberta, embora o crescente interesse nessa área seja refletido na pesquisa sobre, por exemplo, a propriedade intelectual (PI), o licenciamento e a revelação seletiva. Isso também se refere a um crescente interesse em modelos de negócios e inovação do modelo de negócios. Além disso, novamente apenas parcialmente refletida na Figura 1.4, a ampla literatura sobre inovação aberta relaciona vários mecanismos, ferramentas e processos para identificar e alavancar fontes externas de inovação, tais como redes, comunidades e concursos de inovação, frequentemente com interesse no papel dos usuários na inovação. Mais recentemente, a noção de pesquisa difundida por meio de *crowdsourcing* tem atraído especial atenção da comunidade acadêmica. Finalmente, a pesquisa de inovação aberta está se expandindo para outros domínios, tais como as indústrias e os serviços de baixa tecnologia, enquanto também está cada vez mais ligada a outros temas, como terceirização e empreendedorismo (acadêmico), embora as ligações exatas com a inovação aberta ainda não estejam totalmente desenvolvidas.

Tabela 1.3 Vinte artigos mais citados na amostra com número de citações, tópicos principais e níveis de análise.

Autor (ano)	Título	Periódico	Citações	Estratégia	Desenvolvimento de produto	Processo de inovação
Teece (2007)	Explicating dynamic capabilities: the nature and microfoundations of (sustainable) enterprise performance	Strategic Management Journal	324	X		
Laursen e Salter (2006)	Open for innovation: the role of openness in explaining innovation performance among UK manufacturing firms	Strategic Management Journal	284			X
Chesbrough (2003b)	The era of open innovation	Sloan Management Review	214		X	X
Rothaermel, Agung e Jiang (2007)	University entrepreneurship: a taxonomy of the literature	Industrial and Corporate Change	101			X
Chesbrough e Crowther (2006)	Beyond high tech: early adopters of open innovation in other industries	R&D Management	86		X	X
Gassmann (2006)	Opening up the innovation process: towards an agenda	R&D Management	85			X
Cooke (2005)	Regionally asymmetric knowledge capabilities and open innovation exploring "Globalization 2": a new model of industry organization	Research Policy	70			
Perkmann e Walsh (2007)	University-industry relationships and open innovation: towards a research agenda	International Journal of Management Reviews	70			X
Henkel (2006)	Selective revealing in open innovation processes: the case of embedded Linux	Research Policy	68		X	X
Rothaermel e Hess (2007)	Building dynamic capabilities: innovation driven by individual-, firm- and network-level effects	Organizational Science	65	X		X
Piller e Walcher (2006)	Toolkits for idea competitions: a novel method to integrate users in new product development	R&D Management	64		X	

Tópicos principais					Nível de análise			
Usuários/ Ferramentas	Limites/ Riscos/ Custos	Universi- dade	Contexto ambiental	Grupo/ Individual	Organi- zação/ Empresa	Rede	Setor/ Indústria	Institu- cional/ Nacional
					X			
	X				X			
		X			X			
		X				X		
					X		X	
					X		X	
			X					X
		X			X	X		
X	X			X	X			
				X	X	X		
X				X	X			

(continua)

Tabela 1.3 Vinte artigos mais citados na amostra com número de citações, tópicos principais e níveis de análise (*continuação*).

Autor (ano)	Título	Periódico	Citações	Tópicos principais Estratégia	Desenvolvimento de produto	Processo de inovação
Christensen, Olesen e Kjaer (2005)	The industrial dynamics of Open Innovation: evidence from the transformation of consumer electronics	Research Policy	63	X		X
Dodgson, Gann e Salter (2006)	The role of technology in the shift towards open innovation: the case of Procter & Gamble	R&D Management	63			X
Thrift (2006)	Re-inventing invention: new tendencies in capitalist commodification	Economy and Society	62			X
Nieto e Santamaria (2007)	The importance of diverse collaborative networks for the novelty of product innovation	Technovation	61		X	X
Fleming e Waguespack (2007)	Brokerage, boundary spanning, and leadership in open innovation communities	Organizational Science	56			X
West e Gallagher (2006)	Challenges of open innovation: the paradox of firm investment in open-source software	R&D Management	55	X		X
Jacobides, Knudsen e Augier (2006)	Benefiting from innovation: value creation, value appropriation and the role of industry architectures	Research Policy	55	X		X
Cooper (2008)	Perspective: the Stage-Gate (R) idea-to-launch process-update, what's new and NexGen systems	Journal of Product Innovation Management	54		X	X
Chesbrough e Appleyard (2007)	Open innovation and strategy	California Management Review	51	X		X
		Total para todos os vinte artigos	1.951	6	6	17

Tópicos principais					Nível de análise			
Usuários/ Ferramentas	Limites/ Riscos/ Custos	Universi-dade	Contexto ambiental	Grupo/ Individual	Organi-zação/ Empresa	Rede	Setor/ Indústria	Institu-cional/ Nacional
		X			X	X	X	
X			X		X			
					X			X
	X					X		
X				X		X		
X	X			X	X	X		
			X		X	X		
X					X			
			X		X	X		
6	4	4	4	5	16	9	3	2

Figura 1.4 Nuvem de palavras com base nas palavras-chave mais utilizadas – cinquenta palavras mais encontradas excluindo "aberta (*open*)" e "inovação (*innovation*)" (gerada a partir do Wordle.net).

1.3 O QUE É A INOVAÇÃO ABERTA E O QUE NÃO É

Nós fixamos a inovação aberta na literatura anterior sobre economia e gestão da inovação e, consequentemente, desenvolvemos e esclarecemos a conceituação de inovação aberta, ao mesmo tempo que propomos uma definição mais refinada. Com base nisso, justapomos a inovação aberta a outros conceitos relacionados e discutimos suas diferenças e complementaridades.

1.3.1 ESCLARECENDO O CONCEITO DE INOVAÇÃO ABERTA

No nível mais fundamental, a inovação aberta é baseada no conceito de que as fontes de conhecimento para inovação são amplamente distribuídas na economia. Como tal, a ideia de que as pessoas mais inteligentes trabalham na outra empresa, popularizada como Lei de Joy (*Joy's Law*),[N.T.i] remonta à visão de Hayek (1945) de que o conhecimento está distribuído em toda a sociedade. Quando Chesbrough (2003a) começou a utilizar o termo inovação aberta, descreveu um fenômeno em que as empresas faziam maior uso das ideias e tecnologias externas em seu próprio negócio e deixavam as ideias e tecnologias internas não utilizadas irem para o mercado para outros usarem em seus negócios. O livro propunha os "fatores de erosão", que minavam a lógica anterior do modelo de P&D tratado como "inovação fechada", e desenvolvia a lógica de um modelo de inovação aberta. Esses fatores de erosão, tal como o aumento da mobilidade dos trabalhadores, universidades mais capazes, declínio da hegemonia dos Estados Unidos e o crescente acesso das *startups* ao capital de risco, mudaram as condições em que as empresas inovavam. Aqui propomos ainda outro fator erosão que permite às empresas alavancarem fontes de conhecimento cada vez mais distribuídas, a saber, a ascensão da internet (e das mídias sociais) que trouxe o acesso ao conhecimento e o compartilhamento de capacidades das redes internas de TIC de empresas específicas para a rede mundial de computadores. Esses fatores de erosão estão no cerne do porquê a inovação aberta reflete uma mudança de paradigma, pois desafiam pressupostos básicos, problemas, soluções e métodos para a pesquisa e a prática da inovação industrial do século XXI (conforme Kuhn, 1962).

Após a introdução do conceito de inovação aberta, a definição de Chesbrough (2006b) de que é a "entrada e saída intencionais de conhecimento" se destina a uma definição mais formal e a sua conexão a trabalhos acadêmicos anteriores. Portanto, a inovação aberta refere-se a um modelo de inovação que enfatiza os fluxos intencionais de entrada e saída de conhecimento pelas fronteiras de uma empresa, para alavancar fontes externas de conhecimento e caminhos para a comercialização, respectivamente. Aqui nós fornecemos mais motivação para essa conceituação.

A definição de "fluxos de entrada e saída intencionais de conhecimento" remonta a uma literatura econômica vibrante em transbordamentos, que surgem a partir do investimento das empresas em pesquisa e desenvolvimento. Já que as empresas não podem especificar totalmente os resultados desse investimento com antecedência, o P&D, inevitavelmente, produz resultados não esperados *ex ante*. Esses resultados transbordam para além da capacidade da empresa de se beneficiar do investimento, daí o termo "transbordamento". Richard Nelson observou em 1959 que a pesquisa básica gerou muitos transbordamentos e que as empresas que financiaram essa pesquisa tinham apenas capacidade limitada para apropriar valor a partir desses transbordamentos (Nelson, 1959). Kenneth Arrow (1962) também registrou esse problema de transbordamento, reconhecendo que significavam que o retorno social do investimento em P&D ultrapassou o retorno privado para a empresa que fez o investimento. Assim, raciocinou, as empresas privadas irão investir menos em P&D a partir de uma perspectiva social. É razoável nesse contexto que a área pública forneça um subsídio para investimento em P&D, a fim de estimular um P&D mais intenso, que se aproxime do nível socialmente ideal. Cohen e Levinthal (1990), por sua vez, escreveram sobre a importância de investir em pesquisa interna de modo a ser capaz de utilizar a tecnologia externa, uma habilidade que eles denominaram de "capacidade de absorção". Nathan Rosenberg levantou um questionamento sobre o porquê de as empresas conduzirem pesquisa básica com seu próprio dinheiro (Rosenberg, 1990) e respondeu que essa pesquisa aumentou a capacidade da empresa de usar o conhecimento externo. É importante notar, no entanto, que os mecanismos específicos para permitir que empresas absorvam conhecimento externo não foram identificados por esses acadêmicos. Nem existia nenhuma consideração de empresas optando por transmitir o conhecimento interno não utilizado para o ambiente externo em geral.

Essa pesquisa anterior aponta a presença de transbordamentos e os benefícios de ser capaz de utilizá-los quando existem em seu ambiente circundante. Em toda essa literatura, no entanto, os transbordamentos são considerados um custo para o foco da empresa de fazer negócio com P&D e essencialmente incontroláveis. Essa é a distinção conceitual crítica feita pelo conceito da inovação aberta, que propõe que, no modelo de P&D da inovação aberta, os transbordamentos sejam transformados em fluxos de entrada e saída de conhecimento *que podem ser intencionalmente gerenciados*. As empresas podem desenvolver processos para identificar e transferir conhecimento externo para suas próprias atividades de inovação. Também podem criar canais para transferir o conhecimento interno não utilizado para outras organizações no seu ambiente circundante. Mecanismos específicos podem ser projetados para direcionar esses fluxos de entrada e saída de conhecimento. Assim, o que não era especificado nem controlável agora pode ser especificado e gerenciado no modelo de inovação aberta.

Esses elementos dão, então, uma base para refinar a definição de inovação aberta. Também seguindo as conceituações originais e mais recentes (Chesbrough, 2003a, 2006b; Gassmann e Enkel, 2004; Dahlander e Gann, 2010; West e Bogers, 2014), nós definimos inovação aberta como um processo de inovação distribuída com base nos fluxos intencionais de conhecimento gerenciados por toda a fronteira organizacional, utilizando mecanismos pecuniários e não pecuniários alinhados com o modelo de negócios da organização. Esses fluxos de conhecimentos podem envolver o fluxo de entrada de conhecimento na organização em foco (aproveitando fontes externas de conhecimento por meio de processos internos), a saída de conhecimento da organização em foco (aproveitando o conhecimento interno a partir de processos de comercialização externa) ou ambos (acoplando as fontes externas de conhecimento e as atividades de comercialização), como discutiremos mais adiante. Nessa definição, a inovação refere-se ao desenvolvimento e à comercialização de produtos, processos ou serviços novos ou melhorados, enquanto o aspecto de abertura é representado pelos fluxos de conhecimento por entre os limites permeáveis da organização, como mostrado também na Figura 1.5. Assim como um construto organizacional é, aliás, o modelo de negócio, que pode ser implícito ou explícito, que coloca o processo de inovação distribuída no âmbito organizacional, ainda descreve não apenas como o valor é criado dentro da rede de valor como também como ele é capturado pelas organizações envolvidas.[8]

1.3.2 TIPOS E MECANISMOS DE INOVAÇÃO ABERTA

Seguindo a conceituação anterior de inovação aberta, a gestão intencional de transbordamento do conhecimento implica, essencialmente, em dois sentidos de fluxos de conhecimento pelas fronteiras da empresa ou organização de forma mais geral: inovação aberta de fora para dentro (*outside-in* ou *inbound*) e de dentro para fora (*inside-out* ou *outbound*). Seguindo Gassmann e Enkel (2004), a esses dois sentidos nós adicionamos um terceiro tipo, denominada inovação aberta acoplada, que implica os fluxos combinados de entrada e saída de conhecimento entre os atores do processo de inovação. A Figura 1.5 ilustra esses diferentes tipos da inovação aberta. A figura mostra diferentes caminhos que o conhecimento ou a tecnologia podem seguir dentro e em torno das fronteiras da empresa. Também estende o modelo de inovação aberta a montante do P&D para fabricação e comercialização (como exemplo de áreas funcionais) para, assim, destacar a importância das atividades mais a jusante no processo geral de inovação (Bogers e Lhuillery, 2011) e enfatizar a importância de se considerar todas as atividades desde a invenção até a comercialização, a fim de criar e capturar valor das ideias e tecnologias (Chesbrough, 2006a; West e Bogers, 2014).

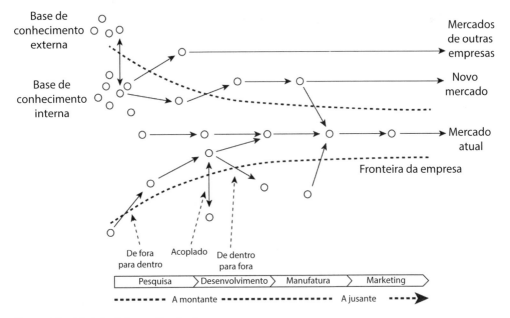

Figura 1.5 Modelo de inovação aberta.

Como mostrado na análise anterior, a extensa pesquisa acadêmica e a prática industrial têm prestado mais atenção no tipo de fora para dentro de inovação aberta, enquanto os outros tipos de dentro para fora e acoplada são menos compreendidos. Por exemplo, em uma revisão de 165 artigos sobre inovação aberta, West e Bogers (2014) encontraram 118 artigos voltados para o tipo de fora para dentro de inovação aberta, em contraste com os cinquenta artigos que abordavam o tipo de dentro para fora. Além disso, enquanto setenta artigos da sua amostra relacionavam-se ao tipo acoplado de inovação aberta, ainda permanece a falta de compreensão da natureza interativa e recíproca de tais processos de inovação acoplados.

O tipo de fora para dentro de inovação aberta envolve abrir um processo próprio de inovação da empresa para muitos tipos de entradas e contribuições externas, por exemplo, a partir da aquisição ou fornecimento (*sourcing*), seguindo Dahlander e Gann (2010), enquanto West e Bogers (2014) identificam a obtenção, integração e comercialização como as fases do processo de fora para dentro (*inbound*) de inovação aberta. O modelo de negócio da empresa, por sua vez, determina quais entradas e contribuições externas serão levadas adiante para o mercado. Na inovação aberta (Chesbrough, 2003a, 2006a), uma variedade de mecanismos é identificada para auxiliar as empresas a gerenciar os fluxos intencionais de entrada de conhecimento: busca de tecnologias externas (em universidades, laboratórios de pesquisa ou empreendimentos de alta tecnologia), aquisição de PI, programas de pesquisa em universidades, financiamento de empresas *startups* em determinado segmento da indústria ou colaboração com os intermediários, fornecedores e clientes e utilização dos acordos de confidencialidade. Pesquisas subsequentes identificaram mecanismos adicionais, incluindo *crowdsourcing*, competições e torneios, comunidades e *spin-ins*[N.T.ii] ou *spin-backs*.[N.T.iii]

O tipo de dentro para fora de inovação aberta exige que as organizações permitam que ideias e ativos não utilizados e subutilizados sejam ofertados para fora da organização, para que outros possam utilizá-los em seus negócios e em seus modelos de negócios (cf. Arora, Fosfuri e Gambardella, 2001a; Maarse e Bogers, 2012; Tranekjer e Knudsen, 2012). De acordo com Dahlander e Gann (2010), as interações nesse tipo de inovação aberta podem envolver venda ou revelação. O modelo de negócio para a ideia geralmente se diferenciará daquele da empresa de onde veio e, geralmente, o modelo de negócio deve ser revelado, a fim de levar a ideia para o mercado. Os mecanismos para gerenciar os fluxos de saída de conhecimento da empresa, também identificados por Chesbrough (2003a, 2006a; Chesbrough e Garman, 2009), incluem licenciamento de PI e tecnologia, doação de PI e tecnologia, criação de empresas para o mercado (*spin-outs*), capital de risco corporativo, incubadoras de empresas corporativas, *joint ventures* e alianças (por exemplo, tornar-se um fornecedor ou um cliente de uma nova iniciativa em vez de executar a iniciativa internamente).

Um terceiro tipo de inovação aberta liga os processos de inovação aberta de fora para dentro e de dentro para fora (Bogers, 2012; Enkel, Gassmann e Chesbrough, 2009; Gassmann e Enkel, 2004). Esse tipo acoplado de inovação aberta envolve a combinação dos fluxos de entrada e saída intencionais de conhecimento para desenvolver ou comercializar uma inovação de forma colaborativa. A inovação aberta acoplada envolve dois (ou mais) parceiros que intencionalmente gerenciam os fluxos mútuos de conhecimento por meio das suas fronteiras organizacionais pelas atividades conjuntas de invenção e comercialização (Bogers, 2011; Bogers, Bekkers e Granstrand, 2012). Embora a inovação aberta acoplada possa, em princípio, envolver qualquer combinação dos respectivos mecanismos de inovação aberta de fora para dentro e de dentro para fora, as empresas devem implementar mecanismos específicos, tais como alianças estratégicas, *joint ventures*, consórcios, redes, ecossistemas e plataformas, todos envolvendo parceiros complementares.

1.3.3 VISÕES DIVERGENTES SOBRE INOVAÇÃO "ABERTA"

Várias perspectivas foram criadas a partir da natureza distribuída das fontes de inovação (cf. Bogers e West, 2012). Apesar de alguns pontos comuns e algumas complementariedades, existem também grandes diferenças entre algumas dessas perspectivas. Essas disputas sobre definições são importantes para um maior desenvolvimento da pesquisa acadêmica nessa área. Clay Christensen, um simpático observador externo de um Simpósio de Gestão Acadêmica,[9] em agosto de 2012, relatou as seguintes observações sobre a confusão resultante das diferentes formas de se definir a inovação aberta:

> Existe também uma grande desvantagem em ser *impreciso* na definição da inovação aberta. Uma definição imprecisa não somente torna a inovação aberta mais difícil de se entender, porque pouca pesquisa é feita sobre o fenômeno real, mas também a torna mais difícil de implementar, porque há um monte de pessoas que alegam falar sobre "inovação aberta", mas estão, na verdade, falando de outra coisa (Christensen, 2012).

A perspectiva de complementaridade mais notável para inovação aberta refere-se à divisão social distribuída do trabalho que teve como pioneiro Eric von Hippel (1988, 2005). Essa perspectiva enfatiza a natureza de bem público de grande parte das inovações que foram descritas por von Hippel e outros, conceituada a partir de noções como "inovação aberta, distribuída" (von Hippel, 2005), "inovação de código aberto" (Raasch, Herstatt e Balka, 2009) e "inovação aberta colaborativa" (Baldwin e von Hippel, 2011). No entanto, observa-se que o uso divergente da terminologia para inovação aberta tem contribuído para alguma confusão na literatura. Por exemplo, o termo "aberto" tem sido usado como sinônimo de "centrado no usuário", como exemplificado na utilização dos termos de von Hippel:

> Neste livro eu explico em detalhes como o processo emergente centrado no usuário, de inovação democratizada funciona... A inovação distribuída e aberta está "atacando" uma importante estrutura da divisão social do trabalho (von Hippel, 2005, p. 2).

Sua perspectiva específica de inovação aberta foi descrita mais recentemente do seguinte modo:

> Uma inovação é "aberta" em nossa terminologia quando todas as informações relacionadas com a inovação são um bem público – não excludentes e não rivais... Ela difere fundamentalmente do recente uso do termo para se referir à permeabilidade organizacional (Baldwin e von Hippel, 2011, p. 1400).

Embora esse impasse nas definições possa, em certa medida, refletir uma diferença fundamental na conceituação de inovação, essa diferença pode ser mais uma questão de ênfase do que refletir perspectivas incompatíveis. Por um lado, "inovação aberta" implica intencionalmente gerir fluxos de conhecimento pelos limites da organização, assim como o modelo de negócio associado com as características definidoras. Por outro lado, a "inovação colaborativa aberta" e os conceitos relacionados referem-se a um modelo de inovação que enfatiza a produção de bens públicos de baixo custo ou isento de custo, não rivais e não excludentes. Existem, de fato, alguns sinais de convergência em que essas perspectivas estão se tornando parte de um maior domínio de pesquisa holística, baseada na noção de fontes distribuídas de conhecimento para a inovação (cf. Bogers e West, 2012). Por exemplo, Dahlander e Gann (2010) desenvolveram uma útil integração das duas definições, produzindo uma estrutura baseada em fluxos de entrada e saída de conhecimento, respeitando também as duas motivações pecuniárias e não pecuniárias para a participação. Como tal, as empresas podem revelar seletivamente alguns dos seus conhecimentos, baseando-se, assim, no "melhor dos dois mundos" (von Hippel e von Krogh, 2003). Fundamentalmente, alguns modelos de negócios apoiam os métodos de desenvolvimento de código aberto, e publicar as próprias descobertas tornou-se uma parte importante da estratégia de gestão de PI (Chesbrough e Appleyard, 2007). As diferentes perspectivas parecem refletir perspectivas complementares no processo de inovação, uma vez que os usuários podem ser fontes particularmente importantes de inovação nas fases iniciais de desenvolvimento industrial, enquanto o envolvimento da empresa é geralmente necessário para desenvolvimento posterior e aumento de escala na indústria (cf. Baldwin, Hienerth e von Hippel, 2006; Bogers, Afuah e Bastian, 2010; Shah e Tripsas, 2007). Em outras palavras, depois das invenções iniciais dos usuários, os modelos de negócios auxiliam a avançar ainda mais os produtos e processos relevantes pela captura de alguns conhecimentos de bens públicos, atraindo capital, inovações em escala e, assim, criando um negócio ou empresa economicamente sustentável.

1.4 RESPONDENDO ÀS CRÍTICAS SOBRE INOVAÇÃO ABERTA

Um resultado da crescente atenção acadêmica que a inovação aberta tem recebido é o surgimento de críticas ao conceito. Essas críticas são uma inestimável parte do processo acadêmico. Elas desafiam argumentos fracos ou sem sustentação e destacam os erros na lógica ou lacunas nas evidências comprobatórias. Isso só é apropriado, portanto, para discutir tais críticas, avaliar os seus principais argumentos e fornecer uma resposta que pode orientar futuros acadêmicos em sua própria avaliação da inovação aberta.

Em geral, as críticas são amplamente caracterizadas por dois argumentos principais. Primeiro, alguns têm argumentado que a inovação aberta, desde que foi introduzida por Chesbrough (2003a), não é de fato um fenômeno novo. Isso implica que a inovação aberta não chega a ser um padrão de uma nova visão válida para a inovação. Uma crítica resume esse ponto de vista com a expressão, "vinho velho em garrafas novas" (Trott e Hartmann, 2009) no título, enquanto os outros declaram em seu título "Quanto mais as coisas mudam..." (ou *Plus ça change...*)[N.T.iv] (Mowery, 2009). Uma segunda alegação diferente é que inovação aberta explica algo novo, mas esses novos fenômenos podem ser explicados por um conceito já estabelecido. Isso implica que nós não precisamos de um novo conceito ou teoria para explicar o fenômeno. Essa crítica reivindica que a inovação aberta pode ser uma "barreira de comunicação para o desenvolvimento da teoria" (Groen e Linton, 2010).

1.4.1 VINHO VELHO EM GARRAFAS NOVAS?

Trott e Hartmann (2009) se engajaram em uma leitura pormenorizada do livro de Chesbrough (2003a) e o submeteram a uma análise retórica. Eles argumentam que o conceito de inovação fechada era uma espécie de espantalho retórico[N.T.v] que nenhuma empresa jamais havia seguido. Afirmam que as empresas sempre estiveram abertas em seus processos de inovação, de modo que não houve nenhuma mudança real no paradigma de inovação fechada para aberta. Existem, no entanto, pontos específicos no livro de 2003 que realmente explicam um fenômeno novo. Chesbrough (2003a) identificou fatores de erosão que influenciaram e mudaram as condições sob as quais a inovação acontece (por exemplo, o aumento da mobilidade dos trabalhadores, universidades mais capazes, declínio da hegemonia dos Estados Unidos e acesso crescente de *startups* ao capital de risco), dando origem a um novo paradigma em que empresas precisam ser abertas para inovação e se beneficiar mais com essa abertura. Isso não implica que os elementos individuais de inovação aberta estavam ausentes no paradigma anterior, mas sim que agora se combinam para formar um novo paradigma para gerir a inovação. Esses pontos, no entanto, não foram discutidos na análise de Trott e Hartmann.

Também criticam o livro por considerar em quantidade insuficiente a literatura acadêmica anterior no desenvolvimento da inovação aberta. Notamos, entretanto, que muitas das 174 notas de rodapé no livro de Chesbrough (2003a) citam pesquisas acadêmicas anteriores. E podemos observar que Trott e Hartmann adotam seu próprio espantalho retórico em sua crítica, considerando apenas uma obra em um volume muito maior de pesquisa. Isso significa que a crítica daqueles autores é inteiramente baseada no livro de Chesbrough (2003a), que foi destinado a gestores, bem como a acadêmicos. Em contraste com os gestores, que precisam de estruturas para dar sentido a fenômenos complexos (e têm uma tolerância limitada para o trabalho acadêmico anterior), os acadêmicos são um tipo diferente de público, que exige limites e condições para um novo conceito, bem como extensas referências à literatura anterior. Tudo isso está presente no livro de Chesbrough et al. (2006) e nos muitos trabalhos acadêmicos que foram posteriormente inspirados por esse trabalho, mas nada disso foi completamente considerado nessa crítica de 2009.

Finalmente, Trott e Hartmann juntaram a literatura anterior de uma grande variedade de áreas em sua crítica à inovação aberta. A nosso ver, isso realmente mostra um dos benefícios do conceito de inovação aberta, ou seja, que se trata de uma nova síntese de muitos pontos previamente distintos. Trott e Hartmann reconhecem isso nos parágrafos finais de seu trabalho, em que destacam o valor do conceito de inovação aberta em alcançar "novos públicos [...] que a literatura de inovação e de P&D não conseguiu alcançar por muitos anos" e a criação dos "laboratórios da vida real" para o estudo dos mecanismos da inovação aberta.

1.4.2 POUCA COISA MUDOU? (*PLUS ÇA CHANGE*?)

O artigo de Mowery (2009) fornece uma crítica diferente à inovação aberta, e de certa forma contrastante, daquela relatada por Trott e Hartmann. Como seu título sugere, a tese de Mowery aponta que os desenvolvimentos da geração passada estão retornando a inovação a um modelo não muito diferente daquele que prevaleceu durante a parte final do século XIX e início do século XX. A discussão de Mowery sobre inovação aberta, lamentavelmente, é incompleta, com pouca atenção dada a qualquer uma das evidências ou à análise apresentada no livro de Chesbrough (2003a), tais como a mudança dos fatores de erosão mencionados anteriormente. Nem ele nem Trott e Hartmann consideraram a pesquisa de inovação aberta subsequente.

No entanto, sua análise detalhada do sistema de inovação dos Estados Unidos ao longo do último século é muito bem-feita e, na verdade, oferece evidências adicionais para alguns dos fatores de erosão observados por Chesbrough (2003a). Sua análise é baseada em fontes de dados secundários, a maioria deles a partir da economia dos Estados Unidos, enquanto o livro de Chesbrough (2003a) foi apoiado principalmente por estudos qualitativos de processos de P&D de empresas específicas, utilizando fontes de dados primários. Porém, apesar das evidências e dos métodos de Mowery se diferenciarem substancialmente do livro de Chesbrough (2003a), seu artigo confirma que o processo de inovação industrial de fato mudou nos últimos quarenta ou cinquenta anos. Isso entra em contraste total com as críticas de Trott e Hartmann, que afirmaram que pouca coisa mudou.

A crítica de Mowery também superestima seu próprio argumento. Há de fato alguma continuidade entre os sistemas de inovação de um século atrás e os sistemas de hoje. Os laboratórios de pesquisa industrial de grande porte que surgiram durante o último século têm diminuído. Contudo, afirmar que retornamos às condições de inovação de um século atrás é ignorar que muita coisa é novidade. As empresas *startups*, o capital de risco, o crescimento da pesquisa universitária financiada pelo governo federal, as regras para PI da Lei Bayh-Dole[N.T.vi] para propriedade de universidades das pesquisas financiadas pelos contribuintes, o fortalecimento da proteção de PI decorrente da criação de uma corte federal dedicada e o crescimento da atividade de P&D nas PME em relação à atividade de P&D atual nas grandes empresas diferem substancialmente do período da segunda revolução industrial (quando algumas das grandes empresas daquela época eram monopólios, como as companhias de estrada de ferro, petróleo, telégrafos e telefones etc.).

Há, no entanto, um comentário muito bom, feito nessa crítica que, em outros aspectos, é incompleta. O contexto institucional é importante para o funcionamento dos processos de inovação em geral e para abrir a inovação em particular. Mowery está certo ao enfatizar que isso precisa ser incluído em qualquer análise da inovação, englobando a inovação aberta. Isso implica que a inovação aberta vai funcionar de maneiras diferentes em diferentes ambientes institucionais e pode não funcionar efetivamente em pelo menos alguns deles. Isso remete ainda a uma área importante para o futuro na pesquisa em inovação aberta.

1.4.3 BARREIRA DE COMUNICAÇÃO?

Finalmente, Groen e Linton (2010) criticam a inovação aberta a partir de uma perspectiva muito diferente da utilizada em qualquer uma das críticas anteriores. Eles reconhecem que muito tem mudado a respeito de inovação industrial desde a geração passada, mas questionam se é preciso recorrer a um novo conceito de inovação aberta para explicá-lo. Na opinião deles, o conceito da cadeia de suprimentos abarca tudo o que é abrangido na inovação aberta. Eles consideram que o termo "inovação aberta" pode estar "dificultando o crescimento em pesquisa e entendimento [porque pode criar] falsas barreiras que inibem a comunicação entre diferentes grupos de acadêmicos" (Groen e Linton, 2010, p. 554).

Mais uma vez, essa crítica gira em torno de definições. Inovação tem a ver com a criação de novos produtos, serviços e processos, enquanto a cadeia de suprimento se refere à gestão dos produtos existentes, serviços e processos em toda a cadeia de valor. Inovação aberta também inclui muito mais agentes da inovação do que o conceito de cadeia de suprimento, desde matéria-prima até o consumidor final. Universidades, consórcios de pesquisa, *spin-offs*, falsos negativos, modelos de negócio, capital de risco, gestão de PI, concursos de ideias, comunidades de inovação – para citar alguns dos *stakeholders* de inovação aberta e processos – que não têm lugar na literatura da cadeia de suprimentos.

Embora a inovação aberta tenha alguma sobreposição com a gestão da cadeia de suprimentos (e também com os modelos de desenvolvimento de produtos, como o modelo Stage Gate de Robert Cooper), chegamos à conclusão oposta de Groen e Linton (2010): a inovação aberta (1) trata especificamente da criação de novos produtos, serviços e processos e (2) abrange um leque muito mais amplo de possíveis *stakeholders*, que geram valor ao usar o termo inovação aberta como distinto da gestão da cadeia de abastecimento.

1.5 ABORDANDO A PAUTA DE PESQUISA PARA INOVAÇÃO ABERTA

No livro anterior, Chesbrough et al. (2006) dedicam um capítulo final ao tema da agenda de pesquisa para a inovação aberta. É útil fazer uma breve revisão desse capítulo e avaliar a pesquisa relatada aqui de acordo com a agenda articulada anteriormente.

1.5.1 NÍVEIS DE ANÁLISE

West, Vanhaverbeke e Chesbrough (2006) delinearam cinco níveis diferentes de análise para futuras pesquisas de inovação aberta:

1. Indivíduos e grupos
2. Empresa / organização
3. Redes interorganizacionais de valor
4. Indústria e setor
5. Instituições nacionais e sistemas de inovação

Esses autores concluíram que um extenso trabalho havia sido realizado na análise do nível da organização e sugeriram que mais pesquisas são necessárias nessas outras áreas de análise.

Os artigos analisados neste capítulo nos permitem atualizar nossa perspectiva sobre a investigação realizada até o momento no âmbito de cada nível de análise. Usando os vinte artigos mais citados na última década, a Tabela 1.3 documenta o primeiro nível de análise para cada artigo.[10] Como mostra a tabela, o nível de análise da Empresa/organização continua a ser o mais examinado nesses artigos muito citados, embora o nível de rede tenha recebido também atenção significativa. Os outros níveis de análise, por comparação, não receberam a mesma quantidade de atenção.

Desde 2006, surgiram alguns novos níveis de análise que podem oferecer um quadro mais refinado para a pesquisa de inovação aberta. Por exemplo, West e Lakhani (2008) argumentaram que as comunidades são um nível distinto de análise, dado que são, em essência, um conjunto extraorganizacional de atores e, assim, diferem da noção de redes interorganizacionais, como proposta por West et al. (2006). Além disso, pode haver diversas unidades de análise intraorganizacional que mostram uma heterogeneidade importante com relação ao desempenho da empresa em inovação aberta, tais como unidades de negócios, áreas funcionais ou projetos de inovação. Por exemplo, Bogers e Lhuillery (2011) mostraram como inovação em P&D, fabricação e marketing foram correlacionados com um conjunto distinto de fontes externas de conhecimento. Em um patamar mais elevado, também podemos considerar a sociedade em geral, dadas as oportunidades de inovação aberta, a partir de, por exemplo, iniciativas como governo aberto e dados abertos. Como tal, os fatores de erosão observados acima precisam serem apoiados por políticas públicas, junto com, por exemplo, políticas adequadas em relação a PI e acesso à pesquisa universitária financiada a partir de fontes públicas (Chesbrough e Vanhaverbeke, 2012; de Jong, Kalvet e Vanhaverbeke, 2010).

A Tabela 1.4, a seguir, mostra uma lista maior de possíveis unidades de análise e objetos de pesquisa que poderiam ser mais explorados em pesquisas futuras. Algumas das pesquisas de inovação aberta, que analisamos aqui, seriam incorporadas a várias unidades de análise ou recombinariam vários objetos de pesquisa, embora ainda não haja uma compreensão mais abrangente da interação por meio de vários níveis de análise, de modo geral (cf. Gupta, Tesluk e Taylor, 2007).

Tabela 1.4 Possíveis unidades de análise e objetos de pesquisa para pesquisa em inovação aberta.

Unidade de análise	Possível objeto de pesquisa
Intraorganizacional	Indivíduo Grupo/time Projeto Área funcional Unidade de negócio
Organizacional	Empresa Outro tipo de organização (não empresa) Estratégia Modelo de negócio
Extraorganizacional	Partes interessadas externas: indivíduos, comunidade, organização
Interorganizacional	Aliança Rede Ecossistema
Indústria	Desenvolvimento industrial Diferenças entre indústrias
Sistemas de inovação regionais	Região local Nação Instituição supranacional
Sociedade	Cidadãos Política pública

1.5.2 CONCLUSÃO

Muito tem sido escrito desde o advento da inovação aberta, há uma década. Milhares de artigos, que foram objeto de numerosas citações, atestam o crescente interesse acadêmico em inovação aberta. Algumas dessas pesquisas são altamente citadas, o que sugere que a inovação aberta não é simplesmente vinho velho em odres novos. Há um novo paradigma que está sendo construído para a concepção de inovação industrial no século XXI. No entanto, tem havido diferentes definições empregadas durante a última década para inovação aberta e, em consequência, a pesquisa que tem sido feita é menos coerente.

Nós propomos a seguinte definição de inovação aberta, na esperança de unificar trabalhos futuros nessa área: a inovação aberta é um processo de inovação distribuída, com base nos fluxos de conhecimento propositadamente gerenciados em toda fronteira organizacional, utilizando mecanismos pecuniários e não pecuniários alinhados com o modelo de negócio de cada organização. Os fluxos de conhecimento podem envolver fluxos de entrada de conhecimento para a organização focal (alavancando fontes de conhecimento externo por meio de processos internos), fluxos de saída de conhecimento de uma organização focal (alavancando o conhecimento interno a partir de processos de comercialização externa) ou ambos (acoplamento de fontes de conhecimento externas e atividades de comercialização).

Sabemos por estudos do papel dos padrões em matéria de inovação que o estabelecimento de normas pode ajudar a direcionar novas inovações em um caminho mais eficiente e produtivo (Shapiro e Varian, 1999). A adoção de uma definição consistente de inovação aberta e o uso dessa definição compartilhada como base para desenvolvimento ajudariam a acelerar nossa compreensão dessa nova abordagem à inovação. Esperamos que a nossa compilação da pesquisa de inovação aberta neste capítulo, ao lado da nossa discussão sobre as definições e críticas, ajudem-nos a avançar nessa direção, como uma comunidade acadêmica.

AGRADECIMENTOS

Nós agradecemos a Wim Vanhaverbeke e Joel West pelo importante *feedback* fornecido desde os primeiros rascunhos.

NOTAS

1   Recuperamos o banco de dados que serviu de base para nossa análise em 10 de julho de 2012. Limpamos o banco de dados, completando aqueles que faltavam (por exemplo, resumos). Essas informações foram obtidas no site da editora.

2   Especificamente, o banco de dados utilizado foi SCI-EXPANDED. Nós não incluímos os anais de conferências, que também são indexados pela *Web of Science*.

3   Desses 941 artigos, 731 citaram Chesbrough (2003a) e 411 têm "inovação aberta" no título, resumo ou palavras-chave.

4   Apenas uma busca no SSCI retorna 679 artigos que citam Chesbrough (2003a) e 337 com "inovação aberta" no título, resumo ou palavras-chave; combinados são 828 artigos.

5   Notavelmente ausentes nessa lista estão as obras de Eric von Hippel, um acadêmico de inovação muito citado que tem escrito extensamente sobre fontes de inovação. Essa ausência pode ser atribuída ao enquadramento do seu trabalho, que representa uma perspectiva complementar (mais adiante) e que geralmente não usa a expressão "inovação aberta" nem cita Chesbrough (2003a) e, assim, não supriu os critérios de nossas amostras, exceto von Hippel e von Krogh (2006) e o mais recente Baldwin e von Hippel (2011).

6   Para esse propósito, usamos Wordle.net, que se baseia em um algoritmo para apresentar nuvens de palavras que "dão um maior destaque às palavras que aparecem com maior frequência no texto-fonte" (http://www.wordle.net; acessado: 9 jul. 2012). Como o tamanho relativo das palavras é determinado pelo número de vezes em que ela ocorre, essa é uma ferramenta útil para identificar alguns dos temas recorrentes em um corpo da pesquisa. Note-se que Wordle pode excluir automaticamente palavras de parada (ou palavras sem significado), tais como "a" e "e".

7   Isso se refere às palavras-chave sugeridas pelos autores nos próprios artigos. Nós também olhamos as palavras-chave propostas pela *Web of Science*, que são baseadas em palavras recorrentes, por exemplo, nas referências dos artigos. Embora existam algumas outras palavras-chave/temas dominantes aqui (por exemplo, "alianças", "biotecnologia", "ciência" e "sistemas"), os resultados encontrados são mais ou menos semelhantes e refletem a nossa análise geral.

N.T.i Bill Joy é o cofundador da Sun Microsystems e, na área de gestão, a Lei de Joy é conhecida como um princípio no qual "não importa quem você seja, a maioria das pessoas mais inteligentes trabalha em outra empresa", dita por Joy em resposta a uma declaração de Bill Gates.

8 Em nossa experiência, organizações públicas e sem fins lucrativos geralmente resistem à noção de que, de alguma forma, operam com um "modelo de negócio". No entanto, as empresas sem fins lucrativos têm que sustentar suas operações financeiras ao longo do tempo e necessitam adquirir recursos do ambiente para fazer isso. E as organizações públicas também precisam manter apoio político dos órgãos de fomento de pesquisa, a fim de prosseguir as suas atividades. Assim, nesse contexto mais amplo, empresas sem fins lucrativos e organizações públicas têm de criar valor e capturar uma porção desse valor, a fim de continuar a funcionar.

N.T.ii *Spin-in* é a criação de outros negócios/empresas dentro de uma mesma organização.

N.T.iii *Spin-back* é a reaquisição de um negócio que uma organização vendeu para o mercado fruto de uma *spin-out*.

N.T.iv *Plus ça change...* é uma forma curta do francês *"plus ça change, plus c'est la même chose"*, que significa algo como quanto mais as coisas mudam, mais elas permanecem as mesmas.

9 Christensen relata o simpósio intitulado "Open Innovation and the Theory of the Firm: (How) Do Organizations and Boundaries (still) Matter?", organizado por Marcel Bogers e Teppo Felin (ver http://www.marcelbogers.com/?q = AOM2012-OpenInnovationtheory).

N.T.v A expressão usada pelos autores, "espantalho retórico", é um dispositivo retórico que se destina a provar facilmente que sua posição ou argumento é superior a um argumento oposto. No entanto, esse argumento é considerado como uma falácia lógica, porque em sua essência a pessoa que usa o dispositivo deturpa o argumento da outra pessoa. A pessoa faz isso porque, em seguida, torna-se mais fácil derrubar a versão mais fraca do argumento adversário com o próprio contra-argumento mais substancial.

N.T.vi A Lei Bayh-Dole ou Lei de Emendas de Marcas e Patentes é a legislação dos Estados Unidos para lidar com a propriedade intelectual resultante da pesquisa financiada pelo governo federal. A principal mudança feita pela Lei Bayh-Dole estava na propriedade das invenções feitas com financiamento federal. Antes da Lei Bayh-Dole, os contratos de fomento e subvenções federais à pesquisa obrigavam os inventores (onde quer que eles trabalhassem) a atribuir suas invenções que utilizaram financiamento federal para o governo federal. A Lei Bayh-Dole permite que uma universidade, empresa de pequeno porte ou uma instituição sem fins lucrativos possam optar por ter a propriedade de invenção com prioridade sobre o governo.

10 Nossa codificação é baseada na nossa avaliação de qual nível de análise fornece as variáveis principais nos artigos. Na maioria dos casos, podemos amarrar esse esquema de codificação ao conceito de inovação definido anteriormente, embora alguns artigos tenham sido considerados com base na sua relevância complementar e indireta, dada essa definição. Por exemplo, embora Rothaermel et al. (2007) considerem a abertura do ponto de vista da universidade (ou seja, organização), nós o codificamos como uma rede, pois se refere a uma rede de inovação da empresa e, assim, ao potencial de troca (diádico) de conhecimento.

CAPÍTULO 2
Empresas, usuários e inovação
Um modelo interativo de inovação aberta acoplada

Frank Piller e Joel West

2.1 INTRODUÇÃO

Os pesquisadores de inovação aberta (IA) e inovação centrada no usuário (IU) compartilham certos pressupostos e preceitos. Talvez o mais importante seja que eles concordam que o conhecimento relevante sobre inovação está amplamente disperso do lado de fora da empresa (Bogers e West, 2012). Henry Chesbrough (o pai da inovação aberta) escreveu que "geralmente acredita-se que o conhecimento útil seja amplamente divulgado e de alta qualidade" (Chesbrough, 2006b, p. 9), enquanto Eric von Hippel (o pai da inovação centrada no usuário) conclui que "a informação necessária para inovar de importantes maneiras está amplamente distribuída" (Von Hippel, 2005, p. 14).

No entanto, IA e IU estão, na melhor das hipóteses, em perspectivas parcialmente sobrepostas nesse modelo de inovação distribuída. Embora as duas difiram em seus valores e pressupostos, um fator importante em sua comensurabilidade limitada é a tendência a estudar fenômenos diferentes. A inovação aberta é um paradigma centrado na empresa que está principalmente preocupada com alavancagem do conhecimento externo para melhorar a inovação interna e, assim, o desempenho econômico da empresa. A inovação centrada no usuário diz respeito essencialmente aos indivíduos que utilizam a inovação para resolver suas próprias (frequentemente únicas) necessidades, sem levar em conta o sucesso das empresas e, geralmente, como parte de uma comunidade socialmente incorporada.

No presente capítulo, vamos nos concentrar na sobreposição dessas duas perspectivas: quando usuários individuais inovam de forma a melhorar as ofertas da empresa. Em alguns casos, as empresas alavancam as inovações existentes de usuários; em outros casos, empresas e usuários colaboram para criar inovações que têm tanto utilidade ou valor social para usuários como valor comercial para as empresas. Começamos por rever a literatura sobre inovação aberta e aquela centrada no usuário e, então, contrastar as suas premissas sobrepostas e divergentes. A partir disso, resumimos e ampliamos a pesquisa sobre o processo "acoplado" de inovação aberta sugerido por Gassmann e Enkel (2004), identificando três dimensões distintas dos processos acoplados: a natureza do ator externo (indivíduo *vs.* organização), a topologia de colaboração (diádico *vs.* rede) e o lócus da inovação (seja de colaboração entre esforços separados, seja em um processo conjunto de cocriação interativa).

Combinando esses fluxos, vamos nos concentrar especificamente na produção conjunta de inovação por firmas e indivíduos. Propomos um modelo de quatro fases de inovação aberta acoplada interativa que combina as concepções anteriores de inovação aberta de fora para dentro com as ferramentas e processos de colaboração que tornam tais produções possíveis (West e Bogers, 2014; Diener e Piller, 2013). Nosso modelo conecta a literatura de inovação aberta e centrada no usuário com a perspectiva de cocriação, uma escola de pesquisa da literatura de marketing que tem sido em grande parte desconectada da inovação aberta. Então, discutimos cada uma das fases desse modelo a partir das perspectivas da inovação aberta e da inovação centrada no usuário. Concluímos este capítulo com sugestões específicas para pesquisas futuras.

2.2 COMPARAÇÃO ENTRE INOVAÇÃO ABERTA E INOVAÇÃO CENTRADA NO USUÁRIO

Os pesquisadores da inovação aberta e da inovação centrada no usuário têm perspectivas sobrepostas, mas não totalmente congruentes, sobre o processo de inovação externo à empresa, inclusive como as empresas podem tirar partido das inovações vindas de indivíduos externos, tais como usuários ou consumidores. A Tabela 2.1 resume alguns dos atributos-chave dessas duas grandes áreas de investigação.[1]

Tabela 2.1 Comparação entre inovação aberta e centrada no usuário.

	Inovação aberta	Inovação centrada no usuário
Referências principais	Chesbrough (2003, 2006)	Von Hippel (1988, 2005)
Ator principal do estudo	Empresa (Lab de P&D)	Usuário individual
Princípios-chave	• O conhecimento está amplamente disperso além de uma mesma empresa. • As inovações devem estar alinhadas com o modelo de negócio da empresa. • As empresas deveriam adotar tanto as alternativas internas quanto externas.	• Os usuários têm apenas informações "pegajosas". • Quando capacitados, eles vão resolver suas próprias necessidades. • Muitos irão revelar livremente para terceiros.
Objetivo principal da transferência	• Conhecimento tecnológico na forma de PI ou tecnologias.	• Informação sobre necessidades e ideias de como transformar necessidades em soluções.
Arranjo institucional típico para transferência de conhecimento	• Contratos de pesquisa. • Aquisição e venda de licenças; acordos de transferência de PI. • *Crowdsourcing* baseado em competições para soluções técnicas.	• Método do usuário principal. • Comunidades de usuários.
Práticas de PI representativas	• Patentes. • Contratos de licenciamento.	• Revelações livres. • Licenças de códigos abertos ou do tipo *creative commons*.
Governança do processo de inovação	• Modelo privado.	• Modelo coletivo ou privado/coletivo.
Motivações dos autores para se engajar em inovação distribuída	• Incentivos monetários. • A inovação é vista como um "mercado financeiro".	• Incentivos ao uso próprio. • Incentivos sociais. • A inovação é vista como um "mercado social".
Decisão gerencial principal	• Construir a capacidade de absorção. • Definir e defender PI. • Organização interna para IA. • Definir métricas para IA.	• Identificar usuários principais. • Estabelecer estratégias conectadas à inovação centrada no usuário. • Definir regimes justos de coordenação. • PI abertas.
Outras correntes de pesquisa relacionadas	• Redes de P&D/alianças estratégicas. • Contratos de pesquisa entre universidade e empresa. • Teoria da capacidade de absorção.	• Métodos de pesquisa de mercado em inovação do tipo "voz do cliente". • Projetos participativos. • Produção social.

2.2.1 INOVAÇÃO CENTRADA NO USUÁRIO: APRENDENDO COM OS USUÁRIOS PRINCIPAIS

A inovação centrada no usuário foi proposta por von Hippel (1988, 2005, 2010) como um modelo alternativo à visão dominante na gestão de operações de que a inovação resulta das atividades daqueles que produzem e gerenciam. Nesse modelo, os usuários não são "consumidores" dos produtos criados pelas empresas "fabricantes", mas, em vez disso, estão habilitados (muitas vezes como "autofabricantes") para criar os seus próprios produtos e serviços. Os usuários podem ser indivíduos ou empresas, ambos focados unicamente em suas próprias necessidades ou colaborando em comunidades para compartilhar suas criações. A inovação centrada no usuário, assim, tem três premissas fundamentais: os usuários têm informações exclusivas sobre suas necessidades, quando capacitados vão criar soluções para essas necessidades, e podem livremente revelar seus resultados para terceiros (von Hippel, 2010).

Grande parte dos trabalhos empíricos mostrou que os usuários têm sido os autores de muitos produtos industriais e de consumo (Urban e von Hippel, 1988; von Hippel, Ogawa e de Jong, 2012). Especialmente quando os mercados estão em um ritmo rápido ou turbulento, os chamados usuários líderes enfrentam necessidades específicas à frente do resto do mercado. Quando necessitam de algo que não está disponível no mercado, os usuários têm um incentivo para inovar a partir da utilização direta de benefícios que obtêm a partir de seus esforços para inovação. Os usuários são definidos como indivíduos (ou empresas) que esperam se beneficiar ao utilizar um design, um produto ou um serviço (Baldwin e von Hippel, 2011). Em contrapartida, os fabricantes esperam se beneficiar da venda da inovação. Esses usuários líderes não são "clientes médios", que raramente são inovadores (cf. Christensen, 1997); em vez disso, eles são "usuários extremos" que (1) enfrentam necessidades que se tornarão gerais no mercado muito mais cedo do que esse mercado as encontraria e (2) que estão posicionados de modo a se beneficiar significativamente com a obtenção de uma solução para essas necessidades (von Hippel, 1988).

A literatura inicial sobre inovação centrada no usuário claramente concentra-se no usuário líder como o ator principal que está inovando de forma autônoma para resolver a sua própria necessidade (von Hippel, 1988). No entanto, as pesquisas posteriores também descobriram que eles se envolvem em um forte compartilhamento de conhecimentos e de codesenvolvimento em comunidades de outras comunidades de usuários (Franke e Shah, 2003; Füller, Matzler e Hoppe, 2008). Dentro dessas comunidades, os usuários têm sido levados muitas vezes a revelar livremente ideias inovadoras para as empresas e outros usuários (Harhoff, Henkel e von Hippel, 2003), ou seja, eles compartilham suas ideias, conhecimentos e invenções com outros usuários sem exigir nem ter uma expectativa de compensação. Essas comunidades podem operar independentemente de empresas ou mesmo lidar com os produtos de empresas de uma forma não autorizada (Flowers, 2008). Por exemplo, um estudo de quatro comunidades de equipamentos esportivos descobriu que um terço dos membros da comunidade melhorou ou mesmo desenvolveu suas próprias inovações para o equipamento, geralmente impulsionados por colaborações de outros membros da comunidade (Franke e Shah, 2003; ver também Jeppesen e Frederiksen, 2006). As comunidades nas quais os usuários inovadores colaboram para desenvolver novos produtos ou serviços frequentemente são construídas em fóruns de discussão relacionados ao produto, em que os usuários trocam experiências e apoiam uns aos outros ao utilizar um produto (Sawhney e Prandelli, 2000; Füller et al., 2006).

Outra pesquisa recente estudou processos de colaboração entre usuários[2] e empresas fabricantes que buscam comercializar as inovações centradas no usuário. Em primeiro lugar, tais empresas podem se envolver em pesquisas sobre usuários líderes (Churchill, von Hippel e Sonnack, 2009) ou aplicar o método de usuário líder (Lilien et al., 2002; Omke e Von Hippel, 2001) em um processo de busca sistemática orientada pelos fabricantes para identificar pessoas com características de usuários líderes, tanto de sua própria indústria como dos mercados análogos, e envolver-se em um processo colaborativo de resolução de problemas usando oficinas de geração de conceitos. Em segundo lugar, alguns usuários líderes criam suas próprias empresas para comercializar suas próprias inovações, um processo que Shah e Tripsas (2007) chamaram de "empreendedorismo de usuário".

Finalmente, em outros casos, as empresas facilitam a criatividade do usuário, criando plataformas dedicadas a inovar com os usuários (Piller e Walcher, 2006). Um exemplo são os kits de ferramentas para a inovação do usuário que fornecem uma interface conveniente para que o usuário possa criar seus próprios projetos, utilizando uma biblioteca de módulos e funcionalidades básicos (von Hippel, 2001; Franke e Piller, 2004). Um método relacionado é a implementação de plataformas de geração de ideias para entradas contínuas do usuário, como o IdeaStorm da Dell (Bayus, 2013). As ideias geradas nessas plataformas são frequentemente mais radicais (Poetz e Schreier, 2012), e também de maior valor comercial (Nishikawa et al., 2012), em comparação com ideias desenvolvidas internamente, no entanto, também são mais difíceis de serem realizadas. Por isso, as empresas poderiam lucrar a partir de uma colaboração mais profunda com usuários inovadores para obter entradas para a implementação técnica dessas ideias. Concluindo, a literatura sobre inovação centrada no usuário tem se desenvolvido a partir de seu foco puro nas publicações originais sobre usuários inovadores em direção a uma noção da interação entre usuários e empresas. Contudo, a pesquisa que examina em profundidade o processo de colaboração entre os usuários e as empresas ainda é bastante escassa.

2.2.2 INOVAÇÃO ABERTA: ACESSANDO FLUXOS DE ENTRADA INTENCIONAIS

A concepção original da inovação aberta identificou dois modos de fluxos de conhecimento: o fluxo de dentro para fora (*inbound* ou *inside-out*) e o fluxo de fora para dentro (*outbound* ou *outside-in*) (Chesbrough, 2003a; ver também West e Gallagher, 2006; e o Capítulo 1). O modo de fora para dentro não está diretamente relacionado com a inovação centrada no usuário e, assim, não será discutido neste capítulo. O modo de dentro para fora da inovação aberta envolve, como Chesbrough (2006b, p. 1) colocou, "o uso intencional de fluxos de entradas [...] de conhecimento para acelerar a inovação interna". Tal modelo combina tecnologias desenvolvidas externa e internamente para produzir uma oferta que é comercializada pela empresa principal. As etapas-chave desse processo incluem busca por inovações externas, seleção e aquisição de inovações adequadas, integração delas nos esforços de P&D da empresa e colocação no mercado (West e Bogers, 2014).

Como originalmente inspirado pela análise de Chesbrough (2003a) de grandes empresas industriais, como IBM, Intel e P&G, a pesquisa sobre inovação aberta vem tendendo a focar fornecedores organizacionais de tal tecnologia (Chesbrough, 2003b; West et al., 2006; ver West e Bogers, 2014, para uma revisão). O pressuposto implícito (ou, às vezes, explícito) é que tais fornecedores organizacionais têm motivações econômicas, sejam empresas que buscam o lucro por meio da inovação aberta de dentro para fora, como os comerciantes de inovação de Chesbrough (2003b), sejam universidades ou laboratórios de pesquisa sem fins lucrativos que procuram financiar seus esforços de P&D (cf. Jensen e Thursby, 2001).

A maioria das pesquisas sobre inovação aberta tem se concentrado em corporações que absorvem estoques de conhecimentos externos ou de propriedade intelectual (PI), como uma entrada para o seu processo de inovação, em troca de uma compensação monetária. No entanto, alguns pesquisadores têm ido além desse foco e também investigam intercâmbios e/ou trocas não pecuniárias entre indivíduos. Alguns poucos estudos identificaram exemplos de por que as organizações podem fornecer tais inovações por razões não pecuniárias (Chesbrough, 2003b; Dahlander e Gann, 2010). Por exemplo, os parceiros externos podem ser indivíduos ou empresas que podem estar engajados individualmente ou ser parte de comunidades mais amplas, e sua apropriação da inovação pode incluir o uso pessoal ou a comercialização com concorrentes (West et al., 2006; West e Lakhani, 2008).

Uma quantidade muito menor de trabalhos tem identificado o papel potencial dos indivíduos como potenciais contribuidores para os esforços da empresa. Esses indivíduos podem ter razões econômicas, sociais ou alguma outra combinação de motivos (West e Gallagher, 2006; Jeppesen e Lakhani, 2010; Dahlander e Gann, 2010). Embora inspirada e teoricamente motivada por uma perspectiva diferente, a pesquisa sobre empresas comercializando inovações centradas no usuário ou cooperando com os usuários inovadores é altamente coerente com essa perspectiva de inovação aberta. No entanto, a inovação aberta de fora para dentro tende a se concentrar em como as empresas se beneficiam de tais inovações, sem dar muita atenção aos motivos dos fornecedores, enquanto a inovação centrada no usuário tende a enfatizar a motivação da utilidade do inventor individual, sem prestar muita atenção nos motivos dos contribuidores individuais. Uma exceção importante é Dahlander e Wallin (2006), que compararam as motivações das contribuições patrocinadas por empresas e individuais para a comunidade de *software* livre.

2.2.3 COMPARAÇÃO DE INOVAÇÃO ABERTA E CENTRADA NO USUÁRIO

A inovação centrada no usuário e a inovação aberta têm interesses que se sobrepõem em um processo de inovação distribuída. Por exemplo, quando as empresas têm como fonte de ideias os indivíduos – independentemente de seguirem as máximas de inovação centrada no usuário ou inovação aberta –, isso requer que elas cooperem para o fornecimento de conhecimento técnico a partir das fronteiras da empresa, rejeitando-se o modelo tradicional de inovação integrada verticalmente (cf. Bogers e West, 2012). No entanto, existem diferenças essenciais. Por exemplo, a inovação aberta continua com a visão tradicional da corporação como o lócus da produção, enquanto a inovação centrada no usuário antecipa (e frequentemente defende) a descentralização da inovação das empresas para usuários individuais (cf. von Hippel, 2005; Baldwin e von Hippel, 2011; Füller, Schroll e von Hippel, 2013). Isso se compara ao impulso da mudança de paradigma respectivamente promulgado por Chesbrough (2003a) e von Hippel (2005) – o primeiro defende um melhor desempenho ao tornar as fronteiras da empresa mais permeáveis, ao passo que o segundo defende suplantar as empresas pela "democratização" da inovação.

As perspectivas de IA e IU estão associadas a um extremo particular em uma série contínua de alternativas de pelo menos três formas: a inovação aberta (consistente com sua perspectiva centrada na empresa) continua com o papel tradicional das empresas, enquanto a inovação centrada no usuário enfatiza a independência do controle da empresa. Incluem:

(1) *Para a propriedade intelectual*, o modelo de inovação aberta, particularmente aquele da comercialização de dentro para fora das tecnologias desenvolvidas internamente, tende a enfatizar a forte apropriação e um agressivo reforço da PI como uma pré-condição para o sucesso em IA (Chesbrough, 2003c; West, 2006). As empresas são certamente passíveis de uma fraca PI ao oferecer uma fonte barata de inovações de fora para dentro, ou seja, se os inovadores estão dispostos a desenvolver ou as agências governamentais estão dispostas a financiar inovações sem nenhum custo (Chesbrough, 2003b; West et al., 2006; Dahalnder e Gann, 2010).

A pesquisa sobre inovação centrada no usuário desafia essa perspectiva com sua ênfase nos usuários "que revelam livremente", ou seja, que entregam voluntariamente a propriedade das suas inovações (Harhoff, Henkel e von Hippel, 2003; Henkel, 2006). Esses usuários estão interessados em usar a inovação; eles se beneficiam quando uma empresa (ou outros usuários) assume as suas ideias – idealmente em um produto comercial totalmente financiado. Os usuários podem também revelar livremente se o custo da obtenção da proteção da PI é muito alto. Finalmente, os usuários revelam livremente como um sinal de reciprocidade quando também usam, em seus próprios esforços de inovação, outras informações que foram livremente reveladas (Harhoff; Henkel e von Hippel, 2003; Jeppesen e Frederiksen, 2006). Juntos, a prática de revelar livremente as informações ajuda tanto o bem-estar individual como o social (von Hippel, 2005).

Para enfatizar suas diferenças das políticas de PI na definição de "inovação aberta" de Chesbrough (2003a), von Hippel se refere a este modelo de PI colaborativa como "inovação aberta distribuída" (von Hippel, 2005; von Hippel e de Jong, 2010) e "inovação aberta centrada no usuário" (von Hippel, 2010; Baldwin e von Hippel, 2011). Como Baldwin e von Hippel (2011, p. 1400) relatam:

Uma inovação é "aberta", em nossa terminologia, quando toda a informação relacionada com a inovação é um bem público – não rival e não excludente [...] Ela difere fundamentalmente do recente uso desse termo para se referir a permeabilidade organizacional – a "abertura" da organização para a aquisição de novas ideias, patentes, produtos etc., de fora das suas fronteiras, frequentemente pelo licenciamento da propriedade intelectual protegida (Chesbrough, 2003a).

(2) As diferenças nas concepções de PI levam diretamente a um segundo par de opções, entre os *modelos privados versus coletivos* de como a inovação é financiada, organizada e controlada (von Hippel e von Krogh, 2003; Gassmann, Enkel e Chesbrough, 2010). No primeiro modelo, o controle privado da inovação e os seus retornos fornecem incentivos econômicos para um agente privado (geralmente, uma empresa) investir em desenvolver e desdobrar uma inovação; tal modelo está implícito nos estudos sobre a inovação aberta. A literatura inicial sobre inovação centrada no usuário implicitamente seguia um modelo privado individualista, quando os usuários líderes serviam ao interesse privado para resolver as suas próprias necessidades (von Hippel, 1988). No entanto, o modelo de inovação centrada no usuário mais tarde se expandiu para incluir as comunidades de usuários, as quais implicam um processo de cooperação entre múltiplos agentes (frequentemente individuais), que colaboram tanto na criação de inovações como no compartilhamento dos seus benefícios. Embora a pesquisa tenha enfatizado esses extremos, uns poucos modelos híbridos público-privados foram identificados, particularmente em *software* livre (von Hippel e von Krogh, 2003; West, 2003).

(3) Finalmente, há uma distinção *entre mercados monetários e mercados sociais* como incentivos para organizar a participação (Piller, Vossen e Ihl, 2012). Heyman e Ariely (2004) constataram que as pessoas despendem mais esforço na troca sem nenhum pagamento (no mercado social) do que quando recebem um baixo pagamento (o mercado monetário). Por mais que Dahlander e Gann (2010) identificassem motivos pecuniárias e não pecuniários para o compartilhamento da inovação, aqui nós aplicamos a tipologia de motivação para a tarefa de Heyman e Ariely para sugerir dois tipos de mercados para a inovação:

- Os mercados monetários consistem em mercados para inovação externa que são organizados em torno de incentivos econômicos (monetários) trocados por ideias e soluções (por exemplo, Terwisch e Xu, 2008; Jeppesen e Lakhani, 2010; Boudreau, Lacetera e Lakhani, 2011). Isso pode levar a uma competição darwinista de valor nulo, em que os inovadores competem entre si para obter uma fração máxima de um prêmio limitado – como pode ser observado em um concurso de geração de ideia em que os participantes são procurados por meio de uma "pesquisa de difusão". Em geral, a inovação aberta segue esse ponto de vista dos mercados monetários como regime para premiar colaboradores externos para o processo de inovação da empresa.

- Os mercados sociais se baseiam nas relações de trocas sociais e são, em grande medida, construídos sobre incentivos não monetários para os participantes, como diversão ou realização de tarefas (cf. von Hippel e von Krogh, 2003, 2006), para alcançar as expectativas de resultados que melhorem a sua própria experiência de uso ou a dos outros (Harhoff, Henkel e von Hippel, 2003), ou por meio de normas de cooperação mútua e reciprocidade (Lakhani e von Hippel, 2003). Essa é a abordagem mais frequentemente usada em inovação distribuída para fins não comerciais, tal como com as comunidades ou oficinas de usuários líderes. Ela domina a literatura original sobre inovação centrada no usuário.

Naturalmente, os mercados podem ser organizados para combinar os dois tipos de incentivos, quer por meio de diferentes membros da mesma comunidade (Hars e Ou, 2002) ou de indivíduos que podem ter motivações tanto econômicas como sociais que contribuam para a inovação (Piller, Vossen e Ihl, 2012).[3] Juntas, essas três distinções entre IA e IU identificam áreas de tensão entre os interesses das empresas e os dos usuários individuais quando eles colaboram. Enquanto as empresas procuram colaborar para melhorar a sua inovação, eles tendem a fazê-lo no contexto do controle privado da PI e nas motivações de retornos econômicos privados. Por outro lado, a partir da utilidade pessoal em vez do ganho econômico, os usuários frequentemente buscam compartilhar suas criações por meio de um processo de ação coletiva e intercâmbio social.

2.3 UMA ABORDAGEM INTERATIVA PARA INOVAÇÃO ABERTA ACOPLADA

Com base na literatura sobre inovação aberta e inovação centrada no usuário, nós agora focamos em colaborações em que as empresas e os indivíduos, em conjunto, criam novos conhecimentos ou outras entradas para um processo de inovação. Na literatura de IA, essa compreensão se assemelha muito ao modelo de IA acoplada, como identificado por Gassmann e Enkel (2004). Contudo, o nosso modelo difere das alianças formais interempresas que foram o interesse original de Gassmann e Enkel.

Estendemos o modelo de IA acoplada utilizando percepções recentes de inovação aberta, inovação centrada no usuário e pesquisa sobre cocriação. Em particular, propomos um modelo interativo de IA acoplada e oferecemos uma tipologia de diferentes categorias nesse modelo. Mostramos, então, como as empresas podem gerenciar a inovação aberta acoplada interativa junto com usuários individuais.

2.3.1 REFINANDO O MODELO DE INOVAÇÃO ABERTA ACOPLADA

Gassmann e Enkel (2004; Enkel; Gassmann e Chesbrough, 2009) identificaram o terceiro modo de inovação aberta, o "acoplado", além dos processos originais de dentro para fora e de fora para dentro identificados por Chesbrough (2003a). Definindo-o como "trabalhar em alianças com parceiros complementares", eles explicam:

> As empresas que decidem sobre o modo acoplado como um processo-chave combinam o processo de fora para dentro (para adquirir conhecimento externo) com o processo de dentro para fora (para levar ideias para o mercado). A fim de fazer os dois processos, essas empresas cooperam com outras empresas em redes estratégicas (Gassmann e Enkel, 2004, p. 12).

Tal como proposto por Gassmann e Enkel, o conceito focado na perspectiva tradicional de alianças entre empresas teve um desenvolvimento teórico limitado apesar do potencial para aplicação generalizada na pesquisa sobre inovação aberta. Na sua revisão de 165 artigos sobre inovação aberta, West e Bogers (2014) encontraram setenta artigos (42%) que poderiam ser classificados como relativos ao modo acoplado de inovação aberta (embora muitos não usem esse termo). Aqui, vamos estender essa concepção ampla de processos acoplados identificando quatro importantes dimensões (Tabela 2.2).

Tabela 2.2 Múltiplas dimensões dos processos acoplados de inovação aberta.

Dimensão	Alternativas
Atores externos	• Empresas: clientes, fornecedores, complementares, concorrentes. • Outras organizações: universidades, centros de pesquisa, governo e outras instituições sem fins lucrativos. • Indivíduos: clientes, usuários, inventores, cidadãos.
Topologia acoplada	• Diádico: único parceiro. • Rede: múltiplos parceiros. • Comunidade: uma nova entidade interorganizacional.
Ímpeto para colaboração	• De cima para baixo: iniciada pela alta direção. • De baixo para cima: desenvolvida pelos empregados ou por colaborações dos clientes.
Lócus da inovação	• Bidirecional: inovação criada dentro de cada organização. • Interativa: inovação criada conjuntamente de fora das organizações.

A primeira dimensão é a *natureza do ator externo*. A ênfase original em inovação aberta acoplada ocorreu em empresas como parceiros externos; assim como com outras colaborações de inovação aberta, tais empresas poderiam ser fornecedoras, clientes, complementadores ou até mesmo concorrentes (West, 2006). No entanto, os parceiros externos para processos acoplados também podem incluir organizações sem fins lucrativos (universidades ou laboratórios de pesquisa) ou indivíduos; esses parceiros potenciais diferem no que produzem e na forma como produzem e comercializam a inovação (West et al., 2006; Capítulo 9). Diferenças entre atores também podem levar a diferenças em incentivos, coordenação e governança da colaboração entre as duas partes.

A segunda dimensão é a *topologia* do relacionamento com os atores externos. A colaboração diádica com um único parceiro externo corresponde à extensa literatura sobre alianças estratégicas (por exemplo, Gomes-Casseres, 1996). É a forma mais comum, respondendo por cerca da metade das pesquisas sobre o processo acoplado estudado por West e Bogers (2014), que identificam duas topologias adicionais para o modo acoplado de inovação aberta: redes de colaboradores (por exemplo, Vanhaverbeke, 2006) e colaboração com as comunidades voluntárias (West e Lakhani, 2008).[4]

A terceira dimensão é o *ímpeto para a colaboração*. A maior parte da literatura sobre inovação aberta, incluindo sobre alianças em rede e outras abordagens de IA acoplada, enfatiza a intenção estratégica da empresa para atingir determinados objetivos. Por exemplo, Lee e outros (2010) subdividiram as colaborações em IA de pequenas empresas em três estratégias: cliente-fornecedor, alianças estratégicas diádicas e redes interorganizacionais. Enquanto isso, a pesquisa sobre *software* livre (por exemplo, Henkel, 2009) documentou o papel de cada funcionário na iniciação, direção e implementação da colaboração com as comunidades externas. A esse respeito, a diferenciação entre o ímpeto de cima para baixo *versus* o de baixo para cima aproxima-se à distinção proposta por Mintzberg (1978) entre as estratégias intencionais e emergentes.

A quarta dimensão refere-se ao *lócus do processo de inovação*. Aqui traçamos uma distinção entre duas abordagens que denominamos "bidirecional" e "interativa". No caso da abordagem bidirecional, dois atores (tipicamente organizações) continuam seus esforços isolados na criação de inovação e de outros conhecimentos úteis, mas, em seguida, compartilham esse conhecimento; isso é o que mais se aproxima da definição de Gassmann e Enkel (2004) dos fluxos de entrada e saída combinados. Em alguns casos, o compartilhamento de conhecimento se assemelha reciprocamente ao compartilhamento da inovação centrada no usuário, porém formalizada por meio de contratos ou outros instrumentos jurídicos. Em outros casos, os fluxos recíprocos são explicitamente rentabilizados a partir de licenças ou outros termos do pagamento, tão comum, por exemplo, para os padrões de telefonia móvel (West, 2006; Bekkers e West, 2009).

No entanto, acreditamos que há também uma colaboração interativa entre dois atores que são qualitativa e quantitativamente diferentes da forma bidirecional. Em vez de usar o fluxo de conhecimento para ampliar os esforços de criação da inovação interna (e comercialização) da empresa, a criação do conhecimento na abordagem interativa ocorre externamente a uma empresa individual. Em vez disso, as saídas inovadoras estão sendo criadas em uma atividade colaborativa de todas as partes. Tal criação conjunta externa de inovação difere das formas bidirecionais em que a inovação (ou conhecimento inovador) é criada, por quem é criada, na forma como o processo é regido e no modo como o retorno pode ser apropriado (Chesbrough, 2011). É esta última compreensão da inovação aberta, acoplada como um *processo interativo e colaborativo* de criação de valor conjunto, que é o foco do restante deste capítulo. Vemos isso como uma segunda forma de inovação aberta acoplada, distinta da concepção original bidirecional de Gassmann e Enkel (ver Figura 2.1).

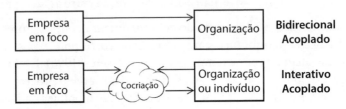

Figura 2.1 Duas formas de inovação aberta acoplada.

Esse processo interativo é semelhante à "cocriação", um termo que tem sido popularizado em uma série de livros e artigos por Venkat Ramaswamy e colegas (Prahalad e Ramaswamy, 2004b; Ramaswamy e Gouillart, 2010), que definem cocriação como "a prática de desenvolver sistemas, produtos ou serviços [por uma empresa] por meio da colaboração com clientes, gerentes, funcionários e outras partes interessadas da empresa" (Ramaswamy e Gouillart, 2010, p. 5). O seu ponto de partida é a questão sobre como as empresas podem alavancar a entrada de entidades externas para criar valor por toda a cadeia de valor. A cocriação se originou em um debate anterior na literatura sobre marketing estratégico com Normann e Ramirez (1993), Wikström (1996) ou Vargo e Lusch (2004). Na literatura de gestão da inovação, "cocriação" tem sido quase exclusivamente usada para empresas que colaboram com seus clientes ou outros usuários, embora nem sempre para inovação de produtos. Com base em Roser et al. (2009, p. 9), nós definimos cocriação como um processo ativo, criativo e colaborativo entre uma empresa e indivíduos durante o processo de desenvolvimento de um novo produto/serviço, no qual os participantes contribuem para uma tarefa iniciada e facilitada pela empresa.

2.3.2 O MODELO DE PROCESSO DE COLABORAÇÃO

Com base em pesquisas anteriores, desenvolvemos um modelo de processo para IA acoplada interativa entre empresas e usuários. Nosso modelo combina o de IA interativa de Diener e Piller (2008, 2013) e os modelos de IA de fora para dentro de West e Gallagher (2006) e West e Bogers (2014). Além disso, consideramos a literatura recente sobre a organização de desafios baseados em *crowdsourcing* para geração de ideias e resolução de problemas técnicos (Spradlin, 2012; von Krogh, Wallin e Sieg, 2012). Juntas, essas literaturas sugerem que os esforços de cocriação iniciados pelas empresas implicam quatro etapas principais (Tabela 2.3):

Tabela 2.3 Um modelo de processo para projetos de inovação aberta acoplada.

Estágio do processo	Atividades principais
Definir	• Formulação do problema. • Instituições e regras: incluindo termos de contrato, PI. • Alocação de recursos e compromisso estratégico.
Encontrar participantes	• Identificação dos participantes com as características certas. • Motivação e retenção da massa crítica de colaboradores. • Seleção dos participantes certos.
Colaborar	• Governança do processo de colaboração: organizar, monitorar e policiar. • Plataforma de interação e outras ferramentas. • Abertura das atitudes, estrutura e processos da empresa.
Alavancar	• Integrar conhecimento externo. • Comercializar o conhecimento a partir dos produtos e serviços.

Adaptado de West e Gallagher (2006), Diener e Piller (2008), West e Bogers (2014).

1. **Definir**. A empresa precisa definir o problema que está procurando resolver por meio do envolvimento dos parceiros externos no esforço de cocriação (cf. von Krogh, Wallin e Sieg, 2012). Isso depende das instituições e regras de engajamento, das regras das comunidades que ela cria ou às quais pode aderir (West e O'Mahony, 2008), ou das regras de apropriabilidade mais amplas da sociedade ou economia (cf. Teece, 1986; West, 2006). Finalmente, a empresa precisa determinar os recursos que ela está disposta a fornecer e, mais amplamente, o seu nível de compromisso estratégico com o processo de colaboração (cf. Lazzarotti & Manzini, 2009).

2. **Encontrar participantes**. Um dos principais temas de pesquisa sobre inovação aberta tem sido a busca por parceiros externos alinhados com o conhecimento correto e relevante sobre as necessidades da empresa (ver West e Bogers, 2014, para um resumo). A busca e aquisição de tais conhecimentos dependerão da compreensão e do fortalecimento das motivações dos parceiros externos para criar e compartilhar seus conhecimentos (West e Gallagher, 2006; Antikainen; Mäkipää e Ahonen, 2010).

3. **Colaborar**. O processo-chave de criação de valor em nosso modelo é o processo de colaboração interativa que cria novas inovações. Mesmo depois de uma década, a inovação aberta tem muito a aprender com a pesquisa sobre cocriação que se concentra em como as empresas colaboram com parceiros externos em uma troca colaborativa de conhecimento e benefícios. Isso inclui a criação e a implementação dos processos para colaboração (Prahalad e Ramaswamy, 2004b) e fornece as ferramentas adequadas (como as plataformas habilitadas de TI) que facilitam o processo de colaboração (Diener e Piller, 2013). Finalmente, as empresas enfrentam o desafio intimidador de selecionar as ideias mais promissoras de dezenas ou milhares de colaboradores

potenciais (Terwiesch e Xu, 2008). Essas interações externas supõem que a empresa está disposta a abrir-se para os parceiros externos: o risco de fuga de ideias internas da empresa deve ser ponderado em função dos novos conhecimentos adquiridos a partir da capacitação externa dos colaboradores (cf. Prahalad e Ramaswamy, 2004; Enkel, Gassmann e Chesbrough, 2009).

4. **Alavancar**. Mesmo se essas colaborações forem bem-sucedidas na criação de novos conhecimentos ou inovações, não há nenhuma garantia de sucesso da empresa em tais esforços. Os defensores internos da cocriação devem superar a desconfiança e qualquer outra resistência às fontes externas de ideias de seus colegas, quer uma cultura ostensiva de "não foi inventado aqui", quer barreiras estruturais que prejudiquem a colaboração (Chesbrough e Crowther, 2006; Dodgson, Gann e Salter, 2006; Schiele, 2010). De modo geral, sabemos pouco sobre como (ou quanto) as empresas se beneficiaram, em última análise, com as inovações provenientes de fontes externas: elas usam o mesmo processo de comercialização das fontes internas e são mais ou menos valiosas do que suas contrapartes tradicionais? (West e Bogers, 2014).

Aqui aplicamos o modelo geral para o processo interativo de inovação aberta acoplada para os desafios específicos das empresas que trabalham com clientes, usuários e outros indivíduos externos. Embora nosso foco esteja na colaboração com indivíduos externos, acreditamos que o modelo também seja aplicável para a colaboração com empresas ou outras organizações.

2.3.3 DEFININDO TAREFAS E REGRAS PARA COLABORAÇÃO

Para lançar um processo interativo de IA acoplada, empresas que procuram colaboradores externos devem definir as tarefas e as regras para essa colaboração e alocar recursos internos suficientes para tal esforço.

Formulação do problema: um processo interativo de inovação aberta acoplada começa com a declaração do problema (Jeppesen e Lakhani, 2010; Sieg; Wallin e von Krogh, 2010). O objetivo é criar uma descrição das tarefas que possam ser usadas para atrair colaboradores externos e também para pensar as características desses colaboradores. Isso sinaliza aos indivíduos externos a oportunidade de colaboração e pede aos indivíduos interessados que apresentem uma proposta de solução ou apenas indiquem o seu interesse em aprofundar uma colaboração. A formulação é auxiliada pela modularidade do problema que permite que as tarefas sejam separadas entre os colaboradores internos e externos (Langlois e Garzarelli, 2008).

O processo de formulação de tarefa tem sido bem descrito na literatura com relação aos desafios do tipo *crowdsourcing*. As empresas difundem seus problemas, critérios de desempenho e termos de contratação para uma plateia de potenciais solucionadores, geralmente sob a forma de um "pedido de propostas". Escrever tais especificações implica muitos desafios, incluindo definir com precisão o problema (e escopo), usar a terminologia que será clara para potenciais solucionadores com conhecimento de outros campos e preservar a confidencialidade das necessidades tecnológicas presentes e futuras da empresa (Afuah e Tucci, 2012; Spradlin, 2012; Lüttgens et al., 2014).

Enquanto alguns pesquisadores começaram a estudar essa atividade de formulação de tarefa para desafios que buscam informação técnica (von Krogh, Wallin e Sieg, 2012; Lüttgens et al., 2014), nós não temos conhecimento de pesquisa sobre a formulação do problema para outras formas de inovação aberta acoplada. A pesquisa sobre a inovação centrada no usuário identificou apenas brevemente a definição de um "campo de pesquisa" como o início do processo de pesquisa sobre usuário líder (Churchill, von Hippel e Sonnack, 2009). Da mesma forma, a literatura sobre cocriação não cobriu esse aspecto além de breves referências à sua importância (por exemplo, Ramaswamy e Gouillart, 2010; O'Hern e Rindfleisch, 2009). Contudo, mesmo para a inovação aberta ou centrada no usuário, definir o escopo inicial é fundamental para iniciar um processo de inovação acoplada e evitar o "lixo entra, lixo sai".

Regras de cooperação: Na inovação aberta diádica – de fora para dentro ou acoplada –, as empresas tipicamente adquirem os direitos de conhecimento por meio de um contrato que designa todos os direitos necessários para a empresa (por exemplo, Frenz e Ietto-Gillies, 2009; Jeppesen e Lakhani, 2010). No entanto, em contextos de colaboração mais complexos, outros arranjos são necessários: o exemplo mais estudado é o das comunidades de *software* de código aberto. Se as empresas controlarem firmemente a saída de uma comunidade, então elas acabam desencorajando a participação de colaboradores individuais; assim, as empresas utilizam uma variedade seletiva de estratégias de abertura – controle dos direitos de propriedade intelectual, processo de criação e governança da comunidade – para maximizar o alinhamento com os objetivos da empresa ao mesmo tempo que atraem participantes externos (West, 2003; Shah, 2006; West e O'Mahony, 2008).

Alocação de recursos: a empresa que inicia um processo sustentado de inovação colaborativa deve também comprometer a organização e os recursos dedicados para esse processo, particularmente para as interações contínuas com participantes externos, à medida que suas contribuições são desenvolvidas e avaliadas. Uma atividade frequentemente negligenciada é fornecer *feedback* aos colaboradores, o que é crucial para motivar futuras contribuições e (particularmente com os clientes) evitar o desenvolvimento de uma reputação negativa para a empresa.[5] As pesquisas têm mostrado que as empresas frequentemente subestimam os esforços necessários para essas atividades (Diener e Piller, 2008; Lüttgens et al., 2014). Esses recursos devem ser apoiados por uma estrutura interna que suporte tal colaboração externa (Bianchi et al., 2011; Dahlander e Gann, 2010). As empresas podem ter mais sucesso em integrar as entradas externas se tiverem normas e procedimentos explícitos para a inovação aberta (Foss, Laursen e Pedersen, 2011). Ao mesmo tempo, a empresa necessita de diretrizes internas para comunicação e intercâmbio com entidades externas para melhorar a cooperação por parte dos funcionários e das unidades internas (Cordón-Pozo et al., 2006).

2.3.4 ENCONTRAR PARTICIPANTES

O primeiro passo de qualquer colaboração é *identificar os participantes* que possuam habilidades e interesses relevantes para contribuir com as metas da empresa para a colaboração. Alguns participantes podem iniciar essa identificação ao anunciar publicamente as suas especialidades (Droge, Stanko e Pollitte, 2010) ou mesmo "empurrando" ativamente suas ideias para as empresas (Spaeth, Stuermer e von Krogh, 2010). Em geral, as empresas participarão ativamente no recrutamento dos participantes. Nós distinguimos três abordagens para encontrar participantes qualificados (Diener e Piller, 2008, 2013):

- *Convite aberto*: Nesses casos, as empresas permitem um amplo leque de participantes e, em seguida, selecionam as suas ideias após terem contribuído (Piller, Ihl e Vossen, 2011). Isso se assemelha à compreensão original de "*crowdsourcing*" como um convite aberto para a participação de uma grande rede de atores externos indeterminados, conforme definido por Howe (2006).

- *Convite aberto seletivo*: Outras empresas identificam as características de participantes adequados *a priori* (por exemplo, segmento de mercado, campo de especialização, potencial de receita por parte dos clientes) e, depois, limitam sua chamada para a colaboração àquela lista selecionada (Diener e Piller, 2008, 2013).

- *Busca aberta*: Em outros casos, as empresas se engajam em seus próprios esforços de busca para identificar atores adequados dentro de um grande conjunto de possíveis parceiros e, em seguida, os convidam explicitamente para se juntar à atividade de cocriação. Isso é uma abordagem típica de projetos de usuários líderes (Poetz e Prügl, 2010).

A *natureza dos participantes* em uma iniciativa de IA acoplada – identificada por qualquer uma dessas três abordagens – pode ser dividida entre uma ampla gama de atores. Füller et al. (2009, p. 93) constataram que "o potencial de envolvimento na tarefa dos participantes, sua criatividade e experiência na geração de ideias para novos produtos" influenciam a sua capacidade e vontade de participar nos esforços de cocriação. O participante individual típico é um especialista em um domínio ou tarefa específicos, seja por causa de sua profissão (ou seja, designers industriais participando de desafios de geração de ideias; um cientista de laboratório participando de um desafio técnico), seja por seu uso anterior de conhecimento em uma situação similar. Especialistas são geralmente motivados extrinsecamente, como discutido a seguir. No caso de produtos de consumo, os participantes podem ser clientes com características de usuários líderes ou usuários "médios" com um alto nível de envolvimento com o produto ou com um senso de participação de uma comunidade de marca.

Motivar os participantes externos a se envolver em colaboração com a empresa é uma tarefa importante na IA acoplada, enfatizando diferentes incentivos aos participantes (Dahlander e Gann, 2010). Não é de surpreender que as teorias sobre inovação aberta sejam explícitas quanto ao sucesso da empresa, abordando, portanto, os incentivos monetários pecuniários. Como a oferta de inovações para outras empresas corresponde ao modo da IA de dentro para fora – que também supõe que as empresas estão buscando maximizar retornos econômicos da inovação –, o trabalho inicial sobre inovação aberta supunha que as empresas estariam vendendo, licenciando ou mesmo fornecendo inovações em troca de pagamento. As pesquisas em inovação aberta sobre os motivos de cada colaborador individual são menos comuns. Os desafios externos de inovação são frequentemente organizados em torno de incentivos financeiros para atrair e engajar colaboradores externos que atendam às necessidades de uma empresa (Jeppesen e Lakhani, 2010). Ao mesmo tempo, empresas que colaboram com as comunidades externas podem descobrir que os indivíduos são mais efetivamente motivados por meio de incentivos não econômicos (ou indiretos), como ego e visibilidade da carreira (West e Gallagher, 2006; Boudreau e Lakhani, 2009).

Por outro lado, a inovação centrada no usuário tende a considerar as motivações não pecuniárias. Como observado anteriormente, o trabalho original de inovação centrada no usuário enfatizou indivíduos utilizando sua própria e única "informação aderente" (ou *sticky information*)[N.T.i] para abordar suas próprias e únicas necessidades e problemas não resolvidos (von Hippel, 1988, 1994). No entanto, pesquisas mais recentes têm examinado os motivos sociais de usuários que participam em comunidades colaborativas (ver von Hippel, 2005, para um resumo). Em sua análise da "produção social", Benkler (2006) sugere que os incentivos monetários tendem a tomar o lugar dos motivos intrínsecos para contribuir com as comunidades; portanto, motivos sociais são mais eficazes em motivar os indivíduos a contribuir quando "precificar e contratar são difíceis de se conseguir, ou porque o pagamento que pode ser oferecido é relativamente baixo" (Benkler, 2006, p. 95).

No entanto, essa distinção entre os motivos monetários e sociais é, talvez, mais acentuada na teoria do que na vida real. Pesquisas posteriores sobre modelos híbridos de participação em comunidades, como o modelo de von Hippel e von Krogh (2003, 2006) de inovação coletiva e privada, sugerem que algumas comunidades são movidas por ambos os motivos, sociais e monetários (privados). Ao mesmo tempo, os usuários estão cada vez mais capazes e dispostos a rentabilizar suas contribuições quando criam uma nova empresa para comercializar suas inovações; tal inovação é frequentemente criada a partir da colaboração da comunidade de usuários, e essa colaboração continua depois da formação da nova entidade organizacional (Shah e Tripsas, 2007). Também em muitos desafios de geração de ideias com usuários, os incentivos monetários são claramente posicionados como um incentivo complementar ao lado dos incentivos sociais ("ajudar os outros") ou motivos intrínsecos ("se divertir com cocriação"). Como resultado, os antigos "mercados monetários" que caracterizam a inovação aberta estão se tornando mais "sociais", enquanto os antigos "mercados sociais" que caracterizam a inovação centrada no usuário estão se tornando mais "monetários" (Piller, Vossen e Ihl, 2012).

2.3.5 COLABORAR COM PARTICIPANTES

O coração de nosso modelo é o processo de cocriação conjunta de inovação pela empresa e atores externos. Embora a inovação aberta tenha enfatizado a busca e obtenção de conhecimento externo (West e Bogers, 2014), a pesquisa sobre o processo de criação conjunta de tal conhecimento tem sido comparativamente rara na literatura de inovação aberta. Grande parte das pesquisas anteriores sobre esse tema tem se concentrado em formas (contratuais), colaborações de longo prazo, tais como alianças de P&D (por exemplo, Hoang e Rothaermel, 2005). Algumas pesquisas sobre inovação aberta têm considerado a colaboração *dentro* de uma empresa como um facilitador para se conectar com o conhecimento inovador de seu entorno (Dahlander e Gann, 2010; van de Vrande, Vanhaverbeke e Grassmann, 2010).

Entretanto, poucas pesquisas têm analisado as estruturas e os processos de apoio à criação de conhecimento colaborativo com atores externos (Blazevic e Lievens, 2008).

Da mesma forma, a literatura original sobre IU de usuários líderes não se atentou para a fase de colaboração, exceto (como notado anteriormente) para colaborações dentro de comunidades de usuários inovadores (por exemplo, Franke e Shah, 2003; von Krogh, Spaeth e Lakhani, 2003). Esses estudos ignoraram completamente a colaboração entre usuários e empresas. Aqui, nós consideramos a lacuna de pesquisas sobre a fase da colaboração da inovação aberta acoplada em três áreas importantes: governança do processo de colaboração, ferramentas e infraestruturas dedicadas a facilitar essa fase e atitudes e capacidades internas da empresa focal para apoio à colaboração.

Governança no processo de colaboração: diferentemente de IA e IU, a literatura de cocriação abrange mais explicitamente a atividade de colaboração conjunta entre empresas e indivíduos, sugerindo estruturas e processos que permitam a empresa estimular, monitorar e policiar sua criação de valor por meio de esforços de colaboração com os parceiros externos (por exemplo, Prahalad e Ramaswamy, 2004b; Ramaswamy e Gouillart, 2010). Um ponto central a partir da perspectiva das empresas é definir a extensão de controle que estas fornecem aos cocriadores externos (Diener e Piller, 2008; O'Hern e Rindfleisch, 2009; West e O'Mahony, 2008). Diferentes regimes de cocriação fornecem diferentes graus de influência aos participantes (Doan, Ramakrishnan e Halevy, 2011). Os participantes são engajados quando recebem mais controle, liberdade de operar e responsabilidades (Koch e Gates, 2010). Definir o âmbito de controle é uma decisão-chave da empresa ao configurar a interatividade da IA acoplada. Por exemplo, nos desafios de geração de ideias, uma decisão-chave é o quanto os participantes poderão avaliar e classificar as contribuições dos outros participantes. Se as empresas permitirem que a decisão final sobre a "melhor contribuição" seja tomada pelos participantes, então tal responsabilidade pode motivar os colaboradores – mas a empresa abrirá mão de um importante controle sobre o resultado do desafio (Gatzweiler, Blazevic e Piller, 2013).

Ferramentas e infraestruturas de colaboração: ferramentas de *software* desempenham um papel importante permitindo uma ampla colaboração com os clientes e outros indivíduos a um baixo custo de transação. Por exemplo, em desafios de geração de ideias, as ferramentas facilitam busca de participantes, seleção e avaliação das ideias, *feedback* do usuário e agrupamento das ideias apresentadas (Piller e Walcher, 2006; Adamczyk, Bullinger e Möslein, 2012). Um *software* para uma organização social facilita um intercâmbio mais geral dentro de uma comunidade participante e entre os participantes e a empresa na forma de fóruns na internet, *blogs*, *tweets* e similares (Sawhney, Verona & Prandelli, 2005). Esse *software* pode ser visto como a espinha dorsal das atividades modernas de cocriação (Piller, Vossen e Ihl, 2012). Finalmente, kits de ferramentas para a inovação centrada no usuário fornecem aos usuários um espaço de projeto para criar produtos que satisfaçam as necessidades individuais, com base em bibliotecas de componentes modulares ou paramétricos que podem ser modificados e livremente combinados pelos usuários (von Hippel e Katz, 2002; Franke e Piller, 2004). Essas ferramentas têm sido amplamente discutidas a partir de uma perspectiva tecnológica na literatura de sistemas de informações e, em menor medida, na literatura de cocriação.

Em vez de usar as ferramentas diretamente, algumas empresas utilizam os serviços de intermediários especializados e corretores de inovação aberta; esses aceleradores de inovação aberta ajudam os clientes, fornecendo ferramentas e métodos próprios, acesso a uma comunidade estabelecida de solucionadores ou participantes e consultoria de processos e educacional (Chesbrough, 2006a; Diener e Piller, 2008; Lopez-Vega, 2009; Mortara, 2010a). Intermediários diferem no que diz respeito à sua tarefa de especialização, à sua plataforma de *software* e às características da sua comunidade participante (Diener e Piller, 2013). Selecionar o intermediário correto para atender às contingências de um projeto de inovação é uma decisão fundamental para as empresas que querem se envolver em um modelo interativo de inovação aberta acoplada.

2.3.6 ALAVANCAR OS RESULTADOS DA COLABORAÇÃO

Uma vez que a empresa tenha completado seu esforço colaborativo, o desafio permanece em perceber os benefícios de tais esforços *integrando a inovação* dentro da empresa e então *comercializando a inovação no mercado*. Em muitos casos, a pesquisa em inovação aberta supõe que comercializar conhecimento externo a partir de produtos e serviços acontece exatamente como a comercialização do conhecimento criado por fontes internas de inovação (West e Bogers, 2014). Entretanto, a realidade é mais complexa. A integração dos resultados dependerá da natureza da contribuição e de que parte do funil de P&D é informado por essa contribuição. Algumas contribuições serão oriundas da geração de ideias para um maior desenvolvimento interno; algumas virão na concepção de um produto ou serviço, enquanto outras surgirão da avaliação de novas ofertas que serão testadas antes do lançamento no mercado (Füller e Matzler, 2007). Um dos resultados mais comuns de cocriação é a melhoria incremental dos produtos existentes que os clientes usam e entendem (Piller, Ihl e Vossen, 2011). É mais difícil utilizar a cocriação para criar inovações radicais – pode ser algo novo para o mundo ou novo para a empresa –, mas isso pode ser feito se as empresas forem capazes de usar ferramentas apropriadas para ajudar os usuários a revelar suas necessidades insatisfeitas (Füller e Matzler, 2007).

Cada tipo de integração pode exigir interação com diferentes partes da organização, bem como diferentes ferramentas e processos. Mas todos os tipos de integração compartilham de um desafio semelhante: superar o "não foi inventado aqui" (Chesbrough, 2006c; Chesbrough e Crowther, 2006; Gassmann et al., 2010). Tal atitude é sintomática das barreiras culturais que as empresas inovadoras – particularmente as bem-sucedidas – enfrentam na colaboração com parceiros externos (West e Bogers, 2014). Existem desafios adicionais para a integração dos resultados de cocriação, incluindo a necessidade de manter a transparência com os parceiros, para adaptar as ideias externas (de qualidade variável) aos elevados padrões de qualidade de uma empresa e o tempo adicional necessário para um processo interativo (Prahalad e Ramaswamy, 2004b).

Ao considerar a extensão em que as empresas podem lucrar a partir de conhecimentos externos distribuídos, um aspecto frequentemente estudado é a capacidade de absorção, ou seja, a capacidade da empresa reconhecer, assimilar e aplicar o conhecimento externo para a inovação (por exemplo, Laursen e Salter, 2006; Foss, Laursen e Pedersen, 2011). Sistemas de incentivo e recompensa têm demonstrado ser um instrumento útil para a exploração bem-sucedida, reforçando a utilização de aprendizagem externa (Quigley et al., 2007). Além disso, as empresas que enfatizam o aprendizado externo e o comportamento de absorção como base para avaliações e recompensas tenderão mais a adquirir e utilizar o conhecimento externo por meio da cocriação (van Wijk, Jansen e Lyles, 2008).

Outro antecedente para a integração é ter mente aberta. As pesquisas têm mostrado que os modelos mentais evoluíram com os sucessos e fracassos do passado. Elas manifestam expectativas sobre as relações ação-resultado em rotinas organizacionais, suposições e crenças (Ringberg e Reihlen, 2008; Lin e McDonough, 2011). Assim, quando os funcionários são incentivados a utilizar entradas de interações com usuários externos e outros especialistas para pensar em novas formas, o conhecimento gerado na cocriação tem mais probabilidade de ser adquirido e assimilado. Além disso, ao engajar especialistas externos e refletir ao mesmo tempo em modelos mentais próprios, as ligações técnicas não detectadas anteriormente podem ser reconhecidas.

2.4 CONCLUSÕES E PERSPECTIVAS

Enfatizando o modo como as empresas colaboram com os indivíduos, este capítulo faz três contribuições. Primeiro, revisa e contrasta como tal colaboração tem sido coberta pela inovação centrada no usuário e pela inovação aberta. Ele identifica três importantes diferenças entre essas literaturas: o papel da PI, o modelo de inovação privado *versus* coletivo e a distinção entre os mercados sociais e os monetários para incentivar a participação individual. As pesquisas futuras deveriam examinar outros exemplos de modelos híbridos que combinem o melhor de ambas as abordagens nessas dimensões.

Em segundo lugar, o capítulo amplia a concepção de inovação aberta "acoplada" como proposta por Gassmann e Enkel (2004), com uma tipologia multidimensional de diferentes formas de colaboração acoplada. A primeira dimensão considera a natureza do parceiro externo – se individual, empresa ou organização sem fins lucrativos –, enquanto a segunda identifica a topologia do processo de colaboração – tanto a colaboração diádica comumente encontrada na pesquisa da inovação aberta de fora para dentro como as várias formas de colaboração. Finalmente, a tipologia delineia a distinção entre o modelo acoplado original de colaboração bidirecional (em que cada ator persegue a sua própria inovação) e um novo modelo acoplado interativo, em que as duas partes produzem conjuntamente uma nova inovação.

A partir desse entendimento, desenvolvemos um modelo de processo de inovação acoplada interativa de quatro fases: definir tarefas e regras de colaboração, identificar e envolver os parceiros externos, colaborar no processo de inovação conjunta e alavancar os resultados dessa colaboração. Esse modelo de inovação liga inovação centrada no usuário, cocriação e outras literaturas a uma área de interesse emergente em inovação aberta. Demandas para pesquisas futuras existem em cada etapa do nosso modelo de processos.

No que diz respeito a definir uma tarefa de colaboração, nós precisamos de uma pesquisa em maior escala (quantitativa) sobre a influência da formulação de tarefas no desempenho da IA. Em que situação, por exemplo, uma tarefa formulada de forma abrangente é superior a uma tarefa altamente específica? Os regimes especiais de incentivos para os participantes são mais efetivos para tarefas específicas? Como uma empresa pode equilibrar o dilema entre revelar muita informação em uma tarefa e fornecer o detalhe correto das entradas para contribuições produtivas?

São necessárias pesquisas semelhantes no que diz respeito a descobrir e selecionar os indivíduos externos adequados para participação (Hoffman, Kopalle e Novak, 2010). Muitas empresas preferem controlar cuidadosamente a participação, e isso pode excluir indivíduos que podem oferecer uma valiosa contribuição para a tarefa em questão. Também são necessárias pesquisas sobre as estratégias ótimas de seleção e recrutamento de participantes externos para determinada tarefa de inovação. Além disso, também é preciso pesquisar se o aumento do uso de IA acoplada está criando uma escassez de colaboradores capazes e dispostos, ou seja, o "público". Modelar a escassez de "atores externos inovadores" poderia tornar-se um tema fascinante para futuras pesquisas. Relacionado a isso está um exame mais sutil da interdependência de interações cooperativas e competitivas dentro de um público, como demonstrado por Boudreau e Lakhani (2013) em seu recente estudo de 733 colaboradores para um desafio TopCoder.[N.T.ii]

Enquanto a pesquisa sobre o estágio de colaboração tem se centrado nas ferramentas e plataformas, existem poucas pesquisas sobre as regras e as condições que definem a estrutura de governança de usar essas ferramentas. Que regras e condições "ótimas" de desafios de geração de ideias formam um ponto de vista tanto legal quanto ético? Quando um arranjo de PI é visto como "justo" do ponto de vista dos participantes potenciais? Como essas condições influenciam a vontade de participar dos indivíduos? Qual é a combinação certa de incentivos monetários e sociais ou intrínsecos para uma dada tarefa?

Nós também ainda temos pouco conhecimento sobre o que acontece dentro da empresa que ajuda ou atrapalha a sua capacidade de lucrar a partir da IA acoplada. Além da limitada pesquisa existente no nível da empresa, precisamos de estudos em grupo e individuais sobre a abertura mental e a vontade dos funcionários para se envolverem e aproveitarem as contribuições de indivíduos externos – e como isso se traduz em resultados bem-sucedidos de comercialização.

Finalmente, reconhecemos que a realidade dos modos competitivo *versus* colaborativo de inovação aberta e inovação centrada no usuário é mais sutil que a nossa discussão pode indicar. Propositadamente focamos nos extremos das dimensões que na realidade são contínuas, com muitos tons de colaboração. Compreender essas nuances e as contingências que fazem uma configuração particular ser mais bem-sucedida do que outra para dada tarefa inovadora pode conduzir a uma abundância de novas pesquisas fascinantes nesse campo.

AGRADECIMENTOS

Agradecemos a Morgane Benade, Vera Blazevic, Johann Füller, Alexander Vossen e os participantes do Open and User Innovation Workshop (*workshop* de inovação aberta e de inovação centrada no usuário), de 2013, e, especialmente, ao editor Henry Chesbrough por suas sugestões úteis desde os primeiros rascunhos deste capítulo.

NOTAS

1 Uma simples tabela não pode captar a profundidade e a complexidade de centenas de artigos sobre essas duas grandes correntes de pesquisa sobre inovação. Para mais sínteses em profundidade sobre inovação centrada no usuário, ver von Hippel (2005) e Bogers, Afuah e Bastian (2010); para a inovação aberta, ver West e Bogers (2014) e o Capítulo 1 deste livro.

2 Usuários podem ser organizações (também conhecidas como "empresas usuárias") e, de fato, o processo de inovação é frequentemente direcionado para as empresas usuárias (Lettl, Hienerth e Gemünden, 2008). No entanto, a maioria das pesquisas sobre inovação centrada no usuário se concentra em usuários individuais (Bogers, Afuah e Bastian, 2010).

3 Boudreau e Lakhani (2009) fazem uma distinção relacionada entre comunidades competitivas e cooperativas como fontes de soluções técnicas. Essas formas de comunidades diferem, como mercados sociais e monetários, na forma de incentivos e normas que orientam as interações entre os membros da comunidade.

4 O Capítulo 4 resume as similaridades e as diferenças entre as várias formas de redes para organização da colaboração externa de inovação aberta, incluindo comunidades, ecossistemas e plataformas.

5 Embora existam ambos os desafios de ideais acoplados e não acoplados, o nosso foco está em como as empresas colaboram com indivíduos. Nós, portanto, excluímos aqueles desafios que seguem o modo de "IA de fora para dentro", no qual as empresas intencionalmente estabelecem um fluxo de conhecimento de uma via dos participantes, típico de intermediários, como o Innocentive e o Nine Sigma (ver Chesbrough, 2006a; Diener e Piller, 2013).

N.T.i Informação aderente (ou *sticky information*) é um termo cunhado por Eric von Hippel para a informação que é dispendiosa para adquirir, transferir e usar em um novo local. Por causa da importância da aderência, as informações locais para alguns tipos de inovação e personalização de produtos serão cada vez mais realizadas por usuários finais (inovação centrada no usuário), em vez de um provedor especializado.

N.T.ii TopCoder é uma empresa que administra competições de programação. Ela hospeda quinzenalmente competições de algoritmos online, conhecidas como SRMs (*Single Round Matches*), assim como competições semanais em *design* e desenvolvimento.

CAPÍTULO 3
Uma classificação de inovação aberta e de modelos de negócio abertos

Wim Vanhaverbeke e Henry Chesbrough

3.1 INTRODUÇÃO

A inovação aberta e os modelos de negócio abertos têm recebido muita atenção durante a última década, tanto de profissionais como de acadêmicos, desde que Henry Chesbrough lançou os dois conceitos, respectivamente, em 2003 e 2006 (Chesbrough, 2003a e 2006a). Uma cuidadosa observação das publicações sobre esses dois conceitos revela que a maioria dos pesquisadores, bem como profissionais, não faz uma distinção adequada entre eles. No presente capítulo, pretendemos esclarecer a distinção entre os dois conceitos e, mais importante, ampliar a gama de estratégias potenciais de inovação por meio da combinação de inovação aberta e modelos de negócio abertos de diferentes maneiras. Isso deve levar a uma classificação abrangente de possíveis estratégias de inovação em que as inovações aberta e fechada são combinadas com modelos de negócio abertos e fechados.

A classificação começa com combinações simples de inovações abertas ou fechadas e modelos de negócio abertos *versus* tradicionais nos processos de desenvolvimento de novos produtos. Combinações de inovação aberta com modelos de negócio abertos geram modelos interessantes para criar e capturar valor que, até onde sabemos, ainda não foram especificados na literatura de inovação aberta. A classificação também vai ilustrar que a inovação (aberta), visando ao desenvolvimento de novos produtos ou novos negócios, é apenas uma estratégia possível de como as empresas podem criar uma vantagem competitiva. A inovação de produto pode não ser uma opção para as empresas que produzem *commodities* (por exemplo, petróleo bruto), mas os direcionadores competitivos nesses setores (por exemplo, encontrar os melhores poços de petróleo) podem ser afetados pelas inovações de produtos de seus parceiros (tecnologia) – por exemplo, novas tecnologias para explorar poços de petróleo com maior eficiência. Reenquadrar a inovação aberta dessa forma nos permite lançar luz sobre as redes de inovação em que os incentivadores da rede não são os próprios inovadores, mas, no entanto, formam o centro de conexões em um ecossistema de inovação mais amplo em que eles se beneficiam das inovações de seus parceiros de tecnologia.

Em suma, essa abordagem em que nós definimos inovação aberta e modelos de negócio abertos com mais cuidado, combinada com uma mudança no foco de desenvolvimento de novos produtos para (outros) direcionadores competitivos, resultará em uma rica classificação de diferentes tipos de pesquisa sobre inovação aberta. A clareza da estrutura deve torná-la atraente como um ponto de partida para diversos novos desenvolvimentos na pesquisa sobre inovação aberta.

O restante deste capítulo está estruturado da seguinte forma: a próxima seção esclarece a inovação aberta e os modelos de negócio abertos; a terceira seção desenvolve a categorização que propomos combinando os dois conceitos; a quarta seção ilustra cada uma das células resultantes da classificação com numerosos exemplos; a quinta seção resume alguns pensamentos sobre como essa classificação pode levar a novos desenvolvimentos na pesquisa sobre inovação aberta.

3.2 UM ESCLARECIMENTO SOBRE INOVAÇÃO ABERTA E MODELOS DE NEGÓCIO ABERTOS

A inovação aberta e os modelos de negócio abertos são os títulos dos dois primeiros livros de Henry Chesbrough (2003a; 2006a). Embora ambos os conceitos tenham sido claramente definidos, não há nenhuma análise explícita da diferença entre inovação aberta e modelos de negócios abertos no segundo livro. Chesbrough (2006a) afirma que o primeiro livro tratou do modelo de negócios como algo estático e utilizou a inovação aberta para estabelecer outras maneiras de criar e capturar valor *dentro de dado modelo de negócio*. No segundo livro, o próprio modelo de negócio poderia ser inovado, possibilitando novas maneiras de obter mais valor das atividades de inovação da empresa. No entanto, Chesbrough não combinou explicitamente opções de inovação aberta ou fechada com opções alternativas de modelos de negócio fechados ou abertos, como fazemos neste capítulo.

Hoje em dia, profissionais e pesquisadores tendem a usar os dois conceitos indistintamente. Acadêmicos (e gerentes) precisam ter cuidado ao definir inovação aberta e modelos de negócio abertos. Tornar explícita a diferença entre os dois conceitos nos permite estudar uma ampla gama de fenômenos que não têm sido relacionados à inovação aberta nem aos modelos de negócios abertos até agora. Utilizar uma definição precisa e específica para ambos os conceitos levará a um estudo mais conciso dos dois conceitos e de quando deveríamos utilizá-los.

3.2.1 O QUE É INOVAÇÃO ABERTA?

Há muitas definições de inovação aberta disponíveis. Essa questão já foi exaustivamente discutida no Capítulo 1 desta obra. Para os propósitos deste capítulo, nós preferimos ficar com a definição original. Chesbrough (2003a, p. XXIV) define inovação aberta como "um paradigma que supõe que as empresas podem e deveriam utilizar ideias externas, assim como ideias internas, e caminhos internos e externos para o mercado, à medida que as empresas buscam avançar suas tecnologias". Esta é a definição mais comum empregada na literatura e destaca que ideias valiosas emergem e podem ser comercializadas a partir de dentro ou de fora da empresa. Essa definição encontra eco em Chesbrough, Vanhaverbeke e West (2006, p. 1): "Inovação aberta é o uso proposital de fluxos de entrada e saída de conhecimento para acelerar a inovação interna e expandir os mercados para a utilização externa da inovação, respectivamente". O conceito de modelo de negócio não está incluído na definição de inovação aberta, mas está fortemente relacionado a ela. Chesbrough (2003a, p. XXIV) escreve, por exemplo:

> A inovação aberta combina ideias internas e externas em arquiteturas e sistemas cujos requisitos são definidos por um modelo de negócio. O modelo de negócio utiliza tanto as ideias internas quanto as externas para criar valor, enquanto define mecanismos internos para reivindicar alguma parte desse valor.

Não há nenhuma maneira de conceber a inovação aberta sem modelos de negócio: o valor de uma ideia ou tecnologia depende desse modelo. Não existe um valor inerente à tecnologia por si só. O valor é determinado pelo modelo de negócio utilizado para trazê-la para o mercado. A mesma tecnologia levada para o mercado por meio de dois modelos de negócio vai trazer diferentes retornos. Esse elo entre tecnologia e modelo de negócio é ainda reforçado pelo uso intensivo do funil de inovação aberta, no qual os modelos de negócio são proeminentemente representados no lado direito do funil. Eles determinam quais tecnologias externas têm de ser fornecidas, porque são indispensáveis para o modelo de negócio, e quais tecnologias devem ser rentabilizadas externamente, porque não estão alinhadas com um modelo de negócio da empresa.[1]

3.2.2 O QUE É UM MODELO DE NEGÓCIO ABERTO?

Um modelo de negócio é uma estrutura que conecta ideias e tecnologias para resultados econômicos valiosos. Na sua essência, um modelo de negócio realiza duas funções-chave: (1) criar valor e (2) capturar uma parte desse valor. As organizações podem criar valor a partir da definição de uma gama de atividades que produzirão um novo produto ou serviço valorizado por um grupo de clientes (alvo). As organizações também capturam valor por meio do estabelecimento de um recurso, ativo ou posição únicos dentro dessa série de atividades, em que a empresa goza de uma vantagem competitiva. Os modelos de negócios podem ser analisados em grandes detalhes, e diferentes quadros têm sido gerados para desenvolver novos modelos de negócios ou alterar aqueles existentes. Como outros autores examinaram modelos de negócios exaustivamente,[2] nós optamos por nos concentrar diretamente nas características específicas dos modelos de negócio abertos (e fechados).

Ao explicar os modelos de negócio abertos, Chesbrough (2006a) começa com a atual tendência para a "divisão do trabalho de inovação". Nesse tipo de divisão do trabalho, uma das partes desenvolve uma nova ideia, mas não a leva para o mercado. Em vez disso, vende-a para outras partes, que levam a ideia ao mercado. Essa divisão do trabalho é uma maneira nova e poderosa de acelerar a inovação e melhorar a produtividade de P&D. Um modelo de negócio aberto utiliza a divisão do trabalho para *criar um valor maior* ao alavancar mais ideias (ideias externas) e para *capturar um maior valor*, usando os principais ativos, recursos ou posições, não apenas do próprio negócio da empresa como também de negócios de outras empresas (Chesbrough, 2006a, p. 2-3). Um modelo de negócio aberto é, portanto, um poderoso modelo organizacional de inovação. Modelos de negócios abertos podem levar, por um lado, a um melhor desempenho financeiro pela redução dos custos de inovação e, por outro lado, gerar receitas extras a partir da monetização de tecnologias por meio de acordos de licenciamento e atividades de *spin-off*, quando a tecnologia não pode ser adotada de maneira lucrativa nos mercados de produtos da empresa. Dessa maneira, modelos de negócio abertos ainda estão intimamente ligados às atividades de inovação de uma empresa ou de seus parceiros externos de inovação. Não é por acaso que o modelo de negócio aberto também é chamado de "modelo de negócio de inovação aberta" ou "novo modelo de negócio da inovação aberta".

Essa interpretação do conceito de "modelos de negócio abertos" provou ser uma extensão valiosa da ideia original de inovação aberta que começou em 2003. Nas seções seguintes, vamos combinar inovação fechada e aberta com dois tipos diferentes de modelos de negócio: os independentes e os vinculados. O modelo de negócios independente reflete a ideia de modelos de negócio fechados e os modelos de negócios vinculados ou em rede têm muito em comum com os modelos de negócios abertos. Em nossa visão, combinar diferentes formas de inovação com diferentes modelos de negócios *de uma forma sistemática*, ampliará a nossa compreensão sobre o valor estratégico dos modelos de negócio abertos e estenderá a variedade de contextos de negócios em que a "abertura" pode ser aplicada como estratégias viáveis.

3.3 CLASSIFICANDO AS COMBINAÇÕES DE INOVAÇÃO ABERTA E DE MODELOS DE NEGÓCIO ABERTOS

A inovação aberta e os modelos de negócio abertos podem ser considerados separadamente. Como veremos, é uma estratégia viável se envolver em inovação aberta e manter um modelo de negócio fechado. Uma empresa também pode "abrir" seu modelo de negócio, mas se basear em uma estratégia de inovação fechada. No entanto, a nosso ver, estratégias mais interessantes emergem quando as empresas combinam uma estratégia de inovação aberta com o pensamento de modelo de negócio aberto.

Uma análise sistemática das possíveis combinações levará a uma variedade de possibilidades inesperadas, ligando as estratégias de "inovação aberta" e de "modelo de negócio aberto" a fenômenos como os ecossistemas de inovação.

Na Tabela 3.1, apresentamos um modelo simples para combinar diferentes tipos de inovação com modelos de negócios abertos e fechados. A inovação aqui é definida como as atividades durante o processo de inovação (ou em diferentes estágios no funil de inovação). Assim, *inovação aberta* pode ser de definida como antes: empresas podem e devem usar ideias externas e ideias internas, bem como caminhos internos e externos para o mercado, à medida que buscam avançar sua tecnologia. A inovação aberta combina ideias internas e externas para desenvolver produtos, serviços ou processos cujos requisitos são definidos pelos modelos de negócio da empresa. A inovação aberta requer a entrada de conhecimento de fontes externas, mas não implica necessariamente que os parceiros externos ajudem a criar valor – isto é, parceiros de inovação estão envolvidos no desenvolvimento do produto, mas não na comercialização da nova oferta.

Tabela 3.1 Classificação de combinações de inovação aberta e de modelos de negócio abertos.

	Modelos de negócio independentes/fechados	Modelos de negócio vinculados/abertos
Inovação aberta de fora para dentro	3. Utilizar o conhecimento de outros para desenvolver uma nova oferta	6. Utilizar o conhecimento de outros para desenvolver um novo modelo de negócio (MN)
	Primeiro iPod – Apple Swiffer – P&G	Loja iPod/iTunes – Apple SkyNRG – KLM Better Place
Inovação aberta de dentro para fora	2. Conhecimento não utilizado de outros	5. Conhecimento interno acessível para outros desenvolverem um novo MN
	Ingredientes alimentícios – P&G/ ConAgra Foods Nodax – P&G Glad – P&G	Amazon WS – Facebook Salesforce.com IBM – Linux
Inovação fechada	1. Modelo de inovação fechada	4. Procurar ativos de propriedade de terceiros para desenvolver um novo MN
	Tide – P&G Nylon – Du Pont	iPhone – Apple

Em contraste, os *modelos de negócio abertos* estão intrinsecamente relacionados com criação e captura de valor e entrega por meio da introdução de novos produtos e serviços no mercado. Uma vez que pesquisa e desenvolvimento de um projeto de P&D são finalizados com sucesso, a empresa ainda tem de lançar o novo produto e aumentar as vendas ao longo dos próximos anos. As empresas podem produzir e distribuir as ofertas por conta própria ou podem confiar em transações existentes com parceiros da cadeia de valor. A maioria das empresas, de fato, levam produtos ao mercado sem a ajuda de parceiros estratégicos. Evidentemente é sempre necessário envolver parceiros de canais, mas esses relacionamentos podem ser tratados por acordos transacionais (padrão). Assim, os *modelos de negócio fechados ou independentes* referem-se à situação em que as empresas comercializam um produto usando seus próprios ativos e confiando em outros parceiros da cadeia de valor por meio de operações de mercado. No entanto, a introdução de uma nova oferta no mercado pode ser um processo complexo em que as empresas precisam de insumos críticos de parceiros estratégicos. Nesses casos, o valor é criado *conjuntamente* com parceiros estratégicos e eles têm de chegar a um acordo de como dividir a torta (como a distribuição do valor entre os parceiros deve ser gerida garantindo que todos os parceiros fiquem a bordo). Muitas inovações não chegaram ao mercado porque a empresa inovadora não gerenciou os ecossistemas dos parceiros.[3] *Modelos de negócio abertos ou vinculados*, portanto, referem-se às situações em que a empresa inovadora depende das competências dos seus parceiros para criar valor para os clientes e compartilhar esse valor segundo os acordos que tenham negociado antes da colaboração.

Existe uma grande diferença entre inovação aberta e modelos de negócio abertos ou vinculados. Aproveitar tecnologias externas e estabelecer acordos de colaboração em matéria de inovação aberta é geralmente temporário: a colaboração com os parceiros chega ao fim uma vez que o projeto de pesquisa é terminado.[4] Esse não é o caso dos modelos de negócio vinculados: porque o valor é criado em conjunto, os parceiros geralmente formam uma equipe durante todo o ciclo de vida do produto em função de acordos estabelecidos no início da cooperação.

Na Tabela 3.1, combinamos inovações aberta e fechada com os modelos de negócio independente (fechado) e vinculado (aberto). Isso resulta em um esquema de classificação com seis diferentes situações. Primeiramente, os modelos de negócio podem ser independentes ou vinculados. Em segundo lugar, as inovações podem ser categorizadas como fechada ou aberta, mas nós preferimos alinhar com as definições existentes de inovação aberta para fazer uma distinção entre inovação aberta de dentro para fora e de fora para dentro.

(1) No processo de fora para dentro, as atividades de inovação aberta enriquecem a própria base de conhecimento da empresa por meio da integração de conhecimento dos parceiros externos.

(2) No processo de dentro para fora, a empresa ganha lucros extras por oferecer ideias internas para o mercado, vendendo e licenciando PI e criando novas empresas cujo modelo de negócio não está alinhado com aquele da empresa (Gassmann e Enkel, 2004).[5]

Discutiremos cada uma das seis células da Tabela 3.1 na sessão seguinte.

3.4 UMA CLASSIFICAÇÃO DOS DIFERENTES TIPOS DE ESTRATÉGIAS ABERTAS E FECHADAS

3.4.1 MODELO DE INOVAÇÃO FECHADA

Esse modelo representa o caso clássico do paradigma da inovação fechada descrito por Chesbrough (2003a). Em grandes empresas, o adágio foi, durante muito tempo, que a inovação bem-sucedida requeria controle. Nesse tipo de estratégia, as empresas geram suas próprias ideias, desenvolvem-nas, fabricam, comercializam e oferecem os serviços por conta própria. Isso é exatamente o que essa célula descreve. A inovação fechada implica que uma empresa procura ideias em seus próprios laboratórios de P&D, uma vez que as pessoas mais brilhantes do setor estão trabalhando para ela. As ideias são também desenvolvidas internamente. A empresa possui infraestrutura de pesquisa e instalações para teste consideradas estado da arte que, por sua vez, garantem controle, sigilo e, se necessário, aceleração do desenvolvimento. O modelo de negócio fechado implica que a empresa comercializa a partir dos seus próprios canais (globais) de vendas. Desenvolver novos produtos é uma rotina em grandes empresas alavancadas pela sua infraestrutura de P&D de vanguarda, sistema de produção em massa e alcance global de vendas.

O desenvolvimento e a comercialização do náilon na DuPont ilustra essa situação.[6] Em 1928, a indústria química DuPont abriu um laboratório de pesquisa para o desenvolvimento de materiais artificiais, decidindo que a pesquisa básica era a maneira de alcançar e sustentar uma vantagem competitiva. Com a liderança da Wallace Carothers, uma equipe de cientistas investigou a família de produtos químicos do acetileno. Em 1931, a DuPont começou a fabricar neoprene, uma borracha sintética. A equipe de pesquisa, em seguida, voltou seus esforços para uma fibra sintética que pudesse substituir a seda. O Japão era a principal fonte de seda dos Estados Unidos e as relações de comércio entre os dois países estavam rompidas naquela época. Em 1934, eles desenvolveram uma seda sintética produzindo fibras formadas por um processo de polimerização. Em 1935, a DuPont patenteou a nova fibra conhecida como náilon.

O náilon foi apresentado ao mundo em 1938.[7] Ele foi usado pela primeira vez como linha de pesca, em suturas cirúrgicas e em cerdas de escovas de dentes. A DuPont primeiro anunciou e apresentou as meias de náilon ao público americano na Feira Mundial de Nova York, de 1939, e começou a produção comercial no final desse mesmo ano. Desde o momento em que o náilon passou a ser vendido ao público em geral, em maio de 1940, as meias de náilon foram um enorme sucesso. Em 1942, o náilon foi para a guerra na forma de paraquedas e barracas. Hoje, ele ainda é usado em todos os tipos de roupas e é a segunda fibra sintética mais utilizada nos Estados Unidos.

O náilon é um caso típico de inovação fechada: pesquisa, desenvolvimento e comercialização foram realizados dentro da DuPont e com financiamento próprio da empresa. Tudo foi feito dentro das fronteiras corporativas da empresa, desde a primeira detecção das fibras sedosas até as aplicações de B2C de grande sucesso. Ele também é um exemplo típico de um modelo de negócio fechado ou *stand-alone*. O valor é criado e capturado pela DuPont, aproveitando sua infraestrutura de produção e aparatos globais de vendas. A DuPont não estava contando com eventuais parceiros estratégicos para desenvolver, fabricar e vender seu náilon.

3.4.2 CONHECIMENTO NÃO USADO PELOS OUTROS

O modo de inovação aberta de dentro para fora tem sido bem documentado em vários estudos de caso. O que a maioria das descrições de caso não menciona é o modelo de negócio por trás desses acordos. O modelo de negócio básico da maioria dos acordos de licenciamento e *spin-offs* é um modelo de negócio *stand-alone* (independente): o destinatário da tecnologia (licenciados ou *spin-offs* corporativas) continuará a desenvolver a tecnologia, fabricar o produto e lançá-lo no mercado. A empresa que originalmente desenvolveu a tecnologia já não está envolvida em sua comercialização. O destinatário usa a tecnologia desenvolvida internamente para levar a oferta ao mercado sem depender estrategicamente do inovador (ou outras organizações) para comercializar o produto. Essa situação ilustra a célula 2 na Tabela 3.1.

Tomemos, por exemplo, o acordo de licenciamento e de recursos entre P&G e ConAgra Foods. Esta última foi criada em 1919 e tem crescido nas últimas décadas por meio da compra de mais de uma centena de marcas de alimentos preparados. Ela se moveu fortemente para o negócio de alimentos congelados e para a indústria de carnes embaladas e pegou uma seleção de outras marcas a partir de empresas como RJR Nabisco e Beatrice Foods, entre outras. A ConAgra Foods está vendendo mais tipos diferentes de produtos alimentares do que a P&G, mas pode utilizar os únicos ingredientes alimentares enriquecidos de nutrição e os recursos de embalagem da P&G, criando vantagens competitivas exclusivas para seus negócios. No entanto, o acordo de licenciamento com a P&G não está interferindo no modelo de negócio de alimentos da ConAgra. A empresa está produzindo e distribuindo os produtos por conta própria, criando e capturando valor sem depender de P&G.[8]

O esquema de classificação na Tabela 3.1 não é algo imutável e algumas situações podem ser rotuladas como híbridas. Ilustramos isso com o caso da Glad.[9] A P&G desenvolveu uma tecnologia promissora de filme plástico a partir de uma pesquisa com fraldas. Ela se mostrou bem-sucedida em testes de mercado, mas não era estratégico para a P&G se tornar um novo competidor em um mercado tão bem estabelecido, em que os líderes são protegidos por marcas fortes. A Clorox é um dos concorrentes da P&G, que já teve um filme plástico líder de mercado – Glad. Em 2002 as duas empresas estabeleceram uma *joint venture*. A P&G trouxe conhecimento de marketing e PI a partir da Press'n Seal,[N.T.i] bem como futuras inovações como a ForceFlex. A Clorox trouxe o valor da marca (*brand equity*), com foco em P&D em plásticos e resinas e foi responsável pela fabricação e distribuição de novos produtos de filme plástico. Essa configuração permite a contínua colaboração em iniciativas adicionais no negócio de filme plástico e prova que concorrentes podem trabalhar em conjunto e ter sucesso. A colaboração contínua transformou o exemplo da Glad em um tipo híbrido entre as células 2 e 5 na Tabela 3.1. Esse é um caso óbvio de inovação aberta de dentro para fora, mas o modelo de negócio não é inteiramente fechado de forma que ambas as empresas continuam a trabalhar juntas como parceiros estratégicos para entregar valor ao mercado. *Joint ventures* tendem a ser adquiridas ao longo do tempo pelo parceiro dominante – aqui a Clorox. Portanto, não está excluído que a Clorox adquira a *joint venture* quando a dinâmica da inovação e as vendas no mercado fugirem do esperado. Nesse cenário, a Glad poderia voltar para a célula 1.

3.4.3 USAR O CONHECIMENTO DOS OUTROS PARA DESENVOLVER NOVAS OFERTAS

As empresas frequentemente combinam a inovação aberta de fora para dentro com um modelo de negócio independente (*stand-alone*). A estratégia é muito semelhante com aquela discutida na seção anterior. A única diferença é que agora a empresa está procurando conhecimento externo que poderá ser usado no desenvolvimento de seus novos produtos ou serviços dentro de seu próprio modelo de negócio. Uma empresa está sistematicamente à procura de tecnologias comprovadas ou ideias que possam aperfeiçoar os produtos existentes ou introduzir novos. Nessa estratégia, é importante saber exatamente o que a empresa quer, com base em uma cuidadosa definição de alvos. É fundamental que a empresa concentre-se em ideias e tecnologias que possam criar valor por meio da aplicação de conhecimento interno e de habilidades de marketing e distribuição ou outros recursos, porque a empresa que é fonte de conhecimento externo tem de fabricar e vender o novo produto por si só.

Se voltarmos aos produtos mais bem-sucedidos da P&G desenvolvidos pelos parceiros externos, mas levados ao mercado pela P&G, temos as Clean Magic Erasers, os detergentes TidePods, o creme facial anti-idade Olay Regenerist, os espanadores Swiffer Dusters e as escovas de dentes Crest SpinBrush.

Tomemos como exemplo os espanadores Swiffer Duster.[10] A Procter & Gamble desejava produzir um espanador como continuação do sucesso do esfregão Swiffer, mas o protótipo desenvolvido internamente não era atraente. A empresa japonesa UniCharm tinha desenvolvido um espanador atraente, mas que vendeu apenas no Japão. A UniCharm não tinha a força de fabricação, distribuição ou marketing para levar esse produto inovador para outros mercados. A equipe de pesquisa da P&G reconheceu a superioridade do espanador da UniCharm e viu uma oportunidade de trabalhar juntos. A P&G firmou um acordo de licenciamento com a UniCharm para distribuir o espanador sob o nome P&G em todo o mundo, exceto no Japão. O espanador chegou ao mercado em 2003 e fez milhões de dólares, tanto para P&G como para sua parceira japonesa. Esse caso ilustra como uma grande empresa pode adquirir conhecimento externo e produtos inovadores para impulsionar o crescimento das vendas. Isso leva a uma vitória para ambos os parceiros: a UniCharm tinha a inovação certa, mas não a força para comercializá-la globalmente; a P&G podia operar globalmente, mas não tinha o mesmo produto inovador da UniCharm. Perceba que uma vez que a inovação foi internalizada, a P&G se baseou completamente em suas próprias forças de produção e distribuição para lançar o produto e expandir o mercado. A P&G usa um modelo de negócio independente.

Outro exemplo pode ser encontrado na organização dos produtos de cuidados da pele da P&G.[11] Essa organização estava à procura, interna e externamente, de opções tecnológicas antirrugas para a próxima geração dos produtos Olay. Em uma conferência técnica na Europa, a P&G ficou sabendo de uma nova tecnologia de peptídeo desenvolvida por uma pequena empresa de cosméticos na França. Após compartilharem parte dos seus trabalhos na conferência assistida por pesquisadores de cuidados da pele da P&G, aceitaram um convite para que os seus técnicos visitassem a P&G e apresentassem os dados sobre os efeitos do antirrugas com o novo peptídeo. O peptídeo se tornou um componente-chave usado nesse produto de grande sucesso, chamado de Olay Regenerist. A empresa agora continua a colaborar com a P&G na identificação de novas tecnologias e futuros projetos de pesquisa. Mais uma vez, a tecnologia é proveniente de um desenvolvedor externo, e o acordo conecta os pontos fortes da tecnologia de uma empresa francesa com o poder da marca global da P&G em produtos para a pele. O provedor da tecnologia, embora continue a ser um parceiro estratégico de tecnologia, não está envolvido na comercialização do produto.

3.4.4 BUSCA DE ATIVOS DE PROPRIEDADE DE OUTROS PARA DESENVOLVER UM NOVO MODELO DE NEGÓCIO

As empresas podem desenvolver novas tecnologias, principalmente internamente. Ainda assim, o modelo de negócio requer uma abordagem aberta para criar e capturar valor. Chesbrough (2006a) descreve diferentes casos dessa estratégia. Nós ilustramos isso com o desenvolvimento do iPhone.[12]

O iPhone pode ser considerado uma inovação interna e projeto de *design* da Apple, que já estava trabalhando no iPhone desde 2002. Depois de vários anos mantendo os detalhes do telefone em sigilo, a Apple anunciou o lançamento do iPhone em junho de 2007. Essa inovação, desenvolvida internamente, teve 200 patentes ligadas a ela. O iPhone destacou-se dos seus concorrentes por causa de sua tela sensível ao toque, recursos avançados e *design* de *hardware* elegante.

Em retrospecto, no entanto, o real valor do iPhone reside nos aplicativos, e não no próprio dispositivo. Em cada aplicativo novo que é desenvolvido, os clientes podem usar o seu celular de maneiras novas e sem precedentes. Curiosamente, ao contrário de *smartphones* habilitados pela Symbian, Palm e Microsoft, o iPhone original não forneceu suporte nativo para aplicações de terceiros. Foi apenas depois de haver evidências da enorme demanda por aplicativos de terceiros (impulsionados ainda mais pelos bem-sucedidos esforços de terceiros para instalar *softwares* sem a cooperação da Apple) que Steve Jobs reverteu sua posição inicial. Ele anunciou que um kit de desenvolvimento de *software* (SDK) seria disponibilizado para os desenvolvedores independentes em 2008, e o kit (SDK) para iPhone foi lançado em 6 de março de 2008.

Mesmo assim, no entanto, a Apple manteve o controle do ecossistema. Carregar um aplicativo de terceiros no iPhone só é possível depois de o desenvolvedor pagar uma taxa de adesão à Apple Developer Connection e de o aplicativo ser aprovado pela empresa para distribuição a partir da App Store (gerida pela Apple). Os desenvolvedores são livres para estabelecer qualquer preço para os seus aplicativos, que serão distribuídos por meio da App Store, e recebem uma participação de 70%. Os desenvolvedores também podem optar por liberar o aplicativo de graça e não pagar nenhum custo para liberar ou distribuir o aplicativo, a não ser a taxa de adesão. A App Store foi lançada junto com a disponibilização do IOS 2.0, em 11 de julho de 2008.

Embora o ecossistema permaneça sob a supervisão da Apple, a captação de aplicativos de terceiros tem sido impressionante. Em março de 2012, a Apple ultrapassou a marca de 25 bilhões de *downloads* de aplicativos. Abrir o iPhone para desenvolvedores independentes transformou o dispositivo em uma plataforma na qual a Apple e os desenvolvedores externos criam, em conjunto, valor para os clientes, aproveitando as ideias de um conjunto crescente de aplicativos (ou apps). A Apple capta valor usando o iPhone e o acesso à App Store como os principais ativos para apropriar valor de uma forma sistemática.

3.4.5 CONHECIMENTO INTERNO ACESSÍVEL PARA OUTROS DESENVOLVEREM UM NOVO MODELO DE NEGÓCIO

As empresas podem terceirizar o conhecimento desenvolvido internamente não para rentabilizá-lo (ver célula 2 na Tabela 3.1), mas para criar uma plataforma similar àquela que discutimos na seção 3.4. Nesse caso, as empresas com considerável conhecimento em áreas tecnológicas específicas arrendam tecnologia e conhecimento, no intuito de reforçar uma plataforma a partir da qual podem lucrar indiretamente. Plataformas fortes são necessárias para induzir terceiros a desenvolver aplicativos próprios, que, por sua vez, geram mais lucro para o proprietário da plataforma. Em outros casos, a abertura da tecnologia da plataforma permite que os desenvolvedores de aplicativos personalizem os produtos e ampliem o leque de aplicações muito além do conjunto original de aplicações oferecidas pela empresa que desenvolveu a plataforma – similar ao caso do iPhone. Nós ilustramos isso na célula 5 da Tabela 3.1 com o apoio da IBM para o Linux.

A IBM tem apoiado o Linux há mais de uma década. A empresa tem doado centenas de patentes e já investiu 100 milhões de dólares por ano para apoiar o SO Linux.[13] Além disso, está trabalhando em estreita colaboração com o Linux para gerar e acelerar novas aplicações com base nesse sistema operacional. O apoio da IBM aumentou as chances de que o Linux consiga competir com a Microsoft nos mercados de sistemas operacionais (Henkel, 2006).

O Linux foi o primeiro sistema operacional que poderia desafiar o domínio do sistema operacional Windows da Microsoft. Em 1999, quando a IBM adotou o Linux, já havia uma grande base instalada de clientes e uma grande comunidade de desenvolvedores empenhados em contribuir para o seu desenvolvimento. A partir dos investimentos no Linux, a IBM poderia ser independente da Microsoft, em termos de licenciamento, e poderia revelar as especificações da interface para suas plataformas. A IBM lucrou com a plataforma de código aberto, como o Linux, porque o *software* de código aberto é mais barato do que os *softwares* proprietários. Isso permitiu que a IBM cobrasse menos de seus clientes por aplicações e serviços. Uma das vantagens de se desenvolver um sistema operacional de código aberto é que os riscos e os custos de concepção e desenvolvimento do *software* podem ser distribuídos entre muitos colaboradores. Embora a IBM estivesse gastando muito dinheiro no desenvolvimento do Linux, outras empresas, tais como Nokia, Intel e Hitachi, também fizeram investimentos substanciais. Estima-se que os investimentos comerciais no Linux ultrapassem 1 bilhão de dólares por ano. A divisão de custos e esforços para o desenvolvimento de uma infraestrutura central reduziu os custos de ter um sistema operacional com ampla aceitação que pudesse competir com o Windows da Microsoft.

A plataforma Linux também forneceu uma plataforma comum sobre a qual a IBM pôde construir aplicações e serviços especiais. A IBM estava incrivelmente concentrada na venda de *hardware* de ponta, *software* proprietário que rodasse em Linux e na integração e outros serviços personalizados para os clientes corporativos. Ao ajudar a estabelecer o Linux, a IBM estava fortalecendo seu próprio modelo de negócio para a venda de soluções de *software* proprietário para seus clientes usarem no Linux. Essa abertura do Linux também deu à IBM mais liberdade para codesenvolver produtos com seus clientes.

3.4.6 USAR O CONHECIMENTO DOS OUTROS PARA CRIAR O SEU PRÓPRIO MODELO DE NEGÓCIOS

A célula superior direita da Tabela 3.1 combina um modelo de negócio ligado com a inovação aberta de fora para dentro. Aqui, uma empresa obtém conhecimento de outras organizações para estabelecer um modelo de negócios que está ligado a modelos de negócios de outras organizações (parceiras). Como veremos, essa combinação permite que as empresas desenvolvam novas estratégias que vão além dos exemplos clássicos de inovação aberta. Nós ilustramos isso com alguns exemplos.

3.4.6.1 Better Place

Better Place foi uma empresa *startup* financiada com capital de risco, criada em 2007 e com sede em Palo Alto. A missão da *startup* era fazer com que os veículos elétricos fossem atraentes para os compradores convencionais. Ela desenvolveu e vendeu serviços de carregamento de bateria e de troca de bateria para veículos elétricos. Poderia, assim, ser considerada uma empresa de *infraestrutura para carros elétricos*: sua abordagem não foi inovar o carro elétrico, mas sim inovar o ecossistema que cercava o veículo. Com sua rede inteligente de estações de carregamento, kits de baterias e carros, a Better Place era mais conhecida por seu conceito de estações de troca de baterias, onde os carros equipados com kits de baterias adequadas poderiam trocar uma bateria descarregada por outra totalmente carregada em menos de cinco minutos. A empresa encontrou dificuldades financeiras devido ao alto investimento necessário para desenvolver a infraestrutura de carregamento/troca e a penetração no mercado que foi significativamente menor do que a planejada originalmente. A causa disso foi a resistência dos fabricantes de automóveis e outros atores em mudar para um sistema de troca de baterias.

A Better Place pretendia transformar os veículos elétricos num produto dominante da indústria automobilística com um modelo de negócios único. O modelo começou identificando os problemas atuais com o uso de carros elétricos. Adner (2012) identificou uma série de obstáculos a serem superados. Primeiro, o preço dos carros elétricos era mais alto do que o dos carros similares movidos a gasolina, principalmente porque as baterias são muito caras. Segundo, os carros elétricos têm uma autonomia limitada, que é determinada principalmente pela sua bateria. Terceiro, a infraestrutura de carregamento da bateria é escassa em comparação com a rede de postos de gasolina; além disso, o carregamento demora muito tempo.[14] Quarto, uma vez que as baterias são caras e a tecnologia está evoluindo rápido, o valor de revenda da bateria é extremamente baixo. Por fim, a limitada autonomia impede que motoristas tenham o benefício completo de um veículo elétrico graças aos menores custos de energia por quilômetro, em comparação com os carros movidos a gasolina.

O modelo de negócios da Better Place tentou resolver os problemas mencionados acima: em primeiro lugar, os consumidores não deveriam possuir as baterias de modo a reduzir o preço dos veículos elétricos; em segundo lugar, os veículos elétricos deveriam oferecer a mesma autonomia e conveniência que os carros movidos a gasolina. A Better Place convidou os clientes a criar uma conta para compra de distâncias, similar ao que acontece no setor de telefonia móvel, em que os clientes contratam os minutos de tempo de transmissão. O custo inicial de um veículo elétrico também poderia ser subsidiado por um contrato contínuo por distância, assim como as compras de aparelhos celulares são subsidiadas pelos contratos de minuto de serviço móvel. Desse modo, os carros elétricos poderiam ser vendidos por um preço mais baixo do que a média dos carros movidos a gasolina. A abordagem da Better Place permitiu a fabricação e a venda de diferentes carros elétricos, separadamente das baterias. O pagamento mensal cobria os custos do "combustível" elétrico, incluindo a bateria, o carregamento diário e as trocas de bateria. A empresa permitiu que os clientes pagassem de forma incremental pelos custos da bateria, incluindo energia elétrica, vida útil da bateria, degradação, questões de garantia, manutenção, custo de capital, qualidade, avanço da tecnologia e tudo o mais relacionado com a bateria. Havia uma vantagem extra: quando o proprietário do carro o vendesse, ele não teria que vender uma bateria desatualizada ou degradada. O valor de revenda foi, dessa maneira, ligado ao carro e não a bateria. A rede de infraestrutura para troca de baterias de carros elétricos da Better Place resolveu o problema da limitada autonomia de condução. Assim, investiu em estações regionais ou nacionais para troca de bateria.[15] Já lançou uma rede nacional de estações de troca de bateria em Israel e estava trabalhando com parceiros para a construção de redes padronizadas na Dinamarca, na Austrália, na Califórnia e no Havaí.

A Better Place é um exemplo da célula 6 na Tabela 3.1. Seu modelo de negócios só poderia ser bem-sucedido se os diferentes parceiros no ecossistema alinhassem as suas inovações ao seu modelo de negócio. O sucesso baseou-se nas inovações de outros.

Além disso, o sucesso da Better Place dependia da vontade dos parceiros em aderir ao seu modelo de negócios. Os fabricantes de automóveis foram muito importantes, pois tiveram que mudar o *design* do carro para que os kits de bateria pudessem ser trocados de acordo com os padrões da Better Place. A Renault-Nissan adaptou os modelos de seus automóveis Laguna, eRogue e Luence, mas não houve suficiente apoio de outros fabricantes de automóveis para transformar a Better Place em um sucesso. Também os fabricantes de baterias tiveram que adaptar sua tecnologia para os kits cambiáveis e deixariam de vender as suas baterias para os fabricantes de automóveis para vendê-las para a própria Better Place. Da mesma forma, as relações com os produtores e distribuidores de eletricidade poderiam ser importantes para a Better Place. Finalmente, os governos tiveram um papel crucial no processo de adoção do modelo de negócios. Poderiam definir ou adotar normas, estabelecer preços do petróleo e da eletricidade, decidir sobre o desenvolvimento da rede e poderiam ainda ajudar na definição do preço de novos veículos elétricos por meio de regulações fiscais e subsídios.

Embora a Better Place tenha entrado em falência, o caso ilustra que fazer veículos elétricos atraentes para o motorista de carros convencionais requer uma organização cujos modelos de negócios abordem os diferentes obstáculos no ecossistema existente. A Better Place só poderia ter sucesso se os outros atores do ecossistema inovassem (inovação aberta de fora para dentro) e adotassem seu modelo de negócios ou coalinhassem seu modelo com o dela. A falta de apoio por parte dos fabricantes de automóveis foi uma das razões pelas quais a empresa nunca se transformou no sucesso que prometia ser em seus primeiros anos. Isso, no entanto, é um exemplo interessante dos chamados modelos de negócios vinculados.

3.4.6.2 SkyNRG

Uma das principais preocupações da indústria aeronáutica é a emissão de gases de efeito estufa pela aviação e seu impacto nas alterações climáticas. Uma iniciativa interessante dessa indústria a esse respeito é o SkyNRG, que foi lançado em novembro de 2009.[16] Os sócios fundadores são os grupos Air France KLM, North Sea (um grupo de empresas que oferece produtos e serviços para o mercado de petróleo) e a Spring Associates (uma empresa de consultoria estratégica que ajuda as empresas a se tornarem mais competitivas por meio de produtos e soluções sustentáveis). A missão da SkyNRG era ajudar a criar e acelerar o desenvolvimento de um mercado de combustível sustentável, seguro e acessível para jatos.

A empresa não foi criada para desenvolver novas tecnologias de biocombustíveis. Muitas das dificuldades técnicas enfrentadas pela aviação na transição para os biocombustíveis sustentáveis para aviação já foram superadas, e grande parte desse trabalho foi alcançado dentro do setor. No entanto, reduzir as emissões de gases do efeito estufa em biocombustíveis tem se tornado dominante no setor da aviação. Assim, a comercialização e a ampliação da oferta de biocombustíveis para a aviação são cruciais. A missão da SkyNRG é estabelecer um ecossistema de parceiros estratégicos para introduzir os biocombustíveis como uma fonte alternativa de energia. Demorou dois anos em pesquisa e desenvolvimento para criar um *balcão único de serviços* para as companhias aéreas, aeroportos, estações militares e outros usuários finais de querosene que integram a cadeia de abastecimento para os combustíveis de aviação sustentáveis. Desde a matéria-prima até o voo, a cadeia de suprimentos abrange elementos como a seleção de matéria-prima sustentável, refinamento de contratos, distribuição para qualquer aeroporto no mundo, garantia de qualidade, serviços de combustível para aviação, seguros, marketing e projeto de (co)financiamento com os aeroportos e os clientes finais. Dessa maneira, a SkyNRG pode ser considerada uma formadora de um mercado global de combustível sustentável para aviação.

A SkyNRG é um exemplo de como uma organização pode criar um ecossistema de inovação incluindo diferentes indústrias que precisam trabalhar juntas para uma nova proposta de valor ter sucesso. A instigadora, a KLM, é uma das (potencialmente muitas) empresas aéreas que podem lucrar a partir de uma nova fonte de querosene, o que ajudaria a atingir a meta de reduzir a pegada de carbono da indústria. A KLM não tem conhecimento nem capacidade interna para desenvolver e produzir biocombustíveis, mas tem um grande interesse como cliente de biocombustível de aviação em garantir um abastecimento estável e com preços competitivos de bioquerosene. Com o estabelecimento da SkyNRG, a KLM começou a criação de um grande ecossistema, incluindo diferentes tipos de parceiros que são necessários para convencer as companhias aéreas em todo o mundo a mudar gradualmente de combustível à base de petróleo para o biocombustível.[17]

Se olharmos para a SkyNRG a partir da perspectiva da KLM, a iniciativa ilustra como uma empresa pode enfrentar um grande desafio estratégico (dependência do combustível à base de petróleo), a partir da criação de uma empresa central que se desdobra em um ecossistema visando garantir uma oferta crescente de biocombustíveis para a aviação. A KLM e sua rede de parceiros aeronáuticos são clientes (potenciais) do biocombustível de aviação. As inovações técnicas necessárias (como o desenvolvimento da segunda geração de matéria-prima para a produção de combustível) são desenvolvidas pela indústria de biocombustíveis e pelos centros tecnológicos especializados. No entanto, a tecnologia é apenas um determinante na adoção generalizada de biocombustíveis no setor aeronáutico. Um avanço só pode ser conseguido por meio da combinação de perícia e experiência nos campos de regulação (configuração padrão), critérios de sustentabilidade efetivos e conhecimento do produto e da área de transporte aéreo. Há riscos consideráveis na adoção, como vários atores optarem por não mudar para o biocombustível de aviação. A KLM está interessada como cliente em um fornecimento estável de biocombustível a preços competitivos, que é um dos principais direcionadores para lucratividade. A inovação de fora para dentro desempenha um papel, mas de uma maneira diferente do que está na célula 3 da Tabela 3.1. Nessa célula o conhecimento fornecido pelos parceiros externos fortalece a empresa focal para desenvolver um novo produto ou serviço. Aqui (na célula 6), a KLM não está desenvolvendo um novo produto ou serviço usando conhecimento externo; ela estabeleceu a SkyNRG para acelerar o progresso tecnológico na cadeia de valor dos biocombustíveis, garantindo dessa forma o fornecimento de biocombustíveis para a aviação.

A KLM adota um modelo de negócio aberto: o valor é criado por meio da ação coordenada de vários parceiros no ecossistema e é compartilhado segundo acordos predeterminados. O ecossistema é orquestrado por uma empresa dedicada (SkyNRG) que articula laços interorganizacionais para criar um ecossistema entre as organizações que nunca estiveram em contato umas com as outras. No caso anterior, a Better Place assumiu o papel de uma empresa central; neste a KLM tenta realizar o seu objetivo estratégico a partir da criação de um ecossistema orquestrado por outra organização.[18]

3.5 EXTENDENDO A INOVAÇÃO ABERTA

O esquema de classificação apresentado na Tabela 3.1 é um quadro simples para examinar as diferentes combinações de estratégias de inovação e de modelos de negócio. Os resultados das colunas da esquerda e da direita da Tabela 3.1 são bastante diferentes uns dos outros. O modelo de negócio *stand-alone* está se concentrando no desenvolvimento de novos produtos ou serviços. A maioria dos exemplos de inovação aberta que tem sido descritos na literatura pode ser classificada na coluna da esquerda. Em contraste, os modelos de negócios ligados ou em rede têm recebido menos atenção.[19] Com os modelos de negócios ligados, a empresa pode usar as abordagens de dentro para fora ou de fora para dentro da inovação aberta para ir além do desenvolvimento de novos produtos. Na coluna do lado esquerdo da Tabela 3.1, o conhecimento externo é fornecido para desenvolver um novo produto ou negócio ou o conhecimento interno é comercializado para outra empresa que vai usá-lo para o desenvolvimento de seus próprios produtos. Na coluna da direita, uma combinação de modelos de negócio ligados e inovação aberta pode ser usada para alavancar *qualquer direcionador estratégico*, como no caso de SkyNRG. Discutimos esse ponto com mais detalhes a seguir usando um exemplo hipotético de negócio do petróleo bruto na BP.

Suponha que você é um gerente no negócio do petróleo bruto na BP. O produto que está vendendo é, inevitavelmente, uma *commodity* e inovação de produto é, por definição, excluída. A competitividade no negócio do petróleo bruto depende de várias tecnologias que aumentam a produtividade na exploração e na extração. As companhias de petróleo têm que detectar os poços de petróleo mais ricos antes dos seus concorrentes e perfurá-los mais efetivamente usando novas tecnologias que lhes permitam extrair petróleo em profundidades maiores. Embora a indústria do petróleo seja dominada por grandes empresas com forte capacidade de P&D, contam com empresas de serviços petrolíferos especializados, como a Schlumberger, para desenvolver novas tecnologias para exploração e extração de petróleo: o setor de serviços de petróleo é uma referência de inovação dentro da indústria de energia. As empresas de serviços de petróleo geralmente recebem mais patentes a cada ano do que a maioria das grandes empresas petrolíferas juntas. A BP pode ganhar uma vantagem competitiva se ela se associar com a Schlumberger (geralmente em combinação com outras empresas de serviços especializados) para exploração de ponta e tecnologia de perfuração. A BP ainda pode estabelecer um programa de pesquisa com essas empresas e (co) financiar a pesquisa e o desenvolvimento de uma nova tecnologia de exploração e perfuração. Todos se tornam parceiros estratégicos para o avanço dessa tecnologia. A BP possivelmente exigirá uso exclusivo da tecnologia por vários anos antes que a Schlumberger possa vender a tecnologia para outras empresas de petróleo.

Este exemplo ilustra como uma combinação de inovação aberta pode ser aplicada a empresas de *commodities*, nas quais a inovação de produto não é um direcionador competitivo. A inovação aberta aplicada ao desenvolvimento de novos produtos ou negócios deveria ser considerada um direcionador competitivo específico relevante em situações particulares, mas não em todas. A inovação aberta pode ser aplicada a uma gama mais ampla de situações. Se começamos pela estratégia de um negócio, identificamos os principais direcionadores de valor que deveriam ser postos em prática, reconhecemos e selecionamos os parceiros de inovação potenciais e estabelecemos um projeto conjunto para desenvolver tecnologias ou soluções que vão reforçar a posição competitiva da empresa. Assim, mesmo na ausência de qualquer inovação de produto ou serviço no negócio, as empresas podem ainda "nutrir" sua rede de inovação e os parceiros da cadeia de valor para se tornar mais competitivas. Nambisan e Sawhney (2010) mostraram como tal rede pode ser gerenciada.

Essa mudança fora da inovação de produtos também mostra que a posição competitiva das empresas pode contar com um amplo conjunto de direcionadores de valor, que vão de inovações de processo a um aumento na produtividade e melhora da qualidade dos produtos. Aumentar o tempo de transferência, reduzir a complexidade operacional e os custos ou integrar processos são outros exemplos, e em qual deles se concentrar depende do contexto do negócio. Porém, mas em cada caso a empresa focal pode configurar uma iniciativa de pesquisa conjunta e encorajar parceiros (de tecnologia) a unir forças para acelerar a inovação tecnológica necessária para aumentar a vantagem competitiva da empresa formadora.

Por fim, estender a inovação aberta dessa forma faz com que seja mais relevante para empresas e organizações que são beneficiárias de tecnologias/inovações – empresas de serviços, indústrias de manufatura de baixa tecnologia, governos etc. As organizações beneficiárias podem iniciar e orquestrar a iniciativa de colaboração, enquanto as fornecedoras de tecnologia são as implementadoras dentro desse âmbito.

3.6 CONCLUSÕES

A inovação aberta desde sua concepção examinou a conexão entre processos de P&D e do modelo de inovação das empresas. Na medida em que o conceito foi explicado e expandido, essa conexão evoluiu por si só. No primeiro livro de 2003, o modelo de negócios foi tratado como estático (Chesbrough, 2003a). A experiência canônica da Xerox PARC, com suas muitas tecnologias que não cabiam no modelo de negócios de copiadora/impressora da empresa-mãe, mostrou a importância de associar inovação e modelo de negócio. Chesbrough (2006a) indica que a evolução do modelo de negócio foi considerada e um modelo de maturidade de seis estágios foi proposto para representar os diferentes níveis de desenvolvimento. O modelo de negócio de plataforma foi o tipo mais evoluído e mais valioso de modelo. No livro de 2011, que considera diretamente inovação aberta em serviços, a mudança de muitas empresas em direção aos serviços exigiu que seus modelos mudassem também.

Com este capítulo, nós consideramos que estendemos a evolução desses conceitos mais a fundo. Convidamos os leitores a se dedicar a essa pesquisa por si mesmos e nos ajudar a entender melhor as novas formas pelas quais os processos de inovação aberta podem combinar-se aos modelos de negócios ligados mais abertos para criar e, em seguida, capturar valor.

NOTAS

1   Grönlund, Sjödn e Frishammar (2010) escreveram um artigo interessante sobre o processo *stage-gate* de desenvolvimento de produtos em um contexto de inovação aberta.

2   Um dos livros mais influentes no desenvolvimento de modelos de negócio é o de Osterwalder e Pigneur (2009). Amit e Zott (2001), Zott e Amit (2007; 2008), Afuah e Tucci (2001) e Chesbrough e Rosenbloom (2002) fornecem grandes *insights* sobre as diferentes dimensões dos modelos de negócios.

3   Um bom exemplo é o tomate geneticamente modificado Flavr Savr da Calgene (Vanhaverbeke e Cloodt, 2006) ou os exemplos fornecidos por Adner (2012), tais como e-books, câmeras digitais, insulina inalável, registos de saúde eletrônicos etc.

4   Em um recente webinar, em 28 de novembro de 2012, o gerente de inovação aberta da Procter & Gamble, Nick Nicholides, afirmou que a P&G tinha feito mais de 1.300 contratos de colaboração em seu programa "Connect and Develop" (conectar e desenvolver) desde 1999 e que 40% dos parceiros da P&G tinham feito múltiplos acordos com ela. Assim, algumas das transações de inovação aberta, neste caso, tinham se transformado em relacionamentos contínuos.

5   Poderíamos ainda acrescentar o "processo acoplado" como um tipo de inovação aberta, como argumentam Gassmann e Enkel (2004). Para manter o número de combinações abordáveis dentro de um capítulo curto, optamos por limitar a nossa atenção às abordagens de fora para dentro e de dentro para fora de inovação aberta.

6   O desenvolvimento do Tide na P&G é outro grande exemplo. Ele foi o primeiro detergente sintético para trabalho pesado desenvolvido na P&G por uma pequena equipe, depois que a empresa tinha oficialmente desistido do projeto de desenvolver um detergente sintético. É um exemplo perfeito de *skunkworks*.[N.T.ii] Para obter mais informações, indicamos Dyer, Dalzell, Olegario (2004). Uma visão geral do desenvolvimento do Tide pode ser encontrada em http://laundry.about.com/od/laundrydetergents/ss/Tide-Laundry-Detergent-Through-The-Decades.htm.

N.T.ii   Um *skunkworks* (também conhecido como *Skunk Works*) é um pequeno grupo de pessoas que trabalham em um projeto em uma maneira não convencional. O objetivo do grupo é desenvolver algo rapidamente, com restrições de gestão mínimas. *Skunkworks* são muitas vezes utilizados para a implantação inicial de um produto ou serviço que, posteriormente, será desenvolvido de acordo com os processos de negócios habituais. Um exemplo foi o *skunkworks* para a criação do Google X Lab. Outro *skunkworks* famoso foi o laboratório de cerca de cinquenta pessoas estabelecido por Steve Jobs para desenvolver o computador Macintosh, localizado atrás do restaurante Good Earth, em Cupertino.

7   Veja http://www2.dupont.com/Phoenix_Heritage/en_US/1939_c_detail.html e http://inventors.about.com/od/nstartinventions/a/nylon.htm.

8   A P&G também desenvolveu o Nodax, uma tecnologia que pode ser usada para a fabricação de novos biopolímeros utilizando recursos renováveis. No entanto, a empresa não é um produtor de

plásticos e vendeu a invenção para a Meredian Inc., uma empresa de capital fechado. A Meredian utiliza a tecnologia adquirida para a fabricação de polímeros biodegradáveis. Semelhante ao caso da ConAgra Foods, a tecnologia da P&G ajuda a Meredian a desenvolver e produzir uma nova categoria de produto, mas o destinatário lança o produto e desenvolve o mercado sem a ajuda da multinacional sediada em Cincinnati. Para mais informações, consulte: http://www.pgconnectdevelop.com/home.

9   O exemplo é tirado de Chesbrough (2006, p. 200-201). Veja também: http://www.pgconnectdevelop-la.com/espanhol/anexos/cd_brochureWEB.pdf.

N.T.i   A Press'n Seal é uma espécie de filme plástico da Glad utilizado para proteger alimentos. Para ver mais, acesse https://www.glad.com/food-storage/plastic-wrap/press-n-seal/.

10   Veja http://www.enablingideas.com/?p=1418.

11   Veja http://www.pg.com/connect_develop/cd_success_stories.shtml.

12   Essa conta é sintetizada a partir de duas fontes principais. Uma é http://applehistory.com/ipod e o artigo da *Wired Magazine*, de 2004, em http://www.wired.com/gadgets/mac/news/2004/07/64286?currentPage=all. Veja também West e Mace (2010).

13   Veja Chesbrough (2006), capítulo 8, para mais discussões sobre IBM e Linux.

14   O carregamento rápido de corrente contínua é, atualmente, considerado mais lento do que os 59,1 segundos da Better Place para a troca de bateria. Os mesmos carregadores rápidos de corrente contínua podem recarregar 50% da bateria do Nissan Leaf em 30 minutos, uma vez que o *software* do carro controla a taxa de carregamento e não o carregamento rápido (LaMonica, 2010).

15   www.betterplace.com.

16   Para mais informações, consultar os seguintes sites: http://skynrg.com, http://argosenergies.com/en/innovation, http://www.klm.com/csr/en/climate/footprint/ biofuels/index.html.

17   O setor vem avançando com projetos pilotos em vários países. Contudo, a cadeia de valor das companhias aéreas e de produção de biocombustíveis não pode fazer isso sozinha. Apoio político e investimento financeiro terão de vir de um bom número de partes interessadas. O fornecimento global e a comercialização de combustível sustentável para aviação exigirão a promoção de P&D em toda a cadeia de suprimentos, avanço da certificação técnica e viabilidade econômica da próxima geração de combustíveis de aviação. Isso exigirá mecanismos que ajudem a criar um alto nível para os combustíveis sustentáveis de aviação e encontrará maneiras para financiar o ágio a ser pago pelo combustível sustentável de aviação até que a indústria de bio-combustível esteja grande o suficiente para garantir preços competitivos.

18   Isso, por sua vez, levanta questões interessantes sobre como as grandes partes interessadas, como a KLM, mantêm o controle na tomada de decisão em empresas centrais como a SkyNRG.

19   Modelos de negócios ligados, no entanto, não são novos: Chesbrough (2006) forneceu exemplos interessantes de modelos de negócios abertos e mostrou como as empresas podem criar e capturar valor a partir do desenvolvimento de uma plataforma.

PARTE II
ANALISANDO A INOVAÇÃO ABERTA EM DIFERENTES NÍVEIS DE ANÁLISE

PARTE II

CAPÍTULO 4
Desafios no financiamento de plataformas de inovação aberta
Lições do Symbian Ltd.

Joel West

4.1 INTRODUÇÃO

Dois conceitos centrais do paradigma da inovação aberta são a centralidade do modelo de negócio – em particular criação e captura de valor – e a necessidade de múltiplas empresas para cooperar na criação de valor (Chesbrough e Rosenbloom, 2002; Chesbrough, 2003; Chesbrough, 2006a, 2006b). A pesquisa em inovação aberta tem examinado como as empresas utilizam as estratégias de inovação aberta para criar valor com redes, comunidades e ecossistemas externos (Vanhaverbeke e Cloodt, 2006; West e Lakhani, 2008; Rohrbeck, Hölzle e Gemünden, 2009). Isso se baseia em um corpo de pesquisa mais amplo sobre o modo como as empresas utilizam alianças, redes, comunidades, consórcios, ecossistemas e plataformas para apoiar suas estratégias de inovação (Gomes-Casseres, 1996; Powell, 1990; West e Sims, 2012; Pisano e Verganti, 2008; Adner, 2012; Gawer, 2009). Tal cooperação é particularmente importante para os patrocinadores das plataformas de computação de propósito geral, que têm há mais de trinta anos rodado programas formais de gerenciamento de ecossistemas para obter complementos de terceiros para a proposta de valor de suas plataformas (Kawasaki, 1990; Gawer, 2010).

Este capítulo considera o exemplo de um ecossistema de inovação que criou valor, mas enfrentou grandes desafios com a alocação da captura desse valor – usando um estudo de caso do Symbian Ltd., uma empresa *startup* de Londres, que criou a plataforma para *smartphone* de maior sucesso entre 2003 e 2010. No seu auge, em 2007, a Symbian era plataforma presente em 63% de todos os *smartphones* vendidos; dois anos mais tarde, a empresa patrocinadora tinha deixado de existir. Em 2011, a plataforma ficou órfã quando, em um movimento outrora impensável, seu maior cliente anunciou planos para descontinuar as vendas de *smartphones* Symbian em favor do Windows.

Este estudo usa uma combinação de dados primários e secundários, fontes internas e públicas para analisar o sucesso transitório da Symbian Ltd. e sua plataforma Symbian OS. Discutimos a estratégia de ecossistema da empresa durante toda a sua década de existência e as tensões internas do ecossistema nos esforços de captura de valor.

Defendemos que muitas das dificuldades da Symbian refletem as dificuldades inerentes de sua abordagem de inovação aberta para a liderança da plataforma. Como uma *startup* sedenta por dinheiro, os investimentos de risco corporativo dos acionistas-clientes da Symbian (fabricantes de celulares), ao mesmo tempo, sustentaram seus esforços em P&D durante os seus primeiros seis anos de prejuízos e restringiram fortemente suas opções estratégicas. A Symbian também enfrentou objetivos conflitantes entre gerir sua própria sobrevivência e a dos membros do seu ecossistema. Para contrastar com a estratégia fracassada da Symbian, este capítulo identifica a estratégia comumente utilizada de "encadeamento de plataforma" a partir de uma plataforma de sucesso anterior que forneceu para outros patrocinadores os recursos necessários para lançar nova plataforma e novo ecossistema.

4.2 PESQUISA ANTERIOR

O objetivo deste capítulo é explicar os desafios que uma empresa enfrentou na criação e na gestão de um ecossistema com parceiros externos para apoiar a sua plataforma. Aqui avaliamos o grau no qual a pesquisa sobre inovação aberta – particularmente a pesquisa sobre o uso de inovações externas pela empresa – tem considerado o papel dos ecossistemas e conceitos relacionados e como tal pesquisa pode ser informada por outros órgãos que consideram as interações das empresas com redes, ecossistemas, plataformas e construtos correlatos.

4.2.1 REDES, ECOSSISTEMAS E PLATAFORMAS

Para apoiar seus esforços em inovação, as empresas têm se envolvido em uma série de estratégias para gerir as relações com contrapartes externas, incluindo alianças, redes, comunidades, consórcios, ecossistemas e plataformas. Em cada caso, os investimentos por parte dos parceiros colaboradores em ativos, capacidades e estratégias refletem um padrão de relacionamentos recorrentes, em vez de um mercado único, demonstrando uma interdependência de reciprocidade e interações repetidas que ajudam a mitigar os riscos de oportunismo (Powell, 1990; Jones, Hesterly e Borgatti, 1997).

A pesquisa sobre *alianças* geralmente centra-se na relação com um parceiro. Essas parcerias diádicas tendem a ser de longa duração (vários anos) e criadas a partir de contratações formais (mas incompletas) para gerir o oportunismo. O sucesso das alianças geralmente depende da complementaridade dos parceiros, seja por meio de diferentes tecnologias, entre criação e comercialização de inovação (como em biotecnologia) seja a partir de pontos fortes em diferentes partes da proposição de valor ou cadeia de valor (Hagedoorn, 1993; Gomes-Casseres, 1996; Rothaermel e Deeds, 2004).

Quando as empresas têm um padrão de construção de múltiplas parcerias, pode ser mais apropriado considerar essas alianças como *redes* de interações interempresas (Powell, 1990; Gomes-Casseres, 1996). A pesquisa sobre tais redes tem focado a complementaridade e as interações recíprocas de múltiplos atores independentes, como os relacionamentos entre fornecedores e clientes dentro de determinado setor, grupo comercial-industrial ou economia regional (Powell, 1990). Empresas em uma rede podem trabalhar juntas para criar valor por meio de esforços coordenados de inovação, particularmente na presença de efeitos das redes, aumentando a modularidade do produto, e quando auxiliadas pela tecnologia de comunicações (Staudenmayer, Tripsas e Tucci, 2000; Nambisan e Sawhney, 2011).

A pesquisa tem identificado padrões específicos de redes que compartilham características comuns e mecanismos teóricos. Por exemplo, empresas que trabalham com *comunidades* externas autônomas organizadas para um propósito comum de produzir um bem comum compartilhado; essas comunidades podem ser compostas de empresas, indivíduos ou ambos (West e Lakhani, 2008; O'Mahony e Lakhani, 2011). Tais comunidades diferem das redes, tanto em termos de governança como no senso de identidade social compartilhada (Markus, 2007; von Hippel, 2007). As comunidades variam significativamente em termos de seu grau de inovação e seu alinhamento com as metas de inovação da empresa (West e Sims, 2012). Dois dos tipos de comunidades mais estudados são aqueles que produzem padrões de compatibilidade do produto (Rosenkopf, Metiu e George, 2001; Simcoe, 2012) e *software* de código aberto (Dahlander e Magnusson, 2008; West e O'Mahony, 2008).

O *consórcio* é também uma rede especializada de membros da organização[1] em que conjuntamente fornecem os recursos para financiar esforços de pesquisa guiados a partir de uma forma de controle centralizado ou de governança. Tais consórcios são dirigidos tanto por objetivos comuns como pelo desejo de compartilhar os resultados da colaboração (Sakakibara, 1997; Doz, Olk e Smith, 2000). No entanto, eles diferem das comunidades (particularmente comunidades de código aberto) por sua capacidade de excluir os outros dos benefícios da produção conjunta (West e Gallagher, 2006b; Pisano e Verganti, 2008). Ao contrário das redes organizadas para beneficiar uma única empresa, tais consórcios tendem a ser organizados como redes heterárquicas sem um ator dominante ou beneficiário únicos (Müller-Seitz e Sydow, 2012).

Uma extensão importante da perspectiva de rede veio com a metáfora do *ecossistema* de negócio das empresas que vendem bens e serviços complementares. O sucesso das empresas participantes tanto contribui quanto depende da saúde do ecossistema, apesar de (como em ecossistemas ambientais) esses ecossistemas serem marcados pela constante competição pela liderança geral e dominância de nichos específicos (Moore, 1993; Iansiti e Levien, 2004a).

Em alguns setores, a distribuição da inovação entre os membros do ecossistema é frequentemente consequência direta da modularidade técnica (Baldwin, 2012). O sucesso dos ecossistemas na criação conjunta de valor por meio da inovação depende não apenas do líder do ecossistema como também dos esforços das empresas participantes para superar seus próprios desafios técnicos (Iansiti e Levien, 2004b; Adner e Kapoor, 2010). Enquanto alguns ecossistemas sofrem falta de governança formal, outros podem estar associados a uma comunidade ou consórcio e a seus mecanismos de governança; um exemplo de sucesso de tal ecossistema é a comunidade de código aberto Eclipse (Fitzgerald, 2006; West e O'Mahony, 2008). Compartilhar o controle de um ecossistema incentiva a participação de terceiros e uma maior oferta de bens complementares (West e O'Mahony, 2008; Boudreau, 2010).

Finalmente, as empresas trabalham com entidades externas para criar uma *plataforma* na qual a criação conjunta de valor e integração de produtos complementares é mediada por padrões de compatibilidade que definem um produto do sistema (Gawer, 2002; Gawer e Cusumano, 2008). Em uma plataforma "proprietária" ou "fechada", uma única empresa patrocinadora controla a plataforma e suas interfaces padronizadas, para assegurar sua própria captura de valor, enquanto compartilha o bastante dos retornos do ecossistema para atrair complementos de terceiros (Gawer e Cusumano, 2002; West, 2003). Uma plataforma "aberta" é aquela em que o controle (inclusive da definição das interfaces) é compartilhado por uma comunidade autônoma; com a garantia de um maior acesso aos benefícios do ecossistema, tal controle compartilhado é mais bem-sucedido em atrair a participação externa e a produção complementar (West e O'Mahony, 2008; Baldwin e Woodard, 2010; Simcoe, 2012). No entanto, no mundo real, há uma vasta gama de pontos intermediários entre esses dois extremos, medidos pelo grau em que uma ou mais empresas centrais podem controlar o acesso para usar e se beneficiar da plataforma de inovação – o que, por sua vez, determina o custo pago pelos clientes e complementadores para usar a plataforma (West, 2003, 2007a). Por exemplo, algumas plataformas são estritamente controladas por vários patrocinadores, com os benefícios exclusivos provenientes para múltiplas empresas (Eisenmann, 2008).

Aqui estamos particularmente interessados em plataformas patrocinadas: a gestão do ecossistema de um suprimento de produtos complementares por uma empresa que define as interfaces. A prática da gestão do ecossistema para apoiar uma plataforma antecede a teoria acadêmica formal sobre qualquer tópico. Desde o nascimento do negócio de *software* de aplicação em *mainframes*, com a decisão de 1969 de desagregação da IBM a partir da venda de pacotes de *software* de varejo, como o Visicalc para computadores pessoais uma década mais tarde, os vendedores de sistemas têm cada vez mais reconhecido a importância de terceiros complementares para o sucesso dos seus produtos (Campbell-Kelly, 2003). Começando em 1983, a Apple Computer até criou uma nova categoria de trabalho chamada "evangelista" para atrair novas empresas participantes para o ecossistema e coordenar as interações com o patrocinador do ecossistema (Kawasaki, 1990).

4.2.2 PESQUISA EM INOVAÇÃO ABERTA

Até agora, a inovação aberta tem sido menos completa na sua cobertura de redes, ecossistemas e plataformas, talvez por causa de suas origens como uma teoria normativa para maximização de lucros das empresas. A pesquisa sobre a utilização da inovação aberta pelas empresas tem enfatizado a troca diática (geralmente troca de mercado) entre a empresa-foco e as fontes externas de inovação (West et al., 2006; veja também os Capítulos 1 e 2).

Por exemplo, no estudo mais antigo e mais citado sobre inovação aberta usando a Europe's Community Innovation Survey (pesquisa de inovação da comunidade europeia), Laursen e Salter (2006) estudaram empresas e seus potenciais laços de colaboração com oito fontes externas diferentes incluindo fornecedores, clientes e laboratórios de pesquisa sem fins lucrativos. Em sua análise de pesquisas sobre os modos de fora para dentro e acoplados de inovação aberta, West e Bogers (2014) encontraram uma ênfase diádica nos modos de fora para dentro, mas há uma divisão quase igual entre as interações diádicas e as redes de pesquisas em modos acoplados que consideram os fluxos bidirecionais de conhecimento e de criação da inovação.

Na categoria acoplada, há uma quantidade limitada de pesquisas que examinaram como as empresas utilizam as redes para apoiar suas estratégias de inovação aberta, começando com o livro *Open Innovation: Researching a New Paradigm* (Chesbrough, Vanhaverbeke e West, 2006). Adicionalmente aos desafios do fornecimento (ou venda) de inovações com parceiros externos encontrados na perspectiva diádica, as empresas devem também coordenar as atividades das redes "para desenvolver novas tecnologias [...] e também para explorar oportunidades de negócio de base tecnológica" (Vanhaverbeke e Cloodt, 2006, p. 277). As empresas fornecem externamente tecnologia, componentes e produtos de fornecedores e terceiros, particularmente para criar e completar os sistemas agregados complexos (West, 2006).

Grande parte dos trabalhos de inovação aberta tem examinado a criação de um produto integrado complexo no setor de tecnologia da informação e comunicação (TIC). West e Gallagher (2006b) consideraram como as empresas alavancam comunidades de código aberto para apoiar seus produtos computacionais. Enquanto isso, dois estudos examinaram a colaboração da Nokia em telecomunicações móveis: Maula, Keil e Salmenkaita (2006) explicaram como a Nokia planejou seu próprio esforço de inovação a longo prazo e aqueles dos seus complementadores. Dittrich e Duysters (2007) mostraram como a Nokia mudou a maneira como costumava usar parceiros externos – do abuso para a exploração do conhecimento –, conforme a sua tradicional competência baseada em rádio tornou-se menos valiosa.

4.2.3 QUESTÕES DE PESQUISA

Como Chesbrough (2006b, p. 1-2) observou em nosso livro anterior, "a inovação aberta incorpora explicitamente o modelo de negócio como a fonte tanto da criação de valor quanto da captura de valor" (cf. Chesbrough e Rosenbloom, 2002; Simcoe, 2006).

Tal perspectiva é uma das oito maneiras que diferem o paradigma da inovação aberta dos estudos de inovação anteriores (Chesbrough, 2006b).

A perspectiva do modelo de negócio também é essencial para explicar o sucesso de um ecossistema de inovação aberta. Tal como com outros ecossistemas de inovação, as empresas alavancam um ecossistema de IA para criação conjunta de valor que faz seus produtos mais valiosos para o cliente potencial (Maula, Keil e Salmenkaita, 2006). Ao mesmo tempo, uma estratégia de ecossistemas de inovação aberta deve considerar a alocação de captura de valor que permite que a empresa focal tenha sucesso e motiva os parceiros externos para continuarem a participar (Vanhaverbeke e Cloodt, 2006; West e Gallagher, 2006b; veja também Iansiti e Levien, 2004a). As empresas que gerenciam ecossistemas de inovação aberta devem confrontar a tensão inerente que enfrentam na maximização na criação de valor e na captura de valor (Simcoe, 2006; Henkel, Schöberl e Alexy, 2014), bem como no grau em que os modelos de negócios dentro do ecossistema estão alinhados ou em conflito com a captura de valor (Vanhaverbeke e Cloodt, 2006).

Estamos particularmente interessados em como a gestão dos ecossistemas é tratada por novas empresas como a Symbian, que por sua natureza deve acessar, mobilizar e, então, gerar recursos se esperam crescer para se tornar empresas grandes e de sucesso (Garnsey, 1998). Empresários de empresas nascentes de alta tecnologia estão particularmente preocupados em como ganhar legitimidade e acesso aos recursos externos (Liao e Welsch, 2008).

4.3 ESTUDO DE CASO: PLATAFORMA DO *SMARTPHONE* SYMBIAN

Neste capítulo analisamos a estratégia de ecossistema na primeira década de um novo tipo de plataforma de computação: o *smartphone*, que combinou as capacidades de computação de um assistente pessoal digital (PDA) com um telefone celular para, eventualmente, criar um dispositivo de computação móvel com acesso à internet. Entre 1997 e 2002, fabricantes como Nokia, Qualcomm, Ericsson, Handspring e Research in Motion lançaram uma série de dispositivos de primeira geração, experimentando tamanho, fator de forma, aplicativos de *software* e modos de entrada. Depois, um projeto dominante surgiu, que incluiu uma tela colorida, e-mail e um navegador *web* (West e Mace, 2010).

O foco está na plataforma Symbian de *smartphones* durante toda a vida da empresa patrocinadora: a Symbian Ltd. (1998-2008). De 2007 a 2013, compilamos dados sobre a plataforma e as estratégias financiadas da empresa a partir de uma ampla gama de dados primários, incluindo as informações em seu site, páginas *web* anteriores nos arquivos da internet e entrevistas com gestores de ecossistemas; complementamos com novas notícias publicadas durante e depois da existência de empresa (ver West e Wood, 2013, para obter informações adicionais sobre as fontes de dados).

4.3.1 ESTRATÉGIA DE ECOSSISTEMA

A Symbian Ltd. era um desenvolvedor de *software* de capital fechado com sede em Londres, criada em junho de 1998, como uma *spin-off* da Psion PLC, uma bem-sucedida fabricante britânica de assistentes pessoais digitais com teclado. A Psion manteve negociações de licenciamento com os mais importantes fabricantes de celulares do mundo para adaptar seu sistema operacional e criar o que mais tarde seria chamado *"smartphone"*. A Symbian foi fundada como uma empresa independente por cerca de 160 trabalhadores transferidos da subsidiária de *software* da Psion. Começou a adaptar o *software* de PDA para dar suporte a telefones celulares com funcionalidades de PDA que poderiam rodar em redes[2] de telefonia móvel GSM (e mais tarde W-CDMA).

A empresa proclamou-se como uma plataforma aberta porque não era controlada por nenhuma empresa (como a Microsoft). Ao contrário das estratégias verticalmente integradas utilizadas para a primeira produção de telefones móveis, o modelo de negócios da Symbian de vender seu *software* a uma ampla gama de fabricantes baseava-se explicitamente no que mais tarde viria a ser chamado paradigma de inovação aberta. No entanto, o sistema operacional Symbian não foi aberto porque as interfaces de plataforma eram controladas por um comitê independente, como a comissão POSIX que padronizou o Unix (cf. West, 2007a).

4.3.1.1 Parceiros da Symbian

Internamente e em público, a Symbian geralmente utilizou o termo "ecossistema" para se referir a sua rede de clientes e complementadores (vide Northam, 2006). A Symbian, por vezes, usou a palavra "comunidade", mas em geral "ecossistema" era preferido uma vez que reconhecia que as empresas têm relações competitivas, bem como as relações "amigáveis" que estão implícitas na palavra "comunidade" (West e Wood, 2013).

O conceito de ecossistema da Symbian foi modelado conforme ecossistemas de computação anteriores, particularmente os PDAs da Psion. Como a Psion era verticalmente integrada, o licenciamento aberto da Symbian de seu sistema operacional homônimo assemelhava-se ao Windows da Microsoft, com sistema operacional vendido para integradores de sistema (nesse caso, os fabricantes de celulares). Os integradores combinaram a CPU (e outro *hardware*) com o sistema operacional (e outros *softwares*) para criar valor para os usuários finais. Mesmo assim, o ecossistema Symbian era muito mais complexo do que o do Windows, com nove categorias distintas de parceiros do ecossistema (Tabela 4.1). Parte das crescentes complexidades era uma questão de grau, como com o número de fornecedores de CPU (cinco principais fornecedores) e a importância precoce de desenvolvimento de *software in-house* por grandes empresas.

O ecossistema da Symbian tinha dois tipos de *stakeholders* não encontrados na contraparte do Windows. Os primeiros eram os operadores de rede que usavam as redes de telefone às quais os *smartphones* Symbian seriam conectados. Os fabricantes de celulares dependiam deles para a distribuição de mais de 90% dos aparelhos de telefone celular, que eram extremamente fragmentados, com mais de 500 redes em 200 países.[3] Embora os operadores não fabricassem produtos, impuseram exigências à Symbian e aos fabricantes de celulares em áreas-chave, tais como *softwares* pré-carregados e segurança.

Tabela 4.1 As categorias de membros do ecossistema da Symbian (por volta de 2002).

Categoria de parceria	Produto	Cliente	Exemplos
Fabricantes de aparelhos portáteis ("licenciados")	Aparelho celular	Operador de rede, usuário final	Nokia, Sony Ericsson, Motorola, LG, Matsushita
Vendedores de CPU	CPU	Fabricantes de aparelhos portáteis	Infineon, Intel, Motorola, Renesas, Samsung, ST Micro, TI, Toshiba
Outros fornecedores de *hardware*	Hardware	Fabricantes de aparelhos portáteis	ATI, CSR, Wacom
Empresas de interface com o usuário	Software	Fabricantes de aparelhos portáteis	Nokia, NTT DoCoMo, UIQ
"Fornecedores licenciados" (*software* pré-instalado)	Software	Fabricantes de aparelhos portáteis	Access Systems, Hantro, Macromedia, Opera, RealNetworks, PacketVideo
Vendedores de *software* independentes (VSIs)	Software	Usuário final	AppForge, Borland, Psion, Symantec
Desenvolvedores de *software* para empresas	Software	Usuário final (a própria empresa)	
Consultoria e treinamento	Serviço	Fabricantes de aparelhos portáteis	Atelier, Digia, K3, Omron, Wipro
Operadores de rede	Serviço	Usuário final	Vodafone, T-Mobile, Orange, Telecom Italia

Fonte: Categorias extraídas de West e Wood (2013); exemplos de parceiros adaptados a partir da lista interna de parceiros da Symbian de 2008.

Outro novo *stakeholder* era o fornecedor de interface do usuário. Para permitir a personalização da interface gráfica e de controles (*look-and-feel*) pelos fabricantes de celulares, o sistema operacional (SO) Symbian dependia de um *software* de interface com o usuário (IU) separado desenvolvido pelos seus parceiros de aparelhos portáteis ou de operadores. Uma vez que a Symbian não controlava todas as suas interfaces de aplicativos de programação (APIs) ou a experiência do usuário, a longo prazo isso criou grandes dificuldades para evolução do ecossistema e da arquitetura técnica subjacente (West e Wood, 2013).

Enquanto o programa formal do ecossistema evoluiu em três fases, de 1998 a 2008, as mudanças mais significativas na concepção de como o ecossistema criava valor ocorreram entre 1998 e 2002 (West e Wood, 2013). Isso aconteceu em razão de duas diferenças subestimadas entre *smartphones* em desenvolvimento e PDAs e PCs anteriores.

A primeira era que a criação de um *smartphone* era muito mais difícil do que um dispositivo PDA padrão ou o (já maduro) PC. A categoria de *smartphones* era totalmente nova, com uma complexidade técnica que nenhuma empresa tinha dominado anteriormente. Não só eram dispositivos computadorizados como também tinham controle de voz, mensagens e acesso a dados para as redes de telefonia. Os primeiros dispositivos foram lançados em um momento em que os padrões de rede 3G estavam sendo desenvolvidos e, então, as primeiras redes 3G foram implantadas. Finalmente, todas essas funções tinham que ser entregues dentro de peso, potência e restrições de baterias para um dispositivo portátil.

Uma segunda diferença foi que (ao contrário de um PC), o *software* do sistema operacional teve que ser finalizado antes de o aparelho ser fabricado.[4] Isso significou que a disponibilidade do sistema operacional e do *software* pré-instalado (como um Java Interpreter ou um navegador) poderia tornar-se um gargalo importante na disponibilidade de um novo aparelho. Reconhecendo esse gargalo, em 2000, a Symbian revisou suas categorias de ecossistemas para desenvolvedores de *software* para distinguir entre aqueles que desenvolviam *softwares* pré-instalados (fornecedores licenciados) e aqueles que criavam o *software* que seria baixado mais tarde (fornecedores independentes).

Essa restrição final também limitou a liderança da Symbian em seu ecossistema de inovação aberta. Ao contrário da Psion, ela não vendia dispositivos diretamente aos consumidores e, ao contrário da Microsoft, não podia vender o seu sistema operacional nem atualizações diretamente aos usuários finais. Isso significava que a adoção de sua mais recente tecnologia dependia da nova adoção de *smartphones* e de compras de substituição pelos proprietários existentes. E porque efetivamente não tinha relação direta com os clientes, a Symbian (ao contrário de Microsoft ou Apple) concentrou seus esforços de marca nos integradores de sistema e fez pouco esforço para aumentar a consciência pública sobre o sistema operacional Symbian.

4.3.2 FINANCIANDO O DESENVOLVIMENTO DE PLATAFORMA

4.3.2.1 Consumidores como investidores estratégicos

A estratégia única[5] do ecossistema da Symbian era usar os seus sócios mais importantes – seus licenciados de aparelhos portáteis – como investidores e acionistas (Tabela 4.2). O Symbian foi lançado em junho de 1998 com um comunicado conjunto dos três maiores fabricantes de celulares – Nokia, Motorola[6] e Ericsson – e recebeu investimentos da Matsushita Electric (proprietária da Panasonic, então a quarta maior fabricante), em maio de 1999, e da Samsung (até então a terceira maior), em fevereiro de 2003. Esses investimentos corporativos de risco deram à Symbian legitimidade instantânea, laços com potenciais licenciados e fundos para desenvolver sua nova plataforma.

Os fabricantes de celulares compartilhavam uma necessidade comum de tornar os *smartphones* possíveis. Eles também tinham um desejo comum de impedir a Microsoft de repetir no mundo dos telefones móveis a estratégia de caça à renda (*rent-seeking*) utilizada nos PCs, razão pela qual Bill Gates depois citou a Symbian como uma "concorrência séria" (West e Wood, 2013). No entanto, desde o início havia tensões entre os investidores, refletindo tanto a divergência de interesses entre esses fabricantes de aparelhos concorrentes como entre a Symbian e seus clientes. Essa divergência cresceu ainda mais pelo aumento da influência da Nokia como o maior acionista, desenvolvedor e cliente da Symbian.

Tabela 4.2 Acionistas da Symbian Ltd., 1998-2008.

Empresa	Local	Maior investimento de capital	1998 Q2	1998 Q4	2002	2003	2004[§§]
Psion	Reino Unido	£ 5,8 mil[§]	40%	30,7%	26,6%	31,1%	
Nokia	Finlândia	£ 67,4 mil	30%	23,1%	20,0%	32,2%	47,9%
Ericsson[†]	Suécia	£ 44,4 mil	30%	23,1%	20,0%	17,5%	15,6%
Sony Ericsson	Reino Unido	£ 17,0 mil				1,5%	13,1%
Motorola	Estados Unidos	£ 33,2 mil		23,1%	20,0%		
Matsushita	Japão	£ 23,8 mil			8,4%	10,5%	10,5%
Siemens[††]	Alemanha	£ 24,3 mil			5,0%	4,8%	8,4%
Samsung	Coreia	£ 17,0 mil				5,0%	4,5%

Fonte: Imprensa, comunicados da Symbian, site da Symbian.

Notas:

[†] Em 2001, a Ericsson transferiu seus negócios de aparelhos portáteis (mas não seu investimento no Symbian) para a *joint venture* Sony Ericsson.

[††] A Siemens vendeu seu negócio de aparelhos portáteis para a BenQ, em 2005, mas se manteve como acionista da Symbian.

[§] Não inclui o valor da tecnologia transferida no momento da fundação da Symbian.

[§§] Participação acionária inalterada desde julho de 2004 até que a Nokia adquiriu 100% de participação no final de 2008.

Do ponto de vista da Symbian, o papel mais importante que os investidores-fabricantes desempenhavam era como uma fonte de capital de giro para ajudar a financiar mais de 200 milhões de libras em P&D da Symbian entre 1998 e 2004, até que se ela se tornou rentável (West e Wood, 2013).[7] A empresa levantou um total de 233 milhões de libras (370 milhões de dólares) entre 1998 e 2004: 154 milhões de libras das compras iniciais de ações de sete fabricantes de aparelhos portáteis até 2003, além de 79 milhões de libras de ações adicionais vendidas a investidores já existentes em 2000 e 2004 (Tabela 4.3). Três transações destacam as tensões entre os acionistas.

Tabela 4.3 Mudanças na estrutura de capital da Symbian, 1998-2008.

Data	Transação	Rendimentos à Symbian	Montante da transação	Valorização implícita[†]
junho de 1998	Nokia e Ericsson compram cada uma 30% na nova empresa	£ 80 milhões		£ 133 milhões
outubro de 1998	Motorola adquire 23,1% de participação	£ 28,75 milhões		£ 124 milhões
maio de 1999	Matsushita adquire 8,9% de participação	£ 22 milhões		£ 244 milhões
agosto de 2000	Psion anuncia a intenção de IPO de seus 28,1% de participação			£ 2-6 bilhões (est.)
janeiro de 2002	Infusão de capital *pro rata* pelos acionistas existentes	£ 20,75 milhões		£ 265 milhões
abril de 2002	Siemens adquire 5% de participação	£ 14,25 milhões		£ 285 milhões
fevereiro de 2003	Samsung adquire 5% de participação	£ 17 milhões		£ 340 milhões
outubro de 2003	Psion e Nokia compram 19% das ações da Motorola	-	£ 57 milhões	£ 300 milhões
julho de 2004	Nokia, Sony Ericsson, Panasonic e Siemens compram 31,1% das ações da Psion	-	£ 137,7 milhões	£ 480 milhões
	Nokia, Sony Ericsson e Siemens compram novas ações da Symbian	£ 50 milhões		
junho de 2008	Nokia propõe a compra de 52,1% das ações detidas por outros fabricantes	-	£ 264 milhões	£ 401 milhões
	Total	£ 232,75 milhões		

[†] *Post-money valuation* (avaliação de uma *startup* imediatamente após uma rodada de investimentos) implícita por valor de transação e participação.

Fonte: Comunicados de imprensa da Symbian, notícias na imprensa.

Perto do pico do estouro das ponto-com, em agosto de 2000, a Psion anunciou planos para capitalizar com sua participação na Symbian (avaliada em torno de 1,7 bilhão de libras) ao vender suas ações via IPO, que poderiam ter valorizado a Symbian Ltd. em 2,6 bilhões de libras (Daniel, 2000).[8] O plano de IPO também era popular entre os funcionários da Symbian, que mantinham opções de ações, e teria fornecido à empresa futuras fontes de capital. Os fabricantes-acionistas (principalmente a Nokia) forçaram a Psion a cancelar seus planos de derivação (ou *spin-off*) (Lettice, 2004), embora os funcionários mantivessem a esperança de que o IPO pudesse ser relançado.

Em 2004, em busca de liquidez para suas operações principais, a Psion anunciou planos para vender sua participação de 31,1% para a Nokia, dando-lhe 63,3% da empresa, mas foi rapidamente contestada pelo CEO da Ericsson. Depois de negociações complicadas, a participação da Nokia foi limitada a 47,9%, quando os investidores existentes compartilhavam da intenção de comprar participações da Psion e novas ações da Symbian.

As participações permaneceram inalteradas até junho de 2008, quando a Nokia anunciou seus planos de comprar a participação das rivais por 209 milhões de libras. Apesar de alguns acionistas inicialmente serem contrários ao preço, a Nokia completou sua aquisição em novembro de 2008, integrando a empresa à Nokia e lançando um (infrutífero) esforço de estabelecer a Symbian como uma plataforma de código aberto (West e Wood, 2013).

4.3.2.2 Controle formal

A abertura para os clientes era um princípio central na criação da Symbian: tanto o controle da propriedade como o da gestão foram cuidadosamente estruturados para impedir o controle proprietário por qualquer outra empresa. No entanto, direta ou indiretamente, os clientes-acionistas tomaram decisões cruciais que afetaram a viabilidade financeira da empresa.

Internamente, a Symbian tinha uma estrutura dupla de conselho de administração. Seus gerentes seniores governavam a empresa por meio de um "Conselho Operacional". Os acionistas eram representados na empresa como "Conselho Supervisor", cujo "papel é definir os termos e condições padrões de licenciamento para o SO da Symbian" (Symbian, 2006), tais como taxas de *royalties* da empresa. Os fabricantes-investidores tiveram uma forte influência sobre a direção técnica da plataforma Symbian, não só por meio de seu papel na governança da Symbian e sua alocação de recursos de desenvolvimento como também por meio dos seus próprios investimentos em P&D nas várias interfaces do usuário e em seus próprios aparelhos móveis (West e Wood, 2013).

Em teoria, uma plataforma compartilhada permitiria que cada fabricante de celular pudesse alavancar despesas comuns em P&D, mas poderia limitar a oportunidade para diferenciação entre os fornecedores (um problema para fabricantes de PCs e de celulares com licenças de *softwares* da Microsoft). Como uma concessão, a plataforma Symbian permitiu interfaces de usuário separadas – financiadas direta ou indiretamente pelos fabricantes de celulares – que permitiram que fabricantes oferecessem uma interface gráfica e controles (*look-and-feel*) distintos. Cinco dessas interfaces foram comercializadas, com três delas respondendo por mais de 99% das vendas da unidade: séries 60 da Nokia (83%), MOAP da NTT DoCoMo (14,6%) e UIQ da Ericsson (2,2%). Cada interface era de fato uma subplataforma da plataforma Symbian, com suas próprias APIs (interface de programação de aplicativos) específicas para sua interface de usuário (IU) e, portanto, aplicativos de terceiros específicos (West e Wood, 2013). Por exemplo, cada IU tinha o seu próprio navegador preferido, o que mais tarde provou ser um grande problema ao competir com o iPhone, centrado no navegador.

4.3.2.3 Usuários finais

Embora primeiro tenha se baseado fortemente das rendas de consultoria para ajudar os licenciados a desenvolver seus aparelhos, o caminho da Symbian para lucratividade dependia dos *royalties* de vendas de aparelhos equipados com o Symbian. Entre 2002 e 2010, a plataforma Symbian relatou vendas unitárias recordes para todos os anos, exceto em 2008 (Figura 4.1).

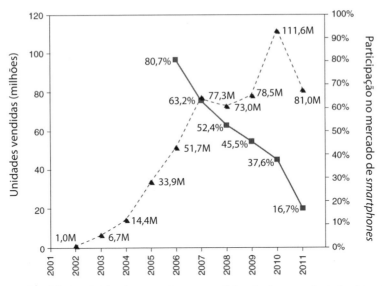

Figura 4.1 Vendas globais unitárias de *smartphones* e participação de mercado da Symbian, 2002-2012.

Fonte: Relatórios de analistas (Canalys, Gartner, Tomi Ahonen), comunicados de imprensa da Symbian e estimativas do autor.

A Symbian Ltd. inicialmente esperava receber 10 dólares de *royalty* por unidade, mas baixou seu preço para 5 dólares com sobretaxas para novos lançamentos. Ainda assim, sua renda de *royalties* teve uma taxa de crescimento anual de mais de 100% de 2002 a 2006, até que foi pressionada por seus clientes-acionistas para adotar um *royalty* graduado de 2,50 a 5 dólares por unidade; a Nokia foi a única fabricante com volume suficiente para receber uma taxa de *royalty* menor (West e Wood, 2013).

Embora o patrimônio tenha sido cuidadosamente equilibrado entre os fabricantes, a participação de aparelhos Symbian (e os pagamentos de *royalties* para a Symbian) era altamente distorcida. Entre 1998 e 2008, a Nokia foi responsável por cerca de 80% das vendas unitárias da Symbian Ltd., nunca inferior a 75% a partir de 2004, vendendo cerca de 350 milhões de aparelhos Symbian ao todo. No auge do sucesso do Symbian, a Nokia vendeu aparelhos da série N a preços muito elevados, o que propiciou suas maiores margens nesses aparelhos.

Depois da Nokia, o segundo cliente mais importante era NTT DoCoMo e MOAP (plataforma de aplicativos orientados para aparelhos móveis), cujos aparelhos representaram 10% a 20% das vendas da Symbian a cada ano entre 2004 e 2010. A Fujitsu produziu 61 aparelhos MOAP entre 2003 e 2012, a Sharp fez 37 entre 2005 e 2012, enquanto a Sony (mais tarde Sony Ericsson) e Mitsubishi criaram juntas 30 aparelhos.

Desde o início, a Ericsson (mais tarde Sony Ericsson) tinha investido fortemente, mas colheu poucas recompensas financeiras. No geral, estimamos que ela tenha vendido de 15 a 20 milhões de aparelhos, cerca de metade dos aparelhos User Interface Quartz (UIQ) (para o qual financiou quase todas as despesas de desenvolvimento de IU) e metade dos aparelhos MOAP no Japão. Enquanto a Samsung fez 15 modelos de aparelhos, os demais investidores restantes comercializaram ainda menos: Motorola (7), Panasonic (3) e Siemens (1) (West e Wood, 2013).

4.3.3 RIVAIS E PARADIGMAS NOVOS

Com o iPhone, a Symbian enfrentou seu primeiro desafio sério no mercado. Com seu lançamento em junho de 2007, o iPhone criou o novo *design* dominante para celulares: uma grande tela sensível ao toque, que permitia acesso a páginas da *web*. Ao ser combinado com a integração com a loja de música da Apple, o iPhone foi um sucesso instantâneo de RP e se tornou o modelo de telefone mais vendido (West e Mace, 2010). O ano seguinte trouxe a primeira de uma série de telefones usando o sistema operacional Android da Google (derivado do Linux), que propiciou características típicas do iPhone a uma vasta gama de fornecedores, produtos e faixas de preços (Kenney e Pon, 2011).

Adicionalmente às características do produto, Symbian e Nokia também enfrentaram um desafio à sua estratégia fundamental de ecossistema – primeiro na abertura do iPhone aos complementadores e, em seguida, a partir da abertura do Android para os fabricantes de celulares. Como vamos discutir, ambos colocaram desafios que a Symbian não foi capaz de superar.

Em julho de 2008, a Apple lançou a App Store do iPhone, o que ofereceu uma maneira conveniente e barata de fornecedores de *softwares* independentes (ISVs) venderem seu *software* de forma direta aos proprietários de aparelhos. Enquanto a Symbian tinha levado sete anos e meio para adquirir cerca de 10 mil aplicativos, a App Store do iPhone ofereceu 15 mil aplicativos depois de seis meses e 100 mil após 16 meses (West e Mace, 2010). Em resposta, outras plataformas lançaram suas próprias lojas de aplicativos, mas a Symbian foi impedida pela Nokia e por seus parceiros de operação de criar sua própria loja de venda direta ao cliente. A empresa tinha considerado lançar sua própria loja de aplicativos em 2005, mas abandonou o plano devido à oposição interna e provável oposição dos fabricantes e operadoras de celulares (West e Wood, 2013).

O outro desafio veio da plataforma Android, que lançou o seu primeiro *smartphone* em 2008. A "plataforma aberta" do Symbian era um consórcio em que o código-fonte desenvolvido pela Symbian e seus licenciados estava disponível somente sob acordo de não divulgação e uma licença passível de *royalties*. Enquanto isso, o Google oferecia uma licença livre de *royalties* e código-fonte do Android para qualquer parceiro externo. A promessa de abertura e apoio do Google atraiu uma ampla gama de fabricantes de aparelhos móveis: quando a organização patrocinadora do Android (Open Handset Alliance) foi lançada em 2007, entre os membros fundadores havia dois acionistas e licenciados da Symbian – Motorola e Samsung – assim como NTT DoCoMo, o principal patrocinador da Symbian no Japão. Os acionistas de Symbian, Ericsson e Sony Ericsson, aderiram 13 meses depois (Tabela 4.4). Até 2009, o Android tinha conseguido o que a plataforma do Symbian acabou não logrando: fornecer uma plataforma de inovação aberta compartilhada por uma ampla gama de fabricantes de celulares e não controlada por nenhum deles.

Em comparação com o iPhone e o Symbian, o Android era amplamente visto como "aberto" porque seu código-fonte foi lançado sob uma licença de código aberto. No entanto, ao contrário de projetos de código aberto independentes, tais como Apache ou Linux, o Google controlava rigorosamente o processo de desenvolvimento; proporcionava acesso aberto para a PI, mas não compartilhava a governança, que é uma forma comum de as empresas controlarem o código aberto para seu benefício direto (West e O'Mahony, 2008). Em uma análise independente da governança da comunidade de código aberto no setor de telefonia móvel, o Android foi considerado o menos aberto de oito projetos, depois de Eclipse, Linux, WebKit, Mozilla, MeeGo, Symbian e Qt (Laffan, 2011). Em maio de 2012, o Google completou a compra da divisão de celulares da Motorola, mas abandonou a integração vertical, quando anunciou planos de vender a Motorola no início de 2014.

Desafiada pelo iPhone e com ameaça do Android, a Nokia comprou a parte dos outros acionistas da Symbian e integrou a empresa com a equipe de desenvolvimento do S60 para criar uma única plataforma. Foi criada uma fundação de código aberto sem fins lucrativos para deter o código-fonte da Symbian (cf. O'Mahony, 2003) e, em fevereiro de 2010, foram lançadas 40 milhões de linhas de código-fonte do SO Symbian, no que foi então o maior lançamento de código aberto na história. No entanto, exceto os fabricantes Nokia e DoCoMo, todos abandonaram a plataforma e, em fevereiro de 2011, a Nokia anunciou que trocaria seus telefones Symbian pelo Windows Phone da Microsoft (West e Wood, 2013). A opção não conseguiu estancar a queda na participação de mercado da Nokia e, em setembro de 2013, ela decidiu vender toda a sua divisão de celulares para a Microsoft por 5,44 bilhões de euros (incluindo *royalties* de patentes).

Tabela 4.4 Licenciados dos sistemas operacionais para *smartphones*.

Fabricante de celular	País	Symbian Acionistas da Symbian Ltd.	Symbian Primeiro celular	Symbian Membro da Fundação Symbian	Android Membro da Aliança Aberta de Celulares	Android Primeiro celular	Windows Primeiro celular
Nokia	Finlândia	*1998*	2001	*2008*		–	2011
Huawei	China		–		2008	2009	2013
ZTE	China		–		2010	2010	2012
Fujitsu	Japão		2003	2009	circa 2012	2010	2007
Mitsubishi	Japão		2005			–	–
Matsushita (Panasonic)	Japão	1999	2005			–	2003
Sharp	Japão		2005		2008	2010	2007
Toshiba	Japão		–		2008	2008	2007
LG	Coreia		2007	*2008*	*2007*	2010	2008
Samsung	Coreia	2003	2004	*2008*	*2007*	2009	1998
HTC	Taiwan		–		*2007*	2008	2002
Sony Ericsson†	Reino Unido	*1998*	2000	*2008*	2008	2010	2008
Motorola	Estados Unidos	1998	2003	*2008*	*2007*	2009	2003

Membros fundadores mostrados em *itálico*.

†*Joint venture* 50/50 de 2001 a 2012; Ericsson (Suécia) antes disso e Sony (Japão) depois.

4.3.4 INTERESSES CONFLITANTES DE ECOSSISTEMA

Como uma *startup*, a Symbian alavancou uma estratégia de inovação aberta tanto para aumentar fundos como para trazer sua tecnologia para o mercado. Em retrospecto, isso trouxe dois problemas fundamentais: o conflito de interesses dos fabricantes-investidores e uma escassez de recursos para sustentar a plataforma.

Ao conceber e implementar uma nova abordagem para o *design* de *smartphones*, a verticalmente integrada Apple tinha uma vantagem enorme. As decisões sobre *software*, *hardware*, APIs – até mesmo a distribuição de aplicativos de terceiros – poderiam ser todas tomadas dentro de uma empresa. A Symbian não controlava os principais aspectos de sua plataforma e teve de trabalhar em estreita colaboração com os fabricantes de celulares e empresas de interface do usuário (ou a partir deles) para implementar outras mudanças cruciais e oferecer suporte a *softwares* de terceiros.

4.3.4.1 Dificuldades para alinhar interesses

Muitas das dificuldades enfrentadas pela Symbian vieram das tensões inerentes do alinhamento de interesses conflitantes dos fabricantes-investidores concorrentes e os processos postos em prática para gerenciar essas tensões. Os funcionários da Symbian Ltd. passaram uma década tentando fornecer uma plataforma que serviria à necessidade de seus acionistas, que também eram concorrentes diretos. O Diretor de Tecnologia (ou *Chief Technology Officer* – CTO) da Symbian entre 2003 e 2008, Charles Davies, disse que essa tensão permaneceu não resolvida desde o início:

> Não houve entendimento nem discussão de como os proprietários licenciados iriam competir. Eu não acho que alguma vez isso tenha sido discutido ou resolvido. Não me lembro de ninguém dizendo: "OK, então, como os nossos dispositivos vão ser diferentes entre si?" (Orlowski, 2011).

Enquanto isso, os fabricantes de celulares lutavam por participação de mercado (Figura 4.2) e, assim, os interesses dos acionistas continuaram a divergir:

- A *Nokia* teve grande sucesso com o Symbian e tinha a mais bem-sucedida IU, a maioria dos telefones, os maiores lucros e as maiores vendas por unidade. Contudo, os recursos significativos que ela aplicou em *smartphones* beneficiaram principalmente seus aparelhos do modelo S60 e não a plataforma Symbian. Como Davies lembrou, "a Nokia estava, compreensivelmente, mais preocupada em ter sucesso com seus dispositivos em vez de êxito com o Symbian" (Orlowski, 2011).

- A *Ericsson*[9] e a *Motorola* estavam em declínio, asssim como suas competências estrategicamente valiosas da década de 1980 – profunda *expertise* em rádio – e se tornaram totalmente irrelevantes em uma era em que o valor era definido pelos *softwares* e não pela recepção analógica de rádio.

- A *Samsung* e a *LG* estavam indiferentes às plataformas: elas usavam a Symbian para acessar o mercado europeu de *smartphones* e o Windows para o mercado norte-americano, mas mudaram para o Android assim que este último adquiriu características, aplicativos e participação de mercado.

- As quatro maiores licenciadas japonesas (*Fujitsu*, *Sharp*, *Sony* e *Mitsubishi*) fizeram telefones para a DoCoMo usando uma subplataforma e projetos de aparelhos que não foram exportados; com exceção da Sony, nenhuma delas chegou a ser um ator importante no mercado global de celulares.

- A *Psion* queria que a Symbian fosse um sucesso financeiro e de mercado como uma empresa independente, mas com o tempo os seus interesses divergiram do restante dos acionistas e dos desejos deles de manter o Symbian cativo.

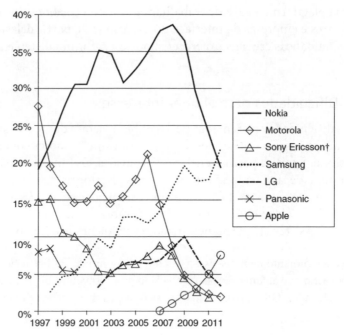

Figura 4.2 Fatia de mercado global dos principais fabricantes de celulares, 1997-2012.

Fonte: Vendas globais de *smartphones* e outros aparelhos móveis como relatado publicamente pela Gartner.

†Fatia de mercado da Ericsson apenas entre 1997 e 2000.

4.3.4.2 Saúde do ecossistema

O sucesso do Symbian também dependia fortemente do sucesso de seu ecossistema: como fabricantes de celulares, alguns apostavam mais no sucesso do Symbian do que de outros. Alguns parceiros – notadamente os fabricantes de *chips* e os operadores de rede – tiveram uma forte participação para o sucesso da categoria de *smartphone*, mas não para a saúde do Symbian *per se*. Em vez disso, cada um deles procurou se alinhar com os aparelhos e plataformas mais populares, o que significava que eram leais ao Symbian quando suas vendas unitárias estavam subindo, mas rapidamente passaram a apoiar o iPhone e o Android quando estes ganharam força.

Alguns fornecedores de *software* eram igualmente neutros quanto à plataforma, particularmente aqueles com um modelo de receita bilateral com base nos clientes móveis gratuitos e *software* caro do lado do servidor: Macromedia (fabricante do *software* Flash para páginas da *web* multimídia) trabalhava com qualquer provedor, assim como a Oracle (que trouxe os clientes de telefonia móvel para seus bancos de dados *mainframes*). Outras empresas de *software* menores – que contavam com as receitas da venda de uma aplicativo de base móvel – tendiam a ser fiéis a uma única plataforma e, portanto, investiam na participação dessa plataforma. Entre essas, a Symbian logo ganhou a lealdade dos fabricantes de aplicativos para *smartphones*, particularmente na Europa.[10]

De modo geral, como uma *startup*, a Symbian não dispunha de recursos para fazer tudo o que gostaria para apoiar o seu ecossistema. Por causa de sua estratégia de inovação aberta, ela dependia dos parceiros para levar seu produto principal (SO Symbian) aos parceiros de mercado que (em razão de outras alternativas) não estavam totalmente comprometidos com o sucesso da plataforma. E por conta de seu financiamento primário vir de seus clientes, suas escolhas estratégicas foram muito limitadas. A decisão de unificar a plataforma sob um único conjunto de APIs – facilitando para os fornecedores, mas reduzindo a diferenciação entre os fabricantes de celulares – só veio depois que o Symbian já não era mais uma empresa independente, mas uma subsidiária integral de seu maior cliente e investidor.

4.4 DISCUSSÃO

4.4.1 CONTRASTANDO AS ESTRATÉGIAS DA PLATAFORMA DE INOVAÇÃO ABERTA

Embora plataformas concorrentes integradas verticalmente fossem a regra no início da era do computador, o CEO da Intel, Andrew Grove (1996), argumentou que a relação custo-benefício seria melhor se os provedores de sistemas compartilhassem um fornecedor de componentes comum (como a Intel) e, assim, o custo em P&D seria amortizado a partir de uma base de clientes mais ampla. Em combinação com os efeitos da rede e outras demandas de economias de escala, isso incentivaria o uso da inovação aberta nas indústrias de plataformas (West, 2006).

No século XX, houve três exceções notáveis ao padrão verticalmente integrado: Windows, Unix e Linux. O Unix foi licenciado pela AT&T para os concorrentes de *mainframe* da IBM, procurando criar um rival a ela. A plataforma PC da IBM evoluiu para a plataforma "Wintel", assim que o Windows substituiu o MS-DOS e a IBM perdeu o controle de sua plataforma. Enquanto isso, o Linux tornou-se uma alternativa de servidor de baixo custo[11] tanto para o Unix como para o Windows, combinando uma imitação de código aberto do Unix com o *hardware* Wintel (Bresnahan e Greenstein, 1999; Gawer e Cusumano, 2008; West, 2003; West e Dedrick, 2001). Em resposta ao sucesso do Windows e às teorias de estratégias de plataforma (como a de Grove), a guerra do século XXI das plataformas para *smartphones* trouxe três plataformas de *software* de inovação aberta: Windows, Symbian e Android.[12] A maioria desses dispositivos dividia a mesma arquitetura de CPU com base em uma estratégia de licenciamento de inovação aberta pela ARM Ltd. (Chesbrough, 2006a).

Juntas, formavam as seis maiores plataformas de computação de inovação aberta dos últimos quarenta anos (Tabela 4.5). Todas as seis plataformas registraram notáveis sucessos. O Unix demorou demais para tirar a vantagem dos *mainframes* da IBM, mas (graças às demandas dos compradores) dominou os anos finais da era do minicomputador e teve quase 100% de participação em estações de trabalho de engenharia, enquanto desfrutava de um impacto desproporcional sobre o ensino das ferramentas de computação e da ciência da computação. Aproveitando a legitimidade da

IBM, o MS-DOS e, depois, o Windows atraíram a mais ampla gama de sistemas de PCs para *desktops* (mais tarde *laptops*) e complementos, conquistaram a maior fatia de mercado que qualquer categoria de plataforma. Mais recentemente, o Linux obteve aproximadamente 50% de fatia de mercado em relação ao Windows na área de servidores para PCs. Em todos os casos, as plataformas se beneficiaram de uma ampla gama de complementos, menores custos de comutação e efeitos de arrastamento a partir de múltiplos partidários.

Tabela 4.5 Plataformas de inovação aberta de sucesso.

Categoria	Mainframe	PC	Servidores de PC	Smartphone	Smartphone	Smartphone
Plataforma (datas dos produtos)	Unix (1972-)	MS-DOS (1981-2000) Windows (1991-)	Linux (1994-)	Windows CE, PocketPC, Windows Mobile, Windows Phone (2002-)	Symbian (2000-2012)	Android (2008-)
Patrocinador	AT&T, Unix Systems Laboratories, Open Group	Microsoft, Intel	Intel, IBM, Linux Foundation	Microsoft	Symbian	Google
Plataformas rivais	IBM S/360	Mac OS	Windows NT, Windows Server	Palm, iPhone OS, BlackBerry, (vários) Linux		
Participação de mercado	10-90+%, dependendo do segmento	90+%	0 – 50%	0 – 50%	40 – 67%	75%

Discernir um padrão em *smartphones* é menos evidente: embora o Symbian derrotasse o Windows e o Android derrotasse o Symbian, a causa e o efeito não são claros. Os fabricantes de telefones temiam o monopólio da Microsoft (como nos PCs) e os altos *royalties*, e isso desencorajou a adoção. Em comparação com o Symbian, o Android oferecia menores *royalties* diretos,[13] uma melhor experiência de usuário centrada na internet e também uma nova arquitetura, mais similar à do Unix, para os desenvolvedores de *softwares*. Enquanto isso, a segunda plataforma de *smartphones* mais popular em 2013 (o iPhone) era integrado verticalmente, mas oferecia a melhor experiência de usuário e distribuição mais fácil para *softwares* de terceiros.

Esse padrão sugere que a inovação aberta como uma estratégia de plataforma está aqui para ficar, mas pesquisas adicionais são necessárias para discernir quanto a abertura é importante para o sucesso da plataforma, quando comparada a outros fatores, tais como capacidades da plataforma e atratividade para os vendedores independentes de *software* – ISVs (cf. Gallagher e West, 2009; Gawer, 2010; West, 2003).

4.4.2 DESAFIOS DE ECOSSISTEMAS DAS *STARTUPS*

Os empreendedores têm sido avisados há muito tempo de que, para ter sucesso, eles devem centrar a sua atenção e seus recursos limitados (Bird, 1988). Ou, como vários especialistas têm aconselhado os empreendedores: "Se tiver mais de três prioridades, você não tem nenhuma".

Em alguns casos, os recursos limitados podem ser uma vantagem para que as empresas jovens descubram novas formas de criar valor que transcendam as concepções existentes do mercado (Baker e Nelson, 2005). No entanto, acredito que, na orquestração do desenvolvimento de um ecossistema complexo, esse foco empresarial é uma grande desvantagem.

No caso da Symbian, ela focou em tentar enviar novas revisões de seu sistema operacional, manter seus clientes-investidores felizes e (pelos primeiros seis anos) encontrar dinheiro para pagar por P&D, já que continuou a perder dinheiro. Ela tinha atraído um grande número de fabricantes de celulares e vendedores independentes de *software* – bem como a maioria dos usuários finais que adotava qualquer plataforma de *smartphone* – e, assim, por muitas métricas, tinha um ecossistema vibrante de *smartphones*.

No entanto, os parceiros mais dependentes do Symbian, os pequenos ISVs, não estavam gerando receitas suficientes para se tornar empresas de sucesso. A Symbian considerou criar a sua própria loja de aplicativos online, mas seria difícil sem a cooperação dos parceiros a jusante – fabricantes e operadores de rede –, então a gerência da Symbian concluiu que essa não era a sua prioridade. Vários anos depois, a Apple (uma das empresas da revista *Fortune 500* com décadas de apoio dos ISVs) criou a sua loja de aplicativos para iPhone, que atraiu cem vezes mais aplicativos e tornou-se um diferencial para a sua plataforma.

4.4.3 FINANCIANDO NOVAS PLATAFORMAS

Finalmente, consideramos os desafios de uma *startup* para encontrar os recursos para lançar uma nova plataforma. Precisando de mais capital do que o mercado de capital de risco europeu poderia suportar, de 1998 a 2004, a Symbian levantou cerca de 370 milhões de dólares em fundos externos. Tudo isso veio de capital de risco corporativo (CRC), e todos, exceto os 2,5% da Psion (em 2002), vieram de clientes de fabricantes de celulares. A Symbian teve mais dificuldade para lançar e financiar sua plataforma do que o Facebook (e seus inúmeros imitadores de mídia social) por causa de um *software* mais complexo e da dependência de parceiros de fabricação e distribuição para atingir os clientes, bem como porque foi forçada a compartilhar a captura de valor com esses parceiros a jusante por toda a sua existência.

Como observado anteriormente, Symbian e 3DO são os únicos exemplos que encontramos em que uma *startup* de plataforma foi financiada por seus clientes (a 3DO incluiu não apenas empresas de *hardware*, mas também os criadores de conteúdo e distribuidores). As estratégias e o acesso aos fundos da Symbian foram restringidos pelos mesmos parceiros que faziam parte de seu modelo de negócios, o que contribuiu para seus desafios estratégicos, mas não os determinou.

Os desafios da Symbian destacaram a necessidade de um fluxo contínuo de recursos para apoiar o desenvolvimento da plataforma. Ao contrário da padronização de uma só vez, como no caso do VHS *versus* Betamax, as plataformas de computação refletem uma série de desafios relacionados (Gallagher e West, 2009), que apontam para um aspecto subestimado da concepção de Gawer e Cusumano (2002): liderança de plataforma requer um investimento contínuo, tanto na arquitetura como no ecossistema.

A pesquisa anterior sobre plataforma também enfatizou a vantagem competitiva sustentável (e, portanto, os lucros) como o resultado de uma liderança de plataforma bem-sucedida. No entanto, tais lucros não são apenas uma consequência, *mas um antecedente necessário do sucesso da plataforma*. Em particular, acreditamos que a Symbian demonstrou que o papel crucial de um líder de plataforma é extrair lucro da cadeia de valor e reinvestir esse lucro para expandir o alcance técnico e organizacional da plataforma. Em vez disso, enquanto um investidor CRC (Psion) procurou o maior sucesso financeiro possível para a Symbian, como faria um investidor de risco independente, os demais investidores CRC favoreceriam seus interesses como clientes, estruturando explicitamente a Psion para impedir os lucros típicos da Wintel.

Na verdade, sugerimos uma regularidade empírica no papel de subsídios cruzados no lançamento e na manutenção de uma nova plataforma. A Tabela 4.6 lista vários exemplos nos quais os lucros de "vaca leiteira" de uma plataforma anterior foram utilizados com sucesso por empresas, diversificando em um segmento relacionado do setor um processo que chamamos "encadeamento de plataforma".[14] Isso se assemelha ao "envelopamento de plataforma" (Eisenmann, Parker e von Alstyne, 2011), por a tecnologia e os clientes ajudarem uma empresa a abrir caminho para um mercado de plataforma adjacente, mas difere porque (ao contrário do envelopamento) a nova plataforma continua distinta da plataforma anterior. Por outro lado, o caso da Real Networks, citado por Eisenmann e colegas (2011), é outro exemplo de uma empresa que carece tanto de uma "vaca leiteira" existente como de um fluxo de receita considerável de clientes existentes para manter sua recente liderança de plataforma.

De modo mais geral, acreditamos que isso tem implicações importantes para uma classe mais ampla dos desafios enfrentados pelas empresas que procuram lucrar com suas inovações. Na estrutura de lucro a partir da inovação proposta por Teece (1986), "foi feita uma suposição implícita de que o capital de risco estava disponível" para financiar os esforços de comercialização da empresa (Teece, 2006, p. 1140). O uso do capital de risco corporativo estratégico pela Symbian deveria ter sido uma maneira de obter esse capital, mas o controle de seus investidores (incluindo o bloqueio de suas esperanças para um IPO), em última análise, limitou o sucesso de seu modelo de negócios. Embora a literatura sobre CRC reconhecesse os riscos para as *startups* ao receber tais investimentos, tem se concentrado principalmente nos riscos relacionados à apropriação indevida (por exemplo, Katila, Rosenberger e Eisenhardt, 2008; Maula, Autio e Murray, 2009), em vez da divergência de interesses entre os sócios investidores e as *startups*. Como Chesbrough (2000) postula, os capitalistas corporativos de risco são muito mais propensos a restringir as opções do modelo de negócios de *startups* do que são os capitalistas independentes focados exclusivamente em retornos financeiros; como sugerido aqui, também podem restringir as suas estratégias de saída. Isso aponta oportunidades para futuras pesquisas a respeito de ambas as restrições.

Tabela 4.6 Exemplos de encadeamento de sucesso a partir de uma plataforma "vaca leiteira" para uma nova plataforma.

Empresa	Plataforma "vaca leiteira"	Nova plataforma	Referência
IBM	System/360	IBM PC (1981)	Moschella (1997)
Apple	Apple II	Macintosh (1984)	Malone (1999)
Intel[†]	PCs compatíveis com Wintel	Servidores Lintel (1995)	West & Dedrick (2001)
Sun	Solaris	Java (1995)	Southwick (1999)
Microsoft	Windows	Xbox (2001)	Takahashi (2002)
Apple	Macintosh	iPhone (2007)	West & Mace (2010)
Google	Mecanismo de busca do Google	Android (2007)	Kenney & Pon (2011)

[†]Wintel: Windows em Intel; Lintel: Linux em Intel.

AGRADECIMENTOS

Nossos agradecimentos a David Wood, por toda ajuda e *insights* durante esta pesquisa, e a Annabelle Gawer, Markku Maula e o editor Wim Vanhaverbeke, pelo *feedback* útil desde as nossas primeiras versões.

NOTAS

1   Além dos membros corporativos, os consórcios geralmente incluem universidades ou laboratórios de pesquisa sem fins lucrativos (cf. Dimancescu e Botkin, 1986).

2   Para um resumo da transição dos padrões de rede da segunda geração do GSM para a terceira geração do 3GSM (WCDMA), consulte Bekkers (2001) e Bekkers e West (2009).

3   Por exemplo, em dezembro de 2008, a associação comercial para telefones celulares e operadores de rede GSM informou que representava "mais de 750 redes móveis em 219 países e territórios", de

acordo com uma cópia do Archive.org. do site GSMA.com. Muitas dessas redes eram de propriedade total ou parcial de *holdings* de empresas maiores, tais como Vodafone, Orange, Deutsche Telekom e Telefónica, mas as decisões de compra de aparelhos eram influenciadas (e às vezes determinadas) pelas subsidiárias locais.

4   Em última instância, os fabricantes de aparelhos desenvolveram tecnologia e processos para atualizar o *software* de sistema operacional nas redes 3G ou *Wi-Fi*, como aconteceu com a primeira atualização do iPhone OS em 2008.

5   Quase todas as plataformas de computadores desde os anos 1960 foram integradas verticalmente, com apenas poucas (como a Unix da AT&T ou o Windows da Microsoft) sendo licenciadas para terceiros externos (cf. West, 2003, 2007a). O único outro exemplo que podemos identificar de uma plataforma financiada por clientes-investidores é o 3DO, um console de *videogame* de pouco sucesso (1993-1995), financiado por Matshushita (Panasonic), Goldstar (mais tarde, LG), AT&T e vários provedores de conteúdo.

6   Embora a Motorola não tenha sido mencionada no comunicado de imprensa de 24 junho de 1998, ela teve lugar de destaque na cobertura que a imprensa deu ao anúncio. Assinou um acordo de acionistas em 28 de agosto e anunciou o seu investimento em 28 de outubro.

7   O primeiro ano lucrativo da Symbian foi 2005, com um lucro líquido de 15,3 milhões de libras em comparação com os 23 milhões de perda no ano anterior (West e Wood, 2013). As finanças auditadas da empresa distribuídas aos acionistas mostraram que ela tinha um fluxo de caixa positivo com operações de 2,6 milhões de libras contra um fluxo de caixa de 32 milhões de libras no ano anterior.

8   Apesar de aquela avaliação ter sido muito maior do que os acionistas da Symbian jamais utilizaram, os 6 bilhões de libras (9 bilhões de dólares) eram muito menos do que os 42 bilhões de avaliação pública da Palm Computing, seu concorrente mais direto.

9   Em resposta ao aumento da concorrência, a Ericsson combinou seu negócio de celulares com a Sony em 2001 e, depois, saiu do negócio de celulares em fevereiro de 2012, a partir da venda de sua metade da *joint venture* para a Sony. Em maio de 2012, o negócio de celulares da Motorola foi adquirido pelo Google, mais pelas patentes que detinha do que por suas receitas de produto.

10   Nos Estados Unidos, as ISVs estavam focadas em Palm e Windows entre 1998 e 2005 e no iPhone e Android depois de 2008. Enquanto a Symbian era popular no Japão, o fechamento da plataforma MOAP, da DoCoMo, baseada em Symbian, impediu a criação e a instalação de aplicativos para *download* nativos.

11   A Linux desde então tem sido usada para outras aplicações, tais como computação integrada (Henkel, 2006). O próprio Android era um derivado do Linux, incompatível com o Linux até que os últimos desenvolvedores fundiram as duas bases de código no início de 2012 (Kennedy, 2012).

12   Para um resumo sobre inovação aberta e estratégias de plataforma de *smartphone* verticalmente integradas, ver Kenney e Pon (2011).

13   Desde 2010, o custo real de plataformas de *smartphones* incluiu *royalties* de patentes pagas aos proprietários das plataformas concorrentes, como Apple e Microsoft, mas as taxas específicas não têm sido divulgadas ao público. As novas empresas que entraram no mercado de *smartfones*, que usam o Android e não têm grandes portfólios de patentes próprias, têm sido particularmente vulneráveis a tais litígios de patentes.

14   Isso não pretende minimizar os exemplos de tentativas fracassadas de encadeamento de plataforma – como a Apple em PDAs (com o Newton) ou a Intel em CPUs de telefonia móvel. Tal como acontece com qualquer outra estratégia, os recursos adequados são necessários, mas não suficientes para o sucesso.

CAPÍTULO 5
Inovação aberta e dinâmica industrial – rumo a um modelo de convergência de negócios

Jens Frøslev Christensen

5.1 INTRODUÇÃO

Este capítulo apresenta duas propostas principais. A primeira é a dinâmica industrial que deve cada vez mais ser concebida em termos de convergência e divergência em vez de trajetórias delimitadas pela indústria. A segunda aponta que essas dinâmicas representam direcionadores centrais para padrões de inovação mais abertos e que transcendam a indústria.

Três quadros-chave amplamente utilizados supõem os limites da indústria como contexto para gestão estratégica e inovação. São o Ciclo de Vida do Produto (CVP), as Cinco Forças e o Ciclo de Vida da Inovação. O modelo CVP, nascido na economia industrial, apresenta uma sequência sistemática de estágios na evolução da estrutura econômica das indústrias (Gort e Klepper, 1982; Klepper, 1997). No estágio embrionário, o volume é baixo, o *design* do produto é experimental e muitas empresas entram. No estágio de crescimento ou de "rearranjo", o crescimento de volume é alto, o *design* de produto se estabiliza e operações de grande escala conduzem a uma entrada mais baixa, a uma saída intensificada e a uma estrutura de mercado oligopolista. Esse estágio é seguido por outros de menor crescimento e declínio. As Cinco Forças de Porter são igualmente fundamentadas na economia industrial (Porter, 1980). Ele identificou cinco forças que delimitam a concorrência e a atratividade estratégica das indústrias (rivalidade, poder do fornecedor, poder do comprador, substitutos e barreiras de entrada). O Ciclo de Vida da Inovação (CVI) está enraizado na economia schumpeteriana e nos estudos de inovação.[1] Ele é complementar ao CVP por apontar a mudança de padrões das inovações como direcionadores-chave na evolução das indústrias. O estágio inicial das indústrias é caracterizado por descontinuidade tecnológica, inovação radical de produto e rivalidade entre uma diversidade de projetos de produtos. Esse estágio termina quando um projeto dominante é selecionado pelo mercado. A inovação radical em processos de produção leva a economias de escala e a alto crescimento seguido por inovação incremental de produto e de processo dentro das restrições do projeto dominante.

Esses quadros têm sido particularmente efetivos para explicar a evolução das estruturas de mercado e a dinâmica de inovação em muitas indústrias de manufatura (por exemplo, automóvel, bicicleta ou da televisão), caracterizadas por fronteiras bem definidas e estáveis, que tornam significativas as noções dos ciclos de vida. No entanto, três tendências genéricas têm enfraquecido a validade do seu escopo:

- Primeiro, a dinâmica dos negócios está *cada vez menos* confinada a indústrias de produtos únicos que se comportam de acordo com o CVP e o CVI.[2] Em vez disso, a dinâmica dos negócios é caracterizada por limites cada vez mais abertos, associados à dinâmica industrial, à *convergência* do mercado do produto[3] e à *divergência* em (sub)mercados desagregados.

- Segundo, o aumento da preferência pela convergência/divergência torna a natureza *colaborativa* da relação empresa-ambiente mais importante para a gestão estratégica do que é refletido na "análise da indústria" de Porter, com seu foco exclusivo nos relacionamentos *competitivos de barganha*. Embora o jogo competitivo continue a ser vital na dinâmica do negócio, o jogo colaborativo e sua interação com a concorrência tornou-se igualmente decisivo (Brandenburger e Nalebuff, 1996). Isso significa que as cinco forças são insuficientes para embasar as estratégias das empresas.

- Terceiro, as dinâmicas de convergência e divergência implicam outros tipos de inovação além das abordadas no CVI (inovação radical *versus* incremental e inovação do produto *versus* inovação de processo). Essas categorias não podem compreender as dimensões particulares da inovação que estão incorporadas em processos de convergência e divergência, em que a inovação deve abrir-se a ideias, tecnologias, *designs* e características do mercado próprios de outros contextos industriais, com frequência não familiares.

Este capítulo apresenta uma estrutura para a compreensão da dinâmica dos negócios de convergência e divergência. Serve a quatro propósitos. Em primeiro lugar, oferece uma forma sistemática de análise dos contextos empresariais e de inovação que não são bem explicados pela estrutura das Cinco Forças. Em segundo lugar, propõe uma teoria de mecanismos geradores de sustentação para a convergência e a divergência e um novo modelo de "ciclo de vida", o Ciclo de Vida de Convergência. Terceiro, a estrutura contribui para explicar o aumento da prevalência e os padrões específicos da inovação aberta; quarto, ela esclarece as relações entre inovação aberta e a noção de capacidades dinâmicas em gestão estratégica (Teece, Pisano e Shuen, 1997; Teece, 2007).

Esses esforços teóricos e analíticos têm como ponto de partida a dinâmica dos negócios do setor de segurança de TI.

5.2 O CASO DA SEGURANÇA DE TI

Um lado negro da internet e das tecnologias de informação e informática relacionadas tem sido a explosão de diferentes tipos de problemas de segurança, como vírus, *spywares*, *pitching* e *hacking*. Esses, mais uma vez, deram origem a um enxame de empresas explorando as oportunidades comerciais de oferecer medidas de segurança. Estamos testemunhando o surgimento de uma grande variedade de novos produtos e serviços de segurança e a criação e o hipercrescimento de um novo setor complexo e volátil. O International Data Corporation (IDC) estimou que a receita global de segurança de TI alcançaria 35 bilhões de dólares em 2003, refletindo uma duplicação das receitas desde 2001 (IDC, 2003) e um aumento comparável ao tamanho do mercado global de gravações musicais.[4] Apenas quinze anos antes, esse setor não existia. Segurança de TI implica produtos e sistemas baseados em *software* e *hardware*, por um lado, e grandes variantes de serviços, por outro. Esses serviços auxiliam os usuários na seleção, implementação e gestão de produtos de segurança, bem como na adoção de procedimentos organizacionais para segurança. Produtos de TI e serviços de segurança são dedicados a aliviar diferentes tipos de problemas de segurança de TI. Mas, apesar dessa semelhança, a enorme diversidade de segurança de TI não se presta a ser analisada como uma indústria. Pelo contrário, deve ser concebida como um ecossistema de mercados ou submercados de produtos, em evolução e inter-relacionados.

No período entre 1988 e 2004, identificamos três estágios da dinâmica de negócios que se sobrepõem parcialmente. O final dos anos 1980 e início da década de 1990 viu a formação de numerosos mercados de produtos baseados no desenvolvimento de produtos de segurança autônomos de empresas especializadas, cada uma respondendo a tipos específicos de futuros problemas de segurança. Embora a formação do mercado de produto continuasse depois dos meados dos anos 1990, mesmo com a diminuição da intensidade, duas trajetórias de dinâmicas baseadas em convergência passaram a dominar. Uma associada à agregação de dois ou mais produtos e a outra relacionada com a integração de produtos em plataformas e sistemas mais amplos. A seguir, nós oferecemos uma visão geral dessas trajetórias. No contexto da inovação aberta, sustentamos que esses saltos estratégicos de uma trajetória para outra impõem requisitos específicos à gestão da inovação para alcançar a integração das tecnologias e modelos de negócio a partir de contextos desconhecidos de negócios. O caso baseia-se em nosso estudo da evolução da segurança de TI (para detalhes, ver Christensen, 2011) e em outras pesquisas sobre o setor.

5.3 TRAJETÓRIAS DA FORMAÇÃO DO MERCADO DO PRODUTO E O PAPEL DO LICENCIAMENTO DA TECNOLOGIA

As tecnologias de segurança iniciais não estavam associadas aos produtos comerciais, mas com universidades que fazem pesquisa e desenvolvimento financiados pelo governo especialmente nos Estados Unidos (Giarratana, 2004). Mas, do final da década de 1980 ao final da década de 1990, centenas de empresas especialistas em segurança foram estabelecidas com base em inovações de produto ou na invenção de tecnologias de segurança. Muitas, mais tarde, saíram ou foram objeto de fusões e aquisições. Durante os primeiros anos, grandes empresas de TI e instituições governamentais dos Estados Unidos foram importantes usuários líderes de produtos inovadores, licenciando tecnologias fornecidas por especialistas (Giarratana, 2004).

Entre os primeiros exemplos de inovações de segurança estão os antivírus, os *firewalls*, as redes privadas virtuais (VPN), *scanners* de avaliações de vulnerabilidade e serviços, autenticação e sistemas de detecção de intrusão (IDS), todos inventados e inicialmente comercializados entre 1989 e 1996. Cada um desses produtos (e muitos outros) esteve sujeito à formação de um mercado de produtos especializados, com muitas empresas rivais envolvidas em inovação para expandir sua capacidade e desempenho.[5] Desde o início, inúmeras empresas desenvolveram também um mercado para a tecnologia de segurança. Em 2002, o licenciamento de tecnologia foi responsável por 17,4% das receitas totais dos *softwares* de segurança, enquanto as receitas de produtos e serviços representaram, respectivamente, 52,3% e 30,3% (Gambardella e Giarratana, 2007). Uma importante tecnologia de segurança, a tecnologia de criptografia, é intensiva em patentes e aplicada nos mercados de produtos com criptografia, segurança de rede e autenticação de uso.[6] Esses mercados também foram os mais intensivos em licenciamento. Desse modo, 65% das empresas que entraram nesses mercados durante o período de 1989 a 2004 estavam baseadas em licenciamento de tecnologia de criptografia. Esse foi o caso de apenas 13% dos novos entrantes em outros mercados de produtos para segurança, tais como *firewalls*, antivírus e *antispam* (Arora e Nandkumar, 2007). Tecnologias com mais aplicações em mercados de produtos tendem a ser licenciadas para empresas em mercados diferentes daqueles em que os licenciadores estavam operando, implicando que o último evita a competição direta com os licenciados (Gambardella e Giarratana, 2007). Assim, o mercado de tecnologia em segurança de TI tem contribuído para melhorar a entrada em numerosos mercados de produtos e estimular a fragmentação desse mercado. Ao mesmo tempo, o funcionamento econômico do mercado de tecnologia em segurança de TI parece ter se beneficiado fortemente dessa fragmentação. Esse padrão de inovação aberta na fase inicial de constituição de empresas em segurança de TI reflete uma divisão dinâmica de trabalho entre as empresas de produtos/serviços e especialistas em tecnologia em um contexto de alta fragmentação do mercado.

A tendência onipresente desde o final da década de 1990 de mover cada vez mais volumes e tipos de dados em redes de TI mais distribuídas tem dado origem a novas formas de violações de segurança, que novamente abriram o caminho para novas ondas de inovações em segurança (incluindo *antiphishing, antispam, antispyware* e várias formas de biometria). Como os funcionários e consumidores operam cada vez mais a partir de dispositivos móveis (*notebooks, tablets, smartphones*) que foram inicialmente vendidos sem as mesmas seguranças que os *desktops*, empreendimentos inovadores têm aumentado a abordagem de medidas de segurança para esses dispositivos (Morgan Keegan, 2006).

5.4 TRAJETÓRIAS DE CONVERGÊNCIA A PARTIR DA INOVAÇÃO DOS PACOTES DE PRODUTO

Os muitos e diversos produtos associados à formação do mercado eram mais ou menos complementares, às vezes com sobreposições, outras com características potencialmente sinérgicas. Nos primeiros anos, não se tentou juntar esses produtos para formar sistemas interoperáveis, ou isso foi deixado para os departamentos de TI dos clientes ou feito por empresas de serviços de segurança que apareceram em grande número. Por um tempo, a concorrência foi confinada a estreitos mercados de produto. Só aos poucos os fornecedores de segurança especializados, junto com seus clientes corporativos e empresas de serviços de assistência, acumularam conhecimento adequado das perspectivas complementares e sinérgicas de diferentes produtos; portanto, surgiram oportunidades para inovação *sistêmica* exigindo um padrão diferente de inovação aberta que o vigente na fase inicial. A trajetória de inovação de agregação de produto foi iniciada por um pequeno grupo de especialistas de segurança que, em poucos anos, se transformaram em grandes integradores de segurança.

Os primeiros passos foram dados pela Network Associates (atual McAfee) e pela AXENT Technology que, por meio de muitas aquisições, desenvolveram um amplo portfólio de produtos para segurança. Ambas as empresas lançaram os primeiros grupos de produtos (pacotes ou suítes) por volta de 1998/1999, mas eles não foram bem recebidos pelo mercado (Wall Street Transcript, 2001). Como as duas primeiras empresas pioneiras, a Symantec tinha adquirido muitas empresas especializadas em segurança durante o final da década de 1990. Em 2000, a empresa também adquiriu a AXENT Tecnology, o que lhe permitiu fazer um profundo relançamento das suítes de produtos. Ao longo de alguns poucos anos de crescimento baseado nessa aquisição e os primeiros testes em inovação sistêmica, a Symantec expandiu suas capacidades essenciais em numerosas tecnologias e produtos de segurança e também construiu poderosos ativos de distribuição e de reconhecimento da marca. Em 2004, a Symantec foi reconhecida como a principal fornecedora de um conjunto de produtos de segurança de TI. Várias outras empresas de segurança especializadas, incluindo a Internet Security Systems (ISS), também embarcaram em estratégias de pacotes de produtos (SG Cowen, 2004, p. 24; Christensen, 2011).

As suítes (ou pacotes) de produtos evoluíram para incluir todos ou a maioria dos seguintes produtos: *firewalls*, VPN, detecção de intrusão, antivírus, filtro de conteúdo, *antispam* e sistemas de controle de privacidade (Wall Street Transcrip, 2004c). Além disso, o surgimento de serviços de segurança gerenciados durante esses anos refletiu um movimento no sentido das soluções integradas. Gestores de segurança, como a Counterpane e a Cybertrust, entregaram operações unificadas, manutenção e atualização de seus sistemas de segurança para clientes.

Tais soluções convergentes responderam à rápida expansão da complexidade para o cliente em lidar com o curso de novos produtos e serviços e de aumentos associados dos custos de segurança.[7] A proposição de valor das novas soluções era clara: redução global dos custos e simplificação para o usuário em termos de implementação, multifuncionalidade, gerenciamento e (mais ou menos) balcão único (*one-stop shopping*). O consumidor profissional, no entanto, teria de enfrentar a desvantagem potencial de ficar preso a um único fornecedor que oferecesse uma ou mais funcionalidades fracas no pacote. A alternativa seria comprar os produtos autônomos para obter os melhores para cada função específica, ou no jargão da indústria "estratégia do melhor do ramo (*best-of-breed*)". No entanto, a desvantagem dessa estratégia foi os altos custos incorridos pela necessidade de desenvolver competências internas para pesquisa, revisão, seleção, negociação e contratação do "melhor" fornecedor em diferentes categorias de produtos, bem como os custos de integração e gestão dos produtos para operar como um sistema.

Em 2004, a estratégia do melhor do ramo tinha sobrevivido, principalmente, em alguns segmentos finais, como nas forças armadas e nos setores financeiros com um perfil de alto risco (Wall Street Transcript, 2004a, 2004b). Empresas como a Counterpane (serviços de gestão de segurança) ou a CyberTrust (segurança de mensagens), por exemplo, haviam se posicionado como as melhores nos seus respectivos mercados de produtos. De longe, a maior fatia do mercado global, os segmentos médios e finais, foram controlados pelos integradores de segurança que forneciam suítes de produtos, enquanto os fornecedores especializados de produtos autônomos mantiveram posições fortes em partes do segmento final.

O padrão de inovação aberta teve um curso diferente durante essa transformação. Embora a tecnologia licenciada tenha sido uma forma importante de os novos entrantes estabelecerem uma base nos mercados de produtos especializados, as aquisições de empresas tornaram-se uma alavanca dominante para os operadores se envolverem com a agregação de produto. Eles não só precisavam de acesso às tecnologias como também ao conhecimento de mercados particulares e modelos de negócios associados aos mercados de produtos desconhecidos a serem integrados. Assim, as aquisições de empresas tornaram-se um dos principais meios para a realização de oportunidades de agregação de produtos.

5.5 TRAJETÓRIAS DE CONVERGÊNCIA A PARTIR DO CONTEXTO DE INCORPORAÇÃO DE INOVAÇÃO

A convergência a partir da agregação de produtos contribuiu para impulsionar o altamente fragmentado setor ou ecossistema de segurança na direção de uma indústria unificada (mesmo que ainda fragmentada), na qual as principais empresas começaram a competir umas contra as outras com suítes de produtos rivais. Por outro lado, a trajetória de convergência a partir do contexto de incorporação da inovação contribuiu para minar esse processo de "unificação" porque a segurança nessa trajetória tornou-se uma característica incorporada de *outras* ofertas (redes de TI e plataformas), em vez de produtos de segurança dedicados a oportunidades de negócios por direito próprio (Morgan Stanley, 2005). Ambas as faixas de convergência responderam às necessidades do usuário para reduzir a complexidade associada com a onda dos produtos autônomos.

Obviamente, os usuários privados querem soluções simples que sejam praticamente invisíveis. Mas os usuários profissionais também preferem pouca complexidade. "Eles estão procurando aparelhos do tipo ligue e use (*plug and play*) que requeiram pouca experiência de instalação e, portanto, são menos propensos a erros de configuração, especialmente no caso de escritórios com pouca ou nenhuma equipe de segurança no local" (Morgan Keegan, 2006). A inovação integrada ao contexto ganhou impulso por volta do ano 2000 e nos anos seguintes. Isso significou uma tendência de que a segurança era parte de cada camada da infraestrutura de TI, desde a rede até o aplicativo. Os agentes que dirigiram essa trajetória eram operadores em indústrias estabelecidas, especialmente fornecedores de redes e sistemas e provedores de serviços de internet. Dois dos mais proeminentes exemplos foram a Cisco e a Microsoft, cujas estratégias de segurança são brevemente descritas a seguir.[8]

A Cisco, com sua força em equipamentos de rede (especialmente roteadores, *switches* e servidores de acesso discado), inicialmente tomou uma postura ofensiva, fornecendo segurança ao nível das redes. De 1995 até janeiro de 2005, adquiriu dez empresas de segurança, principalmente especialistas com produtos autônomos que compunham um amplo espectro de segurança de TI. Isso tornou possível para a Cisco introduzir um número crescente de ofertas de redes com segurança incorporada (por exemplo, *firewall*, VPN e funcionalidades de prevenção de intrusão).[9]

A Microsoft começou a se engajar ativamente em segurança de TI em torno de 2002. Isso aconteceu no contexto de crescentes vulnerabilidades em sistemas operacionais. A resposta da empresa foi implementar padrões de codificação mais seguros e projetar *softwares* inerentemente mais seguros usando modelagem de ameaças, filtragem e testes de penetração. Adicionalmente, a Microsoft começou a integrar as funcionalidades de segurança em seus sistemas.[10] A chave para esse esforço foi a aquisição de três empresas de segurança: a GeCAD (2003), uma pequena empresa romena de antivírus; a Giant Company Software (2004), uma empresa de *antispywares*; e a Sybari (2005), uma especialista em antivírus e em proteção de dados. O conhecimento especializado em segurança dessas empresas foi aplicado no serviço de assinatura OneCare, alinhando antivírus (baseado na tecnologia da GeCAD), *antispyware* (baseado na tecnologia da Giant Company Software), proteção *firewall* e ferramentas de limpeza de PC para usuários privados do sistema Windows. A estratégia de segurança da Microsoft durante esse período foi oferecer aos usuários segurança básica e aumentar a conveniência do usuário fornecendo sistemas de segurança que eram simples de usar e com atualização automática. Em 2004, a Microsoft também começou a enfatizar a criação de parcerias com fornecedores de segurança, empresas de redes e provedores de serviços de internet (Morgan Stanley, 2005; Morgan Keegan, 2006; SG Cowen, 2004). Assim, vários dos concorrentes da Microsoft (em *firewalls, antivírus* e *antispyware*) também tornaram-se parceiros, convidados a produzir soluções de segurança estendida nas plataformas da Microsoft e serviços para os usuários com necessidades de segurança mais especializadas.[11]

Mesmo que as duas trajetórias de convergência identificadas nesse caso reflitam estratégias rivais (por exemplo, trazendo a Symantec para a concorrência com a Microsoft), também representaram uma divisão de trabalho em termos de especialização de produto e orientação para o mercado, tornando possível que as duas trajetórias fossem executadas em paralelo, em vez de ter de substituir totalmente a outra (por exemplo, a Symantec também se tornou parceira da Microsoft).

Assim como o caso da convergência de pacotes de produtos, a estratégia de aquisição em convergência em um contexto de incorporação sinalizou que as empresas pioneiras não só necessitavam ter acesso às tecnologias desconhecidas como também a um amplo conhecimento de mercado das empresas adquiridas.

5.6 RUMO A UM MODELO DE DINÂMICA DE NEGÓCIO BASEADO EM CONVERGÊNCIA

Segurança de TI não é uma indústria e, portanto, não pode ser explicada por estruturas limitadas a indústrias. Deve ser entendida, antes de tudo, como um conjunto de mercados de produtos complementares e indústrias adjacentes, com fronteiras que se alteram, formando o contexto para as dinâmicas de convergência e divergência.

Na fase pioneira da segurança de TI na década de 1980 e início da década de 1990, a dinâmica dos negócios era dirigida por *startups* inovadoras orientadas a produtos autônomos para cobrir uma variedade crescente de lacunas de segurança de sistemas de TI (aqui e em diante, usamos o termo "produto" para também nos referirmos a serviços especializados). A competição foi segmentada dentro de um estreito mercado de produtos. De acordo com os modelos de CVP e CVI, seria previsível que cada mercado de produto (por exemplo, *firewalls* e *antivírus*) pudesse passar por uma fase de rivalidade de projeto, resultando em um projeto dominante, abrindo o caminho para uma era de inovação incremental e acumulação de sistemas de operações, distribuição e comercialização necessários para estabelecer e sustentar mercados de massa. Sem dúvida, podemos traçar tais dinâmicas nas trajetórias da formação do mercado do produto. Em cada mercado de produto, diferentes soluções foram experimentadas, um ou alguns *designs* prevaleceram no mercado, suas tecnologias subjacentes foram estabilizadas e algumas empresas de sucesso conseguiram colocar esses projetos em posições de liderança nos mercados tradicionais. A formação do mercado de produto foi dominada pelos pequenos entrantes, geralmente usando tecnologia licenciada como um meio de inovação-chave para seus produtos. Outras empresas se especializaram no desenvolvimento de tecnologias de segurança e ganharam suas receitas a partir de seu licenciamento para empresas de produto.

No entanto, quando os produtos alcançam o estágio do *design* dominante e sofrem uma queda de preço, as regras do jogo mudam na direção da convergência. Isso primeiro se materializou em inovação de pacotes de produto e, posteriormente, com um lapso de tempo de alguns anos, em inovação em contexto de incorporação – proliferações de ciclos que *não* são levados em conta nos modelos CVP e CVI. Durante essa transformação, muitas empresas especializadas saíram ou foram adquiridas por um grupo menor de "integradores", que tomaram a frente na formação dessas trajetórias. Durante o período de 1993 a 2005 foram registradas 291 aquisições de empresas de segurança de TI (Christensen, 2011). De longe, a maior parte era de empresas especializadas em segurança assumidas por integradores de segurança de pacotes de produtos ou, especialmente depois da virada do milênio, por grandes fornecedores de redes e de sistemas. Ao ganhar controle sobre os requisitos para adaptações em conhecimento de produto especializado, as empresas responsáveis pelas aquisições tornaram-se mais capazes de lidar com os desafios particulares da inovação que cruzava fronteiras.

Embora os primeiros estágios de segmentação e de estabilização em torno de projetos dominantes ao longo do CVP possam ser identificados nos mercados de produtos de segurança iniciais, a subsequente dinâmica tornou-se dominada pela convergência por meio dos mercados de produto. Da mesma forma, apesar de um estágio de inovação radical e experimentação de produtos ao longo do CVI poder ser traçado em cada um dos mercados de produtos, as dinâmicas subsequentes depois da regularização de um projeto dominante passaram a ser dirigidas por uma *inovação sistêmica*, refletindo a convergência em vez da *inovação de processo* nos mercados de produto. Para a realização de tal inovação sistêmica, uma forma radical de inovação aberta de fora para dentro foi necessária, ou seja, a aquisição de empresas especializadas, algumas vezes complementada por licenciamento de tecnologia.

Apesar do domínio da convergência, os mercados de produtos especializados tendiam a sobreviver. Mas, em vez de continuar nos estágios maduros do CVP/CVI, implicando a provisão de *commodities* em escala intensiva, posicionaram-se em direção a nichos de mercados finais, enquanto os fornecedores de produtos convergentes passaram a liderar mercados tradicionais.

A fim de compreender a dinâmica dos negócios, caracterizada pela convergência e pelos requisitos radicais para inovação aberta, precisamos de uma concepção do ambiente de negócios que vai além da concepção da indústria clássica e ainda de uma teoria que especifique as contingências sob as quais a convergência e a divergência vieram a ocorrer.

5.7 CONCEPÇÃO DAS TRÊS FRENTES DO AMBIENTE DE NEGÓCIOS: ECOSSISTEMAS, MERCADOS DE PRODUTOS E INDÚSTRIAS

Na literatura recente de estratégia, a noção de "indústria" como contexto de organização para as estratégias de negócio e práticas de inovação tem sido cada vez mais substituída por um conceito mais aberto de negócio ou "ecossistemas" de inovação

(Adner, 2006; Iansiti e Levien, 2004a; Moore, 1996; Teece, 2007). Teece (2007, p. 1325) define ecossistemas de negócio como "a comunidade de organizações, instituições e indivíduos que impactam a empresa e os clientes e fornecedores da empresa". Adner (2006, p. 98) entende ecossistemas de inovação como "... os acordos de colaboração a partir dos quais empresas combinam suas ofertas individuais em uma solução coerente voltada ao cliente". Em comparação com o conceito clássico de indústria, o ecossistema implica uma compreensão mais rica e flexível do ambiente de negócios e duas "reviravoltas" analíticas.

Em primeiro lugar, enquanto a visão da indústria tende a enfatizar o estado exógeno do ambiente que as empresas deveriam tomar como dado e ao qual deveriam se adaptar, a visão dos ecossistemas ressalta a relação simbiótica e coevolutiva entre estratégias e inovações das empresas e seu ambiente de negócios. Essa visão às vezes se inclina para a posição "endógena" em que empresas proativas contribuem para moldar o ambiente de negócios, em vez de reativamente serem moldadas por ele.[12] Em segundo lugar, enquanto a visão da indústria contida nas Cinco Forças aborda exclusivamente o jogo de negociação competitiva, a visão de "ecossistemas" adiciona complementaridades e acordos de colaboração associados.

A fim de compreender mais completamente o lado ambiental das dinâmicas de convergência ou divergência, devemos considerar as arenas da competitividade e as colaborativas. Assim, não podemos simplesmente *trocar* o conceito da indústria pelo de ecossistema. No entanto, a arena competitiva precisa de uma tipologia diferenciada de conceitos (vide Figura 5.1) que, ao contrário do conceito da indústria, *não* possa supor limites robustos e longos ciclos de vida. Desse modo, usamos o termo "mercado de produto" para significar o contexto emergente para a concorrência entre empresas com categorias idênticas ou similares de produtos especializados. Um mercado de produto pode evoluir ao longo do CVP/CVI e, finalmente, demonstrar que pode se tornar uma indústria "real" *ou* passar por dinâmicas de convergência ou divergência mais ou menos frequentes e simultâneas. Ainda pode acabar até mesmo por desaparecer. Assim, enquanto "mercado de produto" aqui denota o contexto *emergente* para a rivalidade ligada a produtos, o termo "indústria" refere-se a mercados de produtos *maduros*, refletindo os bem estabelecidos padrões de competição, geralmente dominados por grandes operadores.[13] Assim, como os mercados de produtos, as indústrias também podem estar sujeitas a uma convergência (por exemplo, a convergência do celular e da indústria das câmeras) e a uma divergência (por exemplo, a terceirização generalizada de serviços e componentes em muitas indústrias). Finalmente, usamos o conceito de "ecossistema" para abordar o contexto colaborativo em evolução para um mercado de produto ou o contexto de convergência ou de divergência da indústria.[14] Nesse sentido, a segurança de TI constitui um ecossistema de agrupamentos de produtos complementares e mercados de tecnologia em evolução, entre os quais a convergência pode ter lugar.

De uma perspectiva teórica e gerencial, existem vantagens obtidas por meio da utilização dessa concepção em três frentes do ambiente de negócios. Teoricamente, a utilização combinada desses conceitos fornece lentes complementares para analisar a dinâmica dos negócios associados, respectivamente, com a rivalidade (o mercado do produto, a indústria) e a coordenação (o ecossistema). A realização das perspectivas de convergência dentro de um ecossistema implica a criação de mercados de produtos integrados, formando novas bases para a competição. A realização de perspectivas de divergência dentro de um mercado de produto ou de uma indústria implica na criação de (sub)mercados especializados e novos requisitos de coordenação entre esses e os atores residuais no mercado de produto ou indústria originais.

		Natureza do contexto de negócio	
		Emergente	Maduro
Natureza das relações de negócio entre firmas	Competição	Mercado de produto	Indústria
	Colaboração	Ecossistema	

Figura 5.1 Concepções de ambientes de negócios.

Do ponto de vista de gestão, essa conceituação pode contribuir para uma compreensão mais adequada do contexto do que podemos chamar de Dinâmica de Negócios Aberta. Ela fornece uma maneira sistemática de especificar a arena para concorrência e para a coordenação, enquanto aborda empresas em (sub)mercados emergentes de produto ou nas indústrias maduras. Oferece uma perspectiva analítica sobre pensar estrategicamente à frente da concorrência *atual*, colaboração e criatividade (*out-of-the-box*), ou seja, a partir das fronteiras dos mercados de produtos e indústrias atuais. Por fim, apresenta uma perspectiva da dinâmica industrial para explicar as mudanças nos padrões de inovação aberta (e menos aberta).

5.7.1 OS CONCEITOS DE CONVERGÊNCIA E DIVERGÊNCIA

A convergência é aqui definida como o processo de *integração* total ou parcial de dois ou mais mercados de produto ou indústrias que não eram interligados anteriormente por relações de concorrentes ou fornecedores. Isso significa que algumas empresas começam a integrar funcionalidades dos produtos de seu próprio mercado ou indústria com as dos outros por meio da inovação sistêmica de produto e posterior produção e vendas dos produtos convergidos. Essa convergência "baseada no fabricante" dá origem a novas formas de "convergência do usuário", ou seja, oportunidades para a utilização conjunta das funcionalidades constituintes dos produtos.[15] O caso prototípico de convergência é o que aconteceu ao longo das últimas duas décadas em toda a gama de mercados de produto e indústrias de informática e de telecomunicações (Yoffie, 1996).

A divergência refere-se ao processo inverso de *desintegração* total ou parcial de um mercado de produto ou indústria em um ou mais novos mercados e submercados especializados de produto. Isso significa que algumas empresas conquistam um mercado pela especialização no fornecimento de funcionalidades, que antes eram desenvolvidas e produzidas como uma parte integrante de um produto ou sistema. A evolução da indústria de PC fornece um exemplo amplamente estudado de divergência.[16] Outro exemplo é o surgimento de um submercado especializado oferecendo amplificadores digitais (ou componentes) da classe D em substituição aos amplificadores classe A/B que eram (e, em certa medida, ainda são) integrados pelos operadores na indústria de eletrônicos de consumo (Christensen, Olesen e Kjaer, 2005; Christensen, 2006). A dinâmica de divergência tem sido amplamente pesquisada sob os títulos de terceirização e de desverticalização das grandes empresas (Langlois, 2003).

Nos últimos anos, a convergência e a divergência, em especial, têm sido estudadas em relação a dinâmica baseada em *software* sob temas como estratégia de plataforma e integração de produtos ou aplicativos "complementares".[17] Tais aplicativos podem constituir originalmente mercados de produtos finais que compreendem fornecedores especializados sem nenhuma preocupação com a convergência do usuário, como testemunhamos no caso de segurança de TI. Ou os fornecedores de aplicativos podem, desde o início, ser "complementadores", fornecendo seus produtos como dedicados e vendidos a partir de uma plataforma controlada por um líder. Para os usuários de uma plataforma em particular, isso garante um nível básico de convergência do usuário *sem* convergência baseada no fabricante. Um exemplo é a provisão inicial de aplicativos da TomTom (os planejadores financeiros pessoais, os guias de culinária e, finalmente, os navegadores GPS) para se tornarem incorporados e vendidos por meio de uma plataforma de PDA (assistente pessoal digital ou *personal digital assistant*), como o Psion ou o Palm Pilot.[18] Um maior nível de convergência de usuário pode ser obtido a partir de estratégias de inovação que busquem características sinérgicas entre aplicativos específicos. Isso requer a coespecialização desses aplicativos para que possam "falar juntos" e obter mais funcionalidades, além de serem acessíveis como produtos autônomos em uma plataforma. Assim, por exemplo, a funcionalidade da câmera de um *smartphone* ganhou valor adicional porque a localização exata da foto pode ser determinada pelo recurso do GPS, também ser carregada por meio do telefone e enviada diretamente para os amigos ou para um diretório. Se bem-sucedida, essa estratégia pode ameaçar a existência dos mercados de produtos independentes. Por exemplo, a integração pela Microsoft do seu processador de texto com o seu pacote Office em grande medida eliminou um mercado de processadores de texto distintos. Mas, talvez mais comumente, produtos convergentes e autônomos (*stand-alone*) possam coexistir por períodos mais longos. Em segurança de TI, produtos convergidos não eliminaram os produtos autônomos, mas restringiram seu crescimento e os relegaram a posições de nicho. Da mesma forma, os *smartphones* com funcionalidades de câmeras embutidas não eliminaram a indústria de câmeras, mas reduziram o tamanho de seus segmentos de consumo de massa, como se refletiu na recente falência da Kodak.

Os produtos convergidos para as plataformas controladas centralmente podem no final das contas passar pela divergência, resultando na formação de numerosos mercados mais ou menos distintos. A divergência da plataforma IBM PC é o exemplo mais conhecido. Outro refere-se aos navegadores de rotas com base em GPS. Na década de 1990, a navegação tornou-se incorporada tanto nas plataformas de telemática dos fabricantes de automóveis como nas plataformas de PDA. No entanto, elas sofreram com as falhas de desempenho ao serem integradas em sistemas automotivos publicamente complexos ou amontoados em PDAs pequenos e de baixa potência. Nos primeiros anos do novo milênio, a Garmin e a TomTom foram pioneiras nas estratégias de divergência radical, implicando a criação de produtos de navegação autônomos que não apresentavam deficiências dos contextos anteriores. Eles poderiam ser facilmente montados em qualquer veículo e atualizados com mais facilidade do que era possível anteriormente. Esse se tornou um mercado de produto próspero por alguns anos, até que foi severamente restringido em virtude de uma nova onda de convergência de contexto de incorporação, dessa vez ligada a *smartphones* com funcionalidades de navegação oferecidos, entre outros, por Google e Apple.

5.7.2 RUMO A UMA TEORIA DE CONVERGÊNCIA E DIVERGÊNCIA

Quais são as contingências ou mecanismos geradores que podem explicar as dinâmicas de convergência e divergência? A seguir, vamos primeiro comparar os mecanismos econômicos que conduzem mercados de produtos para os estágios maduros e de rearranjo do CVP/CVI com aqueles que conduzem os mercados de produtos para a convergência. Depois, relacionamos os direcionadores econômicos de convergência e de divergência.

No modelo CVP/CVI, o mecanismo direcionador de novos mercados de produtos no estágio de rearranjo é a *inovação de processo* que leva a uma redução substancial no custo de produção. Uma vez que o valor das reduções de custo é proporcional ao volume de produção, empresas maiores lucram mais a partir de inovação de processo do que as pequenas empresas (Klepper, 1996, p. 565). Como alguma empresas crescem e se beneficiam da inovação de processo, os preços da indústria são empurrados para baixo porque as empresas menores são forçadas a sair do negócio ("rearranjo" ou "*shake-out*") e as barreiras à entrada são aumentadas (Klepper, 1997, p. 151). Nesse panorama dois fatores-chave podem explicar as dinâmicas sem CVP/CVI. Um deles é a falta de oportunidades ou as oportunidades fracas para as economias de escala a partir das inovações de processo. Tal contexto é predominante em muitos setores de *software* e de serviços intensivos em conhecimento, incluindo a segurança de TI. O outro fator é que uma grande inovação do produto pode interromper o CVP/CVI existente e formar novos padrões de desenvolvimento. Isso é um fenômeno bem conhecido em contextos como biotecnologia, no qual a natureza e as fronteiras dos produtos são menos fixados em um estágio inicial.

O que, então, faz com que alguns mercados de produto fiquem *longe* da rota do CVP/ CVI em direção à convergência? Defendemos que uma trajetória de convergência é acionada quando as perspectivas para as economias de escopo[19] ou sinergia por meio da integração de produtos e de tecnologias *através* dos mercados de produtos ou indústrias são percebidas como mais elevadas do que aquelas para as economias de escala ou outras especializadas *dentro* dos mercados de produtos individuais. Enquanto as economias de escopo referem-se a vantagens de custo conjunto de desenvolvimento, produção, vendas etc., as economias sinérgicas tem relação com valor agregado a partir de dispositivos convergidos, em comparação com o valor de dispositivos autônomos (ou *stand-alone*). Embora a *inovação de processo* na rota do CVP/CVI dê origem a economias de escala, rearranjos e entradas menores, a *inovação sistêmica de produtos* na trajetória da convergência – implicando formas radicais de inovação aberta – dá origem à interrupção das dinâmicas de ciclo de vida dentro dos mercados de produto constituintes *e* às economias de escopo e/ou sinergias. Essas economias são susceptíveis a serem capturadas por aqueles poucos pioneiros que mobilizam os recursos de fronteira de passagem para a inovação sistêmica e aberta e para o desenvolvimento de negócios integrativos. Isso é especialmente possível se não tiverem apenas ativos inovadores, mas também formarem fortes ativos comerciais que possam dar forma aos mercados de massa para suas inovações sistêmicas (Christensen, 1995; Teece, 1986). Nos domínios da manufatura, os ativos comerciais envolvem sistemas de produção intensivos em escala, enquanto nos domínios de *softwares* e serviços eles são bastante ligados a vendas, distribuição e serviços, bem como a marketing e marcas. Mesmo se esse processo de convergência não envolver um rearranjo no mesmo sentido como implica o CVP, o resultado, ou seja, o domínio por algumas empresas, permanece o mesmo.

Três fatores empíricos têm contribuído para criar uma tendência para que os novos mercados de produtos acabem convergindo em vez de permanecerem na rota do CVP/CVI.

Primeiro, o direcionador principal do CVP/CVI, as economias de escala por meio do processo de inovação, é especialmente predominante nos setores de manufatura, que respondem por uma *menor* participação das economias nacionais nas regiões ricas do mundo, embora sejam menos predominantes em *software* e em muitos setores de serviços que representam uma *maior* participação dessas economias (Möller, Rajala e Westerlund, 2008). Em segundo lugar, as oportunidades para as funcionalidades de interligação de diferentes produtos têm melhorado significativamente como consequência dos avanços nas tecnologias da informação e da comunicação e na digitalização de uma crescente variedade de produtos. Em particular, os sistemas de interface baseados em *software* tornaram a interligação de tais produtos tecnicamente viável e com uma relação custo-benefício cada vez melhor.

No entanto, há mais na convergência do que interligação de produtos em termos de *tecnologias de interface*. A convergência também envolve o alinhamento de conhecimento profundo de *cada* um dos mercados de produtos convergentes, funcionalidades de produtos e tecnologias principais.[20] Como as empresas que se empenharam na convergência inicialmente só têm conhecimento profundo de um mercado do produto, ou seja, o seu próprio, vão precisar ter acesso ao conhecimento principal do "outro lado".[21] O terceiro fator que reforçou a tendência para a convergência do mercado de produto é a melhoria efetiva dos mercados de fusões e aquisições, tecnologia[22] e ideias.[23] Fusões, aquisições e licenciamento de tecnologia tornaram-se ferramentas amplamente utilizadas para ganhar acesso a conhecimentos complementares, para a realização das estratégias de convergência. Ambas são ferramentas de gestão para inovação aberta, mesmo que a pós-aquisição e as atividades de licenciamento da inovação aconteçam internamente. De forma mais ampla, também podemos supor que as estratégias de convergência têm sido acomodadas pela crescente experiência que muitas empresas têm obtido com a gestão da inovação aberta, além do licenciamento de tecnologia e das fusões e aquisições.

Podemos admitir a hipótese de que a convergência provavelmente será iniciada por meio de um processo de fusão e aquisição a partir do desenvolvimento ou licenciamento de tecnologia interna, quando duas condições se aplicarem. A primeira é que as competências subjacentes aos dois (ou mais) mercados de produtos convergentes sejam altamente desiguais. A segunda condição é que o fornecimento de pequenas (porém, acessíveis) empresas no mercado complementar seja abundante, e essa condição tem mais probabilidade de existir nos mercados de produtos emergentes do que em indústrias estabelecidas. O licenciamento de tecnologia pode especialmente conduzir ou suplementar a convergência se a empresa iniciante precisar de acesso a uma tecnologia principal protegida por patente de outra empresa disposta a licenciar essa tecnologia. O licenciamento de tecnologia também pode ser relativamente mais atraente se não existirem oportunidades viáveis para fusões e aquisições. No caso da segurança de TI, vimos que o licenciamento de tecnologia tem desempenhado um papel significativo no reforço de entrada de novas empresas em uma diversidade de mercados de produtos.

O que pode então explicar a dinâmica inversa da divergência? Defendemos que uma trajetória de divergência é acionada quando as perspectivas para as economias de especialização, incluindo economias de escala e oportunidades de diferenciação tecnológica *dentro* de submercados baseados em componentes (por exemplo, microprocessadores para PCs) ou mercados divergentes (dispositivos de navegação da TomTom, por exemplo), forem percebidas como mais elevadas do que as economias de escopo e sinergia. A divergência pode ser resultante de dois processos parcialmente inter-relacionados: o enfraquecimento das economias de escopo ou sinérgicas e o reforço das economias de especialização. A primeira tem lugar quando as interfaces entre os componentes, que refletem as funcionalidades relevantes para o usuário, tornam-se sujeitas à modularidade padronizada *e* passam a ser acessíveis para outras empresas diferentes das que criaram as interfaces. Isso pode acontecer como um processo "natural" involuntário de padronização, simplificação e aumento das oportunidades para a replicação do que pode ter sido originalmente padrões proprietários (Chesbrough e Kusonoki, 2001), ou isso pode refletir uma decisão estratégica de criar padrões abertos (Sanchez, 2008). Uma vez que as interfaces se tornaram padronizadas e abertas, as economias de especialização podem ser mais facilmente acomodadas, especialmente quando o componente/produto "divergente" tem oportunidades para alto crescimento, economias de escala e progresso tecnológico radical. Grandes fornecedores de plataformas podem abrir o acesso a tais padrões de interface, a fim de estimular a inovação em suas plataformas. Criam assim margem para inovadores especializados que podem ser menos abertos em termos de suas principais tecnologias, embora sejam abertos em termos de cooperação com os líderes da plataforma.

5.7.3 CICLO DE VIDA DA CONVERGÊNCIA

A convergência e a divergência podem ser descritas como padrões cíclicos alternativos ao CVP/CVI. Denominamos tais padrões como Ciclo de Vida de Convergência (CVC). Na Figura 5.2, o CVP/CVI convencional e o novo CVC são integrados em um quadro unificado. No eixo vertical, são especificados três estágios de "ciclo de vida" ao longo de uma faixa de convergência/divergência: formação do mercado/indústria do produto, convergência e divergência. O eixo horizontal distingue duas unidades de análise ou os estágios-chave do CVP/CVI: o mercado de produto emergente refletindo o estágio embrionário e a indústria tradicional refletindo os estágios de rearranjo e amadurecimento. O CVC é ilustrado como o movimento de cima para baixo conforme evolui um mercado de produto ou uma indústria, há fusões com outros mercados ou indústrias de produtos e diverge em submercados mais especializados.

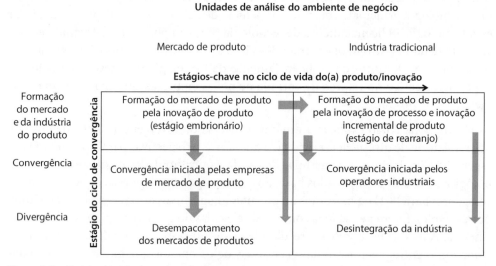

Figura 5.2 O ciclo de vida de convergência.

A formação do mercado de produto (caixa superior esquerda) envolve criação e comercialização de produtos genuinamente novos correspondentes ao estágio embrionário do CVP/CVI. Nessa fase, é incerto se o mercado de produto vai passar pelas fases subsequentes do CVP/CVI para formar uma indústria (a seta apontando para a caixa superior direita), mover-se para alguma trajetória de convergência ou divergência, ou acabar desaparecendo.

A convergência é provável sob as condições econômicas e tecnológicas discutidas anteriormente. Ela acontece dentro de um ecossistema que catalisa oportunidades para a *inovação sistêmica* de produtos convergentes, ou seja, a criação de novos mercados de produtos integrados. A convergência pode ser direcionada por atores do mercado de produto, tipicamente empresas menores (caixa do meio esquerda na Figura 5.2), ou por operadores da indústria de maior porte (caixa do meio direita).

Como visto no caso da segurança de TI, a convergência foi inicialmente impulsionada por empresas mais jovens que usavam estratégias de pacotes de produto. No entanto, mais tarde, a iniciativa foi assumida pelos operadores em indústrias tradicionais visando incorporar produtos de diferentes mercados em suas plataformas. Em outros domínios industriais, temos testemunhado os pacotes de produtos ocorrendo entre as indústrias tradicionais, por exemplo, as indústrias de câmeras e telefonia móvel. A divergência (a última linha na Figura 5.2) implica a redução do escopo dos mercados ou indústrias de produtos e a formação resultante de novos mercados de produtos especializados.

Os mercados que nascem fora da divergência podem novamente sinalizar o início de um novo CVP/CVI ou CVC. O quadro do CVC não assume uma sequência fixa de estágios na evolução industrial. É um quadro de contingência e uma taxonomia para a compreensão de várias opções para trajetórias de vida do produto ou ciclos de convergência/divergência, em vez de um modelo que assume um padrão universal de evolução. Como tal, pode ser operacionalizado por empresas particulares em mercados específicos como um quadro para gestão estratégica e estratégia de inovação.

5.8 CONCLUSÃO

Por três décadas, a gestão estratégica tem sido fortemente influenciada por um paradigma delimitado pela indústria, associado ao modelo das Cinco Forças, o CVP e o CVI. Embora esse paradigma continue a ser efetivo para explicar a dinâmica dos negócios em alguns campos, seu escopo de relevância foi substancialmente reduzido em razão do aumento da predominância da convergência e da divergência e dos padrões subjacentes da inovação aberta.

Este capítulo apresentou um quadro para compreensão das dinâmicas dos negócios que não se comportam de acordo com o paradigma delimitado pela indústria. Ele contribui de três maneiras para o trabalho acadêmico e gerencial sobre gestão estratégica e dinâmicas dos negócios. Em primeiro lugar, oferece uma forma sistemática de analisar as dinâmicas de negócios que atravessam os limites. Em segundo lugar, apresenta uma taxonomia de arenas industriais que reflete a necessidade de alinhar arenas para competição (mercados de produtos e indústrias) e arenas para convergência (ecossistemas). Terceiro, aborda uma teoria de contingência explicando os "ciclos de vida" que não seguem as prescrições clássicas do CVP/CVI, mas que "descarrilam" em convergência ou divergência.

Argumentamos que três fatores contribuíram para tornar a convergência um fenômeno mais frequente e "padronizado": (1) a diminuição da importância do processo de inovação radical que é crucial para o CVP/CVI; (2) a digitalização de cada vez mais produtos fazendo a interligação de produtos com viabilidade e custo-benefício cada vez melhores; e (3) a melhoria da efetividade dos mercados para fusões, aquisições e tecnologias que tornem mais fácil e menos onerosa a aquisição externa de conhecimento complementar muito diferente. A importância crescente da convergência e da divergência tem implicado necessidades crescentes de que as empresas se envolvam nessas e em outras práticas de inovação aberta. No entanto, o desenvolvimento de competências em práticas de inovação abertas de forma mais geral nas últimas décadas tem também contribuído para reforçar ainda mais as tendências e oportunidades para a convergência e a divergência.

Assim, o quadro fornece um complemento contextual para a perspectiva da inovação aberta. No mundo dos negócios, que é caracterizado por convergência e divergência, as empresas são confrontadas com os desafios de atravessar fronteiras existentes, colaborando e competindo com empresas não familiares, instituições e domínios de conhecimento. Esses desafios requerem aumento das capacidades dentro e fora das empresas para mobilizar os modos abertos e colaborativos de gestão da inovação.

O quadro proposto também lança luz sobre a relação entre inovação aberta e capacidades dinâmicas (Teece, 2007) no contexto da convergência. No caso de segurança de TI, algumas empresas exerceram capacidades dinâmicas, envolvendo características bastante dramáticas de inovação aberta, alterando sua identidade de serem inovadoras dentro de um mercado de produto único para se tornar inovadoras de pacotes de produtos orientadas para a convergência. Essa transformação exigiu o compromisso de ir além das capacidades essenciais de produto específico a partir de uma série de aquisições de empresas e tecnologias, um consistente engajamento em inovação sistêmica e alavancagem dos ativos comerciais para a construção da marca e de marketing e distribuição em larga escala. Por meio desse conjunto diversificado de investimentos a longo prazo, empresas como Symantec e ISS conseguiram expandir a partir de posições de nichos especializados para posições mais amplas como fornecedores de suítes de produtos. Outros tipos de capacidades dinâmicas eram praticadas pelos operadores nas indústrias tradicionais direcionando a inovação sistêmica incorporada de contexto. Suas competências essenciais estavam fundamentadas em outros campos além da segurança de TI, mas estavam determinadas a gerar competências integradoras (Christensen, 2006), incluindo capacidades para integração de sistemas, desenvolvimento de plataforma e ativos complementares em distribuição, marketing e construção da marca para mercados tradicionais. A inovação incorporada de contexto alinhou o conhecimento da infraestrutura existente nessas empresas com o conhecimento especializado de produtos e tecnologias de segurança.

As empresas que dirigiram as trajetórias de convergência em segurança de TI demonstraram compromisso de construir *capacidades dinâmicas* transcendendo fronteiras existentes e se engajando em novos desafios da inovação sistêmica e da criação de mercado. Do lado da inovação, isso envolveu equilíbrio intricado e mudança entre diferentes formas existentes de inovação aberta e inovação mais fechada. Esse engajamento das empresas na integração baseada em aquisição de conhecimento especializado em segurança inicialmente refletiu uma prática de *inovação aberta* na forma de pesquisa, acesso e aquisição de conhecimento especializado de fontes externas. Também refletiu a necessidade de substancial controle interno sobre o subsequente processo de inovação, em outras palavras, a necessidade de praticar uma forma mais integral de gerenciar a inovação.

A pesquisa sobre inovação em outros setores tem demonstrando que a necessidade de coordenação interna da inovação provavelmente diminua ao longo do tempo, conforme as interfaces entre componentes e tecnologias tornam-se padronizadas; daí, formas mais prontas para modularidade e distribuídas de inovação (Chesbrough e Kusonoki, 2001; e Brusoni, Prencipe e Pavitt, 2001). Isso dispara um processo de divergência criando novas oportunidades para empresas especialistas. Durante o último ano da nossa pesquisa sobre segurança de TI (2004), os principais direcionadores da inovação incorporada de contexto começaram a incentivar estratégias de parceria com especialistas em segurança de TI, indicando que o modo integrado anterior de gerenciar a inovação sistêmica estava começando a dar lugar a uma nova forma de inovação aberta que dependeria mais da parceria e da terceirização do que de aquisições e licenciamento de tecnologia.[24]

Este capítulo aponta para um novo paradigma de dinâmicas de negócios abertos, não para substituir, mas para complementar o paradigma delimitado por setores, até então dominante. A dinâmica da inovação aberta (e mais fechada) parece estar intimamente ligada à dinâmica de negócios abertos (e mais confinados). No entanto, assim como a inovação aberta tornou-se um modo de inovação mais predominante do que os modos de inovação estável e introvertida, as dinâmicas abertas tornaram-se mais predominantes do que as dinâmicas estáveis confinadas à indústria. Em ambos os casos, o papel dos mercados para as empresas (fusões e aquisições), tecnologias e ideias, de forma mais ampla, tornou-se crucial. As futuras pesquisas deveriam abordar a relação entre as dinâmicas de negócios abertos e a inovação aberta e, em particular, as diferenças entre o uso de mercados de tecnologia e mercados para empresas (fusões e aquisições) como um meio de mobilizar os fluxos de conhecimento de fora para dentro em diferentes estágios da dinâmica industrial, quer associados com o clássico CVP/CVI, quer com os processos de convergência e divergência.

NOTAS

1   O ciclo de vida da inovação foi proposto por Abernathy e Utterback na década de 1970 e, mais tarde, desenvolvido por Utterback e outros estudiosos da inovação. Ver, em particular, Abernathy e Utterback (1978), Anderson e Tushman (1990).

2   Pesquisas empíricas cada vez mais frequentes têm, ao longo da última década, demonstrado que os modelos clássicos de ciclo de vida não explicam a evolução de um grande e crescente número de indústrias. Ver Klepper (1997), Malerba, Orsenigo (2007), Fosfuri e Giarratana (2007) e Bergek et al. (2008).

3   As dinâmicas de negócios também são cada vez mais caracterizadas por tendências para convergência entre paradigmas tecnológicos (ver Teece, 2008), uma questão não abordada neste capítulo.

4   Ver: http://www.ifpi.org/site-content/statistics/worldsales.html.

5   Para uma consideração estatística do aumento da fragmentação dos mercados de produto de segurança de TI, consulte Gambardella e Giarratana (2007). Para evidências empíricas das melhorias inovadoras dos produtos de segurança, ver Christensen (2011).

6   Um exemplo é a invenção da criptografia de curva elíptica feita pela Certicom; consulte Arora e Nandkumar (2007).

7   Ao longo do tempo, a complexidade não só se tornou impossível de gerenciar até mesmo pelos clientes mais profissionais, também tem contribuído diretamente para agravar vulnerabilidades de segurança, pois leva a falhas de coerência nos sistemas técnicos e a fraquezas de configuração em sistemas e aplicativos.

8   Além das fontes escritas referenciadas, essas vinhetas de casos são baseadas em entrevistas com Kim Mikkelsen (Conselheiro-Chefe de Segurança da Microsoft da Dinamarca).

9   Embora a Cisco fosse uma pioneira e líder em segurança baseada em rede, não foi a única. Juniper Networks, fornecedora líder de *backbone* para internet, e 3Com, fornecedora líder de *hardware* de rede, eram igualmente engajadas, por meio de grandes aquisições de especialistas de segurança, na construção de funcionalidades para segurança de TI em rede (Morgan Stanley, 2005).

10   Em 2004, a Microsoft liberou o Service Pack 2 para o Windows XP, marcando melhorias na segurança do *software* subjacente (Selzer, 2006).

11   Em 2009, a Microsoft anunciou a saída do serviço OneCare, implicando deixar de atuar em segurança paga pelo consumidor. De acordo com Hallawell et al. (2009), esse passo mostrou as dificuldades que a Microsoft tinha em posicionar o serviço em relação às ofertas dos fornecedores de segurança dedicados. O OneCare foi substituído por um antivírus e *antispyware* gratuitos que acabaram contribuindo para estimular a competição cada vez mais maior de produtos de segurança gratuitos.

12   Para uma análise dessa perspectiva sobre o ambiente de negócios (mesmo que o termo ecossistema não seja usado), ver Pisano e Teece (2007). Para uma perspectiva de gestão mais explícita, consulte Adner (2006).

13   Essa noção de indústria é próxima àquela usada por Porter (1983), quando exemplificou seu modelo das Cinco Forças.

14   Não temos a pretensão de monopolizar a definição de ecossistema só para especificar os aspectos-chave de relevância para a compreensão das dinâmicas dos negócios que *não* estão confinadas à indústria. Para ser útil à gestão, é necessária uma operacionalização mais rica e específica. Consulte Iansiti e Levien (2004a).

15   A convergência baseada no usuário também pode ocorrer na ausência da convergência baseada no fabricante. Isso pode assumir duas formas. Em primeiro lugar, a coordenação entre fabricantes de diferentes produtos sobre padronização de sistemas modulares e interfaces pode tornar a convergência baseada no usuário fácil e barata, sem a convergência direta baseada no fabricante (ver Sanchez, 2008). Em segundo lugar, os próprios usuários podem incorrer em custos de desenvolvimento para tornar possível o uso integrado de dois produtos fornecidos por empresas de diferentes mercados ou indústrias de produtos, sem que haja esforço dos fabricantes para tornar tal integração viável. Em especial, nos estágios iniciais do setor de segurança de TI, a convergência baseada no fabricante foi geralmente antecedida por tentativas de integração baseadas no usuário.

16   Para uma visão geral, ver Iansiti e Levien (2004a).

17   Para contribuições principais para análise de plataforma do ponto de vista de gestão, ver Eisenmann (2008) e Gawer e Cusumano (2002).

18   TomTom, História da Compania (http://corporate.tomtom.com/history.cfm) e TomTom, Relatório Anual (2005).

19   As economias de escopo implicam uma redução dos custos associados com produção, desenvolvimento, marketing e publicidade integrados ou coordenados de dois ou mais produtos (distribuindo os custos fixos a partir de vários mercados de produto). Isso pode dar origem a novas oportunidades de receita por meio da venda de produtos complementares, como dispositivos

convergentes, pacotes ou plataformas de sistemas integrados para os mesmos clientes. Os clientes podem experimentar benefícios de "balcão único", a partir da redução de problemas de interoperabilidade e de custos de treinamento do usuário (ver Cottrell e Nault, 2004; Tanriverdi e Lee, 2008).

20   A "tecnologia central" é aqui utilizada em contraste com a "tecnologia de interface" para significar uma tecnologia interna de um produto ou componente central ("dentro da caixa").

21   Aqui supomos que não existem interfaces padrões modulares e abertas (não proprietárias) entre os mercados de produtos *antes* do início de um processo de convergência. Se existem interfaces padrões abertas ou são formadas *ex ante*, o alinhamento dos mercados de produto pode acontecer como processos autônomos de mercado por parte dos fabricantes ou clientes, "misturando e combinando" diversos produtos/componentes sem a necessidade de ter conhecimento profundo de cada um dos dois produtos (Sanchez, 2008). Isso tornaria possível a convergência baseada no usuário sem maior convergência baseada no fabricante e, ao mesmo tempo, permitiria a evolução de uma gama de processos de divergência.

22   Com relação a fusões e aquisições, ver Cantwell e Santangelo (2006) e Colombo e Garrone (2006). No que diz respeito aos mercados para tecnologia, ver Arora, Fosfuri e Gambordella (2001a); Davis (2008) e Lichtenthaler (2007).

23   O mercado de ideias está cada vez mais bem servido de plataformas como a Innocentive, que alinham "buscadores de inovação" e "solucionadores de inovação".

24   Para outro exemplo, ver Grunwald e Kieser (2007).

CAPÍTULO 6
Explorando inovação aberta em projetos de P&D

Wim Vanhaverbeke, Jingshu Du, Bart Leten e Ferrie Aalders

6.1 INTRODUÇÃO

Cada vez mais as empresas estão adotando estratégias de inovação aberta nas suas atividades de inovação (Huston e Sakkab, 2007; Kirschbaum, 2005; Van den Biesen, 2008). Nas últimas duas décadas, vários fatores empurraram empresas a fornecer tecnologias de terceiros e rentabilizar as suas tecnologias não utilizadas por meio de acordos de licenciamento ou *spin-offs*. A crescente complexidade das tecnologias (Brusoni, Prencipe e Pavitt, 2001), a (típica) utilização excessiva do pessoal próprio de P&D (Clark e Wheelright, 1990), a especialização dos atores da tecnologia, como universidades e *startups* de alta tecnologia, e o surgimento de mercados de tecnologia mais efetivos com novos tipos de intermediários e empresas de serviços de tecnologia como principais aceleradores de crescimento são direcionadores importantes da popularidade da inovação aberta entre os profissionais (Chesbrough, 2003a, 2006a).

A pesquisa sobre inovação aberta tem se expandido na esteira de seu crescente papel nas empresas. No entanto, apesar de sua popularidade, os efeitos reais de desempenho da inovação aberta não são bem compreendidos. A colaboração de P&D com os parceiros externos é um elemento importante das atividades de inovação aberta de fora para dentro. Nos últimos anos, vários estudos examinaram os efeitos do desempenho das colaborações de P&D. Esses estudos têm quase que exclusivamente se concentrado no âmbito da empresa. Até o momento, nenhum consenso foi alcançado na literatura (ver Tsai, 2009, para uma visão geral). Alguns estudos mostram que as colaborações em P&D melhoram o desempenho da empresa (por exemplo: Shan, Walter e Kogut, 1994; Dodgson, Gam e Salter, 2006; Sivadas e Dwyer, 2000; Tether, 2002; Becker e Dietz, 2004; Belderbos, Carree e Lokshin, 2004; Sofka e Grimpe, 2010), enquanto outros estudos não encontraram nenhum efeito nem revelaram efeitos negativos nas colaborações (por exemplo: Campbell e Cooper, 1999; Knudsen e Mortensen, 2011; Kessler, Bierly e Gopalakrishnan, 2000; Bougrain e Haudeville, 2002; Schulze e Hoegl, 2008). Além dessas descobertas conflitantes, alguns outros estudos ainda argumentam que a colaboração tem um efeito misto no desempenho das empresas (por exemplo: Laursen e Salter, 2006; Faems et al., 2010; Hopkins et al., 2011.; Gassmann e Enkel, 2010), dependendo dos diversos fatores de contingência, tais como a composição da carteira de aliança e a dimensão de desempenho, que são estudados.

Há várias possíveis explicações do porquê os pesquisadores acabam com diferentes resultados, mas uma razão simples é que a maioria dos estudos agrega diferentes práticas relacionados a projeto e conceitos gerais em empresas que são, então, ligados aos indicadores de desempenho da empresa. Assim, as empresas há muito tempo têm sido tratadas como uma "caixa-preta", possivelmente levando a uma série de resultados aparentemente contraditórios sobre os efeitos da inovação aberta. Na prática, o desempenho de uma empresa pode ser influenciado por muitos fatores dessa "caixa-preta", que não estão relacionados com a sua escolha por inovação aberta ou fechada. Uma empresa pode ter desenvolvido modelos de negócios falhos para algumas das tecnologias com que está trabalhando. Nesse caso, uma inovação fracassará, mesmo que a colaboração com parceiros de inovação tenha sido gerenciada apropriadamente. Em outros casos, algumas atividades de P&D podem não estar alinhadas com as necessidades dos grupos de negócios da empresa (Chesbrough, 2003a). Essa ruptura entre os projetos de P&D e os negócios operacionais finalmente vai levar a níveis de desempenho abaixo do ideal, mesmo quando a empresa desenvolveu as melhores práticas para associar-se com parceiros externos no desenvolvimento de tecnologia. Esses são apenas alguns exemplos das muitas contingências que podem introduzir ruído na relação entre a inovação aberta e o nível de desempenho da empresa. Assim, não é de se estranhar que a pesquisa empírica no âmbito da empresa possa levar a resultados divergentes.

Uma forma de enfrentar esses problemas é reduzindo a pesquisa em inovação aberta da empresa para os projetos de P&D, em que as atividades de inovação aberta acontecem. Isso permite o controle das peculiaridades dos projetos de P&D. Não tendo recebido atenção suficiente na literatura sobre inovação aberta, os projetos de P&D têm sido investigados em detalhe na literatura de desenvolvimento de novos produtos (DNP). Todavia, o foco desse fluxo de literatura está principalmente, se não de modo exclusivo, voltado aos fatores internos à empresa, tais como liderança do projeto, composição da equipe, apoio à gestão, gestão de processos e integração interfuncional (Brown e Eisenhardt, 1995; Cooper, Edgett e Kleinschmidt, 2004; Kahn, Barzak e Moss, 2006; Griffin, 1997; Carlile, 2002). Com a exceção de alguns poucos estudos que analisam a integração entre cliente e fornecedor em projetos de P&D (por exemplo: Ragatz, Handfield e Scannell, 1997; Campbell e Cooper, 1999; Ma et al., 2012; Bahemia e Squire, 2010), a literatura de DNP tem dado atenção limitada à colaboração externa e à parceria no desempenho do projeto, especialmente pelo não envolvimento dos parceiros baseados em tecnologia, como universidades e institutos de conhecimento. Dada a crescente tendência das empresas para a condução de projetos de P&D em colaboração com parceiros externos, é importante investigar o efeito da colaboração em inovação aberta no âmbito do projeto (Du, Leten e Vanhaverbeke, 2014). No entanto, a literatura de DNP nunca examinou sistematicamente os efeitos da colaboração de P&D com parceiros externos sobre o desempenho no DNP nem considerou a colaboração de P&D como um dos fatores críticos de sucesso para o desempenho do projeto.

Além disso, considerar as parcerias em projeto é também necessário, dadas as limitações do atual fluxo da literatura de DNP. Embora melhorias operacionais tenham sido feitas ao longo das últimas décadas, a taxa de sucesso de projetos de P&D mantém-se surpreendentemente estagnada (Page, 1993; Griffin, 1997; Cooper, Edgett e Kleinschmidt, 2004; Barczak et al., 2009). Uma possível razão para isso é a existência de alguns fatores que sejam cruciais para o sucesso do projeto, mas não tenham sido identificados ainda na literatura de DNP. Estar aberto e colaborar com parceiros externos nas atividades de P&D podem ser fatores.[1]

Em suma, a literatura de DNP tem sido em grande medida silenciosa sobre o impacto da colaboração externa no desempenho do projeto, enquanto a literatura de inovação aberta tem analisado o impacto da colaboração externa, principalmente relacionado à empresa. Pouco se sabe, portanto, se e como a colaboração com parceiros externos afeta o desempenho em projeto de P&D.

6.2 POR QUE ANALISAR A INOVAÇÃO ABERTA EM PROJETO DE P&D?

Como discutido anteriormente, uma maneira de desenvolver uma compreensão mais aprofundada da inovação aberta é investigá-la em subníveis de análise da empresa. Respondendo ao chamado de West, Vanhaverbeke e Chesbrough (2006, p. 287-301), a análise da inovação aberta na empresa precisa ser complementada com análises em outros níveis. Projetos de P&D oferecem, a esse respeito, uma plataforma interessante para estudar a inovação aberta. Discutimos alguns motivos a seguir desse caso.

Primeiro, tipicamente as empresas organizam as atividades de inovação em projetos de P&D e cada vez mais as organizações mudam para formas baseadas em projetos (Hobday, 2000; Sydow, Lindkist e DeFillippi, 2004). Na prática, as decisões sobre a colaboração são tomadas no projeto, em vez de na empresa, com base nas necessidades de inovação e na falta de competências. Para entender os benefícios (ou desvantagens) da inovação aberta, temos que entender como funciona a abertura no âmbito de projetos de P&D.

Em segundo lugar, os projetos de P&D oferecem informações refinadas sobre as atividades de inovação em grandes empresas. Além de fornecer informações detalhadas sobre a colaboração com os parceiros externos, os projetos de P&D apresentam informações sobre as peculiaridades dos projetos. Os projetos de P&D podem diferir em muitos aspectos: as tecnologias desenvolvidas nos projetos podem ser diferentes (radical vs. incremental, modular vs. arquitetural etc.), os projetos variam em termos de recursos orçados, a liderança e a composição da equipe podem ser diferentes e os tipos de parceiros de inovação podem variar entre projetos. Tais projetos mostram em detalhes como as empresas desenvolvem novas tecnologias: quando estudamos a inovação aberta no projeto de P&D, nós já não consideramos a empresa como uma caixa-preta, discutindo – com a ajuda de conceitos teóricos (por exemplo, largura e profundidade de pesquisa, ambidestria, capacidade absortiva) – que a abertura vai ou não levar a um melhor nível de desempenho da empresa. No projeto de P&D, podemos ter controle sobre as particularidades dos projetos e, portanto, acompanhar mais diretamente a relação entre inovação aberta e desempenho.

Terceiro, agregar informações na empresa sempre implica na existência de uma perda de informação valiosa. Os relacionamentos que são encontrados podem ser conduzidos por alguns projetos atípicos. Por exemplo, pode ser possível que, dentro de uma empresa, quase todos os projetos sejam fechados e só alguns projetos sejam abertos. Suponha que esses poucos projetos abertos gerem retornos financeiros muito altos ou pedidos de patente. Nesse caso, a intensidade global da colaboração da empresa é baixa (por causa da maioria dos projetos serem fechados), mas o desempenho pode ser alto (por causa dos poucos projetos que são abertos). Uma análise da empresa levará equivocadamente à conclusão de que um baixo nível de inovação aberta é benéfico para uma empresa. Uma análise do projeto de P&D vai levar a conclusões opostas (mas corretas).

Em quarto lugar, uma análise detalhada da inovação aberta no projeto de P&D amplia a lista dos fatores críticos de sucesso que determinam o desempenho. Fatores como a composição da equipe, o perfil do líder da equipe, as técnicas de gestão de projeto de P&D e a forma de interação com os parceiros externos, bem como com outros departamentos/projetos dentro da empresa, podem enriquecer a nossa compreensão das condições de limite em que a inovação aberta pode funcionar. Assim, analisar a inovação aberta no projeto de P&D pode facilitar a tomada de decisões no projeto e melhorar a efetividade da gestão. Os projetos de P&D enfrentam restrições de orçamento e de tempo, e os gerentes de projetos de P&D deveriam apenas decidir se envolver com parceiros externos quando a entrada destes fosse realmente necessária. Portanto, se compreendermos como a inovação aberta funciona no projeto, podemos ajudar a tomar melhores decisões na concepção, estabelecimento e execução dos projetos de P&D.

Na próxima seção, vamos dar uma descrição detalhada de como os projetos de P&D são organizados e gerenciados em grandes empresas. A pesquisa da inovação aberta em projetos de P&D não pode ser feita sem um discernimento claro sobre o que são projetos de P&D e como os parceiros externos desempenham um papel durante o projeto de P&D.

6.3 ANÁLISE DE PROJETOS DE P&D DE IA EM GRANDES EMPRESAS

Nós só podemos estudar como a inovação aberta afeta o desempenho do projeto se tivermos um bom entendimento de como as grandes empresas configuram e organizam os projetos de P&D. Nesta seção, vamos dar uma descrição detalhada de como os projetos de P&D são estruturados e gerenciados em grandes empresas, exemplificando por meio de projetos de P&D desenvolvidos nas unidades centrais de pesquisa da Royal Philips. Essa descrição é um instrumento para nos fornecer uma imagem mais sutil das diferenças das atividades de inovação aberta conduzidas em projetos de P&D e na empresa e de como e quando a inovação aberta melhora o desempenho inovador e financeiro (ver também Du, Leten e Vanhaverbeke, 2014).

Os projetos de P&D têm um tempo de vida; eles são tipicamente concluídos alguns anos depois do seu início. As propostas de novos projetos de P&D podem ser especificadas por grupos de negócio na empresa, alta direção ou a própria unidade central de pesquisa. Somente os projetos mais promissores são selecionados, uma vez que os orçamentos anuais para P&D são restritos. Uma vez selecionado, a gerência concorda com as metas especificadas para cada projeto; depois, os projetos são orçados e uma equipe de cientistas e engenheiros é designada. Um líder de projeto gerencia o progresso: o mais provável é que essa pessoa já tenha se envolvido anteriormente em outros projetos e, de preferência, já tenha sido um líder de projeto no passado.

Os projetos de P&D são avaliados com regularidade (anualmente) e descontinuados se não estiverem à altura das expectativas. Em caso de uma avaliação negativa, os recursos financeiros e humanos são liberados e realocados em outros projetos mais promissores. Uma transferência ocorre quando os resultados tecnológicos de um projeto de P&D são interessantes o suficiente para um destinatário interno ou "cliente" – um grupo empresarial, a unidade central de pesquisa, o departamento de PI ou um dos incubadores corporativos. Uma transferência dos resultados do projeto tem lugar quando o conhecimento é propositadamente divulgado a um cliente da Philips Research sob condições específicas:

- quando o cliente concorda em aplicar esse conhecimento no seu negócio no (pré)desenvolvimento de projetos, produtos, processos ou serviços;
- quando o cliente reconhece esse conhecimento como agregador de valor;
- quando o cliente age para absorver esse conhecimento em suas operações para habilitar uma aplicação.

A transferência só é concluída quando o cliente interno confirma essas condições. Um projeto pode transferir os resultados para várias unidades de negócio usando a mesma tecnologia em diferentes produtos, mercados ou aplicações.

Essa curta visão geral de como os projetos de P&D são geralmente processados em grandes empresas de manufatura evoca automaticamente a pergunta sobre o que significa sucesso nesse contexto. Podemos contar com pelo menos três indicadores indiretos que, em conjunto, fornecem uma indicação do sucesso da inovação de projetos de pesquisa. Os três indicadores são o *volume de transferência*, a *velocidade de transferência* e o *valor de negócios das transferências*.

O *volume de transferência* mede o número de transferências da pesquisa corporativa aos grupos empresariais. Um projeto de P&D poderia gerar uma ou mais transferências, mas muitos projetos não podem criar nenhuma transferência para uma unidade interna de negócios. Ainda assim, nesse caso, a empresa pode gerar renda extra por meio de acordos de licenciamento. O número total de transferências é um primeiro passo para o sucesso quando a análise é feita no projeto.

Velocidade de transferência: esta medida do sucesso da inovação aberta é definida como o tempo decorrido entre o início de um projeto e a data de transferência da tecnologia para uma unidade de negócios (velocidade de desenvolvimento) ou entre a data de transferência e as vendas iniciais de mercado (velocidade para o mercado). A velocidade de desenvolvimento pode ser dividida em duas partes: a primeira é o tempo decorrido entre o início do projeto e a sua primeira transferência; a segunda leva em conta todas as transferências geradas por um projeto de P&D e é calculada como o tempo médio entre o início do projeto e todas as transferências que um projeto gera.

Sucesso dos negócios: as transferências de tecnologia são revistas anualmente quanto ao sucesso dos negócios. Na Philips, o sucesso do negócio pode ter o seguinte *status*:

- Sucesso do negócio: entregar 25 milhões de euros ou mais em volume de negócios em certo ano. O volume de negócios é dado como uma medida de sucesso (e valor) de uma transferência.
- Potencial de sucesso de negócio: é esperado que se torne um sucesso de negócio em um futuro próximo (menos de cinco anos);
- Sucesso de negócio antigo: um sucesso de negócio anterior, mas que não é atualmente;
- Inativo: a oportunidade de negócio já não é mais perseguida;
- Transferência: transferência sem uma perspectiva direta de se tornar um sucesso de negócio.

O *status* de uma tecnologia transferida é uma variável interessante para obter uma visão mais adequada de quais transferências (ou projetos) resultaram em um (grande) sucesso de negócio, quanto tempo leva para alcançar o sucesso do negócio e se (e por que) alguns projetos são mais bem-sucedidos na geração de novos negócios com base na transferência de tecnologia.

Quando uma empresa registra meticulosamente suas atividades de patenteamento, existe também uma possibilidade de haver indicação do sucesso dos projetos de P&D em termos de *pedidos de patente* ou *concessões de patentes*. Muitas grandes empresas patenteiam sistematicamente invenções tecnológicas e a maioria delas pode estar ligada a um (ou alguns) projeto(s) de P&D. Desse modo, *os pedidos ou concessões de patente* podem ser utilizados como uma alternativa (embora com indicador diferente) do sucesso tecnológico de um projeto (além das transferências). O pedido de patente tem sido um indicador popular de desempenho técnico ao longo de décadas. Apesar da sua popularidade, no entanto, tem havido uma grande preocupação com a confiabilidade do patenteamento como um indicador de resultados (ver, por exemplo, Basberg, 1987; Griliches, 1990). Essa preocupação decorre de pelo menos quatro aspectos: o nível tecnológico e o valor econômico das patentes são muito heterogêneos; a tendência para agrupar os pedidos de patentes em uma ou mais patentes varia amplamente entre os países; nem todas as inovações são patenteadas; nem todas as patentes se tornam inovações. Os pedidos de patentes refletem apenas a capacidade de inovação da invenção, enquanto dão pouca indicação do valor comercial dos pedidos potenciais. Em grandes empresas, a maioria das patentes não gera uma contribuição para o desempenho da empresa. Além disso, patentear pode levar a considerações estratégicas significativas. Assim, patentes são, sim, um indicador bruto das atividades inovadoras das empresas. Nesse sentido, os indicadores relacionados com transferência podem ser uma alternativa bem-vinda para estimar o sucesso em estudos de inovação.

O desempenho de inovação é um conceito multidimensional e deveria ser medido de diferentes formas. Além disso, os diferentes indicadores de sucesso no projeto não têm nada em comum com as métricas de sucesso no nível da empresa; isso já indica que as investigações no projeto e na empresa sobre o impacto da inovação aberta no sucesso das inovações são complementares umas às outras. O que esses dois níveis de análise consideram como sucesso são conceitos diferentes. Até agora não descrevemos como a inovação aberta no projeto de P&D tem um efeito no desempenho. A inovação aberta pode ser introduzida de diferentes formas: na Philips Research os parceiros são classificados como na Figura 6.1, na próxima página.

Dois tipos de parceiros são distinguidos: parceiros baseados na tecnologia e parceiros baseados no mercado. Em linha com o fluxo de conhecimento e tecnologia, esses são também referenciados na empresa como parceiros "a montante" ou "a jusante", respectivamente.

Os projetos de P&D podem ser executados internamente ou em colaboração com parceiros externos. Na Philips, a gerência faz distinção entre parceiros baseados na tecnologia e parceiros baseados no mercado. A colaboração baseada em tecnologia indica que um projeto é executado em cooperação com institutos acadêmicos, agências governamentais ou organizações de outros setores. A colaboração baseada no mercado indica que um projeto é executado em cooperação com clientes, parceiros ou fornecedores dos negócios da Philips. A escolha entre os parceiros é feita conforme a necessidade do projeto.

A inovação aberta pode ser operacionalizada de diferentes maneiras, dependendo da disponibilidade da informação (dados arquivados, relatórios etc.). Algumas empresas só vão registrar se colaboraram ou não com os parceiros. Outras empresas registram os nomes dos parceiros, o que pode enriquecer substancialmente a análise. Quando os parceiros são identificados, a pesquisa pode levar em conta a identidade dos parceiros e examinar o papel da indústria ou a distância tecnológica entre a empresa focal e seu(s) parceiro(s) em um projeto, o papel da distância geográfica e cultural entre os parceiros e o papel da construção de confiança quando empresas trabalham em conjunto com os parceiros com os quais já tenham trabalhado anteriormente. É sabido que "a familiaridade gera confiança" entre os parceiros da aliança (Gulati, 1995). Relacionamentos anteriores com os parceiros poderiam aumentar a taxa de sucesso de projetos de P&D. A boa cooperação com parceiros em projetos anteriores também explica por que as empresas preferem trabalhar novamente com os mesmos parceiros, em vez de experimentar novos. Contudo, isso também pode implicar um risco. Novos parceiros são mais propensos a apresentar novas tecnologias e ideias de negócio, em comparação com os parceiros já existentes. Assim, pode ser interessante procurar novos parceiros quando a tecnologia estiver mudando rapidamente. Além disso, é possível distinguir entre diferentes tipos de parceiros, como a colaboração com universidades ou pequenas *startups*, em comparação com a colaboração com as grandes empresas. Além de focar tipos únicos de parceiro, seria também interessante olhar os diferentes tipos de parceiros que colaboram em ecossistemas de inovação maiores.

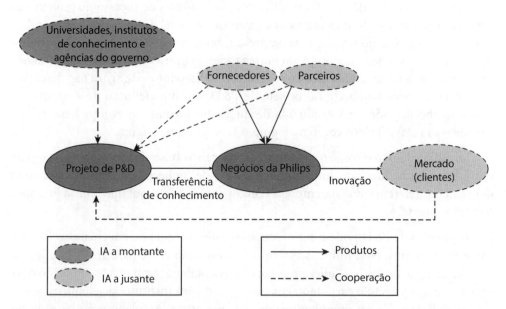

Figura 6.1 Representação gráfica do processo de inovação aberta da Philips.

Quando as informações sobre a colaboração com parceiros externos são recolhidas sistematicamente ao longo do tempo, pode-se investigar a evolução das parcerias e examinar o papel da duração das colaborações de P&D, com foco em fatores como a continuidade da colaboração. As variáveis que mudam no decorrer do tempo introduzem uma onda inteira de novos temas de pesquisa, tais como a duração ideal da colaboração e o papel da colaboração simultânea com diferentes tipos de parceiros *versus* uma abordagem sequencial com diferentes tipos de parceiros. No caso de uma abordagem sequencial ser benéfica para o desempenho da inovação da empresa, é preciso verificar qual sequência de colaboração com os diferentes atores leva a melhores resultados.

Existem várias outras formas de reforçar a investigação do papel da inovação aberta em projetos de P&D. Dois exemplos podem ilustrar isso. Em primeiro lugar, os modos de governança desempenham um papel crucial no sucesso inovativo dos projetos colaborativos. Acordos contratuais, alianças não representativas de capital, acordos com fornecedores estratégicos e acordos de desenvolvimento em conjunto são apenas alguns exemplos de como a inovação aberta toma forma. Encontrar o acordo contratual certo com os diferentes tipos de parceiros é crucial para determinar o sucesso de projetos de P&D. Isso, no entanto, exige a disponibilidade de dados sobre acordos contratuais. Em segundo lugar, o sucesso de um projeto não é determinado apenas pela colaboração com parceiros externos, e tanto projetos de inovação fechada como de inovação aberta tiram proveito das capacidades internas da empresa. Os projetos podem alavancar redes internas na empresa e beneficiar-se das colaborações internas com outros departamentos. Alguns gestores são mais hábeis do que outros para detectar e mobilizar os recursos internos para projetos de P&D. Em especial, os relacionamentos com os gestores em diferentes negócios da empresa podem ser fundamentais para gerar uma ou mais transferências de tecnologia. Os dados sobre redes internas, em muitos casos, não são registrados, mas é óbvio que as redes internas e de apoio são tão essenciais como as contribuições vindas de parceiros externos. Os protocolos (*proxies*) das redes internas poderiam ser gerados por meio de dados secundários, tais como informações sobre copropriedade e citações em patentes e publicações. Esperamos que alguns acadêmicos assumam esse desafio nos próximos anos.

6.4 COMO A INOVAÇÃO ABERTA AFETA O SUCESSO DOS PROJETOS DE P&D?

Como a inovação aberta em grandes empresas inovadoras tem impacto sobre o sucesso dos projetos de P&D? É provável que o efeito seja influenciado por uma gama de fatores: o tipo de parceiros envolvidos na colaboração, a fase do desenvolvimento do projeto em colaboração, os modos organizacionais escolhidos para a colaboração, as áreas da tecnologia envolvidas na colaboração, só para citar alguns. O sucesso do projeto pode ser medido de diferentes maneiras (Swink, Talluri e Pandejpong, 2006); nós usamos três protocolos para representar o sucesso do projeto: o volume de transferência, a velocidade de transferência e o sucesso do negócio, como explicado na seção 6.3. A seguir, descrevemos como três tipos de fatores – parceiros, fases do projeto e modos de colaboração – podem influenciar o impacto da inovação aberta sobre o desempenho do projeto. Não podemos discutir todos os possíveis fatores, mas tentamos agrupá-los em várias categorias no final desta seção.

6.4.1 TIPO DE PARCEIROS E O SUCESSO EM PROJETOS DE P&D

Uma equipe de projeto de P&D pode colaborar com diferentes tipos de parceiros. Cada tipo de parceiro tem diferentes capacidades e incentivos para colaborar. Por exemplo, parceiros baseados no mercado têm experiência e conhecimento sobre as necessidades do mercado (von Hippel, 2005; Prahalad e Ramaswamy, 2004a) e as mais recentes tecnologias, peças e componentes que estão disponíveis para satisfazer essas necessidades. Ajudam um novo produto a se estabelecer em uma posição segura no mercado (Appiah-Adu e Ranchhod, 1998), eliminando a probabilidade de falhas de produtos (Harrison e Waluszewski, 2008), e a obter a satisfação do cliente (Ragatz, Handfield e Peterson, 2002; Gruner e Homburg, 2000). Parceiros baseados em tecnologia são especialistas (basicamente) em pesquisa científica e fornecem equipes de projeto com conhecimento sobre os últimos desenvolvimentos científicos. Os conhecimentos científicos podem funcionar como um "mapa" para a pesquisa científica e apontam para as equipes de P&D as direções mais lucrativas para a pesquisa aplicada. Além disso, esse conhecimento pode ajudar as equipes a avaliar os resultados das pesquisas aplicadas (Rosenberg, 1990; Fleming e Sorenson, 2004; Cassiman, Veugelers e Zuniga, 2008). Por causa de seus diferentes papéis, a colaboração com esses dois tipos de parceiros provavelmente vai ter um impacto diferente no desempenho do projeto.

A cooperação com parceiros de tecnologia pode aumentar a chance de o projeto ter sucesso nos seguintes aspectos:

- Aumento da velocidade de transferência de conhecimento usando conhecimento científico:

    Os parceiros de tecnologia fornecem às equipes de projeto um conhecimento científico (básico), que é complementar ao conhecimento aplicado das equipes de projeto. Parcerias com parceiros complementares permitem uma divisão das tarefas do projeto entre os parceiros e o benefício da divisão do trabalho. Trabalhar em paralelo em diferentes tarefas provavelmente resulta em uma maior velocidade de desenvolvimento do produto.

- Aumento do volume de transferência de conhecimento por meio de adições mais frequentes de ciências relacionadas:

    A colaboração com parceiros baseados em tecnologia pode levar à geração de novas plataformas de tecnologia estruturadas nas últimas percepções científicas. As plataformas tecnológicas são efetivas em termos de custo quando permitem a geração de uma família de inovações derivativas ou adições de linhas de produtos a um baixo custo. As plataformas tecnológicas conduzirão a um volume de transferência mais elevado por projeto de P&D.

- Aumento do valor comercial da transferência de conhecimento por meio de maior velocidade e da introdução de ciência de ponta:

    A colaboração com parceiros de tecnologia acelera o desenvolvimento da tecnologia, o que dá à empresa de inovação a oportunidade de ser a pioneira do mercado, de competir com os concorrentes e de obter uma maior fatia de mercado naqueles em crescimento. Além disso, os parceiros de tecnologia infundem as inovações com as últimas descobertas científicas. As inovações que incorporam tecnologias mais recentes são apostas de alto risco, pois envolvem riscos, mas podem resultar em oportunidades de negócio mais promissoras. Explorar a fronteira tecnológica e colaborar com parceiros de tecnologia é uma maneira de as empresas criarem opções para novas oportunidades de negócios.

A colaboração com parceiros de mercado também pode aumentar a chance de sucesso do projeto por meio de:

- Aumento de velocidade de transferência de conhecimento usando o conhecimento do mercado:

    Os parceiros de mercado têm cada vez mais informações específicas sobre necessidades dos clientes, tendências de mercado e previsões. A colaboração com esses parceiros lança luz sobre o conhecimento mais recente do mercado. Isso aumenta a chance de as tecnologias desenvolvidas tornarem-se um sucesso de mercado. A empresa inovadora pode transferir tecnologias rapidamente se os gerentes das unidades de negócio perceberem que as soluções tecnológicas estão direcionadas a necessidades reais do mercado.

- Aumento do volume de transferência de conhecimento:

    Os parceiros baseados no mercado informam a empresa sobre as tendências do mercado e as necessidades dos clientes, o que torna os resultados da pesquisa mais valiosos. Melhores informações de mercado e melhor preparação de mercado levam a uma estimativa de oportunidades de negócios mais correta e com menos fracassos. Assim, podemos esperar que a colaboração com os parceiros de mercado, em média, resulte em maior valor de negócio nas transferências de conhecimento.

- A inovação aberta a jusante não aumenta a chance de um maior sucesso no negócio por meio do alto volume de transferência de conhecimento:

    As informações sobre as oportunidades específicas dos parceiros baseados em mercado não vão levar a adições mais frequentes de tecnologia. Em contraste com a colaboração com parceiros de tecnologia, a colaboração com parceiros baseados no mercado não vai aumentar o volume de transferências.

A utilização conjunta da colaboração com base no mercado e na tecnologia também pode ser útil. Por exemplo, o sucesso do negócio pode ser mais garantido quando as colaborações baseadas em tecnologia e no mercado são combinadas, pois o produto é desenvolvido da combinação de conhecimento científico e tecnologias de ponta e um profundo conhecimento das tendências e necessidades do mercado. No entanto, projetos de P&D em que os parceiros de tecnologia e de mercado estão envolvidos podem ser mais complexos e mais difíceis de gerenciar do que projetos de inovação fechada ou que envolvam um tipo de parceiro. Em virtude da natureza distinta desses tipos de parceiros, seus objetivos e hábitos de trabalho provavelmente serão diferentes. Em comparação com projetos de P&D de inovação fechada ou projetos que só colaboram com um tipo de parceiro, a comunicação e a coordenação de projetos que colaboram com os dois tipos de parceiros podem ser mais desafiadoras. Dessa forma, prevemos que a colaboração com os dois tipos de parceiros não será eficiente para projetos pequenos. Quanto maiores os projetos, mais fácil será gerar o investimento extra relacionado à colaboração com diferentes parceiros.

6.4.2 FASE DE DESENVOLVIMENTO DE PROJETOS EM COLABORAÇÃO E SUCESSO DE PROJETOS DE P&D

Não só o tipo de parceiro de P&D como também o tempo de colaboração podem ter impacto sobre o sucesso dos projetos de inovação aberta. As colaborações podem acontecer em diferentes momentos de um projeto de P&D. Os projetos evoluem dinamicamente ao longo do tempo em fases mais avançadas de desenvolvimento e, em cada fase, suas metas, necessidades e atividades são diferentes. Dessa forma, as interações com os parceiros externos podem diferir de fase para fase. No entanto, a maioria dos estudos tem uma visão estática. Considera-se que os fatores de sucesso apresentam o mesmo impacto sobre o sucesso de projetos de P&D, independentemente da sua fase de desenvolvimento (Pinto e Prescott, 1988).

A literatura de DNP tem, em geral, definido quatro fases para o desenvolvimento de um produto: inicialização (também chamada "concepção" ou "extremidade dianteira difusa" – *fuzzy front end*), planejamento, execução e finalização (por exemplo: King e Cleland, 1983; Clark e Wheelwright, 1990). No contexto da inovação aberta, as colaborações de P&D podem aparecer em uma ou várias dessas fases. Em cada uma delas, é provável que o desempenho do projeto seja influenciado por parcerias externas de diferentes maneiras.

Na fase de inicialização, o desenvolvimento do projeto ainda está em sua extremidade dianteira difusa, o investimento inicial e o compromisso com o projeto é, relativamente, pequeno em comparação com as fases de projeto posteriores, que são mais dispendiosas (Cooper, 1990; Van Oorschot et al., 2010). O projeto goza de maior flexibilidade e de múltiplas possibilidades de escolhas sobre a sua maneira de proceder (Pinto e Prescott, 1988). Uma grande quantidade de informações é necessária para garantir que a tecnologia seja viável e que as oportunidades de mercado sejam tangíveis. Além disso, os custos de testes e experimentos são pequenos nessa fase (Van Oorschot et al., 2010). Como as parcerias externas fornecem ao projeto de P&D diversos recursos e informações de múltiplas fontes, é útil juntar-se a esses parceiros durante a fase de inicialização. Várias técnicas têm sido propostas para oferecer amplo conhecimento a partir do ambiente externo, como prospecção (Rohrbeck, 2010), fornecimento (West e Lakhani, 2008), seleção e sinalização (Fontana, Geuna e Matt, 2006). As pesquisas futuras podem explorar o efeito detalhado da colaboração nessa fase e as combinações ideais de diferentes abordagens de busca, bem como de fontes de conhecimento.

Na fase de planejamento, o projeto passa com sucesso por uma seleção inicial e entra em outra fase de desenvolvimento. A direção da pesquisa e a definição do problema do projeto se tornam claros e espera-se que os recursos comprometidos estejam alocados. Já que nessa fase de desenvolvimento os projetos tendem a depender mais do processo de tomada de decisão interna e do suporte da alta direção, contar excessivamente com as parcerias externas pode introduzir ruído nos processos de tomada de decisão e de planejamento. Além disso, numerosas coordenações e comunicações entre os parceiros podem resultar em problemas adicionais para o processo. Em suma, as parcerias externas podem não ser muito benéficas para essa fase de desenvolvimento do projeto.

O terceiro estágio do ciclo de vida do projeto é a execução. Na fase de execução do projeto, o trabalho real é realizado. O envolvimento dos parceiros externos (tanto os baseados em tecnologia como os baseados no mercado) deve ser um instrumento para a resolução dos problemas do projeto de forma avançada e em tempo hábil.

A quarta fase de desenvolvimento do projeto é a finalização. Durante essa fase, o resultado final do projeto é entregue aos usuários previstos (os departamentos de negócio da empresa). A colaboração com as unidades de negócio internas nessa fase pode facilitar a transferência do projeto e a entrega de resultado da pesquisa. A maior parte da colaboração nessa fase pode estar relacionada com a identificação de modelos de negócio adequados e de novas aplicações da inovação que tenham sido desenvolvidas nas etapas anteriores.

Resumindo, a escolha do envolvimento de diferentes tipos de parceiros em um momento adequado em projetos de P&D deve melhorar seu desempenho. Esses tipos de estudos são promissores, mas ainda não foram executados. Nós, portanto, incentivamos os acadêmicos a analisar o momento das colaborações de P&D nos próximos anos.

6.4.3 ESCOLHAS DO MODO DE ORGANIZAÇÃO DA COLABORAÇÃO E SUCESSO DO PROJETO DE P&D

A escolha do modo de organização das colaborações em P&D também influencia o sucesso do projeto de P&D. As colaborações em projetos de P&D podem ser organizadas de diferentes maneiras. As colaborações formais têm recebido muita atenção na literatura e desempenham um papel considerável no desenvolvimento do projeto de P&D. Em colaborações formais, as metas e as equipes são claramente identificadas, e há um acordo sobre os recursos a serem investidos e o período de colaboração. As colaborações formais são, na maioria dos casos, baseadas em acordos contratuais. A colaboração com os parceiros, no entanto, nem sempre é formalizada, e as relações "informais" desempenham também um papel crucial na realidade. As colaborações informais podem assumir diferentes formas. Tomemos, por exemplo, parcerias de empresas com pesquisa e programas de tecnologia subsidiados, relações de prospecção preliminar, participações em conferências, parcerias com organismos de normalização, relacionamentos a longo prazo com parceiros-chave de tecnologia, como universidades e laboratórios de pesquisa de destaque, ou com atores-chave do mercado (clientes-chave, fornecedores de primeira linha etc.), só para citar alguns. Em outros casos, a colaboração não é formalizada por causa da natureza da colaboração, como o *crowdsourcing* e as competições online. É óbvio que a colaboração informal merece mais atenção: primeiro, tem sido sistematicamente subestimada em razão da falta de dados confiáveis e, em segundo lugar, hoje em dia, as empresas estão cada vez mais buscando informações em várias fontes informais de conhecimento (Tether e Tajar, 2008).

Uma equipe de P&D pode alcançar diferentes objetivos por meio de diferentes formas de colaboração. Diversas misturas de formas de colaboração formal e informal vão se adequar melhor às necessidades dos diferentes projetos de P&D. A pesquisa sobre a escolha dos modos de colaboração ideais em projetos de P&D não foi desenvolvida até agora. Existe uma necessidade intensa de fazer progressos nesse tema de pesquisa.

6.4.4 OUTROS DETERMINANTES DA COLABORAÇÃO E DO SUCESSO EM PROJETOS DE P&D

Existem muitos fatores que moderam ou moldam o impacto da inovação aberta no resultado de projetos de P&D. Um deles se refere às áreas de tecnologia nas quais os projetos de P&D têm lugar e a seu estado de desenvolvimento. Algumas tecnologias estão surgindo, outras estão estabelecidas, algumas estão confiando criticamente em dispendiosas infraestruturas de P&D, enquanto há projetos de P&D que necessitam das contribuições de grandes comunidades de pessoas criativas. Todos esses fatores vão determinar como a colaboração tem de ser organizada para impulsionar os resultados financeiros e tecnológicos de projetos de P&D.

Da mesma forma, mais proposições podem ser desenvolvidas de acordo com as informações incorporadas nos dados sobre projetos de P&D das empresas. Mencionamos antes como as informações sobre identidade dos parceiros podem substancialmente enriquecer nossa compreensão de como a inovação aberta funciona no nível do projeto. A empresa focal e seus parceiros pertencem a indústrias específicas, têm uma posição específica no cenário da tecnologia e estão localizados em um país ou cidade específicos. Com dados mais detalhados sobre os parceiros, nós podemos abordar novos temas, como o papel da proximidade geográfica ou tecnológica na inovação aberta. Da mesma forma, dados mais detalhados sobre o líder e os membros da equipe de P&D ou sobre a organização e a gestão de projetos de P&D abrem novas possibilidades para pesquisar as condições em que a inovação desempenha um papel positivo na melhoria do sucesso de projetos de P&D. Na Figura 6.2, agrupamos vários determinantes sob diferentes questões. Cada um vai influenciar como uma empresa se organiza para a inovação aberta em projetos de P&D e como a abertura impacta o desempenho inovador e financeiro dos projetos. Sugerimos que novas pesquisas examinem a importância relativa dos moderadores sugeridos da inovação aberta em relação ao desempenho do projeto.

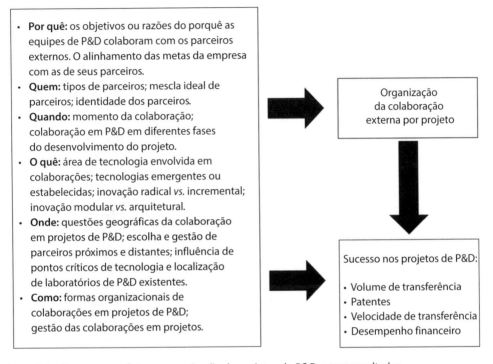

Figura 6.2 Fatores que afetam a organização de projetos de P&D e seus resultados.

6.5 COLOCANDO A PESQUISA SOBRE PROJETOS DE P&D EM UMA PERSPECTIVA MAIS AMPLA

Nas seções anteriores, mostramos que estudar os projetos de P&D é importante para o avanço da pesquisa sobre inovação aberta. Analisar as atividades de inovação aberta e seus efeitos no projeto, no entanto, não diminui a importância de outros níveis de análise. Na verdade, o papel da inovação aberta em projetos de P&D pode apenas ser plenamente compreendido quando o projeto é ligado à empresa e a outros níveis de observação. Examinar as atividades de inovação aberta em projetos de P&D pode levar a grandes ideias sobre os mecanismos de como a colaboração com diferentes parceiros aumenta o sucesso tecnológico e comercial dos projetos. Porém, deveríamos também estudar como as decisões sobre inovação aberta na empresa afeta a inovação aberta no projeto e vice-versa. Pensemos, por exemplo, sobre uma estratégia de crescimento corporativo de uma empresa em que a gerência pode decidir explorar opções de crescimento em um novo domínio técnico. A articulação com parceiros externos em projetos de P&D para explorar novas oportunidades em novos campos tecnológicos pode ter de ser organizada de maneira diferente dos projetos abertos de inovação contínua para os negócios convencionais. A inovação aberta no projeto de P&D deve, portanto, estar relacionada com a estratégia empresarial para entender por que os gerentes abrem projetos de P&D e quais parceiros selecionam para obter objetivos estratégicos específicos.[2]

Da mesma forma, não devemos olhar para os projetos individuais de forma isolada, mas, sim, levar em conta o portfólio de projetos de P&D. Os projetos de P&D estão incorporados no contexto organizacional da empresa e, consequentemente, seu valor tem de ser derivado de sua posição dentro da rede de projetos de P&D na empresa. As empresas não só criam uma gama de projetos de P&D, também coordenam e integram conhecimento desenvolvido internamente e fornecido externamente a partir dos projetos. Cada projeto individual desenvolve uma parte do conhecimento tecnológico, mas a empresa também deveria desenvolver mecanismos para disseminar o conhecimento e integrá-lo aos desenvolvimentos globais de tecnologia e de negócios da empresa. Portanto, há uma necessidade urgente de conectar o projeto e a empresa por duas razões principais: em primeiro lugar, só podemos compreender plenamente por que as empresas se envolvem em projetos de inovação aberta, se pudermos posicioná-los dentro de um portfólio de projetos da empresa e conectá-los com a estratégia global de inovação da empresa; em segundo lugar, só se pode compreender (na empresa) conceitos como profundidade tecnológica, amplitude, orientação ou capacidade absortiva se estiverem relacionados com as atividades de inovação em projetos de P&D. Um nível ótimo da amplitude da busca de tecnologia na empresa, por exemplo, é o resultado de uma mistura de projetos de P&D abertos e fechados. A questão é: como as empresas decidem sobre o *mix* desses projetos? Quais são as razões por trás da escolha pela inovação aberta ou fechada em cada projeto? Como essa escolha é afetada pela experiência anterior da empresa com inovação aberta e com cultura de inovação aberta que desenvolveu anteriormente? A pesquisa mais interessante em inovação aberta poderia ser desenvolvida na interseção desses diferentes níveis de análise. Precisamos muito de uma análise multinível da inovação aberta para avançar nesse campo de pesquisa.

A interação com outros níveis de análise merece mais atenção também. O sucesso da inovação aberta em projetos de P&D, provavelmente, dependerá da qualidade e da experiência das pessoas na equipe de P&D da empresa focal e das pessoas com quem interagem nas organizações parceiras. O estudo do papel dos indivíduos na inovação aberta ainda é um território inexplorado, e a interação com a abertura nas investigações no âmbito do projeto de P&D ainda não foi abordada. Uma exceção notável é a (ainda) não publicada tese de doutorado de Meijer (2012), que está pesquisando o papel dos indivíduos e da composição da equipe em equipes de alianças. Essa pesquisa concentra-se nas equipes de ambas as empresas que estão estabelecendo uma aliança tecnológica. O sucesso de projetos de P&D abertos é aqui analisado adicionalmente com seus componentes. Além disso, os projetos de P&D já não são investigados como projetos de uma empresa inovadora, mas sim como um conceito que tem de ser explorado como uma iniciativa conjunta de gestão da empresa inovadora e de seu parceiro[3].

6.6 CONCLUSÃO

A pesquisa em projeto pode melhorar a nossa compreensão de como a inovação aberta é implementada em grandes empresas e de como a inovação aberta afeta o desempenho financeiro e tecnológico das empresas. As atividades de inovação aberta acontecem principalmente em projetos de P&D, que diferem em muitos aspectos, tais como o tipo dos parceiros de colaboração (de tecnologia *vs.* de mercado), as formas de colaboração, o momento da colaboração em P&D, as tecnologias em desenvolvimento, as estratégias, o tamanho e a composição das equipes de projeto e a forma como os projetos são gerenciados. A redução do nível da pesquisa sobre inovação aberta da empresa para os projetos de P&D abre possibilidades para analisar um conjunto mais amplo de fatores que podem determinar como a inovação aberta se traduz em um desempenho superior no projeto e na empresa. Isso aumentará nossa compreensão das condições de fronteira em que a inovação aberta pode funcionar.

Várias grandes empresas registram informações detalhadas sobre organização, gestão e práticas de inovação aberta de projetos de P&D. A Philips Research é um belo exemplo. Desde 2003, registra anualmente as práticas de inovação aberta de todos os projetos de P&D executados por seus departamentos centrais, resultando em um painel de dados sobre as atividades de inovação aberta de vários milhares de projetos de P&D. Sugere-se que colaborar com empresas para analisar as bases de dados disponíveis é uma rota interessante para pesquisadores acadêmicos a fim de levar adiante a pesquisa sobre inovação aberta. Uma análise detalhada desses dados também fornece aos gerentes novas percepções de como projetos de P&D devem ser organizados para gerar mais transferências, acelerar o lançamento de produtos e aproveitar maiores oportunidades de mercado. Tanto os acadêmicos como os profissionais podem ganhar com a abertura de bancos de dados de larga escala sobre a gestão de projetos de P&D.

Reduzir a análise aos projetos não implica, porém, que a análise de outros níveis não seja importante. Existem ligações claras entre as decisões que são tomadas no âmbito do projeto e em outros níveis de análise, tais como indivíduos, unidades de P&D, empresas, redes de P&D e ecossistemas de inovação setoriais, regionais e nacionais. As análises multiníveis, que levam em conta as relações de decisões que são tomadas em vários níveis, poderiam aumentar nossa compreensão atual das estratégias de inovação aberta.

NOTAS

1   Cooper e Edgett (2012) afirmam que o processo *stage-gate* pode facilmente ser modificado para incorporar a inovação aberta. No entanto, não operacionalizaram quais critérios adicionar ou mudar no modelo *stage-gate*.

2   Esse tema é, por exemplo, relacionado às considerações gerenciais ao abrir projetos de P&D em tecnologias principais e não principais. Implicações interessantes são formuladas por Chesbrough e Schwartz (2007). Referimo-nos a Vanhaverbeke et al. (2012) para uma análise empírica do papel das alianças em tecnologias principais e não principais.

3   Também é possível vincular as práticas de inovação aberta a projetos de P&D para ecossistemas de inovação ou redes de P&D (Nambisan e Sawhney, 2011; Adner, 2012; Leten et al., 2013).

PARTE III
NOVOS CAMPOS DE APLICAÇÃO PARA INOVAÇÃO ABERTA

CAPÍTULO 7
Explorando a inovação aberta em pequenas e médias empresas

Sabine Brunswicker e Vareska van de Vrande

7.1 INTRODUÇÃO

Ao longo dos últimos anos, a pesquisa sobre inovação aberta tem florescido e sua análise tem sido estendida para vários tópicos. No entanto, uma grande parte da pesquisa sobre inovação aberta da última década tem se concentrado nas grandes empresas e multinacionais, embora a inovação tenha se tornado um campo mais nivelado. Portanto, seria possível supor que a inovação aberta é benéfica para as grandes empresas, bem como para as pequenas e médias empresas (PMEs) (Chesbrough, 2006c). Um trabalho anterior sobre inovação e PMEs enfatiza o papel das relações interorganizacionais e das fontes externas de inovação e indica que a inovação nas PMEs, "por natureza", tem um foco externo (Baum, Calabrese e Silverman, 2000; Edwards, Delbridge e Munday, 2005). No entanto, as PMEs têm sido excluídas das principais discussões sobre a pesquisa em inovação aberta (Lee et al., 2010; Wynarczyk, Piperopoulos e McAdam, 2013).

Só recentemente os pesquisadores começaram a investigar a relevância e a natureza específica da inovação aberta nas PMEs (Lee et al., 2010; van de Vrande et al., 2009b; Vanhaverbeke, 2012; Van der Meer, 2007; Spithoven, Clarysse e Knockaert, 2013). Esses estudos confirmam que as pequenas empresas se envolvem em tipos diferentes de práticas de inovação aberta e que a abertura direciona o desempenho da inovação nas PMEs (van de Vrande, Westerberg e Frishammar, 2009b; Parida Westerberg e Frishammar, 2012; Brunswicker, 2011). Além disso, trabalhos recentes fornecem uma indicação clara da natureza específica de como as PMEs podem se beneficiar da abertura de seus modelos de negócio e da utilização de novos fluxos (para dentro e para fora da empresa) de conhecimento (Lee et al., 2010), sugerindo que as descobertas existentes sobre inovação aberta em grandes empresas não podem ser transferidas diretamente ao setor das PMEs. Essas primeiras lições aprendidas fornecem o argumento para estudar a inovação aberta no setor das PMEs em mais detalhes. Além disso, a relevância econômica das PMEs enfatiza ainda mais a importância da pesquisa sobre estratégias de inovação aberta nessas empresas. Na Europa, por exemplo, mais de 60% dos empregos do setor privado estão nas PMEs e mais de 90% de todas as empresas são PMEs (European Commission, 2005; OECD, 2009; Acs e Audretsch, 1987). Como discutido a seguir, é a natureza específica da inovação aberta nas PMEs que abre novos caminhos de pesquisa.

7.2 AS ESPECIFICIDADES DA INOVAÇÃO ABERTA NAS PMES

7.2.1 O SETOR DAS PMES E A NATUREZA DA INOVAÇÃO NAS PMES

Como o termo sugere, as pequenas e médias empresas (PMEs) são organizações caracterizadas pela sua "pequenez", que é geralmente medida com um limite máximo para o número de funcionários em tempo integral, o volume de negócios anual e/ou o balanço anual total.[1] Na prática, o termo PME é regularmente associado a *startups* de alta tecnologia, pequenas empresas novas e empresas empreendedoras. No entanto, existem diferentes "subpopulações" de PMEs (de Jong e Marsili, 2006; Leiponen e Byma, 2009), e as PMEs englobam mais que apenas jovens empreendedores de tecnologia e empreendimentos de base científica dos setores de alta tecnologia (Gans e Stern, 2003), também incluem as PMEs já estabelecidas que estão em um estágio mais avançado do ciclo de vida organizacional (Koberg, Uhlenbruck e Sarason, 1996). No entanto, os estudos sobre as PMEs e a literatura sobre empreendedorismo, em particular, têm um viés para jovens e pequenas empresas (de Jong e Marsili, 2006; Macpherson e Holt, 2007).

É amplamente reconhecido que as PMEs fazem uma contribuição significativa para nossa economia e que, em comparação com as grandes empresas, também têm capacidade de inovação (Acs e Audretsch, 1988). Pode-se ainda observar que as PMEs têm aumentado as suas despesas em P&D (NSF, 2006). No entanto, não são apenas as *startups* de alta tecnologia que inovam. As PMEs de baixa tecnologia, bem como as PMEs estabelecidas que passaram com sucesso pela fase do ciclo de vida crítico dos 8 aos 15 anos, também desempenham um papel importante no cenário atual da inovação (Koberg, Uhlenbruck e Sarason, 1996; Santamaría, Nieto e Barge-Gil, 2009). Enquanto algumas podem continuar a se engajar na inovação radical e, eventualmente, tornarem-se líderes de mercado, outras permanecem "pequenas" e competem em nichos de mercado (de Jong e Marsili, 2006). No entanto, apesar da quantidade considerável de literatura sobre as PMEs em nível agregado, a pesquisa sobre as atividades de inovação nas

PMEs é limitado. Estudos anteriores sugerem que os processos e modelos de inovação nas PMEs são bastante diferentes se comparados aos das grandes empresas (Edwards, Delbridge e Munday, 2005). Elas são geralmente flexíveis, tomadoras rápidas de decisão e mais ágeis na reação às novas demandas do mercado (Vossen, 1988). Ao mesmo tempo, enfrentam limitações em termos de material, recursos humanos e outros fatores (Acs e Audretsch, 1987; Vossen, 1988; Harryson, 2008). Além disso, um gerente-proprietário, um grupo de sócios ou os membros de uma dinastia familiar dominam a maioria das pequenas empresas (Roper, 1999). Assim, elas geralmente tem menos procedimentos de P&D formalizados.

Devido à desvantagem de sua pequenez, as PMEs não podem abranger todas as atividades de inovação necessárias para realizar com sucesso uma inovação. Assim, a inovação nas PMEs regularmente têm um componente externo e com limite de abrangência. Com efeito, há uma longa tradição de pesquisa sobre o papel das relações externas e das redes nas PMEs (Birley, 1985; Edwards, Delbridge e Munday, 2005; Macpherson e Holt, 2007). Um trabalho prévio sobre jovens PMEs de biotecnologia indica que as alianças estratégicas lhes permitem inovar. Parcerias diádicas e alianças com diversos atores também as ajudam a ter acesso a recursos críticos para estender suas competências tecnológicas e também para construir legitimidade e reputação. As PMEs que estão envolvidas em múltiplas relações também são mais inovadoras do que aquelas que usam apenas um tipo de relação (Baum, Calabrese e Silverman, 2000). Além disso, a literatura existente sobre PMEs e capital social enfatiza a preferência dos empreendedores e seus sistemas em direção a contatos informais e sociais que podem proporcionar oportunidades e, ao mesmo tempo, moldam o desenvolvimento de uma empresa (Macpherson e Holt, 2007). De fato, as PMEs que pertencem a redes formais e informais são mais inovadoras do que as outras. Um fator que direciona essa associação positiva é a presença de uma grande variedade de relações entre os membros da rede; *redes pessoais* apoiam a difusão da inovação dentro das redes de PMEs (Ceci e Iubatti, 2012). As relações sociais e pessoais são, com frequência, fortemente incorporadas nas ações econômicas das PMEs e não são, portanto, "usadas" de forma proposital. Assim, as PMEs podem regularmente perder a capacidade de articular proativamente suas necessidades de conhecimento externo (Bessant, 1999). Mesmo que pudessem desenvolver sobre fortes relações externas e de redes interpessoais, as PMEs geralmente não têm os recursos internos necessários para isso (Bougrain e Haudeville, 2002). Além disso, os relacionamentos organizacionais e sociais podem agir como uma barreira para a inovação, uma vez que tais laços podem fechar oportunidades (Macpherson e Holt, 2007). As PMEs ainda correm o risco de se tornarem muito dependentes de seus relacionamentos.

No geral, a literatura indica que ligações e redes interorganizacionais são motores importantes da inovação nas PMEs. No entanto, os estudos existentes revelam um "paradoxo". Mesmo que as PMEs tenham regularmente fortes laços interorganizacionais, lutam pela melhor utilização desses laços. Estudar a inovação aberta nas PMEs deve fornecer ideias de "como" as PMEs podem usar propositadamente a rede de relações e o capital social de fluxos de entrada e saída de conhecimento. Se as PMEs se tornarem competentes na aplicação e gestão da inovação aberta, podem usar suas relações de uma maneira positiva, em vez de se tornarem dependentes delas. Como o lócus da inovação reside regularmente na rede, a inovação aberta nas PMEs, naturalmente, é muito específica e diferente daquela das grandes empresas; isso pressupõe que pesquisadores explorem os desafios únicos para alavancar e gerenciar a inovação aberta nas PMEs.

7.2.2 MAPEANDO O CAMPO DE PESQUISA EM INOVAÇÃO ABERTA NAS PMES

Estudos anteriores abordaram a inovação aberta nas PME de diferentes ângulos[2] (uma visão geral dos estudos selecionados publicados desde 2003 pode ser encontrada na Tabela 7.1). Alguns estudos investigam empiricamente o papel e o desempenho do impacto da inovação aberta nas PMEs, proporcionando uma visão de alto nível da inovação aberta nas PMEs (por exemplo, Laursen e Salter, 2006; van de Vrande et al., 2009b; Drechsler e Natter, 2012; Parida, Westerberg e Frishamman, 2012), enquanto outros assumem uma perspectiva mais aprofundada e fornecem informações sobre as especificidades da inovação aberta nas PMEs (Vanhaverbeke e Cloodt, 2006; Lee et al., 2010; Vanhaverbeke, 2012). Nos capítulos seguintes, apresentamos uma breve visão geral da literatura existente.

Tabela 7.1 Visão geral dos estudos empíricos sobre a inovação aberta nas PMEs.

Autor(es)	Ano	Objetivo e foco do estudo	Tipo de estudo
Barge-Gil	2010	Pesquisa empírica do papel do grau de abertura em pequenas e grandes empresas.	Estudo quantitativo baseado nos dados da Pitec (2004-2006) de empresas espanholas.
Bianchi et al.	2010	Pesquisa sobre a inovação aberta de dentro para fora (licenciamento para o mercado) em PMEs, com foco no instrumento gerencial, para a identificação de oportunidades de licenciamento para o mercado e áreas alternativas de aplicação da tecnologia.	Estudo qualitativo (*design science*); estudo de caso único em PMEs italianas.
Brunswicker e Vanhaverbeke	2010	Exploração de diferentes estratégias de fornecimento de fora para dentro e facilitadores gerenciais internos de inovação aberta em PMEs.	Estudo quantitativo baseado em dados no nível da empresa em PMEs europeias.

(*continua*)

Tabela 7.1 Visão geral dos estudos empíricos sobre a inovação aberta nas PMEs (*continuação*).

Autor(es)	Ano	Objetivo e foco do estudo	Tipo de estudo
Christensen et al.	2005	Análise da forma estratégica da inovação aberta de uma perspectiva dinâmica industrial, baseada em um estudo abrangente da transformação da amplificação do som do sistema de inovação de eletrônicos de consumo.	Estudo qualitativo baseado em empresas primárias e secundárias e pioneiros em P&D em amplificadores da classe D na Universidade Técnica da Dinamarca.
Classen et al.	2012	Pesquisa das diferenças sobre a diversidade dos parceiros de cooperação utilizados nas atividades relacionadas com inovação (por exemplo, amplitude de busca) entre PMEs familiares e não familiares.	Estudo quantitativo baseado em PMEs da Bélgica e Holanda (banco de dados da Belgium Belfast e da Câmara do Comércio Holandesa).
Cosh et al.	2011	Pesquisa sobre a natureza da inovação aberta em pequenas e grandes empresas britânicas de diferentes setores.	Estudo quantitativo baseado em uma *survey* (pesquisa de levantamento) entre mais de 12 mil empresas de quinze setores no Reino Unido, realizada em 2010.
Drechsler e Natter	2012	Pesquisa dos direcionadores subjacentes da abertura em pequenas e grandes empresas.	Estudo quantitativo baseado em uma *survey* realizada em 2005 pela Comunidade de Inovação da Alemanha (CIS IV).
Gardet e Fraiha	2012	Exploração das formas de coordenação utilizadas por um portador de projeto de PME em uma rede.	Estudo de caso único longitudinal em uma PME em rede na França.
Gruber e Henkel	2006	Pesquisa de como os três desafios-chave da gestão de risco – passivos da novidade, pequenez de *startups* e barreiras de entrada no mercado – afetam os novos empreendimentos em sistemas de apoio à operação.	Estudo empírico em uma *survey* em larga escala de 268 desenvolvedores de Linux e trinta entrevistas pessoais com especialistas da indústria.
Huang e Rice	2006	Pesquisa empírica da interação entre as estratégias de inovação aberta e a capacidade absortiva.	Estudo quantitativo baseado em uma *survey* longitudinal do Australian Bureau of Statistics (Departamento de Estatística da Austrália); 292 PMEs de manufatura da Austrália.

(*continua*)

Tabela 7.1 Visão geral dos estudos empíricos sobre a inovação aberta nas PMEs (*continuação*).

Autor(es)	Ano	Objetivo e foco do estudo	Tipo de estudo
Laursen e Salter	2006	Explanação empírica do impacto da estratégia de busca do desempenho inovador em pequenas e grandes empresas.	Estudo quantitativo baseado em uma *survey* sobre inovação no Reino Unido, de 2001, com 2.707 pequenas e grandes empresas de manufatura.
Lee et al.	2010	Conceituação do papel de um intermediário em inovação aberta e de uma análise descritiva do sucesso de PMEs coreanas trabalhando com um intermediário.	Estudo qualitativo em PMEs coreanas no relatório do Instituto de Políticas Tecnológicas e Ciência de Levantamentos (STEPI), publicado em 2005.
Parida et al.	2012	Pesquisa sobre os efeitos de quatro práticas de inovação aberta de fora para dentro (monetárias e não monetárias) no desempenho inovador de PMEs de alta tecnologia.	Estudo quantitativo baseado em dados de uma *survey* de 252 PMEs de alta tecnologia; *survey* realizada na Suécia em 2009.
Spithoven et al.	2013	Pesquisa da importância de quatro práticas de inovação aberta (foco na modalidade de fora para dentro) e estimativa do seu efeito no desempenho com foco nas diferenças entre pequenas e grandes empresas.	Estudo quantitativo baseado na Community Innovation Survey 2006, na Bélgica.
Theyel e Cosh	2012	Pesquisa das diferenças sobre a importância e o efeito no desempenho de diferentes atividades de inovação aberta, tanto de dentro para fora como de fora para dentro, comparando empresas já estabelecidas e novas.	Estudo quantitativo baseado em dados de uma *survey* com 1202 empresas do Reino Unido; a *survey* foi realizada em 2010.
van de Vrande et al.	2009b	Exploração da incidência e da aparente tendência da inovação aberta em PMEs holandesas, abordando oito diferentes práticas para inovação aberta, tanto de dentro para fora como de fora para dentro.	Estudo quantitativo baseado em dados de uma *survey* com 605 PMEs da Holanda, realizada em 2005.

(*continua*)

Tabela 7.1 Visão geral dos estudos empíricos sobre a inovação aberta nas PMEs (*continuação*).

Autor(es)	Ano	Objetivo e foco do estudo	Tipo de estudo
Van der Meer	2007	Análise descritiva da adoção da inovação aberta em empresas da Holanda (incluindo grandes e pequenas empresas).	Análise empírica dos dados de uma *survey* com 814 PMEs da Holanda, baseada na Dutch National Innovation Survey (Pesquisa Nacional sobre Inovação da Holanda), de 2003, e 28 entrevistas com empresas holandesas altamente inovadoras.
Vanhaverbeke e Cloodt	2006	Exploração da inovação aberta da perspectiva de uma rede de valor com foco no papel das redes interorganizacionais na comercialização de novas ofertas de produtos, baseadas em avanços tecnológicos em biotecnologia na agricultura.	Exemplo de um estudo de caso qualitativo sobre o papel das redes de valor para a inovação aberta em PMEs no setor de biotecnologia na agricultura.
Vanhaverbeke	2012	Pesquisa indutiva do papel estratégico da inovação aberta em PMEs, considerando as interdependências entre estratégia da empresa, modelo de negócio e inovação aberta.	Estudo qualitativo baseado em dez estudos de caso indutivos em PMEs da Bélgica.

7.2.2.1 Adoção e predominância da inovação aberta nas PMEs

Como argumentado antes, a adoção de inovação aberta nas grandes empresas e nas PMEs difere significativamente. Estudos baseados em uma *survey* sugerem que o tamanho da empresa influencia positivamente o uso da abordagem aberta por uma empresa (Drechsler e Natter, 2012), enquanto outros encontram uma relação em forma de U invertido entre o tamanho da empresa e a amplitude da busca (por exemplo, Barge-Gil, 2010) ou indicam que, embora as grandes empresas pareçam ser mais abertas, as PMEs têm, de fato, uma intensidade de inovação aberta superior (Spithoven, Teirlinck e Frantzen, 2013). Além disso, as PMEs têm aumentado as suas atividades de inovação aberta ao longo dos últimos anos (por exemplo, van de Vrande et al., 2009b), com práticas de inovação aberta de fora para dentro sendo muito mais difundidas do que a inovação aberta de dentro para fora. Com relação às atividades de inovação aberta de fora para dentro, a pesquisa indica que as PMEs têm uma preferência por atividades não monetárias, tais como redes, sobre aquelas baseadas em transações complexas, como aquisições e aquisição de licença (van de Vrande et al., 2009). Existem diferentes tipos de inovação aberta entre as PMEs. Enquanto algumas PMEs se envolvem em uma grande variedade de práticas diferentes, outras tendem a usar somente um subconjunto de práticas potenciais. Além disso, também diferem no modo como combinam diferentes tipos de fontes de conhecimento externo. Algumas abrem-se apenas ao longo da cadeia de valor, enquanto outras recorrem fortemente a universidades e organizações de pesquisa (Cosh e Zhang, 2011; van de Vrande et al., 2009b; Brunswicker e Vanhaverbeke, 2010).

A inovação aberta de dentro para fora, por outro lado, quase não é adotada no setor de PMEs (van de Vrande et al., 2009b), ainda que a literatura anterior sobre o "mercado de ideias" indique que empresas empreendedoras voltadas para tecnologia e de capital de risco considerem a venda de licenças de *know-how* e de tecnologias como uma alternativa para desenvolver um produto e vendê-lo no mercado (Gans e Stern, 2003). Aparentemente, a identificação de oportunidades potenciais de venda de licenças é um desafio para as PMEs. O papel das atividades de inovação de saída não monetárias também recebe pouca atenção na literatura existente em inovação aberta nas PMEs. Uma notável exceção é um estudo de Gruber e Henkel (2006), que indicaram que a revelação gratuita – uma forma não monetária de inovação de dentro para fora – pode permitir que as PMEs superem a restrição de seu porte.

Finalmente, os estudos anteriores apontaram para uma série de fatores que influenciam as decisões e atividades de inovação aberta em PMEs, tais como a necessidade de financiamento por parte da empresa e as características do sistema de inovação (Christensen, Olesen e Kjaer, 2005). De fato, os motivos relacionados com o mercado são a principal razão de as PMEs se engajarem na inovação aberta (van de Vrande et al., 2009b). No entanto, a lacuna de conhecimento das empresas (conhecimento de mercado e tecnológico) e os mecanismos ineficazes de proteção de patentes impedem que as empresas se tornem abertas (Drechsler e Natter, 2012). Um olhar mais atento para as características organizacionais e de liderança específicas das PMEs revela que a estrutura de propriedade também molda a adoção de inovação aberta de fora para dentro nas PMEs. As PMEs familiares têm uma amplitude de busca menor do que empresas não familiares. Além disso, o nível de educação do CEO e a natureza da equipe da alta direção afeta a abertura das PMEs (Classen et al., 2012).

7.2.2.2 O impacto do desempenho da inovação aberta nas PMEs

A primeira evidência sobre o impacto no desempenho da inovação aberta nas PMEs sugere que o fornecimento afeta positivamente o desempenho da inovação, tanto em países desenvolvidos como em desenvolvimento (Laursen e Salter, 2006; Chen, Chen e Vanhaverbeke, 2011). Adicionalmente, Spithoven, Vanhaverbeke e Roijakkers (2013) constataram que, além da pesquisa, os contratos de colaboração e de P&D externo para a inovação também têm um efeito positivo no desempenho da inovação nas PMEs. Existem também diferenças entre empresas jovens e estabelecidas no que diz respeito à abertura e ao impacto no desempenho da inovação aberta. A idade da empresa e seu estágio no ciclo de vida organizacional afetam sua abertura e o impacto no desempenho da inovação aberta – inovação aberta traz maiores benefícios para empresas jovens do que para empresas já estabelecidas (Theyel e Cosh, 2012). Além disso, o impacto da abertura sobre o desempenho da inovação depende também da estratégia de fornecimento das PMEs e como combinam fontes diferentes de conhecimento externos. Algumas combinações têm um efeito negativo sobre o desempenho da inovação e, portanto, representam um risco potencial (Brunswicker e Vanhaverbeke, 2010; Brunswicker, 2011). Curiosamente, práticas diferentes de inovação aberta têm um impacto diferente na inovação incremental e radical. Enquanto a varredura tecnológica é mais importante para a inovação incremental, o fornecimento (acesso à tecnologia via licenciamento) é de maior relevância para a inovação radical. De um modo um pouco contraintuitivo, as colaborações verticais ao longo da cadeia de suprimentos com os clientes e usuários finais afetam positivamente a inovação radical em indústrias de alta tecnologia (Parida, Westerberg e Frishammar, 2012).

7.2.2.3 A dimensão da rede de inovação aberta nas PMEs

A pesquisa anterior forneceu amplas evidências de que as redes desempenham um papel importante na explicação do desempenho de *startups* e PMEs (por exemplo, Baum, Calabrese e Silverman, 2000; Brüderl e Preisendörfer, 1998; Rogers, 2004). Além disso, as PMEs também participam frequentemente em redes mais informais de conhecimento (Büchel e Raub, 2002). Essas redes de conhecimento são frequentemente iniciativas regionais destinadas à partilha de conhecimentos e *networking* entre uma variedade de partes, tais como *startups*, incubadoras, capitalistas de risco, especialistas etc. (Collinson e Gregson, 2003). De fato, os relacionamentos de rede moldam o desempenho das PMEs e influenciam suas ações estratégicas. O papel estratégico das redes de PMEs também tem implicações sobre a natureza da inovação aberta nas PMEs. A inovação aberta em PMEs está diretamente ligada à estratégia de negócios e objetivos estratégicos globais da empresa (Vanhaverbeke, 2012). Enquanto as grandes empresas podem implementar a inovação aberta sem uma mudança estratégica, a mudança para a inovação aberta nas PMEs caminha de mãos dadas com uma alteração estratégica (Vanhaverbeke, 2012).

Como a inovação aberta nas PMEs é incorporada e diretamente ligada à estratégia, também se liga diretamente à posição da PME na cadeia de valor e sua criação de valor nas relações com os parceiros. Quando as PMEs se engajam na inovação, regularmente carecem de bens e recursos complementares para comercializar um novo produto ou serviço. Por exemplo, as PMEs que trabalham em novas tecnologias encaram o desafio de comercializá-las e envolvem novos parceiros de criação de valor para acessar ativos complementares (Vanhaverbeke e Cloodt, 2006; Lee et al., 2010). Assim, a inovação aberta e as atividades de inovação que atravessam a fronteira da inovação aberta não são apenas importantes no *front-end* – que está no P&D – como também na fase de comercialização. Para as PMEs, os laços interorganizacionais se relacionam com a rede de valor (Brandenburger e Nalebuff, 1996) e com a rede de inovação no *front-end* (Vanhaverbeke, 2012).

Devido à importância das redes de inovação aberta, os trabalhos existentes também abordam a intermediação e a gestão de tais redes. Lee et al. (2010) estudam os possíveis modelos para as PMEs lucrarem com as redes e discutem o papel da intermediação para apoiar a fase de comercialização e estabelecer diferentes tipos de relacionamentos de rede. Adicionalmente, a dimensão de rede da inovação aberta também tem implicações para as capacidades gerenciais das PMEs. Capacidades de coordenação são necessárias para se beneficiar da inovação e das redes de criação de valor, bem como para acessar os recursos e as capacidades necessários, especialmente se elas desempenham o papel de uma empresa central (Gardet e Fraiha, 2012). As PMEs precisam ser diligentes para implementar diferentes ferramentas de coordenação a partir da elaboração de seu modo de aplicação e considerar sua interação para atuar como um ponto central (ou "*hub*"). Por exemplo, precisam decidir se contam com comunicação informal, semiformal ou formal, se podem contar com confiança, como dividem os benefícios e como os conflitos são resolvidos. Além disso, a evolução do projeto (fase) e a dependência nos parceiros parecem ser antecedentes importantes do modo de coordenação (Gardet e Fraiha, 2012; Harryson, 2008).

No âmbito da rede, há também novas capacidades gerenciais necessárias, especialmente se a rede é grande e não há uma empresa "central" gerenciando-a. Arranjos organizacionais novos e menos centralizados para a inovação aberta, como as redes de inovação das PMEs, empregam conselhos para gerenciar efetivamente uma pesquisa conjunta e atividades de desenvolvimento. O conselho da rede, daquelas de inovação das PMEs, detém um papel central, na medida em que é responsável por motivar os participantes, promover a colaboração e assegurar que as atividades de P&D sejam implementadas no melhor interesse dos membros da rede. Gronum, Verreynne e Kastelle. (2012) encontraram uma relação em forma de U entre a continuidade do conselho de rede, que descreve a taxa de renovação dos membros do conselho de rede, e do desempenho da inovação dentro de grandes redes (mas não em redes pequenas). Sob certas circunstâncias, a renovação dos membros do conselho de rede pode ser um importante determinante do desempenho da inovação dos membros na rede, mesmo que isso possa estar em desacordo com a preferência das PMEs por relações de confiança e de longo prazo (Gronum, Verreynne e Kastelle, 2012). Em outras palavras, a composição e as capacidades gerenciais do conselho dos acordos de rede das PMEs para inovação aberta exigem consideração cuidadosa; vale a pena estudar a dimensão gerencial da inovação aberta no âmbito da rede.

7.3 PROPOSTAS PARA PESQUISAS FUTURAS

Em geral, a literatura existente sobre inovação aberta é emergente e mostra que nas PMES é um tema de pesquisa fascinante. As PMEs realmente se envolvem com a inovação aberta e também parecem se beneficiar dela. No entanto, os estudos existentes frequentemente não capturam a imagem completa já que abordam apenas um subconjunto de potenciais práticas de inovação aberta e não fornecem *insights* suficientes de por que e como as PMEs fazem uso de fluxos de entrada e saída de conhecimento. Além disso, só abordam marginalmente a natureza específica da inovação aberta nas PMEs.

Como consequência, há uma série de temas que não foram explorados suficientemente ou requerem uma investigação mais detalhada. Fora esses, nós consideramos quatro tópicos de alta prioridade para pesquisas futuras. Em primeiro lugar, a literatura existente salienta a importância da inovação aberta de fora para dentro em PMEs para superar a restrição de seu porte. No entanto, novas práticas de inovação aberta como *crowdsourcing* ativado por TI para envolver um grande número de "estrangeiros" desconhecidos não foram exploradas no contexto do setor das PMEs. Em segundo lugar, a importância das redes – de P&D e de valor – é destacada nas discussões existentes sobre inovação aberta em PMEs. A literatura prévia sobre as PMEs também aponta para a importância do capital social e da dependência das PMEs em relações na rede. Até agora, não é totalmente entendido como as PMEs podem fazer uso e gerenciar diferentes tipos de relacionamentos e redes, assim como as pessoais, quando se envolvem em inovação aberta (Birley, 1985; Macpherson e Holt, 2007; Ceci e Iubatti, 2012). Terceiro, a interação da gestão de PI e a inovação aberta quase não é abordada nos trabalhos existentes. Estudos anteriores mostram que a falta de mecanismos de proteção de PI apropriados impedem as PMEs de se engajarem na inovação aberta (Drechsler e Natter, 2012). Enquanto o gerenciamento de PI é importante nas atividades de inovação aberta, tanto em grandes empresas como nas PMEs, a gestão de PI nas PMEs está sujeita a seu próprio conjunto de problemas. Finalmente, a literatura existente indica claramente que a inovação aberta exige que as PMEs desenvolvam novas capacidades internas quando se engajarem em inovação aberta, particularmente porque, muitas vezes, essa inovação está diretamente ligada a uma mudança estratégica no modelo de negócio global da empresa. Assim, as dimensões internas e o processo de mudança ao se envolver em inovação aberta fornecem uma via interessante para futuras pesquisas. Nas seções seguintes, vamos detalhar mais esses quatro temas e discutir a natureza particular da inovação aberta nas PMEs no que diz respeito a eles.

7.3.1 TEMA 1: ALÉM DA PESQUISA "TRADICIONAL": *CROWDSOURCING* EM PMES

Ao longo dos últimos anos, os estudiosos e profissionais da inovação aberta têm se tornado cada vez mais interessados no potencial das práticas da inovação aberta de fora para dentro com acesso à internet, como desafios de inovação online, competições de ideias online e outras práticas que caem na categoria de *crowdsourcing* ou busca de propagação – também conhecida como *crowdsourcing* baseado em torneios (Lampel, Jha e Bhalla, 2012). *Crowdsourcing* e busca de propagação são conceitos semelhantes e descrevem o ato de terceirização como alocação de uma tarefa no processo de resolução de problema para uma "multidão", em vez de um "agente" designado (uma organização, uma equipe informal ou formal, ou um indivíduo), como um contratado, na forma de um convite aberto (Howe, 2008; Afuah e Tucci, 2012; Jeppesen e Lakhani, 2010). A difusão da internet e das tecnologias de redes sociais abriu muitas oportunidades para implementar essas estratégias de fornecimento que vão além das "tradicionais" de fornecimento de uma empresa e exploram o poder de muitos agentes desconhecidos. Estudos de casos de destaque – como a competição da Netflix, em que a empresa repassa para o público a tarefa de desenvolver um algoritmo para melhorar ainda mais o seu sistema de recomendação por meio de uma chamada aberta para o mundo – descrevem como o *crowdsourcing* permite às empresas superar o problema da "busca local" e identificar soluções que são muito superiores às internas (Afuah e Tucci, 2012; Lakhani et al., 2006). Em alguns casos, o *crowdsourcing* com acesso à internet talvez seja uma estratégia de busca melhor do que as alternativas mais comuns (como um clube de parceiros conhecidos ou recursos internos); em alguns casos, não é. Contribuições teóricas recentes argumentam que o sucesso do *crowdsourcing* é influenciado por vários fatores, como as características do problema, o conhecimento necessário para a solução, as características da multidão e as características das soluções a serem avaliadas (Afuah e Tucci, 2012). Com efeito, as observações de práticas existentes indicam que nem todas as atividades de *crowdsourcing* proporcionam resultados satisfatórios. Por exemplo, falta participação em algumas atividades de *crowdsourcing*. Além disso, os profissionais proclamam que recebem apenas soluções incrementais para os "problemas" ou "desafios" distribuídos a partir de um convite aberto para a multidão, que levanta novas questões sobre o *design* e a gestão de atividades de *crowdsourcing* a partir de uma perspectiva sociotécnica, particularmente para as PMEs.

Embora as empresas possam organizar as atividades de *crowdsourcing* por conta própria, podem também organizá-las por meio de novos serviços de intermediação habilitados para a internet para inovação aberta, a fim de superar as dificuldades no acesso ao mercado de ideias (Hossain, 2012; Chesbrough, 2006a). Os intermediários de inovação aberta, como Innocentive.com, yet2.com, NineSigma, YourEncore e IdeaConnection, têm recebido grande interesse nas discussões sobre inovação aberta (Lakhani et al., 2006; Hossain, 2012). Esses fornecedores oferecem serviços de inovação aberta aos seus clientes, principalmente empresas de grande porte, e os ajudam a projetar e implementar estratégias de fornecimento. Por exemplo, projetam o desafio, ajudam a comunicá-lo amplamente entre os potenciais solucionadores e desempenham um papel de corretagem no processo de transferência de tecnologia. As PMEs podem raramente se envolver com esses intermediários de serviços globais que proporcionam uma sofisticada infraestrutura de TI e mantêm um grande portfólio de serviços em razão de uma taxa de serviço relativamente alta. No entanto, organizações intermediárias mais "tradicionais" que facilitam a inovação em nível regional ou de rede, tais como Organizações de Transferência de Tecnologia (OTTs), também podem atuar como um corretor e conector entre múltiplas partes (Howells, 2006; Lee et al., 2010; Spithoven, Clarysse e Knockaert, 2010). Algumas dessas organizações já expandiram seus portfólios de serviços e integraram as atividades de *crowdsourcing* com acesso à internet em suas atividades de corretagem tradicional.

Apesar do interesse em *crowdsourcing* e nas práticas de inovação aberta com acesso a TI, a literatura existente sobre as PMEs não explorou se nem quando as práticas de *crowdsourcing* com acesso à internet fazem sentido para as PMEs e se as ajudam a superar a restrição de seu porte. Tal como realçado no caso da pequena empresa de fotônica Ocean Optics (ver "Exemplo de caso 1"), as empresas fornecem acesso instantâneo a uma maior "força de trabalho de inovação", sem ter de colocá-los na folha de pagamento. No entanto, também têm seus próprios desafios gerenciais únicos, especialmente as PMEs, já que habitualmente não têm a reputação nem o valor da marca de uma grande empresa necessários para atrair atores externos, têm dificuldades em articular e definir o problema e podem não ter as capacidades nem os recursos para gerir o processo e avaliar as ideias apropriadamente. Particularmente, isso levanta a questão de se e quando o *crowdsourcing* é superior em relação a estratégias alternativas de fornecimento nas PMEs. Como as PMEs podem atrair solucionadores externos e obter propostas de alta qualidade? Como elas devem gerenciar os fluxos internos de ideias e como deveriam lidar com questões de PI no *crowdsourcing*? Como deveriam projetar e utilizar sistemas de informação para se beneficiar do *crowdsourcing*? Os intermediários de inovação aberta habilitados em TI realmente funcionam para as PMEs e, em caso afirmativo, quais são e sob quais condições?

EXEMPLO DE CASO 1

Ocean Optics é uma PME de tecnologia fotônica sediada nos Estados Unidos, com 25 anos de existência; tem cerca de 200 funcionários e mais de 50 milhões de dólares em vendas.[3] Inventou o primeiro espectrômetro em miniatura, uma tecnologia revolucionária que permite a análise de amostras em campo. Ao longo do tempo, o foco da Ocean Optics em P&D mudou das inovações radicais para as incrementais. Suas parcerias intensivas e a longo prazo em P&D com as universidades não estavam criando realmente novas oportunidades de crescimento. Para reforçar sua capacidade inovadora em P&D, o diretor de tecnologia (CTO) Jason Eichenholz implementou uma mudança significativa de estratégia de inovação aberta na empresa. Projetaram o programa "Blue Ocean Grant" (literalmente, "bolsa oceano azul") para criar oportunidades de inovação de ponta. O programa de crowdsourcing *habilitado pela internet foi implementado em duas fases: a fase 1 representou uma chamada aberta para o "mundo" por participações para fornecer um financiamento de 10 mil dólares para cerca de dez equipes, para que trabalhassem em um projeto de prova de conceito durante seis meses. Na fase 2, a Ocean Optics planejou financiar um projecto de P&D com 100 mil dólares. O programa excedeu os seus objetivos em termos de participação e capacidade de inovação dos resultados. Em geral, aumentou a capacidade de P&D em pelo menos quatro vezes no primeiro ano, teve um impacto positivo no valor da marca da empresa e conduziu sua mudança estratégica. A abordagem única de gestão de PI, o forte envolvimento com as equipes ao longo de todo o programa, em combinação com um forte compromisso interno, e relacionamentos sociais e pessoais da equipe de inovação aberta externamente com a comunidade de pesquisa de fotônica e internamente com outras funções foram inegavelmente capacitadores-chave do programa. Motivado pelo sucesso, Jason Eichenholz começou uma iniciativa ainda maior de inovação aberta baseada em filiação, chamada Open Photonics (literalmente, fotônica aberta) (www.open-photonics.com).*

Fonte: Brunswicker, (2013).

7.3.2 TEMA 2: RELACIONAMENTO E COORDENAÇÃO DE REDES

Como indicado anteriormente, as PMEs estão, por natureza, integradas em uma variedade de redes interoganizacionais formais e informais que podem ser um direcionador do desempenho da inovação (Ceci e Iubatti, 2012; Edwards, Delbridge e Munday, 2005). Redes de relacionamento desempenham um papel importante na inovação aberta nas PMEs: elas podem usar as redes interorganizacionais para criar valor nos estágios iniciais do processo de desenvolvimento de novos negócios para aumentar as suas competências tecnológicas (Edwards, Delbridge e Munday, 2005; Vanhaverbeke, 2012), e também podem se juntar a parceiros a jusante para obter acesso aos canais de marketing e vendas (Lee et al., 2010). Como tal, as redes de relacionamentos servem para acomodar os dois lados da moeda da inovação aberta: as PMEs colaboram com outras empresas para melhorar seus processos de inovação e criar valor e também podem precisar de parceiros externos para capturar parte desse valor, pois muitas vezes elasnão têm ativos complementares para comercializar um novo produto ou serviço (Gans e Stern, 2003). A comercialização aberta, em que as PMEs colaboram com outras empresas para a comercialização de suas tecnologias, ideias, produtos ou serviços, é, portanto, um tema importante. Implica constelações de valor (Norman e Ramirez, 1993) ligando empresas com diferentes ativos e competências em resposta ou em antecipação a novas oportunidades de mercado (Vanhaverbeke e Cloodt, 2006, p. 259). Como tal, a comercialização aberta é muito importante para que as PMEs de alta tecnologia e as apoiadas por capital de risco formem laços com parceiros para comercializar suas tecnologias (Gans e Stern, 2003). No entanto, os pesquisadores da inovação aberta permanecem relativamente silenciosos sobre o papel da comercialização aberta em outros setores, sobre as outras "subpopulações de PMEs" e sobre os relacionamentos mais colaborativos, em vez de puramente orientados para o mercado, entre as PMEs e os seus parceiros.

Apesar da abundante literatura sobre a importância das redes para as PMEs, pouco se sabe sobre o processo que baseia a formação e a coordenação dessas redes (Gardet e Fraiha, 2012). Particularmente, a gestão de diferentes tipos de redes de inovação é um fator crucial na extração de valor a partir dessas redes (Nambisan e Sawhney, 2011). Assim, como as PMEs podem agir como uma "empresa central" e "orquestrar" as suas relações nas redes de inovação? Dados seus recursos limitados e o predomínio das "relações informais e pessoais", que papel as PMEs podem desempenhar em alavancagem da gestão da inovação, coerência na inovação e apropriação da inovação? Finalmente, muitos autores têm enfatizado a interação entre as PMEs e grandes multinacionais como um direcionador por trás do alcance de um desempenho superior em inovação (por exemplo, Rothwell e Dodgson, 1991). Também na fase de comercialização, grandes empresas desempenham um papel proeminente. No entanto, sabemos menos sobre o papel das características específicas dessas grandes multinacionais. Por exemplo, qual a importância de poder do mercado, proeminência, reputação etc., na fase de inovação e comercialização desses esforços de colaboração? E qual é a chave para uma colaboração bem-sucedida entre as duas partes? Evidentemente, as pequenas e as grandes empresas são diferentes na maneira em que operam e em suas motivações para a colaboração (por exemplo, Blomqvist, Hurmelinna e Seppänen, 2005).

Desse modo, como destacado no nosso caso sobre a PME holandesa Isobionics (ver "Exemplo de caso 2"), essas parcerias assimétricas são desafiadoras para ambas as partes e requerem contratos e confiança para fomentar uma colaboração bem-sucedida. Isso levanta uma questão adicional: qual papel as PMEs podem desempenhar na atração e colaboração de sucesso com grandes parceiros multinacionais?

EXEMPLO DE CASO 2

Isobionics é uma empresa de biotecnologia holandesa, ativa na indústria de aromas e fragrâncias. A base para seus produtos é uma tecnologia desenvolvida pela DSM, uma grande empresa holandesa ativa na indústria de ciências da vida e de materiais de alto desempenho. Utilizando essa tecnologia, é possível produzir aromas e fragrâncias sintetizadas por micro-organismos, o que é consideravelmente mais barato do que o uso dos métodos tradicionais. A DSM, no entanto, tinha decidido não prosseguir com essa tecnologia, mas, em vez disso, se abriu a parceiros externos para comercializá-la. Em 2008, a Isobionics foi fundada e, em 2010, o primeiro produto, o BioValencene, foi lançado no mercado. No desenvolvimento desse produto, a Isobionics trabalhou em conjunto com a DSM e com outros parceiros de inovação. A colaboração entre a Isobionics e a DSM é um bom exemplo de desenvolvimento e comercialização em parceria, em que uma startup trabalha com uma grande empresa já estabelecida. A partir dessa colaboração, a Isobionics pode construir uma empresa de sucesso por meio do licenciamento desse produto e consegue aproveitar os recursos da DSM, enquanto esta se beneficia não só das receitas de licenciamento como também tem acesso em primeira mão a potenciais novas descobertas e aplicações da tecnologia.

Fonte: Vanhaverbeke, 2012.

7.3.3 TEMA 3: INOVAÇÃO ABERTA E GESTÃO DA PROPRIEDADE INTELECTUAL (PI) EM PMES

A proteção da propriedade intelectual (PI) é uma grande preocupação para as empresas que se engajam na inovação aberta. Os métodos mais comuns de proteção de PI incluem mecanismos formais, como patentes e marcas comerciais, e os mecanismos mais informais, como os sigilos comerciais e *lead time* (tempo até o lançamento no mercado). No entanto, enquanto as grandes empresas podem ter muitas possibilidades para os meios formais e informais de proteção de PI, as PMEs parecem ser mais limitadas a esse respeito.

Estudos anteriores indicaram que quase todas as PMEs descobriram que patentes são menos eficientes do que os mecanismos de proteção de PI mais informais (por exemplo, Kitching e Blackburn, 1998). A obtenção e a manutenção de uma patente geralmente é um processo complexo e dispendioso, com muitos regulamentos e procedimentos. Além disso, dados os limitados poder e recursos das PMEs, os custos associados com a aplicação da patente as tornam menos atraentes para as pequenas empresas (Lanjouw e Schankerman, 2004; Penin, 2005). Assim, não é nenhuma surpresa que as pequenas empresas tendam a preferir mecanismos mais informais de proteção de PI, como velocidade do lançamento no mercado ou sigilo (Arundel, 2001; Leiponen e Byma, 2009).

No entanto, os meios formais de proteção de PI desempenham um papel importante na inovação aberta e podem realmente facilitar o fluxo de conhecimento nessa abordagem de inovação. Por exemplo, se o conhecimento está protegido por uma patente, a transferência do conhecimento subjacente se torna muito mais fácil já que as patentes ajudam a definir os direitos de propriedade intelectual de forma explícita (Alexy, Criscudo e Salter, 2009; Leiponen e Byma, 2009). Assim, as patentes permitem que a tecnologia e a PI sejam negociadas e ajudam a modularizar o conhecimento. As empresas envolvidas em P&D cooperativo são, portanto, também mais propensas a favorecer as patentes em vez do sigilo (Arundel, 2001). Além disso, a proteção formal de PI pode também servir como um dispositivo significativo, demonstrando sua capacidade tecnológica. Particularmente para as pequenas empresas *startups*, ter uma patente é quase um pré-requisito para receber qualquer tipo de financiamento de capital de risco ou para que grandes empresas estejam dispostas a cooperar (Gans e Stern, 2003). Nesse caso, a proteção formal de PI não só facilita o compartilhamento de conhecimento como também pode realmente ser uma condição prévia para se envolver em inovação aberta e constituir a base das negociações com capitalistas de risco e potenciais parceiros em uma aliança (Alexy, Criscudo e Salter, 2009). Particularmente, nos esforços de cooperação horizontal ou vertical, os meios informais, como o sigilo, parecem não ser muito eficazes, principalmente porque o sigilo é mais difícil de manter em projetos conjuntos (Leiponen e Byma, 2009).

No entanto, apesar da importância da proteção formal de PI em inovação aberta, alguns autores argumentam que a livre revelação permite que as pequenas empresas superem a dificuldade do seu porte (Gruber e Henkel, 2006). A revelação livre se baseia na ideia de que as empresas podem se beneficiar ao apresentar seletivamente uma parte dos seus ativos intelectuais para uso gratuito por terceiros (Harhoff, Henkel e von Hippel, 2003). É uma prática comum em desenvolvimento de *software* de código livre, mas também tem sido adotada por grandes organizações de outros setores. Por exemplo, empresas farmacêuticas como a Novartis e a GlaxoSmithKline revelam livremente algumas de suas patentes em um esforço de alcançar uma comunidade de pesquisa mais ampla para entender mais profundamente doenças específicas, como diabetes e doenças tropicais. Seria interessante estudar se a revelação livre seletiva oferece benefícios específicos para as PMEs, uma vez que pode reduzir as barreiras de entrada e os custos irrecuperáveis para as PMEs.

Consequentemente, não há uma abordagem de tamanho único para gestão de PI na inovação aberta. Em vez disso, a inovação aberta requer uma gestão de PI em que diferentes estratégias podem prevalecer em situações diferentes. No entanto, as condições que favorecem os tipos particulares de mecanismos de proteção de conhecimento diferem substancialmente entre as indústrias e os tipos de empresas. Particularmente, empresas ativas no setor de serviços são muito mais propensas a confiar na velocidade de lançamento no mercado, enquanto as PMEs vindas de setores intensivos em P&D envolvem-se com patentes com mais regularidade. Assim, é importante reconhecer que o papel da gestão de PI na inovação aberta depende de fatores contingenciais, como o ambiente tecnológico e a distribuição do conhecimento que nele ocorre (Alexy, Criscudo e Salter, 2009). De acordo com esses autores, as patentes são particularmente úteis em ambientes calmos em que o conhecimento reside em alguns competidores, ao passo que os ambientes turbulentos com conhecimento distribuído podem se beneficiar mais da revelação livre.

Para concluir, a gestão de PI desempenha um papel importante para as PMEs envolvidas em inovação aberta, não prioritariamente para evitar vazamentos não intencionais de conhecimento, mas muito mais como acelerador e facilitador do intercâmbio de conhecimento e formação de parcerias. No entanto, pesquisas anteriores foram inconclusivas sobre muitos aspectos da interface entre gestão legal de PI e inovação aberta. Dada a preferência de gestão de PI informal nas PMEs, qual é o papel dos meios informais de gestão de PI para a inovação aberta nas PMEs? Além disso, os meios formais e informais de proteção de PI talvez desempenhem papéis diferentes para diferentes práticas de inovação aberta e em relação a diferentes fontes de conhecimento externo? E, em caso afirmativo, quando a proteção legal de PI impede ou permite a criação e captura de valor? Adicionalmente, proteção legal, sigilo e revelação livre de PI não são mutuamente exclusivas (Arundel, 2001). O caso de Collabra Software Inc. descreve que, às vezes, pode ser benéfico revelar seletivamente a PI (ver "Exemplo de caso 3"). Isso levanta a questão: quais são as práticas de gestão de PI apropriadas ao longo do processo de inovação? E como isso afeta as práticas de inovação aberta? Em outras palavras, as PMEs realmente se baseiam no sigilo nas fases iniciais do processo de P&D? Como isso afeta a sua vontade de se envolver em inovação aberta nessa fase? Existem mecanismos informais alternativos de apropriação, tais como normas sociais e de confiança, que permitam a proteção de PI e utilização no nível interorganizacional mesmo sem patentes? Finalmente, embora a maior parte do debate sobre proteção de PI esteja centrado em empresas de manufatura, muitas PMEs são de fato empresas de serviço. Os estudos futuros podem investigar as especificidades da gestão de PI nas PMEs de serviços. A gestão de PI em inovação aberta nas PMEs é uma grande área para pesquisa com questões múltiplas e instigantes que não foram exploradas ainda.

EXEMPLO DE CASO 3

Collabra Software Inc. foi uma empresa de software *sediada nos Estados Unidos, fundada em 1993 e adquirida pela Netscape em 1995. O principal produto da Collabra, o CollabraShare, permitiu aos usuários organizar e compartilhar informações em fóruns eletrônicos e, assim, criar e editar documentos em conjunto. Durante o primeiro ano em que a empresa foi formalmente constituída, a Collabra usou principalmente os acordos de não divulgação como uma maneira de proteger sua propriedade intelectual. A vantagem de fazer isso é que pôde operar discretamente até o lançamento do seu primeiro produto. Além disso, embora a Collabra fosse particularmente aberta aos seus clientes e desenvol-*

> *vedores de terceiros, era muito mais relutante em compartilhar informações com analistas e concorrentes. Ter clientes para comprar os produtos e desenvolvedores de terceiros que criavam produtos complementares às ofertas da Collabra era, naturalmente, essencial para aumentar a valor da empresa. Por outro lado, o compartilhamento de informações com o Lotus Notes (seu principal concorrente) e com a Microsoft foi menos direto, pois a empresa ainda não queria revelar seu produto. No entanto, a fim de competir com sucesso com o Lotus Notes, a Collabra precisava de um aliado e, portanto, decidiu abordar a Microsoft, novamente usando um acordo de não divulgação para proteger sua PI. A colaboração com a Microsoft permitiu que a Collabra ganhasse presença de marketing e publicidade, e, três meses depois, lançou o seu primeiro produto, o CollabraShare, no mercado. No caso da Collabra, foi decidido revelar seletivamente o seu conhecimento para atrair os parceiros necessários para competir com sucesso contra o Lotus Notes.*
>
> Fonte: Chesbrough, 2006a.

7.3.4 TEMA 4: AS DIMENSÕES INTERNAS: GERENCIANDO A INOVAÇÃO ABERTA EM PMES

A inovação aberta traz novos desafios gerenciais – não apenas para grandes empresas como também para as PMEs. Na verdade, as empresas que mudaram da abordagem de inovação fechada para a aberta experimentaram várias dificuldades em gerenciar ativamente os processos de inovação aberta (Lichtenthaler, 2011). Atualmente muitas empresas, incluindo as PMEs, ainda se baseiam mais em um processo de tentativa e erro, em vez de em práticas organizacionais estabelecidas para gerir internamente a inovação aberta (Gassmann, Enkel e Chesbrough, 2010). Os acadêmicos e os profissionais concordam que a inovação aberta exige novas capacidades internas (Chiaroni, Chiesa e Frattini, 2011; Laursen e Salter, 2006; Spithoven, Clarysse e Knockaert, 2010). As discussões existentes destacam duas facetas de tais capacidades organizacionais internas. Por um lado, é fundamental compreender práticas, sistemas e rotinas organizacionais internas para gerenciar a inovação aberta e os fluxos de conhecimento relacionados às PMEs. Por outro lado, a transição da inovação fechada para a aberta implica em algum tipo de mudança organizacional que geralmente se estende a diferentes fases (Chiaroni, Chiesa e Frattini, 2011; Teece, Pisano e Shuen, 1997). Também é importante compreender como as PMEs podem gerenciar a transição da inovação fechada para a aberta, que supomos ser bastante diferente do que acontece nas grandes empresas. Como discutimos anteriormente, a inovação aberta nas PMEs em geral está ligada diretamente ao modelo de negócio e implica uma mudança de estratégia.

A primeira perspectiva nos traz de volta para o trabalho seminal de Cohen e Levinthal (1990) sobre a capacidade absortiva. As empresas precisam ter a capacidade de absorver conhecimento externo, a fim de se beneficiar dele (Cohen e Levinthal, 1990). A capacidade absortiva é pré-requisito para a inovação aberta de fora para dentro e constituída a partir do P&D formal. Na mesma linha desse argumento, uma série de estudos sobre inovação aberta de fora para dentro e, especialmente, sobre fornecimento de conhecimento externo, indica que as atividades de inovação aberta de fora para dentro não substituem o P&D interno; em vez disso são complementares (Dahlander e Gann, 2010; Laursen e Salter, 2006). Nas PMEs, o P&D geralmente não é um processo formal; no entanto, o P&D formal parece impactar a capacidade das PMEs de lucrarem com a inovação aberta (Huang e Rice, 2009; Spithoven, Vanhaverbeke e Roijakkers, 2013). Dados seus recursos limitados, as PMEs podem também recorrer a terceiros para apoiá-las na construção da capacidade absortiva, como centros de pesquisa coletiva (Spithoven, Clarysse e Knockaert, 2010).

Mesmo que a capacidade absortiva seja importante para a inovação aberta, ela se concentra no uso de conhecimento externo apenas internamente e negligencia outras importantes capacidades organizacionais necessárias na inovação aberta; também não aborda todas as dimensões da gestão de fluxos de conhecimento na inovação aberta nem reconhece o caráter do conhecimento distribuído em inovação aberta. Por exemplo, a capacidade absortiva não captura as especificidades da inovação aberta de dentro para fora. Ela também não responde à questão de como aplicar o conhecimento inovador e os meios para transformá-lo em resultados de sucesso (Bianchi et al., 2010; Robertson, Casali e Jacobson, 2012). As contribuições teóricas recentes propõem capacidades adicionais (grupos de capacidades) para gerenciar diferentes processos de conhecimento em inovação aberta que complementam a construção da capacidade absortiva (Lichtenthaler e Lichtenthaler, 2009; Robertson, Casali e Jacobson, 2012). Enquanto houver novas capacidades de conhecimento necessárias para gerenciar a aquisição e a retenção de conhecimento nos níveis intra e interempresa, a inovação aberta também implicará novas capacidades para aplicar o conhecimento e transformar o conhecimento externo e interno em resultados de sucesso. Exemplos de tais capacidades de conhecimento para a gestão de inovação aberta são as acessíveis, adaptativas e integrativas (Robertson, Casali e Jacobson, 2012). Além disso, essas capacidades de conhecimento não funcionam "automaticamente" e, portanto, as empresas precisam de algum tipo de capacidade de ordem superior para orientar essas capacidades; assim, as de *gestão de conhecimento* e de *gestão da inovação* representam "facilitadores" relevantes para a inovação aberta nas PMEs; no entanto, regularmente elas estão ausentes nas PMEs (Brunswicker e Vanhaverbeke, 2010; Robertson, Casali e Jacobson, 2012; Van der Meer, 2007).

Para estabelecer tais capacidades de conhecimento e gestão, as PMEs necessitam de novos sistemas, processos e rotinas (Huizingh, 2011; Pavitt, 2002). Por exemplo, as PMEs podem estabelecer novos processos para a inovação aberta de fora para dentro para gerenciar a integração do conhecimento, como proposto por Wallin e von Krogh (2010), em seu modelo de cinco passos, denominados: (1) definir o processo de inovação, (2) identificar o conhecimento relevante para a inovação, (3) selecionar um mecanismo apropriado de integração, (4) criar mecanismos efetivos de governança e (5) equilibrar os incentivos e controles (Wallin e von Krogh, 2010).

No entanto, a inovação é organizacionalmente difundida e, portanto, a capacidade necessária para a gestão da inovação refere-se a diferentes níveis gerenciais como o estratégico, o operacional, o cultural e o nível de rede (Adams, Bessant e Phelps, 2006; Müller-Stewens e Lechner, 2005). Particularmente, a rede é um nível importante para a inovação aberta nas PMEs (Gardet e Fraiha, 2012; Vanhaverbeke, 2012).

Adicionalmente, as capacidades são geralmente percebidas como construtos organizacionais e de nível coletivo. Para lançar luz sobre elas, é inevitável estudar suas microfundações e as ações intencionais subjacentes, experiências e preferências dos *indivíduos* (Felin e Foss, 2009). A inovação aberta pode exigir novas habilidades individuais e ser apoiada por preferências e interesses de diferentes indivíduos e grupos dentro e fora da organização.

Dada a importância do conhecimento interno e as capacidades gerenciais na inovação aberta, emerge uma série de questões relacionadas com o setor das PMEs. Além da capacidade absortiva, quais capacidades organizacionais, incluindo aquelas de conhecimento e de gestão, são necessárias na inovação aberta? Que tipos de capacidades são necessárias para a inovação aberta para baixa tecnologia e para processos de inovação nas PMEs? Que sistemas gerenciais, processos e rotinas apoiam essas capacidades? Dadas as limitações de recursos das PMEs, como podem incorporar rotinas e práticas organizacionais para a inovação aberta dentro de suas rotinas organizacionais existentes? Quais são os microfundamentos de tais capacidades organizacionais e quais as competências individuais e interações constituem as capacidades necessárias?

A segunda perspectiva de gestão da inovação aberta nas PMEs refere-se à transição da abordagem fechada para a inovação aberta ao longo do tempo. Conforme destacado nos estudos de casos de grandes empresas, tais como o sobre a Procter & Gamble, essa transição implica mudanças organizacionais e transformação significativas (Huston e Sakkab, 2006; Dodgson, Gann e Salter, 2006). Frequentemente, um primeiro projeto de inovação aberta desencadeia uma mudança estratégica e mais profunda (Gassmann et al., 2010). Chiaroni, Chiesa e Frattini (2011) descrevem o processo de mudança de inovação fechada para a inovação aberta, destacando o importante papel da alta direção para permitir a mudança e a necessidade de um agente para promover a mudança ao longo dos diferentes níveis gerenciais. Além disso, mostram que em grandes empresas o ponto de partida da transição é uma mudança na estrutura organizacional. O estabelecimento de uma nova unidade de inovação aberta independente representa um importante gatilho para a mudança e envia sinais para as outras unidades organizacionais (Chiaroni, Chiesa e Frattini, 2011). Em PMEs pode haver diferentes gatilhos. Por exemplo, em uma pequena empresa de *software*, a CAS, o engajamento estratégico em parcerias de P&D com universidades representou um ponto de partida da transformação que foi associada a uma mudança do modelo de negócio (ver "Exemplo de caso 4"). Isso provoca questões de pesquisa para estudar as PMEs em particular: o que desencadeia a mudança para a inovação aberta nas PMEs? Quais níveis gerenciais são afetados por essa mudança e em que sequência? Que fatores internos permitem as várias fases de mudanças e qual é o papel do empreendedorismo em permitir a mudança? Como as atividades de transformação e a mudança diferem daquelas das grandes empresas? Como o processo interage com as mudanças do modelo de negócio das PMEs?

EXEMPLO DE CASO 4

A CAS é líder de mercado de software em gestão de relacionamento com clientes (CRM) para as PMEs na Alemanha. A empresa foi fundada em 1986 e, hoje, emprega cerca de 430 pessoas. Nos anos recentes, ela ganhou inúmeros prêmios de inovação e tem mostrado um constante crescimento de dois dígitos nas vendas nos últimos anos. Recentemente, a empresa passou com sucesso de uma abordagem de inovação fechada para uma aberta. Ao longo dessa jornada, atravessou cinco fases diferentes de mudança de inovação aberta. Na primeira fase eles estabeleceram parcerias de P&D com universidades e organizações de pesquisa. Na segunda fase, a gestão começou a reforçar a colaboração com outros parceiros, incluindo empresas que ofereciam produtos e serviços complementares, parceiros de vendas e concorrentes. A terceira fase incluiu a formalização de rotinas e sistemas gerenciais de apoio à inovação aberta. Foram estabelecidas estruturas para o gerenciamento de inovação aberta e fluxos de conhecimentos relacionados, incluindo novos papéis e funções, tais como "promotores de rede". Também foi implementada uma estrutura de sistema de informação para a inovação aberta. Atualmente, a CAS pode ser descrita como uma "jogadora de plataforma", que se baseia em um desenho organizacional modular para melhor alinhar seu modelo de negócios com o modelo de negócio de seus parceiros de inovação e da cadeia de valor. O caso destaca o papel da capacidade de gestão da inovação na integração de diferentes fluxos de conhecimento em inovação aberta e também como transformá-los em um resultado de sucesso. Além disso, salienta que a transição está diretamente ligada às mudanças no modelo de negócios.

Fonte: Brunswicker e Ehrenmann (2013).

7.4 CONSIDERAÇÕES FINAIS

A inovação aberta nas PMEs é uma área de pesquisa interessante e promissora. O setor é de alta relevância econômica, e as PMEs cada vez mais adotam diferentes tipos de práticas de inovação aberta. No entanto, utilizar e gerenciar a inovação aberta nas PMEs é bastante específico por natureza. Por exemplo, diferentes tipos de relações de rede desempenham um papel importante na inovação aberta nas PMEs. Assim, elas requerem recursos para gerenciar essas relações de rede, que geralmente não têm e que são diferentes daqueles das grandes empresas. No entanto, essa é apenas uma faceta da natureza específica da inovação aberta nas PMEs.

Hoje, temos apenas percepções marginais da natureza específica da inovação aberta nas PMEs, e há diversas questões de pesquisa a serem exploradas. Nós propusemos quatro temas de pesquisa com múltiplas questões para estimular as pesquisas futuras sobre a inovação aberta. Nesta fase é ainda muito cedo para tirar quaisquer conclusões relacionadas com potenciais resultados de pesquisa nessas quatro áreas de pesquisa. Além disso, não afirmamos que abordam todos os temas e questões de pesquisa relevantes sobre inovação aberta nas PMEs. Por exemplo, apenas abordamos superficialmente as especificidades de inovação aberta em subpopulações no setor de PMEs, como as PMEs no setor de serviços, *startups orientadas para o crescimento* apoiadas por capital de risco, as PMEs nos mercados emergentes ou as orientadas para a exportação (Wynarczyk, Piperopoulos e McAdam, 2013). Existem grandes oportunidades para explorar as especificidades da inovação aberta nessas subpopulações. Dessa forma, convidamos as futuras pesquisas a continuar e avançar as questões propostas dentro dos nossos quatro temas, ou mesmo propor um tema adicional.

Gostaríamos de ver tanto a pesquisa teórica como a empírica abordando a inovação aberta nas PMEs. A pesquisa empírica, em particular, nos ajudará a ganhar uma compreensão mais profunda da inovação aberta nas PMEs. No entanto, a implementação da pesquisa empírica vem com desafios significativos, especialmente as quantitativas. Os dados de PMEs na empresa são difíceis de acessar, e os métodos de pesquisa baseados em *surveys* não são facilmente implementados. Além disso, os dados transversais não permitirão que os pesquisadores respondam a questões relacionadas com os processos de mudança e de transição no âmbito da inovação aberta. Para algumas questões, apenas análises longitudinais de estudos de casos de PMEs podem permitir um "mergulho profundo" na natureza específica da inovação aberta nas PMEs. De modo geral, estamos convencidos de que a pesquisa sobre inovação aberta nas PMEs beneficiará os acadêmicos e os pesquisadores da área nos domínios adjacentes, como as pesquisas sobre empreendedorismo, empresas de pequeno porte e políticas de inovação.

NOTAS

1   De acordo com a definição oficial de PMEs[N.T.i] estabelecida nas Recomendações da Comissão Europeia 2003/361/CE, empregam menos de 250 trabalhadores. Além do teto no número de funcionários, uma empresa "oficialmente" se qualifica como uma PME se tiver o limite máximo de volume de negócios inferior a 50 milhões de euros ou o balanço anual de 43 milhões de euros, mas não necessariamente a ambos (European Commission, 2003).

N.T.i   A classificação das empresas no Brasil é feita pelo Banco Nacional de Desenvolvimento (BNDES). De acordo com o BNDES, uma microempresa é aquela que possui uma Receita Operacional Bruta (ROB) anual ou anualizada inferior ou igual a R$ 2,4 milhões; uma pequena empresa possui uma ROB anual ou anualizada superior a R$ 2,4 milhões e inferior ou igual a R$ 16 milhões; uma empresa de médio porte tem ROB anual ou anualizada superior a R$ 16 milhões e inferior ou igual a R$ 90 milhões; uma empresa média-grande tem ROB anual ou anualizada superior a R$ 90 milhões e inferior ou igual a R$ 300 milhões; uma grande empresa tem uma ROB anual ou anualizada superior a R$ 300 milhões.

2   Foi realizada uma revisão da literatura por meio de pesquisa em bancos de dados científicos sobre publicações relevantes para este capítulo. Além disso, nós também adicionamos documentos de trabalho, capítulos de livros e relatórios que consideramos relevantes.

3   http://www.tampabay.com/news/business/workinglife/article1163254.ece

CAPÍTULO 8
Inovação aberta em corporações multinacionais
Novas ideias a partir da corrente de pesquisa em P&D global

Kazuhiro Asakawa, Jaeyong Song e Sang-Ji Kim

8.1 INTRODUÇÃO

A rápida inovação tecnológica no mundo empresarial de hoje tornou quase impossível para qualquer empresa sustentar sua supremacia tecnológica sem utilizar conhecimentos e tecnologias externas. Exemplos não faltam. A Procter & Gamble (P&G) adotou uma política de "Conecta & Desenvolve" para enfatizar a importância do fornecimento de conhecimento externo e ideias para alcançar a inovação (Dodgson, Gann e Salter, 2006). A "Conexão Osaka" é um famoso exemplo de estratégia de inovação aberta bem-sucedida da P&G. O agente japonês de tecnologia da P&G (rede aberta) descobriu uma esponja com a propriedade de remover qualquer sujeira apenas com água, chamada Basotect, em Osaka e a conectou à P&G. Em dois anos, a P&G conseguiu o codesenvolvimento e o lançamento do "Mr. Magic Clean Eraser" com a BASF (empresa química alemã).

Outro exemplo de um notável sucesso de inovação aberta em um contexto internacional é a Samsung Electronics da Coreia que desenvolveu seu bem-sucedido Galaxy Note, um computador híbrido *smartphone/tablet*, em colaboração com a Wacom do Japão. O dispositivo foi inovador o suficiente para ser chamado de "phablet" pela

Forbes. A empresa vendeu mais de 10 milhões deles em menos de um ano. Uma das características mais distintivas do Galaxy Note foi sua caneta *stylus*, que a Samsung chama "Caneta S (ou S Pen)". A caneta pode ser usada em uma variedade de aplicações, incluindo funções como escrever lembretes com desenhos/textos, entrada de texto e fotos. A Wacom tinha uma tecnologia de classe mundial para a caneta *stylus* e para um sistema digitalizador que resultava em uma entrada precisa e sensível à pressão. A Samsung e a Wacom colaboraram para modificar a tecnologia existente da Wacom para que fosse mais apropriada para *smartphones/tablets*.

A IBM adotou sua abordagem de inovação aberta a partir da gestão de P&D em centros no exterior como "colaboratórios". São laboratórios executados sob a forma de colaboração por meio da qual as empresas podem fornecer com eficiência conhecimentos externos essenciais a partir de organizações externas de pesquisa, como universidades, instituições de pesquisa e empresas de capital de risco (Hamm, 2009).

A Air Products e Chemicals (APD), uma empresa norte-americana de gás e produtos químicos especiais, enfatiza o "Identificar & Acelerar". Ativamente tem feito alianças com empresas de P&D de risco, universidades e laboratórios em economias emergentes como Rússia, China e Índia, desde o início da década de 1990, para aproveitar os baixos custos trabalhistas dos recursos humanos de P&D daqueles países emergentes.

Esses são apenas alguns exemplos de colaborações abertas ao redor do globo. Uma tendência geral é que as empresas coloquem mais ênfase no fornecimento externo de tecnologia (Rigby & Zook, 2002). A inovação aberta permite às empresas acessar novos conhecimentos externos de modo eficiente (Chesbrough, 2003a), permitindo-lhes assim manter a eficiência operacional e a flexibilidade (Pisano, 1990).

Apesar dos abundantes exemplos de inovação aberta em multinacionais em uma escala global, a literatura sobre esse tema só presta escassa atenção à dimensão internacional, revelando uma notável lacuna na pesquisa. Em contraste, o desenvolvimento recente da pesquisa sobre P&D global manifesta interesse e atenção crescentes no fornecimento e na alavancagem de conhecimento externo (Kuemmerle, 1997; Doz, Santos e Williamson, 2001; Frost, 2001; Asakawa, 2001; Asakawa e Lehrer, 2003; Schlegelmilch, Ambos e Chini, 2003; Song e Shin, 2008; Frost e Zhou, 2005; Song, Asakawa e Chu, 2011).

Obviamente, é importante notar que a dimensão geográfica da inovação aberta não é totalmente negligenciada na pesquisa sobre inovação aberta (Simard e West, 2006). Chesbrough (2003) especificou os "fatores de erosão" que minaram a lógica da inovação fechada no final do século XX. Os fatores responsáveis pelo surgimento da inovação aberta incluem a mobilidade dos recursos humanos, a qualidade da pesquisa universitária, a presença ou ausência de capital de risco e a força da proteção de PI. Aparentemente, variam substancialmente conforme a geografia. Para lidar com a dimensão geográfica dos fatores de erosão, poderíamos aprofundar nossa compreensão da inovação aberta que é, agora, emergente em nível global.

Por exemplo, um fator geográfico, tal como a presença de aglomerados industriais ou tecnológicos, pode influenciar a mobilidade dos recursos humanos qualificados e talentosos. Existe frequente mobilidade interorganizacional das forças de trabalho dentro dos aglomerados industriais ou tecnológicos (Casper, 2007). Quando a taxa de mobilidade é alta, o conhecimento dentro de uma empresa pode ser facilmente levado para outras (Song, Almeida e Wu, 2003). Uma taxa de mobilidade mais elevada do mercado de trabalho promove a inovação aberta.

A mobilidade dos trabalhadores a partir das fronteiras é alta entre países que desenvolveram indústrias semelhantes ou relacionadas. Recursos humanos talentosos também fluem para países onde as empresas oferecem salários competitivos, excelentes benefícios e melhores ambientes de trabalho. Embora a mobilidade dos trabalhadores cause a transferência de conhecimento ou transbordamento, as redes pessoais dos trabalhadores em uma organização anterior podem servir como vínculos de colaboração para a inovação aberta. Observando a direção da mobilidade dos trabalhadores, nós podemos explicar a escolha da localização da inovação aberta global ou da inovação aberta de certos países emergentes.

A pesquisa sobre inovação aberta será enriquecida com a dimensão geográfica internacional à qual o fluxo de pesquisa em P&D tem prestado atenção. Enquanto isso, o fluxo de pesquisa em P&D global também se beneficia ao lidar com fatores de erosão geograficamente variados. O foco de P&D global mudou de interno para aberto. É claro que os fatores de erosão desempenharam papéis na mudança. Investigar esses fatores e suas diferenças geográficas vai ajudar no estudo do novo padrão de P&D global.

O propósito deste capítulo é elucidar como a literatura de P&D global e a literatura de inovação aberta podem se complementar. O capítulo está organizado da seguinte forma: depois de rever as características da pesquisa sobre inovação aberta e da pesquisa sobre P&D global, discutem-se as contribuições potenciais da pesquisa sobre P&D global para a pesquisa sobre inovação aberta e a contribuição potencial das pesquisas sobre inovação aberta para a P&D global. Sugerimos algumas áreas promissoras para pesquisas futuras que podem facilitar o enriquecimento mútuo dessas duas áreas de pesquisa.

8.2 CARACTERÍSTICAS COMUNS NA PESQUISA EM INOVAÇÃO ABERTA

A inovação aberta tem algumas características distintivas que a diferencia das atividades gerais de inovação destacadas na literatura sobre inovação (Chesbrough, Vanhaverbeke e West, 2006). Várias características da inovação aberta encontram-se resumidas na Tabela 8.1 e são discutidas a seguir.

Primeiro, a teoria da inovação aberta captura fluxos multidirecionais de conhecimento: de fora para dentro, de dentro para fora (Gassmann e Enkel, 2004), processo acoplado (Enkel, Gassmann e Chesbrough, 2009), embora com insuficiente atenção dada à dimensão geográfica dos fluxos de conhecimentos. Empresas com descobertas científicas superiores podem beneficiar-se ao rentabilizar seu conhecimento científico para fins comerciais, ou seja, o processo de dentro para fora para países receptores nos quais o conhecimento científico é apreciado. Em contraste, empresas com tecnologias avançadas limitadas podem se beneficiar ao fornecer conhecimento tecnológico essencial a partir do exterior, ou seja, o processo de fora para dentro.

Em segundo lugar, a literatura sobre inovação aberta cobre amplamente a parceria com várias partes externas. Esses parceiros incluem universidades e institutos de pesquisa (Fabrizio, 2006; Enkel e Gassmann, 2007; Asakawa, Nakamura e Sawada, 2010), empresas de capital de risco, fornecedores (Un, Cuervo-Cazzura e Asakawa, 2010; Takeishi, 2001; Dyer e Nobeoka, 2000), consumidores ou clientes (Enkel e Gassmann, 2007), usuários líderes (von Hippel, 1988; Prahalad e Ramaswamy, 2004b) e concorrentes (Hamel, Doz Prahalad, 1989; Brandenburger e Nalebff, 1996), que constituem um conjunto comum de parceiros da inovação aberta.

Em terceiro lugar, diversas formas de conectividade aberta são examinadas na literatura sobre inovação aberta. Essas formas variam de alianças baseadas em ações, fusões e aquisições e pesquisa por contrato até uma pesquisa conjunta mais informal. Outras formas de colaboração aberta incluem licenciamento cruzado, investimentos corporativos de capital de risco e colaboração com usuários líderes (Vanhaverbeke, Du e von Zedtwitz, 2013).

Em quarto lugar, a literatura sobre inovação aberta dá ênfase à importância da capacidade absortiva dentro de uma empresa para que haja engajamento em inovação aberta. A importância da capacidade absortiva para se engajar em inovação aberta pode ser validada por exemplos abundantes de empresas de sucesso, envolvidas em inovação aberta, que já acumularam suficientes capacidades específicas a cada empresa, capacidades que são necessárias para buscar, adquirir, integrar e alavancar os novos conhecimentos (Lichtenthaler & Lichtenthaler, 2009; Laursen e Salter, 2004), como representado pela IBM e P&G.

Em quinto lugar, a literatura sobre inovação aberta sublinha claramente a inovação do modelo de negócio que é significativo para sustentar a inovação aberta (Chesbrough e Schwartz, 2007). O modelo de negócio permite que uma empresa crie valor a partir do seu conhecimento interno e externo e capture uma parcela do valor por definição (Chesbrough, 2007a). Não há valor econômico em uma tecnologia a menos que ela seja comercializada e gere lucro por meio de um modelo de negócio. Além disso, diferentes modelos de negócio renderão diferentes retornos com a mesma tecnologia. A inovação do modelo de negócio é um processo para que a empresa encontre modelos mais apropriados que lhe permitam lucrar mais ou criar um novo valor a partir de uma tecnologia. Para melhorar ou renovar um modelo de negócio existente, a empresa necessita passar por extensas experimentações do modelo de negócios (Chesbrough, 2010; West e Gallagher, 2006). Além disso, a inovação bem-sucedida de um modelo de negócios exige a liderança organizacional necessária para superar as barreiras organizacionais e mudanças que uma empresa enfrenta durante o processo de experimentação de modelos de negócios (Amit e Zott, 2001; Chesbrough, 2007a; Chesbrough, 2010).

Apesar das questões tão diversas que têm sido abordadas na literatura sobre inovação aberta como já mostrado, pouca atenção tem sido dada à dimensão geográfica internacional da inovação aberta. A pesquisa sobre inovação aberta poderia se beneficiar ao considerar os aspectos geográficos da inovação global que afetam o acesso, a integração e a alavancagem eficazes do conhecimento externo. Por exemplo, a parceria com fornecedores próximos difere daquela com fornecedores distantes em termos de desafios e oportunidades relacionados com a inovação aberta. Fornecer conhecimento local requer capacidade absortiva tanto na sede como nas filiais, dependendo de onde esse fornecimento de conhecimento acontece. Nós argumentamos que a literatura sobre P&D global pode complementar a teoria da inovação aberta, preenchendo essas lacunas na literatura.

Tabela 8.1 Características comuns da pesquisa sobre inovação aberta.

Âmbito mais amplo da inovação	Fatores de sucesso da inovação aberta
• Fluxos de conhecimento multidirecionais • Diversos parceiros externos para a inovação aberta • Diversas formas de conexões abertas	• Capacidade absortiva • Inovação de modelo de negócio

Falta de atenção para a dimensão geográfica internacional

8.3 COMO A PESQUISA SOBRE P&D GLOBAL PODE CONTRIBUIR PARA A PESQUISA EM INOVAÇÃO ABERTA

A literatura sobre P&D global evoluiu nas últimas décadas para acomodar mudanças nos rumos da inovação aberta e da inovação em países emergentes. A teoria sobre P&D global é particularmente útil para a literatura sobre inovação aberta, pois a primeira pode fornecer uma abordagem muito mais refinada para os aspectos geográficos da inovação aberta. Aqui, propomos múltiplas áreas nas quais a pesquisa sobre P&D global poderia aumentar nosso conhecimento sobre a inovação aberta.

8.3.1 DECISÕES LOCACIONAIS IMPORTAM PARA A INOVAÇÃO ABERTA

A teoria sobre P&D global pode oferecer explicações detalhadas de onde a inovação aberta acontece. As atividades de P&D global estão localizadas em países com uma forte base de pesquisa em relevantes áreas de tecnologia, refletindo os motivos de fornecimento de tecnologia (Kuemmerle, 1997; Belderbos, Carree e Lokshin, 2006). Atenção particular tem sido dada ao mérito da aglomeração, que influencia as decisões locacionais sobre as instalações de P&D. Economias de aglomeração atraem empresas em indústrias similares para formar um agrupamento de P&D e desfrutar dos benefícios das externalidades (Krugman, 1991; Belderbos e Carree, 2002).

Assim, decisões locacionais sobre investimentos em P&D têm sido uma questão central para as multinacionais que pretendem realocar sua P&D no exterior. A motivação por trás da internacionalização de P&D pode ser classificada pela disputa entre a lógica da busca de mercados e a da busca de tecnologia, o que corresponde aos dois tipos de laboratórios de P&D no exterior: ampliação da capacidade da sede (ACS) e expansão de ativos domésticos (EAD), como proposto por Kuemmerle (1997), ou alavancagem de competência e criação de competência, como proposto por Cantwell e Mudambi (2005).

Doz, Santos e Williamson (2001) argumentam que o conhecimento é cada vez mais disperso pelo planeta de uma forma um tanto inesperada: o conhecimento potencialmente valioso encontra-se em locais periféricos que foram frequentemente ignorados pelos tomadores de decisão dentro de uma empresa.

Assim, a literatura sobre P&D global pode trazer as duas perspectivas seguintes para a teoria da inovação aberta ao articular a importância da localização geográfica: se o conhecimento é fornecido de dentro do agrupamento (*cluster*) de inovação ou não, e a distância geográfica/cultural (Ghemawat, 2001) que determina a efetividade do fornecimento do conhecimento externo.

A distância tecnológica entre as localidades desempenha um papel importante na determinação do *locus* da inovação. Song e Shin (2008) descobriram que, em relação ao P&D de expansão de ativos domésticos (EAD), uma multinacional tende a fornecer conhecimento a partir de um país hospedeiro, onde as capacidades tecnológicas medidas pelos pedidos de patente do USPTO (escritório de marcas e patentes dos Estados Unidos) são mais elevadas em relação aos de seu país de origem. Tal constatação sugere que uma multinacional está fornecendo P&D para o exterior em um país hospedeiro onde a capacidade tecnológica é elevada em comparação com o país de origem da multinacional, o que motiva uma empresa a aprender com o ambiente do país hospedeiro. Iwasa e Odagiri (2004) também mostram a importância da capacidade tecnológica de um país hospedeiro para melhorar o desempenho de P&D, embora não tenham explicitamente capturado a distância tecnológica em seu estudo.

Ao mesmo tempo, uma tendência persistente de não globalização de P&D pode ser observada (Patel e Pavitt, 1991), especialmente em relação ao conhecimento e à tecnologias centrais que permanecem suscetíveis à erosão dos direitos de propriedade intelectual, como examinado no contexto das telecomunicações sem fio (Di Minin e Bianchi, 2011). Assim, as decisões locacionais precisam ser abrangentes, de modo que ambas, a globalização e a não globalização (ou centralização), da P&D permaneçam como opções válidas.

8.3.2 ESTENDENDO OS NÍVEIS DE ANÁLISE PARA A INOVAÇÃO ABERTA GLOBAL

A literatura sobre P&D global também pode ser útil para que os pesquisadores da inovação aberta estendam o nível de análise. De fato, pesquisas sobre P&D global têm sido conduzidas em múltiplos níveis de análise, que variam de nacional para humano individual. No nível nacional, o padrão de fornecimento de conhecimento de P&D para o exterior depende da competitividade relativa da fonte de conhecimento e dos países destinatários (Song e Shin, 2008). A pesquisa sobre inovação aberta pode incorporar tal influência em nível macro da competitividade nacional em seu domínio de pesquisa. Em nível de sub-unidade (ou seja, da subsidiária de P&D), a pesquisa sobre P&D global analisou o efeito das iniciativas e recursos das subsidiárias, o ambiente do país hospedeiro da subsidiária e a influência da sede sobre o papel e a missão de uma subsidiária (Nobel e Birkinshaw, 1998; Cantwell e Mudambi, 2005). A literatura sobre P&D global pesquisa explicitamente a inovação aberta nos níveis das subsidiárias estrangeiras, em que cada subsidiária recebe a atribuição de um papel diferente pela sede e se envolve em atividades inovadoras específicas da localidade (Kuemmerle, 1997; Nobel e Birkinshaw, 1998; Cantwell e Mudambi, 2005). A pesquisa sobre P&D global também é conduzida no nível da equipe (Ambos e Schlegelmich, 2004).

A pesquisa no nível individual lançou luz sobre os padrões de comunicação entre os pesquisadores por meio da distância geográfica, mais tipicamente entre sede e subsidiárias estrangeiras de P&D ou entre as subsidiárias estrangeiras (De Meyer, 1991). A pesquisa também capturou a dimensão dos recursos humanos da P&D global (De Meyer e Mizushima, 1989; Cheng e Bolon, 1993) e incluiu questões como o recrutamento e a retenção de pesquisadores estrangeiros talentosos no exterior, treinamento, transferências para a sede e incentivos como compensações.

Enquanto lança luz sobre o papel das subsidiárias de P&D no exterior para a inovação aberta, a literatura sobre P&D global tende a ser sensível a outros níveis de análise. Por exemplo, a literatura disponível analisou as associações entre a P&D na subsidiária, competitividade nacional e políticas públicas (Lehrer, Asakawa e Behnam, 2011). Alguns estudos (Asakawa, 2004; Lehrer, Asakawa e Behnam, 2011) destacaram a P&D de expansão de ativos domésticos (EAD) como uma situação em que as multinacionais compensam as deficiências comparativas na P&D do seu país de origem, localizando atividades centrais de P&D em países estrangeiros com uma forte base de P&D.

8.3.3 ATENÇÃO À CAPACIDADE PARA AQUISIÇÃO DE CONHECIMENTO NO EXTERIOR

Os pesquisadores da P&D global indicam os efeitos positivos das capacidades tecnológicas no desempenho de P&D no exterior e aquisição de conhecimento do exterior. Iwasa e Odagiri (2004) indicam a importância de investimentos em P&D para o desempenho de P&D no exterior, mostrando a contribuição das capacidades tecnológicas locais no exterior para o desempenho dos laboratórios de P&D. Penner-Hahn e Shaver (2005) indicam a importância da capacidade tecnológica das empresas multinacionais para aumentar o desempenho da P&D internacional, mesmo que o *locus* da capacidade tecnológica dentro das multinacionais (ou seja, no laboratório local ou nas empresas) estivesse além do foco das suas pesquisas. Song e Shin (2008) foram um passo além, mostrando o impacto relativo das capacidades tecnológicas das controladoras e das empresas locais na aquisição de conhecimento do exterior, entre outros fatores. Os autores propõem um paradoxo entre a capacidade e a motivação em que as multinacionais com fortes capacidades tecnológicas internas (dentro do seu país) poderiam fornecer conhecimento do exterior; no entanto, essas multinacionais geralmente têm motivação limitada para fazê-lo (Song e Shin, 2008). O estudo desses pesquisadores indica a importância da capacidade absortiva e considera o aumento da motivação por parte da empresa matriz (ou seja, unidade fornecedora de conhecimento) para oferecer conhecimento local como condição suficiente. Para estender esse trabalho, Song, Asakawa e Chu (2011) analisaram quais fatores determinam o fornecimento de conhecimento a partir de locais dentro do país para os laboratórios de P&D no exterior e identificaram a existência de um nível ótimo de capacidade absortiva dos laboratórios locais para facilitar o fornecimento de conhecimento local. Tal fornecimento a partir do ambiente de um país hospedeiro aumenta conforme a capacidade de um laboratório local de P&D aprimora-se até certo nível, a partir do qual começa a diminuir, em grande parte porque o laboratório local começa a mudar seu papel de um inovador local para um global. Um laboratório inovator global pode ser considerado como um fornecedor de conhecimento de todo o mundo; assim, a importância relativa do ambiente do país hospedeiro local iria diminuir (Song, Asakawa e Chu, 2011).

8.3.4 GERENCIANDO AS REDES INTERNAS E EXTERNAS

A pesquisa sobre P&D global inclui a extensa literatura sobre a gestão das redes de P&D global, tanto externas como internas à empresa. No que diz respeito à gestão das redes *internas*, as multinacionais compreendem várias subunidades, como a sede e as subsidiárias estrangeiras. Engajar-se na inovação aberta em uma escala global requer habilidades gerenciais para coordenar essas subunidades, além dos vários parceiros externos para as colaborações em P&D (Lehrer e Asakawa, 2003). A literatura sobre P&D global captura os desafios de gestão pertinentes para essa complexa gestão de rede. Como Cantwell e Mudambi (2005) indicaram, gerenciar redes internas complexas fornece às empresas multinacionais oportunidades de aprendizagem transfronteiriças. Isso exige esforços gerenciais para superar várias dificuldades nesse setor, tais como a tensão entre a sede e as subsidiárias de P&D (Asakawa, 2001; Birkinshaw e Hood, 1998; Florida e Kenney, 1990). A literatura sobre P&D global há muito tempo analisou o nível ideal de autonomia e controle (Behrman e Fisher, 1980), bem como a conectividade externa e interna. Enquanto tal tensão gerencial está relacionada à inovação aberta em geral, a gestão da P&D no exterior envolve muito mais tensão e incerteza (Asakawa, 2001).

Em relação à gestão das redes *externas*, a extensão do compartilhamento e revelação do conhecimento proprietário central da empresa com as partes externas torna-se uma questão. Essa questão é delicada, porque as colaborações transfronteiriças, especialmente com os concorrentes globais, implicam um nível muito mais elevado de incerteza do que com suas contrapartes domésticas. A IBM divulgou sua tecnologia central, como o código-fonte do programa e um esquema de circuitos, para o desenvolvimento de um computador. Ela acabou saindo do mercado de PCs por conta da estratégia aberta e entregou a liderança para a Microsoft e a Intel. Em contraste, a Apple só abriu sua tecnologia periférica e as tarefas de fabricação terceirizada para a Foxconn. A Apple também abriu o direito de desenvolver aplicativos para os seus produtos; no entanto, a distribuição desses aplicativos é limitada à sua loja. A literatura sobre gestão de P&D global captura uma tendência persistente de não globalização da P&D (Patel e Pavitt, 1991). Di Minin e Bianchi (2011), estudando o caso do programa de telecomunicações sem fio, mostraram como as multinacionais tentaram evitar a erosão dos direitos de propriedade intelectual na área de seu conhecimento e tecnologia centrais.

Compartilhar o conhecimento central com os parceiros externos locais requer construção de confiança para minimizar o risco de comportamentos oportunistas de ambos os lados. O pressuposto é que a imersão em um ambiente local deveria gerar capital social, que reforçaria a confiança mútua necessária entre parceiros para a troca do conhecimento proprietário (Inkpen e Tsang, 2005; Granovetter, 1985; Uzzi, 1996). A imersão local é importante para promover a inovação da subsidiária (Andersson, Forsgren e Holm, 2002) e fornecer conhecimento específico valioso localmente (Almeida e Phene, 2004; Lehrer e Asakawa, 2002; Håkanson e Nobel, 2001; Song, Asakawa e Chu, 2011).

A pesquisa sobre a inovação aberta pode se beneficiar com ideias provenientes do contexto da P&D global, que salienta a importância da gestão da rede de alta qualidade, seja ela interna, seja externa. Devido ao número crescente de inovações abertas cruzando as fronteiras nacionais, a literatura sobre P&D global oferece sugestões válidas.

8.3.5 INOVAÇÃO EM PAÍSES EMERGENTES

A recente pesquisa sobre P&D global indica um interesse explícito em países emergentes, especialmente China e Índia, como sites locais (Asakawa e Som, 2008). Os pesquisadores sobre P&D global focam a sua pesquisa na identificação da medida na qual a localização importa como uma fonte de inovação. Até que ponto as empresas alcançam a inovação em países emergentes em comparação com as inovações nos países desenvolvidos? Até recentemente, a literatura sobre P&D global tratava países emergentes principalmente como um mercado para os produtos desenvolvidos existentes e lançados em países desenvolvidos. As recentes melhorias em competências tecnológicas nos países em desenvolvimento, como a Índia e a China, mudaram esse cenário e a principal fonte de tecnologias e conhecimento encontra-se agora nos países emergentes.

Embora o princípio fundamental da inovação aberta possa permanecer o mesmo, o lugar onde a inovação aberta acontece poderia mudar todo o cenário. Em termos de inovação aberta de fora para dentro, as multinacionais geralmente fornecem recursos externos que são exclusivos para um local particular. As multinacionais fornecem tipicamente conhecimento moderno a partir dos mais avançados agrupamentos em inovação localizados nos países desenvolvidos, enquanto fornecem recursos de países em desenvolvimento a um custo menor. Adicionar a dimensão geográfica é crucial para uma melhor compreensão da inovação aberta.

A literatura sobre P&D global começou também a realçar os padrões de inovação das multinacionais que se originaram nos países emergentes, implicando um modelo alternativo de inovação global em relação ao modelo existente das empresas sediadas em países desenvolvidos. A maioria das empresas multinacionais nos países em desenvolvimento não tem um nível suficiente de vantagens dos países de origem nem a vantagem da propriedade da sede. Por exemplo, Mathews (2002) apresentou o seu modelo de multinacionais-dragão para ilustrar como globalizam sem as vantagens do país de origem. As empresas em países emergentes manifestam um padrão de "dimensionamento" ("*scaling out*") da inovação global (The Economist, 2010) em que elas recorrem ao fornecimento aberto de recursos externos, por causa da falta de recursos internos, ao passo que as multinacionais de países desenvolvidos podem tirar proveito dos seus recursos dos países de origem.

A recente atenção para o fenômeno da inovação reversa, como representado pelo caso do *scanner* de ultrassom de baixo preço da GE (Immelt, Govindarajan e Trimble, 2009), pode ser explicada pela teoria da P&D global. Do ponto de vista de P&D global, a inovação reversa pode ser considerada como um caso de transição da inovação de "local para local" para a inovação "local para global" (Bartlett e Goshal, 1990). A inovação reversa também pode ser considerada como um derivado do tipo de laboratório de expansão de ativos domésticos (EAD) (Kuemmerle, 1997) de baixo custo, em que os produtos de ruptura que inicialmente tinham sido antecipados para se enquadrar apenas ao contexto do país emergente acabaram por ser apreciados até mesmo nos mercados dos países de origem.

Os padrões de inovação aberta deveriam variar em função da natureza do país de origem. Muitas multinacionais de países desenvolvidos podem se engajar ativamente na inovação aberta de "fora para dentro", com base na capacidade absortiva já existente na empresa. Essas multinacionais também estão prontas para se engajar na inovação aberta de "dentro para fora", se tiverem altos níveis de tecnologias dentro da empresa, se estiverem preparadas para esse compromisso e se encontrarem oportunidades para rentabilizar suas próprias tecnologias. Em contraste, muitas empresas multinacionais de países em desenvolvimento não estão prontas para a inovação aberta de fora para dentro nem de dentro para fora relacionada a uma tecnologia avançada, em virtude da falta de capacidade absortiva dentro da empresa; assim, o fornecimento de conhecimento de alto padrão torna-se mais difícil. Em vez disso, essas multinacionais são mais propensas a se envolver em inovação aberta para reduzir os custos da inovação, recrutando localmente engenheiros de baixo custo ou adquirindo matéria-prima de baixo custo. As multinacionais de países em desenvolvimento, em geral, têm mais dificuldade de se engajar na inovação aberta de dentro para fora por conta do nível insuficiente de competências no âmbito da empresa.

Enquanto a literatura sobre inovação aberta não examina suficientemente a dimensão geográfica do fornecimento de conhecimento, a literatura sobre P&D global traz com aspectos detalhados os efeitos locacionais sobre o fornecimento do conhecimento.

8.4 COMO A PESQUISA SOBRE INOVAÇÃO ABERTA PODE CONTRIBUIR COM A PESQUISA SOBRE P&D GLOBAL

Obviamente, a pesquisa sobre P&D global tem limitações. Ela cobre a inovação aberta em um contexto global, mas, sobretudo, está relacionada com a inovação aberta de fora para dentro, dando pouca atenção para a inovação de dentro para fora (Vanhaverbeke, Du e von Zedtwitz, 2013). A esse respeito, a literatura sobre inovação aberta pode complementar a literatura sobre P&D global, fornecendo quadros teóricos relacionados à inovação aberta de dentro para fora – ver também o Quadro 8.2. A realidade mostra um aumento do nível de inovação aberta de dentro para fora acontecendo a partir das fronteiras nacionais; portanto, faz sentido para os pesquisadores da P&D global adotarem um quadro de inovação aberta de dentro para fora.

A literatura sobre P&D global também captura o efeito da P&D na inovação dos produtos, implicando que a literatura cobre vários estágios da cadeia de valor, além da função de P&D estritamente definida. No entanto, outras funções como marketing e vendas estão, obviamente, além do seu foco principal. A esse respeito, a pesquisa sobre inovação aberta pode agregar valor à literatura sobre P&D global. Certamente, focar a função de P&D permite uma compreensão muito mais clara da inovação aberta na fase mais a montante da inovação; no entanto, tal foco, naturalmente, coloca prioridade mais baixa na inovação a jusante, tal como a inovação orientada para o usuário. O papel significativo dos usuários líderes para a inovação (von Hippel, 1988) não pode ser ignorado. A entrada de conhecimento a partir dos concorrentes deveria também ser útil para a inovação, particularmente para *benchmarking*, porque concorrentes compartilham tipicamente conhecimento de contexto muito similar com as empresas focais (Asakawa e Un, 2012). Ao mesmo tempo, concentrar-se em P&D revela alguns dos traços mais diferenciados da inovação aberta, isto é, o desafio de superar a síndrome do "não inventado aqui" (Katz e Allen, 1982) prenominante no fornecimento aberto do conhecimento externo em P&D. Devido a P&D ser geralmente considerada como a propriedade intelectual central da empresa, o fornecimento do conhecimento para P&D a partir do exterior cria tensões psicológicas e sociopolíticas por parte dos cientistas e engenheiros no âmbito da empresa.

Outra vantagem da literatura sobre inovação aberta está em sua cobertura mais ampla das partes interessadas como atores-chave nas atividades de inovação, incluindo o departamento de propriedade intelectual, departamento corporativo de risco, incubadoras, departamento de aliança estratégica, entre outros (Vanhaverbeke, Du e von Zedtwitz, 2013). A literatura sobre P&D global não considera a colaboração com todas essas partes em profundidade, quando ocasionalmente a menciona.

Além disso, a literatura sobre inovação aberta considera os parceiros externos, como usuários líderes, comunidades de usuários, intermediários de inovação (Vanhaverbeke, Du e Von Zedtwitz, 2013), além dos centros de P&D do exterior do tipo físico e tradicional, que são levados em extensa consideração.

A literatura sobre inovação aberta agrega valor à literatura sobre P&D global pela elaboração muito mais ampla do desenvolvimento das capacidades de P&D. Por exemplo, Chesbrough e Schwartz (2007) apresentaram as capacidades centrais, críticas e contextuais da P&D e destacaram diferentes aspectos das capacidades. A P&D global manifesta níveis crescentes de colaboração externa visando à criação das capacidades. Contudo, uma classificação muito mais refinada das capacidades é desejável. A literatura sobre inovação aberta complementa isso preenchendo as lacunas na literatura. Aqui nós recorremos à compreensão da literatura sobre inovação aberta, em que capacidades diferentes requerem colaboração com diferentes tipos de parceiros externos, com o tipo apropriado de modo de governança (Vanhaverbeke, Du e von Zedtwitz, 2013).

Tabela 8.2 Enriquecimento recíproco da pesquisa sobre inovação aberta e sobre P&D global.

O que a pesquisa sobre inovação aberta pode contribuir com a pesquisa sobre P&D global	O que a pesquisa sobre P&D global pode contribuir com a pesquisa sobre inovação aberta
• Adotar o quadro de inovação aberta de dentro para fora. • Cobrir os múltiplos estágios das atividades de inovação. • Cobrir o escopo mais amplo das partes externas envolvidas em atividades de inovação. • Introduzir uma classificação refinada das capacidades de P&D.	• Considerar as decisões locacionais. • Ampliar os níveis de análise para inovação aberta global. • Dar atenção às capacidades para fornecimento de conhecimento do exterior. • Gerenciar as redes interna e externa. • Considerar a inovação nos países emergentes.

8.5 CONCLUSÃO

Considerando que a inovação aberta está se tornando cada vez mais global e que a P&D global está se tornando cada vez mais aberta, tal enriquecimento recíproco é a direção mais natural. No entanto, as heranças da pesquisa desses dois campos são diferentes. É nosso objetivo sugerir, principalmente para a comunidade de pesquisa sobre inovação aberta, como a pesquisa sobre P&D global pode agregar valor para maior avanço da pesquisa sobre inovação aberta no contexto da globalização. Argumentamos que a literatura sobre P&D global pode contribuir com a literatura sobre inovação aberta ao oferecer uma abordagem muito mais refinada dos aspectos geográficos da inovação aberta. Mais especificamente, propusemos diversas áreas de pesquisa na qual a pesquisa sobre P&D global poderia avançar nosso conhecimento sobre a inovação aberta, tal como decisões locacionais, distância e âmbito geográfico, papel das subsidiárias estrangeiras, ampliação do nível de análise para a inovação aberta global, capacidade organizacional de gestão de redes internas e externas e gestão da inovação aberta em países emergentes.

A pesquisa sobre P&D global tem limitações, algumas das quais a literatura sobre inovação aberta pode complementar. Por exemplo, a atenção preponderante para a inovação aberta do tipo de fora para dentro pela literatura sobre P&D global pode ser complementada pela literatura sobre inovação aberta que captura suficientemente a inovação do tipo de dentro para fora. O foco exclusivo da literatura sobre P&D global na função de P&D pode ser complementado por um escopo muito mais amplo de atenção por parte da literatura sobre inovação aberta para várias áreas funcionais, que incluem vendas e marketing.

Embora o fenômeno da inovação aberta tenha se expandido rapidamente nos negócios e um número crescente de pesquisadores de gestão tenha prestado atenção nesse fenômeno ao longo da última década, uma atenção bastante limitada tem sido dada à dimensão internacional da inovação aberta. Pesquisas futuras podem lançar mais luz no benefício e nas limitações da literatura sobre P&D global para investigar a natureza da dimensão internacional da inovação aberta com muito mais profundidade.

CAPÍTULO 9
Inovação social aberta[1]

Henry Chesbrough e Alberto Di Minin

9.1 INTRODUÇÃO

As inovações que chegam ao mercado criam uma mudança na sociedade. No entanto, como estudantes de gestão, vamos nos concentrar principalmente nos benefícios particulares da inovação – para os consumidores, para os fabricantes e para os investidores – e tratar os benefícios sociais globais como uma nota final para os nossos artigos. O fenômeno da inovação aberta tem seguido também esse caminho, pois as pesquisas anteriores tenderam a ignorar seu impacto fora do setor privado.

Neste capítulo, nós esperamos iniciar o processo para fechar essa lacuna das pesquisas anteriores sobre inovação aberta. Vamos analisar o papel da inovação aberta nas organizações que buscam alcançar uma mudança social positiva como sua missão primária, em vez de organizações do setor privado que consideram a mudança social positiva como um subproduto (Drucker, 2001; Porter e Kramer, 2011).[2]

Essas organizações operam no setor público e no setor sem fins lucrativos. De acordo com a definição do Fórum Econômico Mundial, "inovação social refere-se à aplicação de abordagens inovadoras, práticas e sustentáveis, baseadas no mercado e que atingem a mudança social e/ou ambiental transformadora, com ênfase nas populações mal servidas".[3]

As inovações sociais podem ser o resultado do trabalho de indivíduos, bem como de grupos e organizações. Enquanto os inovadores no mundo dos negócios medem seu sucesso e sua efetividade de uma forma bastante simples (ou seja, lucros e retorno sobre os investimentos), os inovadores sociais por definição precisam levar em conta a mudança social como o objetivo final da sua estratégia. De acordo com um relatório recente publicado pela NESTA (uma organização de caridade independente do Reino Unido) e pela Fundação Young (Murray, Caulier-Grice e Mulgan, 2010), o processo de inovação pode ser caracterizado por seis fases muito distintas. Em cada uma dessas fases, os inovadores sociais respondem a diferentes atores e partes interessadas e têm diferentes metas a alcançar, mas, em última análise, a inovação social refere-se ao alcance de mudança sistêmica.

Como a inovação aberta pode contribuir com essas organizações que atravessam as transições mostradas na Figura 9.1? Que condições permitiriam que as estratégias de inovação aberta pudessem ser aplicadas de forma útil por organizações cuja missão é alcançar a mudança social? Ao analisar essas questões, chegamos a um novo construto que denominamos inovação social aberta (ISA).

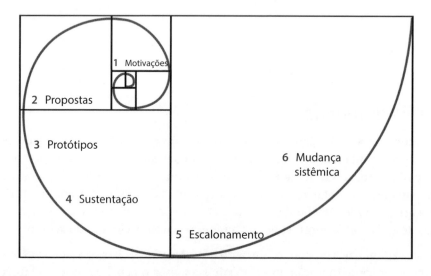

Figura 9.1   Inovação social como entendida pela NESTA e pela Fundação Young.

Nós definimos a ISA como a aplicação das estratégias de inovação aberta de fora para dentro e de dentro para fora, junto com as inovações no modelo de negócio associado da organização, para os desafios sociais. Até onde sabemos, essa é a primeira vez que o quadro teórico da inovação aberta está sendo aplicado no setor social. Portanto, assumimos aqui uma abordagem exploratória para desenvolver a relevância do paradigma da ISA. Nós descobrimos que o quadro teórico da ISA é particularmente útil para acessar protótipos (estágio 3), sustentar os esforços inovadores (estágio 4) e as atividades de escalonamento (estágio 5), quer dentro do modelo de negócios atual, quer em um modelo de negócios potencialmente novo para atender as necessidades de populações-alvo carentes que não podem ser atendidas pelos mecanismos de mercado puro.

Dada a natureza deste estudo, apresentamos aqui três estudos de caso do setor social e público. Fizemos uma amostragem por variância, buscando atores inovadores dentro do setor público e social. Assim, nós não reinvindicamos que nossa amostra é representativa do grande setor público ou social. Em vez disso, procuramos descobrir alguns dos processos dentro das organizações que consideramos ser bastante inovadoras dentro do contexto social. Nossos casos envolvem duas ONGs que compartilham um impulso semelhante para a mudança social, têm tamanho, idade, orçamento e alcance global análogos e são fundadas e atualmente lideradas por dois líderes carismáticos. Nós também focamos na cidade de Birmingham, na Inglaterra, e em seus esforços para reformar o modelo de governo.

Apesar das muitas semelhanças, Emergency, da Itália, Ashoka, dos Estados Unidos, e a prefeitura de Birmingham, na Inglaterra, operam em setores muito diferentes, abordam desafios sociais muito diversos e adotam estratégias próprias também muito diferentes.

Elas também têm muito pouco em comum em termos de seu modelo organizacional e sistemas de controle. No entanto, cada organização tem adotado certas práticas que ilustram o quadro teórico da ISA que desenvolvemos indutivamente no final deste capítulo.

A missão da Emergency requer que ela forneça cuidados médicos de emergência de alta qualidade em ambientes devastados pela guerra. No centro do sistema de entrega da Emergency está um hospital, ou uma clínica supermoderna, operando de acordo com as melhores práticas europeias e fornecendo tratamento médico de primeira classe. Em torno desse núcleo, consistente com uma perspectiva de inovação aberta de fora para dentro, várias outras atividades complementam o que é feito na sala de cirurgia e acabam envolvendo os recursos disponíveis nas comunidades locais.[4] Alinhada com uma perspectiva de IA de dentro para fora, a estratégia de saída final para uma intervenção da Emergency é tornar-se desnecessária, a partir da transferência de *know-how* e de melhores práticas para as instituições locais e do estímulo à imitação local. Para alcançar tal resultado, a Emergency precisa estar extremamente integrada na comunidade local que serve.

A Ashoka tem como missão catalisar mudanças sociais nos países em desenvolvimento por meio do progresso de empreendedores sociais nativos. A Ashoka recruta, treina, financia e apoia ativamente esses empreendedores sociais (membros da Ashoka), que operam em uma ampla gama de áreas problemáticas. Esses empreendedores são, por sua vez, responsáveis pela implementação da missão da Ashoka. Seus membros recebem apoio financeiro direto da Ashoka e, ao mesmo tempo, eles se tornam parte de uma rede fortemente conectada, o que pode constituir um instrumento formidável para implementar suas ideias.

Ao descrever o modelo da Ashoka a partir de uma perspectiva da ISA, argumentamos que sua estratégia combina vários projetos, pessoas, recursos e ideias, com o resultado que a Ashoka não apenas apoia financeiramente como também acaba por cocriar as iniciativas de seus membros.

Quando se pensa em inovação, as grandes cidades urbanas geralmente não vêm à mente. A típica burocracia pública não é usualmente considerada como uma fonte de inovação social. A cidade de Birmingham é bem típica de muitas grandes cidades. Seus cidadãos enfrentam uma série de desafios sociais e seus filhos, em especial, se encontram em situações de abuso em casa ou demonstram comportamento antissocial na escola ou na cidade. No entanto, a prefeitura de Birmingham conseguiu aplicar algumas novas iniciativas para enfrentar os problemas sociais de negligência e abuso infantil. Ao fazê-lo, a prefeitura transformou seu modelo de negócio, empregando uma moderna análise de dados, e conseguiu resultados superiores para os seus cidadãos. Ainda oferece essa transformação como um serviço para outros órgãos públicos, uma clássica abordagem de inovação aberta de dentro para fora.

Passamos agora para uma discussão mais detalhada dos desafios de inovação de cada organização e como foram superados. Vamos mostrar, a seguir, cada aspecto empregado de um quadro teórico da ISA.

9.2 EMERGENCY

Tudo começou a partir de uma ideia originada de uma rede informal de profissionais italianos que perceberam que era necessário oferecer ajuda cirúrgica onde tanto as organizações de manutenção da saúde padrão como as organizações internacionais não eram capazes de intervir. Isso foi particularmente relevante em áreas de conflitos civis e militares prolongados e de centenas de guerras informais que assolam o mundo. A Emergency foi fundada como uma ONG italiana sob a liderança de Gino Strada, em 1994, e entrou na campanha contra instalação de minas terrestres.

A missão original da Emergency era tratar as vítimas de guerra, criando as instalações e a organização que eram necessárias para a prestação de tratamento cirúrgico de qualidade mundial, mesmo em áreas que estavam no centro das guerras e conflitos. O modelo de funcionamento da organização foi baseado em uma grande base voluntária, em doações e no envolvimento de médicos e enfermeiros treinados. Atualmente, a Emergency, cujo orçamento de 2010 foi de 30 milhões de euros, tem filiais nos Estados Unidos (fundada em 2005), Reino Unido (desde 2007), Suíça e Japão (desde 2011). A Emergency já atuou em dezesseis países e tem proporcionado tratamento médico e cirúrgico para pouco menos de 5 milhões de indivíduos. Hoje em dia, a ONG está gerenciando seus próprios hospitais em seis países: Afeganistão, Camboja, República Centro-Africana, Iraque, Serra Leoa e Sudão. No passado, a Emergency também coordenou operações no Chade, Congo, Djibuti, Egito, Eritreia, Etiópia, Irã, Ruanda, Somália e Uganda.

É parte do estilo da Emergency entender e se adaptar a regras, tradições e cultura da região onde está localizada. Mantendo-se absolutamente neutra com respeito ao conflito e tenazmente firme quando se trata de preservar as condições de segurança de seus funcionários, a Emergency entra em negociação com civis, militares ou autoridades religiosas locais, para estabelecer regras claras de conduta e limites que ambas as partes se comprometem a respeitar. Um grande desafio foi, em particular, o caso do Afeganistão, o segundo maior programa da Emergency (16% do total do orçamento para 2010), em que podemos ver claramente as vantagens da estratégia da Emergency.

Presente no Afeganistão desde 1999, ela gerencia agora três centros cirúrgicos, uma clínica de maternidade, uma rede de trinta postos de primeiros socorros, centros de saúde e um posto médico na maior prisão do país. No centro médico de Anabah, a Emergency emprega 214 funcionários locais e realizou, até agora, mais de 17 mil operações cirúrgicas. Abrir e operar um serviço de maternidade gratuita sob o regime talibã também foi desafiador, mas neste momento cerca de 300 bebês nascem mensalmente, e os pais podem ter aulas e consultas gratuitas. Cecilia Strada, filha do fundador, Gino, disse-nos que esses resultados foram alcançados exatamente graças à capacidade da Emergency de interpretar a situação no local e se envolver com um tipo de intervenção que era, ao mesmo tempo, respeitosa às normas e aos costumes e também segura para médico e pacientes.

Com operações espalhadas por todo o globo, a Emergency continua a ser uma organização centralizada, que controla rigidamente as atividades a partir das sedes em Milão e em Roma. As regras de engajamento em zonas de conflitos muito complexas são compreendidas por todos na organização. Tanto os voluntários quanto os profissionais precisam estar conscientes das tradições locais e do respeito às normas culturais e religiosas. A Emergency emprega atualmente 260 pessoas na Itália e é apoiada por uma rede de aproximadamente 4 mil voluntários em todo o mundo. Médicos e enfermeiros, distribuídos internacionalmente, são treinados, supervisionados e pagos diretamente pela Emergency. Ela é extremamente rigorosa quando impõe procedimentos e regras de conduta: quando as negociações são concluídas com as autoridades locais e também com a sua própria equipe. O que está em jogo não é apenas a reputação da Emergency, mas também a segurança dos trabalhadores locais. Daí, a margem de manobra é extremamente limitada.

Dentro desse quadro, que parece não permitir muito espaço para inovação, a Emergency conseguiu adotar várias formas de inovação social aberta. Um princípio central da inovação aberta é incorporado na expressão de Bill Joy: "nem todas as pessoas inteligentes trabalham para você". A fim de proporcionar tratamento médico gratuito e de alta qualidade para qualquer um que tenha necessidade, a Emergency não apenas distribui enfermeiros e médicos como também tem que identificar e lidar com fornecedores e pessoal locais para apoiar suas atividades. Contratar e fornecer para contratados externos em certas áreas do mundo e em ambientes extremamente instáveis é um esforço complexo que requer uma gestão de operações avançada. Ainda assim, depender de recursos externos é um componente, por excelência, do negócio da Emergency. As competências locais são adquiridas por meio de intermediários de confiança com um profundo conhecimento sobre o meio ambiente local. O profundo e extenso envolvimento dos recursos externos locais permite que a Emergency torne-se profundamente enraizada na complexa malha de comunidades em condições devastadas pela guerra e que geralmente são atormentadas por altos níveis de corrupção.

Um segundo aspecto da organização da Emergency, que pode ser ligado ao quadro teórico da inovação social aberta, pode ser definido como flexibilidade do modelo de negócio. A inovação aberta requer uma análise cuidadosa de seu modelo de negócio e de como um modelo de sucesso pode, às vezes, limitar a capacidade de uma organização inovar (como Chesbrough, 2003a, mostrou no caso da Xerox). A Emergency deve constantemente analisar seu modelo de negócio sob a luz das condições que encontra em cada novo conflito. O consentimento político e os regulamentos legais são os limites dentro dos quais a Emergency precisa operar. A confiança entre a Emergency e os parceiros externos é fundamental, especialmente quando a sociedade e a política no país estão em turbulência pesada. Ela tem de respeitar as regras e hábitos culturais frágeis com cuidado, sem comprometer os aspectos que são necessários para as suas operações (higiene, segurança etc.). Durante sua entrevista, Cecilia Strada enfatizou que flexibilidade e estabilidade são extremamente difíceis de equilibrar. Sob certas condições, acaba por ser impossível, e a Emergency já teve de desistir de suas ideias e objetivos para determinadas regiões no mundo, ou foi forçada a tomar atitudes fortes, tais como encerrar as operações das suas clínicas para mulheres no Afeganistão, por conta de questões relacionadas com a empregabilidade da sua equipe feminina.

Um terceiro aspecto da operação da Emergency pode ser ligado ao quadro teórico da inovação social aberta de dentro para fora. Vamos considerar o caso do Iraque. A Emergency esteve presente no Iraque desde 1996, passando por guerras, uma mudança de regime e um conflito interminável. Teve que negociar com as autoridades locais, identificar potenciais parceiros na região e gerenciar sua operação em um ambiente muito difícil e instável. Ainda assim, os primeiros resultados e o compromisso colocaram a Emergency em uma posição privilegiada para expandir sua missão no país e cuidar da dor de mais de 10 mil vítimas da guerra desempregadas. Tratar pacientes, talvez com próteses artificiais de pernas ou braços, pode não ser a solução se o ambiente desses amputados não lhes permite voltar a ter uma vida ativa. Apesar da reabilitação médica dar uma autonomia física aos pacientes, consequências indesejáveis das suas mutilações ou deficiências impedem essas pessoas de contribuírem para suas comunidades ou simplesmente voltar para seu trabalho. A rede de relacionamentos estabelecida pela Emergency no país permitiu à organização identificar quase 300 cooperativas e associações que poderiam fornecer assistência e ajudar a encontrar novos postos de trabalho para seus pacientes, começando com cursos de treinamento de seis meses e continuando com as outras formas de ajuda. No Iraque, a Emergency vai realmente além da sala de cirurgia, percebendo que alguns de seus relacionamentos e ativos permitem que a organização enfrente a dor de uma forma mais completa.

Vamos nos concentrar em um quarto aspecto do modelo da Emergency: sua estratégia de saída. O objetivo final da intervenção da Emergency é tornar-se redundante e contribuir para a melhoria do sistema de saúde local, que poderá funcionar após deixar de operar na área. Transferir conhecimento, treinar médicos, enfermeiros e equipe técnica é, portanto, parte da missão da Emergency e fundamental para sua capacidade de sair.[5] A esse respeito, a Emergency é capaz de relatar histórias siginificativas de sucesso. Por exemplo, embora a organização ainda esteja ativa no Iraque, várias unidades de saúde locais são agora completamente autônomas e funcionam independentemente da Emergency. Os funcionários locais mantiveram o seu trabalho e, na maioria dos casos, a qualidade do serviço prestado não caiu, assim que a Emergency saiu.

A ONG começou a partir de uma ideia: de que, mesmo na mais desesperada ou destroçada área de guerra, o acesso aos cuidados médicos continua a ser um direito humano fundamental. A organização passou por um crescimento incrível que foi sem precedentes entre as ONGs italianas. É hoje reconhecida mundialmente como um fornecedor líder de tratamento médico e é bem-vista em algumas das áreas mais problemáticas do mundo. O compromisso com os ideais e os princípios orientadores da organização permitiram que a Emergency envolvesse recursos muito além da sala de cirurgia. A partir da inclusão de recursos externos, da revisão cuidadosa do seu modelo de negócio e de sua capacidade para fazer a própria transição para fora dos ambientes de conflito, demonstra o valor da inovação social aberta em um ambiente mais extremo.

9.3 ASHOKA

Quando, em 1980, Bill Drayton decidiu começar a Ashoka, seus objetivos eram muito ambiciosos. Ele queria fazer a diferença na sociedade por meio de atividades de uma rede de empreendedores sociais.[6]

Os empreendedores sociais, em vez de organizações internacionais ou do setor público, têm a motivação e o conhecimento e entendem o contexto local para resolver os problemas cruciais que assolam as comunidades, mas frequentemente não têm o tamanho e o acesso aos ativos complementares necessários. Como engajar uma rede potencialmente mundial e dispersa de pessoas de boa vontade?

A Ashoka foi fundada em 1981 com uma missão clara: "moldar um setor global de cidadãos, empreendedor e competitivo, que permita que os empreendedores sociais prosperem e que os cidadãos do mundo pensem e ajam como agentes de mudança", como nós ainda podemos ler no site da Ashoka. Ainda assim, o que torna o caso Ashoka um exemplo tão interessante de inovação social aberta é que seu sucesso chegou mais tarde, quando a organização realmente abriu o seu modelo de funcionamento inicial. Vamos considerar os detalhes de tal transição de um modelo *centrado no membro* para um baseado em empreendedorismo colaborativo.

Desde o início, no cerne das operações da Ashoka, encontramos uma ideia de inovação aberta. Sem dúvida, a Ashoka cumpre a sua missão fornecendo apoio financeiro direto aos seus membros, em vez de instituir uma equipe permanente de empregados. Isso encaixa bem com a advertência que Bill Joy deu anteriormente de que nem todas as pessoas inteligentes trabalham para você. A Ashoka busca pessoas já ativas no empreendedorismo social e, em seguida, procura apoiar e melhorar o seu trabalho.

Cerca de 30% (ou seja, 10,8 milhões dólares) do orçamento da Ashoka é alocado para prestar apoio financeiro aos seus 3 mil membros que operam em setenta diferentes países ao redor do mundo. O foco inicial foi Bangladesh, Brasil, Índia, Indonésia, México, Nepal, Tailândia e países africanos, para apoiar a fase de lançamento das empresas sociais. Na década de 1990, a Ashoka introduziu novas iniciativas e, em poucos anos, triplicou seu tamanho. Recentemente, seus programas se expandiram também na Europa Ocidental, leste da Ásia e Oriente Médio (Meehan, Koehane e Levenson, 2012).

A ferramenta original para ajudar os membros foi um investimento de dois anos fornecido diretamente pela Ashoka. O apoio permite que os membros dediquem-se completamente à realização dos seus empreendimentos sociais. Além disso, durante a década de 1990, a Ashoka concentrou-se em prover serviços individuais para cada um de seus membros e guiá-los para garantir que as suas atividades fossem bem-sucedidas. Estava providenciando apoio direto com treinamento especial, práticas de captação de fundos e consultoria gerencial. Embora esse modelo tenha trazido bons resultados e a reputação da Ashoka tenha crescido significativamente, o sistema ainda era muito caro, não escalável, demorado, e seu impacto no trabalho dos membros da Askoha foi intermitente em vez de contínuo. Na linguagem da Figura 9.1, as iniciativas da Ashoka também estavam frequentemente presas nos estágios 3 e 4.

Conforme o tempo passou, a organização com sede em Washington percebeu que era possível organizar suas atividades de uma maneira diferente, e a Ashoka se transformou em um verdadeiro inovador social aberto. Embora o apoio financeiro continue a ser a principal forma de assistência, a Ashoka percebeu que tinha capacidade de oferecer outros serviços, explorando o que estava se tornando o principal trunfo da organização: seu número crescente de empreendedores sociais.

Obviamente, a camaradagem e a colaboração entre os membros sempre foram componentes muito importantes do modelo da Ashoka, mas a organização sentiu que precisava ir além do apoio esporádico e da troca de sugestões. Ao longo dos anos, aperfeiçoou o conceito de "empreendedorismo colaborativo" (Drayton, 2011), cuja implementação foi baseada no acesso a recursos além da rede de doadores e membros e girava em torno de uma estreita interação com empresas e instituições públicas (as mesmas organizações que Drayton afirmou que não foram bem-sucedidas em abordar problemas sociais). A chave foi perceber que os empreendedores sociais e empresas ou instituições públicas poderiam complementar-se mutuamente e tinham incentivos claros para trabalhar juntos. Com efeito, por um lado, a maioria dos membros era incorporada em suas próprias regiões, profundamente entusiasmada e aberta a aprender com outros exemplos, compartilhar informação, mas ainda extremamente ocupada para exercer as suas operações em suas regiões selecionadas e com pouco ou nenhum tempo nem recursos para expandir suas operações. Consequentemente, não escalonava o que a Figura 9.1 sugere como sendo o objetivo final da inovação social. Ao mesmo tempo, as empresas ou instituições privadas poderiam estar interessadas em aproveitar uma oportunidade ou resolver um problema social, mas elas não foram capazes de fazê-lo, por não terem uma informação muito valiosa e de contexto bem específico que estava nas mãos de empreendedores sociais nativos. A Ashoka mudou seu foco do apoio individual para a integração do sistema, descobrindo novas oportunidades para os membros, estabelecendo ligações e colaboração para além da rede de 3 mil membros, com a sociedade em geral, e engajando seus membros em colaboração com todos os diversos componentes do ambiente local onde operavam.

A meta do empreendedorismo colaborativo foi identificada como a definição de parcerias sólidas entre setor empresarial, organizações sem fins lucrativos e setor público, a fim de alinhar os modelos de negócios e servir a um objetivo comum. Sob essa nova perspectiva, a rede global da Ashoka não só compreendia os seus membros e doadores como também corporações, empreendedores, políticos, acadêmicos e jornalistas, compartilhando o interesse pelos problemas sociais, mas com metas muito diferentes em mente.

Em outras palavras, de acordo com o modelo baseado em membros, a Ashoka estava impactando a sociedade por meio da sua rede. Sob esse novo modelo baseado em empreendedorismo colaborativo, atendeu às necessidades sociais a partir de uma coalizão maior. No centro, ainda encontramos o esforço direto de um empreendedor social (e o sistema de associados da Ashoka) que é, no entanto, fortalecido por meio de formas mais solidárias de interações. A meta final torna-se mudar a infraestrutura social/política de negócios a partir da colaboração dentro do setor da cidadania.

Na Figura 9.2, as abordagens da inovação social aberta de dentro para fora e de fora para dentro se misturam no conceito da Cadeia de Valor Híbrida da Ashoka. Por meio da Cadeia de Valor Híbrida (Figura 9.2), a Ashoka reinvindica que seu papel é ajudar os empreendedores sociais a fechar a lacuna entre as empresas e a sociedade civil, abordar um problema social e, finalmente, escalonar as operações em uma comunidade local para chegar a um público muito mais amplo. Vamos ver como, começando com tipo de colaboração entre empreendedores sociais e setor de negócios.

Como já foi sugerido, os membros da Ashoka tendem a ter um conhecimento profundo necessário para enfrentar um problema social local. Esses correspondem aos níveis 1 e 2 na Figura 9.1. A partir de uma perspectiva de negócio, eles têm o potencial de diminuir significativamente os custos de transação e as barreiras para entrar em um novo mercado. Têm o tempo e a energia para explorar as necessidades de um novo segmento de mercado que, nesse momento, se situa fora do alcance de qualquer organização empresarial única. Trabalhando com eles, os empreendedores e as empresas têm acesso a novos conhecimentos e talentos que são necessários para transformar uma falha de mercado em uma verdadeira oportunidade de mercado e, portanto, em lucro (para uma análise recente, consulte Drayton e Budinich, 2010). Isso corresponde aos níveis 3 e 4 da Figura 9.1. Ao mesmo tempo, explorando os recursos e as infraestruturas de grandes corporações, os empreendedores sociais têm a oportunidade de obter acesso a esses ativos complementares para dimensionar suas operações e, finalmente, entregar valor muito além do seu alcance individual. Eles podem qualificar sua ideia, mantendo fidelidade aos seus valores, e ainda operar por meio dos mecanismos da economia de mercado. Isso corresponde aos níveis 5 e 6 da Figura 9.1. As empresas estão em uma posição melhor para replicar esse modelo de sucesso em outras regiões, onde percebem necessidades e oportunidades semelhantes.

Essas alianças requerem acompanhamento atento, seleção de potenciais parceiros e sintonização fina na fase de implementação. As multinacionais e os empreendedores sociais falam línguas muito diferentes, e alguma forma de intermediação é necessária. Também é importante testar o estresse do nível de comprometimento com uma causa social das organizações empresariais e identificar agendas potencialmente ocultas, que podem estar em nítido contraste com os ideais dos membros. Os membros individuais não estão em posição de barganha, eles não têm a escala nem as habilidades para selecionar adequadamente parceiros e projetos. Aqui é onde a Ashoka entra em cena. Ela se torna o intermediário confiável para ambos os parceiros, a plataforma compartilhada na qual os empreendedores sociais e o setor privado podem tentar alinhar modelos. A Ashoka oferece aos membros um rico portfólio de alternativas pré-selecionadas e envolve até mesmo a maior multinacional como parceiro, compartilhando uma linguagem comum. Ela não só é capaz de convencer a indústria a considerar uma nova oportunidade de negócio com base nos conhecimentos, na exploração e nas conexões dos seus membros, está também na posição de negociar as regras de engajamento entre um parceiro de negócios e os membros potencialmente interessados.

Negócio		Organizações do setor de cidadania
Metas	**Cadeia de Valor Híbrida da Ashoka**	**Metas**
• Acesso aos mercados	• Permite o empreendedorismo colaborativo no país e globalmente	• Produtos e serviços aperfeiçoados para as comunidades
• Maior rentabilidade	• Identifica e envolve os parceiros fornecendo competências complementares	• Fluxos de rendimento aumentados
Ativos		**Ativos**
• Bens e serviços vitais		• Conhecimento profundo das comunidades e consumidores
• Capacidade de operar em escala	• Demonstra como entregar soluções integradas em escala	• Capacidade de agregar demanda
• Capacidade de investimento		• Redes sociais
• Capacidade operacional	• Difunde conhecimento, aprendizagem e *know-how* específico que aparecem nas aplicações da cadeia de valor da Ashoka	• Capacidade de mudar o comportamento
• Infraestrutura e logística		

Figura 9.2 Cadeia de Valor Híbrida da Ashoka.

Fonte: http://fec.ashoka.org/.

De uma perspectiva da inovação social aberta, podemos ver a Ashoka atuando como um intermediário entre diferentes empreendedores sociais e entre empreendedores sociais, empresas e instituições. A marca e a reputação da Ashoka não só se torna útil para interações com o setor empresarial como também quando um empreendedor entra em negociações com o setor público. Os membros estão abordando verdadeiras necessidades sociais e trabalhando sob condições extremamente difíceis em áreas muito problemáticas. Abordam situações caracterizadas não só por uma falha de mercado como também por uma falha de política. Nesses cenários, uma aliança entre empresas e empreendedores sociais só pode ser a solução se o setor público intervir e fornecer alguma infraestrutura básica e permitir que as operações funcionem sem problemas. Mais uma vez, os membros podem estar em uma posição privilegiada para compreender as questões fundamentais em jogo, mas podem não estar em uma posição direta para negociar com o setor público, ou pior, podem se tornar vítimas da incompetência e da corrupção. O papel da Ashoka é suavizar o processo, identificar os políticos-chave e facilitar o fluxo de informações para que a cadeia de valor híbrida funcione adequadamente.

O projeto Housing for All (habitação para todos) pode exemplificar claramente o processo. Funcionou com sucesso em vários países, tais como Brasil e Índia, e provou que essa estratégia de inovação social aberta poderia claramente ser aplicada em contextos locais muito diferentes. Muitas foram as partes interessadas envolvidas no processo, que acabou fornecendo água potável, moradia digna e novos postos de trabalho em algumas das comunidades mais pobres desses dois países. Os membros da Ashoka estavam de fato no centro dessa rede. Eles identificaram as oportunidades e atuaram como os principais empreendedores sociais, dedicando tempo integral para a conclusão do projeto. O papel deles era funcional para chamar a atenção de todos para os pequenos detalhes que poderiam dificultar a conclusão do projeto. A colaboração com as autoridades locais de planejamento também foi muito importante para limpar a terra e revisar o zoneamento, e as autoridades políticas dividiram o sucesso da melhoria da qualidade de vida dos seus círculos eleitorais. Um novo mercado se abriu para empresas de construção, incorporadoras imobiliárias, instituições financeiras e artesões locais. Com regras transparentes de engajamento e um compromisso claro, o negócio prosperou sob as diretrizes da cadeia de valor híbrida da Ashoka. O programa foi primeiramente introduzido com sucesso no Brasil e depois expandido para Índia, Colômbia e Egito.[7]

A abordagem da inovação social aberta e da cadeia de valor híbrida no projeto Housing for All conduziu a soluções escalonáveis e replicáveis. O papel dos parceiros envolvidos era compreender o ambiente local e atender as necessidades por meio de uma rede forte. Embora as soluções fossem personalizadas, os processos aplicados nos diversos países foram semelhantes e supervisionados pela Ashoka por meio de uma equipe global de empreendedores e equipe de apoio.

A captação de recursos para Ashoka é uma operação de execução complexa. Enquanto as corporações e as grandes fundações são responsáveis por 35% do orçamento da Ashoka, mais de 65% do orçamento vem de indivíduos e contribuições de pequenas empresas. Como consequência, o modelo de financiamento da Ashoka é extremamente distribuído. As operações de uma organização de 39 milhões dólares são gerenciadas a partir da sede mundial em Arlington (Virgínia) e a Ashoka está presente em quarenta países diferentes, com 25 escritórios regionais. A Ashoka emprega atualmente cerca de 450 membros da equipe, 125 estão localizados na sede. A captação de fundos, apoio para os membros e outras operações são altamente descentralizadas, mas ainda assim o nível de integração e controle das operações é necessariamente muito firme.

Em um artigo recente na revista *Stanford Social Innovation Review* (Clay e Paul, 2012), Roshan Paul, que se juntou à Ashoka em 2003 e ajudou a executar algumas das iniciativas de maior sucesso da organização, identifica a inovação aberta como uma facilitadora para a participação na comunidade e, de forma mais geral, para escalonar as operações das ONGs. Com Alexa Clay, Paul escreve sobre a transformação dos beneficiários em cocriadores, passando de uma visão de projeto centrada na empresa para uma visão de ecossistema, identificando esquemas de licenciamento gratuito para replicar a inovação no setor social, desencadeando o espírito empreendedor dentro e além de uma única organização e, finalmente, permitindo o surgimento e a evolução dos modelos de negócio. O potencial é enorme, como o fundador Drayton sugere em um recente artigo na *Harvard Business Review* (Drayton e Budinich, 2010, p. 58): "as colaborações entre empresas e empreendedores sociais podem criar e expandir os mercados em uma escala não vista desde a Revolução Industrial". A Ashoka agora está se tornando um exemplo a ser seguido para outras ONGs e, como um verdadeiro inovador social aberto, não é tímida em compartilhar suas visões e modelos com outros parceiros ao redor do mundo. Citando mais uma vez Bill Drayton: "Quanto mais olhos temos sobre os problemas da sociedade – e sobre as oportunidades – melhores as nossas chances de chegar a soluções valiosas".

9.4 CIDADE DE BIRMINGHAM

A cidade de Birmingham (CDB de aqui em diante) tem uma história municipal de orgulho de inovação social, que remonta ao século XIX, quando se tornou conhecida como "a cidade mais bem governada do mundo". No entanto, até 2003 Birmingham tinha um longo caminho a percorrer para ser considerada o melhor governo local. Sob um programa de inspeção do Reino Unido, que avaliou todas as autoridades locais em uma escala de uma a quatro estrelas, Birmingham foi avaliada com apenas uma estrela, com perspectivas incertas de melhoria. Ela tinha caído do topo para perto da parte inferior da escala em um século. E a centelha da inovação social acesa no final do século XIX parecia ter sido apagada.

O que mudou para reacender um novo ciclo de inovação social? A liderança da CDB decidiu embarcar em um projeto ousado para melhorar e, finalmente, transformar sua prestação de serviços públicos. Isso levou a um direito fundamental de repensar o modelo de negócio da organização, um dos construtos principais da inovação aberta. Uma reunião informal pretendia discutir a missão da prestação de serviço social em apenas uma hora e, em vez disso, transformou-se em um debate de um dia inteiro, que levou a uma distinção fundamental: em vez de prestação de serviços, a nova missão da CDB foi a de melhorar a saúde e o bem-estar dos seus cidadãos. Essa mudança subitamente mudou o foco das entradas (prestação de serviços) para os resultados (saúde e bem-estar). Focar a missão em resultados, por sua vez, instigou alguns pensamentos radicais.

Na área de serviços de cuidados infantis, a CDB percebeu que era caro e ineficiente esperar para prestar serviços depois que o abuso de crianças surgisse. Em vez disso, trabalhou em estreita colaboração com um fornecedor externo de *software* de banco de dados e utilizou as informações abundantes que haviam sido coletadas sobre seus clientes ao longo de muitos anos. Trabalhando com peritos externos independentes, foram desenvolvidos algoritmos que ajudaram a prever quais domicílios tinham alto risco de ocorrência de abusos. Esses dados permitiram à prefeitura criar novas ofertas de serviços para esses domicílios de alto risco *antes* que qualquer abuso pudesse ser relatado. Dessa forma, a chance de pais abusarem das crianças foi reduzida, abordando as causas fundamentais e oferecendo alternativas (tais como programas de controle da raiva para os pais), que reduziram a chance de incidência de abuso naqueles domicílios.

Mais importante ainda, esses programas permitiram que as crianças permanecessem em suas casas (uma vez que nenhum abuso havia acontecido), em vez de ir para um orfanato ou outras modalidades de cuidados institucionais. A análise de dados mostrou que as crianças que eram retiradas de suas casas e mandadas para essas instituições também tinham maior risco de comportamento antissocial no futuro. Essas mudanças foram importantes na forma como a CDB fazia negócios, uma verdadeira mudança em seu modelo de negócio. Foram precipitadas pela decisão de intensificar a colaboração com fornecedores externos de *software* e análises, entregando resultados que a prefeitura não teria obtido, se ela se baseasse exclusivamente nos seus recursos internos.

Em termos de inovação aberta, a CDB deu um novo conceito ao modelo de negócio que empregou para redefinir suas ofertas de serviço e alterar a forma e o momento de entregar seus serviços para seus clientes: os moradores da cidade. Isso exigiu uma nova definição de sua proposta de valor aos seus clientes e foi necessário um processo de governança para realizar as alterações.[8]

A governança dessa transformação do modelo de negócio também foi um desafio. A CDB decidiu implantar a governança da transformação de seus negócios fora das estruturas departamentais existentes. Um grupo especial do Conselho de Programas foi criado para supervisionar as transformações individuais (a mudança nos serviços de cuidados infantis foi apenas uma de uma série de iniciativas; cada uma tinha seu próprio Conselho de Programa). Esses conselhos respondiam diretamente ao Conselho de Ministros (o órgão máximo de decisão na CDB), relatando anualmente sobre os progressos e planos. Só o Conselho de Ministros poderia estabelecer um novo programa ou fechar um já existente.

Além disso, reconheceu-se que um programa com esse grau de alteração iria exigir um nível significativo de coordenação entre as diferentes iniciativas. Um novo papel foi, portanto, criado na equipe de gestão corporativa para supervisionar toda a transformação do modelo de negócio, gerenciar as interações entre os programas, ser responsável pelo mapeamento do processo de transformação e monitorar a entrega dos benefícios de cada iniciativa.

Como resultado desses esforços, a CDB tem desenvolvido um processo de capacitação para gerenciar essas transformações. Na melhor tradição do processo de inovação aberta de dentro para fora, a cidade decidiu permitir que outros municípios e organizações do setor público aprendessem com suas experiências. Ela agora oferece sua metodologia sob o nome de CHAMPS2 (gerenciamento de mudanças para o setor público). Essa metodologia é delegada pela CDB para ser usada em todos os programas de transformação de negócios na cidade. É ilustrada na Figura 9.3. Em resumo, trata-se de uma abordagem de oito fases para a mudança transformacional. Cada fase consiste em diversos estágios e cada estágio engloba uma série de atividades. No total, a metodologia compreende mais de 500 atividades, cada uma com informações de apoio, incluindo exemplos, modelos e guias do tipo "como fazer".

Figura 9.3 CHAMPS2: Transformando serviços públicos.

Uma das características que distinguem o CHAMPS2 é que foi desenvolvido para o setor público, no qual é essencial balancear o aumento das demandas dos cidadãos por melhores serviços com a necessidade de ganhos em eficiência do setor público.

A metodologia completa do CHAMPS2 foi colocada em domínio público e está disponível em www.champs2.info. É mostrada na Figura 9.3 e mapeia em estreita colaboração com os seis estágios da inovação social detalhados na Figura 9.1. No entanto, esse é mais um mapa do processo de como um órgão público pode realizar uma inovação estratégica.

9.5 DISCUSSÃO

Em contraste com a Emergency e a Ashoka, que são organizações sem fins lucrativos, a prefeitura de Birmingham é uma entidade pública. Como resultado, existem muitos aspectos da sua missão que diferem daqueles das outras duas organizações. A Emergency e a Ashoka são organizações focadas, dedicadas a uma única questão ou a um âmbito restrito de questões. A prefeitura de Birmingham deve responder a todas as necessidades de seus habitantes, conforme expressado pela sua Câmara Municipal, suas eleições e suas instituições governamentais.

Há um segundo aspecto dessa diferença também. A Emergency e a Ashoka posicionam-se na vanguarda da mudança social, correspondendo aos níveis 3 e 4 da Figura 9.1. A Emergency é frequentemente a primeira organização no território em um novo conflito. A Ashoka procura e apoia empreendedores que estão testando novas abordagens para criar uma mudança social. Entidades públicas, como a CDB, pelo contrário, seguem tais organizações na evolução da mudança social. Essas entidades públicas administram programas para milhões de pessoas no dia a dia, por décadas. Em muitos aspectos, elas são o repositório final da mudança sistêmica buscada pelas entidades sem fins lucrativos, como mostrado no sexto estágio da Figura 9.1. Se e quando uma mudança social torna-se parte de um programa instituído por uma entidade pública como a CDB, o ciclo de mudança social alcança plenamente o seu curso.

Uma terceira diferença reside na sustentabilidade e escalabilidade dessas organizações. As sem fins lucrativos, como a Emergency e a Ashoka, dependem de doadores para cobrir as suas despesas. Seus "modelos de negócios" implicam que os beneficiários dos seus serviços não podem pagar nem pagam pelo custo total dos seus serviços. Em muitos casos, os beneficiários não pagam nada pelos custos da prestação dos serviços. Os doadores devem compor o restante dos recursos necessários. Assim, essas organizações precisam cultivar relacionamentos a longo prazo com os doadores e se proteger contra a "fadiga dos doadores", como estamos vendo agora no Haiti. Lá, após anos de ajuda para reconstruir o país após a devastação provocada por um terremoto em 2010, os doadores estão agora dando atenção a outras crises em outros lugares, como a devastação causada pelo furacão Sandy, mais recente.[9] Esses fatores limitam a capacidade das entidades sem fins lucrativos de sustentar suas missões e, da mesma forma, limitam sua capacidade de dimensionar a prestação dos serviços oferecidos em sua missão.

Os órgãos públicos, por força do seu poder de tributar e do monopólio que mantêm para a prestação dos serviços, não têm essas preocupações. Eles podem manter seus programas mais prontamente e dispor dos recursos para ampliar as ofertas dos seus programas. Mas têm uma exigência que as entidades sem fins lucrativos não possuem. Ninguém espera que a Emergency preste serviços de saúde em todo o Iraque. Os empreendedores da Ashoka iniciam novos serviços onde é possível, sem expectativa de cobertura universal. Mas os órgãos públicos enfrentam a expectativa de fornecer seus serviços a todos em escala. De muitas maneiras, pode ser pior para um órgão público ter serviços disponíveis para alguns moradores de uma cidade, mas não prestar esses serviços a todos. A disponibilidade parcial significa que o órgão público deve ter um processo para determinar quem deve, ou não, receber os serviços. Moradores que ouvem sobre a disponibilidade dos serviços e descobrem que não poderão recebê-los ficam decepcionados ou até mesmo com raiva. E os meios de comunicação ficam muito felizes em publicar essas histórias, para constrangimento das autoridades públicas. Os eleitores podem, por vezes, punir os representantes públicos por esses erros.

Assim, os órgãos públicos enfrentam pressões políticas únicas para incrementar as suas ofertas para o acesso universal.

9.6 COMO A INOVAÇÃO SOCIAL ABERTA CONTRIBUI COM A INOVAÇÃO SOCIAL

Depois de discutir as diferenças entre essas três organizações, vamos considerar agora como o quadro teórico da inovação social aberta pode ser usado para interpretar as estratégias implementadas. A Tabela 9.1 oferece uma visão geral das estratégias que vamos discutir a seguir.

Tabela 9.1 Inovação social aberta em três organizações sem fins lucrativos.

	Emergency	Ashoka	Cidade de Birmingham
De fora para dentro	• Identificar e contar com os fornecedores locais e equipe para apoiar suas atividades. • Contratar e fornecer aos contratados externos. • Adquirir competências locais por meio de intermediários confiáveis com conhecimento profundo sobre o ambiente local. • Obter permissões dos agentes do poder local necessárias para operar nas regiões de conflito.	• Mudar seu foco de apoio individual para integração sistêmica, descobrindo novas oportunidades para os membros. • Ampliar as ligações e colaborações para além dos membros individuais, para uma rede maior dos pares do passado e do presente e outros recursos. • Engajar os membros a colaborar com todos os diversos componentes do ambiente local onde eles estavam operando.	• Usar tecnologia externa para desenvolver um banco de dados abrangente de serviços sociais oferecidos aos cidadãos. • Utilizar os fornecedores de análises e métodos oferecidos externamente para obter ideias sobre os fatores associados a maiores riscos de abuso infantil.
De dentro para fora	• Estabelecer uma rede de relacionamentos que permita a identificação de cooperativas e associações locais.	• Desenvolver uma rede global que não apenas comporte seus membros e doadores como também empresas, empreendedores, políticos, pesquisadores e jornalistas, compartilhando o interesse pelos problemas sociais.	• Oferecer sua metodologia sob o nome de CHAMPS2 (acrônimo em inglês para "gestão de mudança para o setor público").

(continua)

Tabela 9.1 Inovação social aberta em três organizações sem fins lucrativos (*continuação*).

Emergency	Ashoka	Cidade de Birmingham
• Estratégia de saída: transferir conhecimento para os parceiros locais, médicos, enfermeiros e equipe técnica em treinamento.	• Tornar-se o intermediário confiável para os parceiros, a plataforma de compartilhamento onde os empreendedores sociais e o setor privado podem tentar alinhar os modelos.	• Permitir que outros municípios e organizações do setor público aprendam a partir de suas experiências.
• Estratégia de saída: assegurar que os funcionários locais mantenham seus empregos e que a qualidade do serviço fornecido não sofra no momento da partida.	• Tornar-se capaz de negociar as regras de engajamento entre um parceiro de negócio e membros potencialmente interessados.	• Autorizar que essa metodologia seja usada por todos os programas de transformação de negócios na cidade.

A estratégia de inovação social aberta da Emergency combina a inovação aberta de dentro para fora e de fora para dentro para criar plataformas rigidamente controladas, mas profundamente incorporadas, para alcançar o duplo objetivo de ter um tratamento de primeira classe e serviços suportados e mantidos localmente. Sua inovação aberta de fora para dentro acontece porque a maioria das habilidades e dos recursos fora da sala de cirurgia tem que ser fornecida localmente e constitui uma parte fundamental do trabalho da Emergency. A equipe principal da Emergency vem do Ocidente e atua como coordenadores, integradores e controladores da qualidade para a gama de serviços prestados. A entrega efetiva dos serviços, exceto as cirurgias de cuidados intensivos, é fornecida por parceiros locais. Isso aumenta os empregos que a Emergency oferece à comunidade local e, provavelmente, expande o seu apoio dentro da comunidade.

A inovação aberta de dentro para fora da Emergency acontece em vários níveis. Antes de tudo, busca entregar de volta para a sociedade um cidadão ativo, autossuficiente e pronto para contribuir para a renovação de uma comunidade devastada, em vez de um amputado. Além disso, a Emergency fornece extenso treinamento no trabalho para seus parceiros locais no curso de sua missão. Como resultado, alguns desses parceiros saem para aplicar suas novas habilidades avançadas fora das instalações da Emergency. Dessa forma, ela torna-se um modelo a seguir por outras instituições locais de saúde, o que é inteiramente coerente com sua missão. (Na verdade, isso ajuda a preparação da comunidade para o momento da retirada da Emergency das suas instalações.) Embora esses transbordamentos sejam difíceis de controlar, quando, por exemplo, enfermeiros ou equipe técnica treinados saem para se juntar a clínicas privadas locais com fins lucrativos, eles ajudam a gerar consenso entre as diferentes facções da comunidade local em torno de toda a operação. Indiretamente, ajudam a proteger a Emergency dos caprichos dos senhores de guerra locais.

No caso da Ashoka, a estratégia de inovação social aberta combina elementos de inovação aberta de dentro para fora e de fora para dentro, e isso é possibilitado por uma organização que coordena uma rede administrada centralmente, mas globalmente dispersa. A presença da Ashoka em todo o mundo, e na comunidade em que atua, é mediada por membros da Ashoka. A inovação aberta de fora para dentro da Ashoka é claramente testemunhada pela diversidade de projetos apoiados pela organização. Para a Emergency e também para a Ashoka, a capacidade absortiva para incorporar ideias e tecnologias externas em suas ofertas é extremamente importante. Constantemente buscando ampliar a rede de membros, a Ashoka está à procura de maneiras de atrair os empreendedores sociais externos mais talentosos. Em vez de trazer jovens voluntários do Ocidente (pense no Peace Corps, por exemplo), a Ashoka determinou que o melhor é se concentrar em pessoas locais que se tornem os agentes da mudança. Depois de serem escolhidos, esses membros embarcam em treinamento pela Ashoka, que em grande parte é fornecido por membros antigos que têm experiência direta na mudança social. Além disso, os membros são apresentados a uma grande rede de membros atuais e antigos, que se tornam recursos valiosos para esses empreendedores, à medida que procuram pôr em prática as propostas para mudança selecionadas pela Ashoka.

A inovação aberta de dentro para fora acontece na Ashoka conforme a organização age como um intermediário. Ela transfere o seu valor não apenas selecionando e apoiando financeiramente seus membros como também a partir da combinação de ideias presentes na rede, criando vínculos entre as organizações e entre os membros, equipe profissional e instituições, em torno de projetos individuais. Munida dos resultados, bons e ruins, das muitas iniciativas empreendedoras de seus membros, a Ashoka pode acumular e, em seguida, disseminar as práticas de empreendedorismo social eficazes nos ambientes de países em desenvolvimento.

A prefeitura de Birmingham não desempenhou o papel de intermediário. Em vez disso, foi uma prestadora de serviços. No entanto, ela também seguiu elementos do quadro teórico da inovação social aberta. Com relação à inovação aberta de fora para dentro, a prefeitura precisava de tecnologia externa para desenvolver um banco de dados abrangente e as análises necessárias para obter as informações sobre os fatores associados ao alto risco de abuso infantil. Isso ajudou a prefeitura a decidir onde e quando intervir e, por sua vez, estimulou a oferta de serviços novos e preventivos que tinham mais probabilidade de manter as famílias intactas e reduzir a incidência de abuso infantil.

Outro aspecto do quadro teórico da inovação social aberta é a necessidade de um modelo de negócio que sustente o fornecimento de serviços. No caso de Birmingham, eles reorientaram seu modelo de negócio daquele de fornecedor de insumos (serviços sociais) para o de provedor de resultados (melhorar o bem-estar dos cidadãos de Birmingham). Essa mudança no foco destacou a necessidade de uma compreensão mais profunda das causas do abuso infantil e o que a prefeitura deveria fazer para lidar com elas (em outras palavras, combatendo as causas do abuso, em vez de gerenciar as sequelas resultantes do abuso). Quando as empresas do setor privado mudam de negócios baseados no produto para negócios baseados em serviço, frequentemente mudam o seu foco de entrada de (produtos) para resultados (de serviços) também.

A terceira parte do quadro teórico da inovação social aberta é a dimensão de dentro para fora de inovação aberta, em que ideias e tecnologias internas, abandonadas ou não utilizadas, são autorizadas a se tornarem externas. Essa é uma parte potencialmente poderosa do quadro teórico da inovação social aberta que poderia impulsionar drasticamente o impacto da mudança social. Uma vez que órgãos públicos, como a prefeitura de Birmingham, frequentemente não enfrentam o mesmo tipo de competição enfrentada pelas organizações do setor privado (e, em alguns casos, do setor social), eles podem se dar ao luxo de serem bem abertos em relação ao compartilhamento de métodos e práticas que provaram ser eficazes. Vemos isso na CDB a partir da sua metodologia para o gerenciamento do processo de mudança para chegar a esses novos resultados. A metodologia CHAMPS está agora disponível para uso de outros órgãos públicos em suas próprias iniciativas. Assim que outros órgãos públicos adotarem esses métodos e os aperfeiçoarem ainda mais, uma comunidade de aprendizagem poderá aparecer e levar o impacto social dessas mudanças para novos patamares.

9.7 CONCLUSÃO

O Conselho de Inovação Social do Fórum Econômico Mundial de 2013, em Davos, formulou uma questão desafiadora a um painel muito distinto: como a inovação social pode gerar impacto? A resposta: empreendedores sociais, empresas, instituições, ONGs e setor público precisam expandir as suas operações. As parcerias são tremendamente importantes para alcançar uma mudança social positiva.

Neste capítulo, argumentamos que as ideias da inovação aberta de dentro para fora e de fora para dentro e o papel de integração do modelo de negócio são relevantes para além do mundo dos negócios. No coração do quadro teórico da inovação aberta reside a ideia de que, em uma aliança para o trabalho, os parceiros precisam alinhar seus modelos de negócio (Chesbrough, 2006a). Ao fazê-lo, os incentivos e as metas são declarados e a definição dos recursos compartilhados é codificada. No que se refere ao mundo dos negócios, uma visão abrangente das estratégias da inovação aberta pode ser muito relevante para os empreendedores sociais por, pelo menos, três razões. Em primeiro lugar, como os casos mostrados neste capítulo sugerem, aproveitar os recursos de parceiros além das fronteiras de uma única organização é essencial para implementar a missão da empresa social. Em segundo lugar, os empreendedores sociais procuram alcançar um objetivo que não é possível medir apenas por meio da contabilidade financeira, portanto, alinhar diferentes objetivos é fundamental e difícil para as organizações envolvidas. Finalmente, a fim de alcançar a mudança sistêmica, modelos e práticas precisam ser econômica e socialmente sustentáveis mesmo quando servem às necessidades dos segmentos da população que o mercado não é capaz de atender.

NOTAS

1   Os autores são gratos a Ceclia Strada, Paolo Busoni e Simonetta Gola, da Emergency; Alan Landis, Darlene Damm, Konstanze Frischen, Paul O'Hara e Beverly Schwartz, da Ashoka; e Glyn Evans, da prefeitura de Birmingham, pelo tempo que gastaram conosco durante as entrevistas. Nós gostaríamos de agradecer o trabalho de Barbara Gilicze e Francesca Lazzeri, que nos ajudou na preparação deste texto e dos anteriores também. Também recebemos retornos e ideias importantes de Paolo Busoni, Devin McIntire e Thomas Osburg, bem como dos editores e de vários autores de outros capítulos deste livro. Embora reconheçamos seus valiosos comentários e contribuições para esses projetos, os dois autores deste capítulo continuam a ser os responsáveis pelas opiniões expressas nestas páginas.

2   Nós também observamos que com mais frequência as organizações com fins lucrativos estão interessadas no impacto social das suas operações e identificam estratégias para maximizar o impacto social positivo das suas atividades. Em um relatório especial no *The Economist*, em 2001, Peter Drucker afirmou que hoje, mais que ontem e ainda mais no futuro, o principal desafio para as corporações em todo o mundo será o de provar a sua legitimidade social. Dez anos mais tarde, os professores de Harvard, Porter e Kramer (2011), também mencionaram a criação de valores compartilhados para repensar o capitalismo e focaram exatamente no impacto social das atividades de uma organização.

3   Veja aqui o trabalho do Conselho da Agenda Global sobre Inovação Social, de 2012 (http://www.weforum.org/content/global-agenda-council-social-innovation-2012). Os autores são gratos ao Prof. Peter Russo e à Dra. Susan Muller, do Center for Social Innovation and Social Entrepreneurship da EBS (http://www.ebs.com), por guiar nossos primeiros passos para compreender a inovação social.

4   No Iraque, por exemplo, a Emergency está retreinando amputados, introduzindo-os em novas profissões; no Afeganistão, a Emergency fornece uma gama completa de serviços e apoio a mães e seus filhos. Isso só é possível a partir do engajamento da comunidade local com diálogo e em uma negociação respeitosa de hábitos locais, regras e mandamentos religiosos.

5   A Emergency também deve se proteger contra uma mobilidade demasiada dos trabalhadores. Isso pode acontecer quando a equipe local treinada pela Emergency sai da empresa e cria ou participa de práticas concorrentes no setor privado. Embora isso seja desejável no longo prazo, pode perturbar seriamente as operações da Emergency se não for cuidadosamente monitorado.

6   Enquanto hoje o conceito de empreendedorismo social se tornou muito importante, a intuição de Dayton, mais de trinta anos atrás, durante seus estudos na Universidade de Harvard, foi que havia um potencial altamente inexplorado no setor civil. Os novos modelos tiveram de ser identificados para corrigir as disparidades criadas pelos altos e baixos de uma economia turbulenta e entrar em áreas em que existiam necessidades reais, mas nenhuma solução clara do mercado estava implantada para abordá-las efetivamente. Os empreendedores sociais, se devidamente guiados, poderiam fornecer tais soluções.

7   Os números do projeto Housing for All são impressionantes. O primeiro piloto ocorreu no Brasil, em 2007, e hoje a organização percebe que esse foi um teste muito importante para alcançar o equilíbrio adequado entre o compromisso popular e o suporte técnico. Em 2011, 1,6 milhão de dólares foram investidos para proporcionar novas moradias, e o plano é atender entre 40 mil a 60 mil famílias até 2014. O projeto se expandiu para a Índia em 2010 e mais de 10 mil novas unidades habitacionais foram disponibilizadas até meados de 2011, com um mercado estimado de 100 milhões de dólares. As vendas de 11,7 milhões de dólares estão estimadas na Colômbia, com 28 mil novas casas; e, finalmente, mais de 18 mil unidades estão agora sendo melhoradas ou construídas no Egito.

8   Esse processo de mudança de modelo de negócio era por si só controverso para a CDB. O processo da administração pública difere em muitos aspectos importantes da gestão de negócios com fins lucrativos e até mesmo da gestão de empresas sem fins lucrativos. Muitos trabalhadores da prefeitura veem a si mesmos como trabalhando para o interesse público, não para um negócio. Sua autoimagem e senso de identidade significam que é preciso ter cautela ao aconselhar uma agência pública a "ser mais como um negócio". Além disso, há objetivos significativamente diferentes entre uma empresa e um órgão público. A CDB tem o poder de tributar e detém um monopólio sobre a prestação de seus serviços. Não há competição direta, por assim dizer, e os destinatários dos serviços têm poucos recursos se estiverem insatisfeitos com os serviços recebidos, exceto nas urnas e nas próximas eleições.

9   Fonte: http://www.nytimes.com/2012/12/24/world/americas/in-aiding-quakebattered-haiti-lo%y-hopes-and-hard-truths.html?pagewanted=all.

PARTE IV
GERENCIAR E ORGANIZAR A INOVAÇÃO ABERTA

CAPÍTULO 10
Inovação aberta e propriedade intelectual
Os dois lados da perspectiva de mercado

Henry Chesbrough e Roaya Ghafele

10.1 INTRODUÇÃO

Uma recente revisão da pesquisa sobre propriedade intelectual revelou que, de um total de aproximadamente 9 mil artigos sobre propriedade intelectual, menos de 20% não eram de cunho legal por natureza.[1] Uma fração ainda menor de artigos aborda como a inovação aberta se relaciona com a propriedade intelectual.[2] Tradicionalmente, a pesquisa sobre propriedade intelectual tem sido impulsionada pela tentativa de compreensão do escopo do direito material da propriedade intelectual com uma busca contínua por compreender se os regimes de PI devem ser "fracos" ou "fortes" por natureza (Gould e Gruben, 1996; Lanjouw e Lerner, 2000). As limitadas pesquisas econômicas nesse domínio não quebraram esse paradigma e buscaram compreender que tipo de regime ("fraco" ou "forte") melhor promove o crescimento (Maskus e Reichman, 2004; Helfer, 2004; Hasan e Tucci, 2010).

Um ponto de vista muito mais recente é o papel da propriedade intelectual como um mecanismo possibilitador de inovação, como uma forma de promover a troca aberta de informações de inovação. Isso só foi abordado por alguns poucos pesquisadores como Arora, Mazzoleni ou Merges (Arora, 1995; Feldman e Florida, 1994; Mazzoleni e Nelson, 1998; Merges, 1999). Esses autores começaram a perguntar como os acordos de licenciamento poderiam promover o crescimento e a eficiência dos mercados para a tecnologia e como a PI precisaria ser, posteriormente, gerenciada para atingir esses objetivos. Como esse tipo de abordagem incita essencialmente uma mudança de paradigma na forma como pensamos sobre PI, a literatura que deu continuidade a esse trabalho está, em grande parte, ainda preocupada com uma questão muito simples: "como se faz isso realmente?" (Gollin, 2008; Holmes, 2009; Hurmelinna, Kyläheiko e Jauhiainen, 2007).

Neste capítulo, vamos discutir sob a óptica dessa segunda perspectiva e conectá-la diretamente à inovação aberta, um tipo particular de inovação que se tornou mais marcante nos últimos anos (Chesbrough, 2003a). Vamos debater como a PI pode inibir a inovação aberta, ou, se for bem gerenciada, melhorar a sua efetividade. Esboçamos alguns exemplos ilustrativos para demonstrar os nossos argumentos e torná-los mais concretos para o leitor.

10.2 ONDE ESTÃO OS GERENTES?

O público de pesquisa jurídica convencional em PI é geralmente formado por outros pesquisadores. Nesse trabalho há pouca relevância direta para a maioria dos gestores profissionais, que devem fazer escolhas sobre se, quando e como proteger a propriedade intelectual que surge a partir das descobertas de inventos. Com efeito, talvez a maior crítica da abordagem existente para o papel das patentes na inovação seja que ela omite inteiramente qualquer papel dos gestores das empresas industriais no processo de inovação. Essa negligência de qualquer papel para a gestão na supervisão do processo de inovação é uma deficiência gritante que merece ser corrigida.

Aqui estão algumas das omissões na base de conhecimento atual a respeito da gestão de PI que nos incomodam. Nos relatos sobre a gestão de PI encontrados nesses estudos, não sabemos como os pesquisadores de inovação foram contratados nem a atribuição de recursos e incentivos dados aos inventores. Não sabemos como eles foram pagos. Não sabemos quais os incentivos que foram oferecidos pelas invenções registradas nem pelas patentes emitidas, apenas são conhecidas as publicações científicas de autoria deles. Mais importante ainda, nós não sabemos qual foi a estratégia da empresa em relação às tecnologias que estão sendo patenteadas. Todas essas importantes influências são determinadas por decisões gerenciais. Nenhuma dessas decisões foi mencionada no grande corpo da literatura acadêmica sobre PI. Isso não pode continuar assim. A gestão da inovação, de fato, é complexa, contingente e ligada à estratégia da empresa em questão.

A Figura 10.1 mostra que, mesmo dentro do domínio de conhecimento protegível, os gestores podem estrategicamente optar por não proteger o conhecimento com uma patente, mas, em vez disso, buscar um caminho alternativo. Esses veículos alternativos para proteger o conhecimento incluem: segredo comercial, direito autoral, licenciamento,[3] negligência,[4] confiança no prazo de entrega ou até mesmo a publicação. Este último modo é usado para garantir que outros não possam reivindicar direitos sobre o conhecimento útil que a empresa deseja usar, mas pode preferir não patentear. Como o critério do "primeiro a inventar" no sistema de patentes dos Estados Unidos mudou para o "primeiro a registrar", em harmonia com a prática na UE, no Japão e em muitos outros países, a publicação pode ser uma alternativa ainda mais atraente do que o patenteamento.

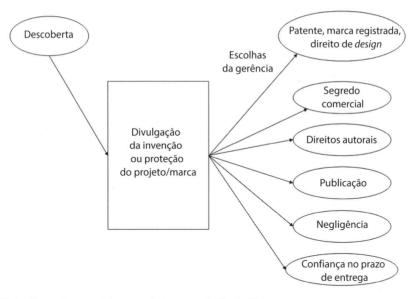

Figura 10.1 Os muitos caminhos possíveis para criação de PI.

10.3 A EVOLUÇÃO DA PRÁTICA DE GESTÃO DE PI

Antes da década de 1990, a gestão da propriedade intelectual era um pequeno nicho gerenciado pelos próprios advogados das empresas ou pelos conselhos externos de patentes, se a empresa fosse suficientemente pequena. Parecia haver pouco nessa área para interessar à alta direção.

Então, ocorreu uma série de eventos de negócios que fez com que os gestores céticos tivessem que se sentar e tomar conhecimento. Um desses eventos foi a emissão da chamada patente Kilby para a Texas Instruments (TI), em 1986. Essa patente deu à TI o direito de excluir os outros de muitos aspectos do projeto de semicondutores (Kilby foi o inventor inicial do semicondutor original, que trabalhou na TI e atribuiu todos os direitos de sua invenção para a empresa). Ao longo dos anos seguintes, a TI gerou uma parcela substancial de todo o seu lucro líquido corporativo a partir dos *royalties* recebidos por essa patente (Grindley e Teece, 1997). Outro evento foi o sucesso da ação da Polaroid contra a Kodak, em 1989, na qual a Polaroid conseguiu o maior valor já concedido por um tribunal dos Estados Unidos até aquele momento (mais de 900 milhões dólares) pela violação das suas patentes pela Kodak. Um terceiro evento, mais gradual, foi o enorme sucesso da IBM na criação de um fluxo de *royalties* de patentes a partir da sua PI, começando com alguns poucos milhões de dólares no início da década de 1990, aumentando para 1,9 bilhão de dólares em 2002 e continuando a gerar centenas de milhões de dólares em *royalties* por ano.

Observadores de negócios perspicazes tomaram conhecimento desses eventos e se esforçaram para imitá-los. Um grupo de gestores formou a The Licensing Executives Society (sociedade dos executivos de licenciamento), para trocar ideias e práticas recomendadas a respeito de licenciamento de patentes e outros tipos de PI. Comentaristas como Petrash (1997), Sullivan (2000) e, em especial, Rivette e Kline (2000) chamaram a atenção para as oportunidades de lucro latentes na concessão de licenciamento ou venda de propriedade intelectual. Esse último esforço, intitulado *Rembrandts in the Attic* (Rembrandts no sótão), prometeu grande riqueza para aqueles que, como o título sugere, pudessem tirar o pó da sua mofada PI, retirando-a do sótão corporativo e oferecendo-a à venda para terceiros.

Esses esforços fornecem informações úteis a gestores e executivos responsáveis por liderar essa atividade. No entanto, o contexto mais amplo e, especialmente, a conexão entre a PI de uma empresa e sua estratégia empresarial global ficou de fora. Por exemplo, em nenhum lugar nos relatos desses novos observadores e, aparentemente, nas práticas lucrativas, havia uma razão de por que as empresas *comprariam* esses ativos. Com certeza, elas poderiam pretender vender a sua PI, mas por que alguém ia querer comprar a PI de outra pessoa? Esses ativos não eram Rembrandts, pelo menos não para a maioria das pessoas. Precisava haver uma justificativa para as empresas desejarem comprar a PI de alguém para que houvesse um mercado para esses ativos.

No livro *Open Innovation*, Chesbrough (2003a) forneceu essa justificativa. O conhecimento útil, o livro argumenta, era agora amplamente difundido, de modo que nenhuma empresa tinha o monopólio sobre o conhecimento em seu campo. Ao mesmo tempo, a qualidade do trabalho em pequenas empresas, universidades e instituições sem fins lucrativos ficou cada vez mais alta. Assim, em vez de inventar tudo sozinho, seria possível inovar efetivamente acessando excelentes trabalhos de um desconhecido. Mas o que vender, o que comprar e o que publicar? Dreyfuss (2011) afirma: "Por um lado, mais e mais segmentos do domínio de conhecimento estão se tornando objeto dos direitos de propriedade intelectual. Ao mesmo tempo, a inovação aberta está prosperando. O quebra-cabeça é o seguinte: como essas tendências podem estar acontecendo simultaneamente?".

Essas escolhas dependem do modelo de negócios da empresa, da forma como a empresa cria valor e capta uma parte desse valor para si mesma (Chesbrough e Rosenbloom, 2002). Abrir-se a fontes externas de conhecimento pode acelerar o tempo para a comercialização, preencher lacunas técnicas no P&D interno ou reduzir o custo total de inovação para uma empresa. Os direitos de propriedade intelectual, por sua vez, permitem que os mercados de PI funcionem e promovam receitas para aqueles que buscam uma abordagem de inovação aberta de dentro para fora. Nós nos voltamos para uma consideração mais detalhada das motivações tanto para vender PI como para comprá-la.

10.4 OS DOIS LADOS DO MERCADO PARA PI: MOTIVADORES PARA COMPRA E VENDA

10.4.1 A ASCENSÃO DOS MERCADOS INTERMEDIÁRIOS

Uma força-chave que está afetando o mercado de propriedade intelectual é o crescimento do que Ashish Arora e seus colegas chamavam "mercados intermediários" ou mercados para inovações (Arora, Fosfuri e Gambardella, 2001a). No modelo de inovação fechada, as próprias empresas tinham de levar as suas novas descobertas para o mercado porque obteriam mais dinheiro dessa forma e também porque não havia muitas outras empresas que conheciam o suficiente para utilizar a nova tecnologia com sucesso. Os mercados de inovação no sistema de inovação fechada eram escassos e a PI foi gerenciada na defensiva para preservar a liberdade de operação. No mundo da inovação aberta, em que o conhecimento útil é muito difundido, existem muitas empresas com diversas maneiras potenciais de usar uma nova tecnologia, bem como muitas tecnologias potenciais que podem ser utilizadas no modelo de negócio da empresa. Nenhuma empresa pode esperar explorar todas as muitas maneiras em que uma nova tecnologia pode ser usada e nenhum líder técnico dura indefinidamente; assim, vantagens técnicas temporárias devem ser exploradas, tanto interna como externamente. Além disso, empresas de inovação aberta geralmente licenciam tecnologias generosamente para outras empresas.

Uma economia cheia de tecnologias que estão sendo licenciadas para outros usarem é aquela em que se pode dizer que existem mercados intermediários altamente desenvolvidos para tais tecnologias. Esses mercados são denominados "intermediários" porque uma empresa inicia uma tecnologia e a desenvolve até certo ponto e, em seguida, uma empresa diferente pode levar essa tecnologia a partir desse ponto até o mercado. A presença desses mercados intermediários expande o número de maneiras que uma nova tecnologia pode ser utilizada e promove a especialização entre os diferentes participantes no mercado. Por isso, algumas empresas se especializam na criação de novas tecnologias, outras se destacam no desenvolvimento de novos produtos e há aquelas se concentram em nichos, serviços ou aplicações especiais ao longo do caminho.

Como Arora e seus colegas descobriram, uma divisão de trabalho de inovação marcante surgiu na indústria de produtos químicos. Quando novas instalações químicas são concebidas, a empresa que constrói a fábrica geralmente contrata uma empresa especializada de engenharia para projetar a nova instalação. Essas empresas especializadas trabalham em praticamente todas as novas fábricas de produtos químicos que estão sendo construídas ao redor do mundo, por isso são atualizadas sobre as últimas ideias e técnicas, para tornar as instalações tão eficientes quanto possível. Como essas instalações são extremamente dispendiosas, no valor de bilhões de dólares cada uma, nenhuma empresa química as constrói com muita frequência. Assim, as empresas especializadas são capazes de acumular conhecimento e aprendizado muito mais rápido do que a maior das empresas químicas.

Outro exemplo dessa especialização de trabalho de inovação pode ser visto na indústria de semicondutores. Na década de 1960, as principais empresas de semicondutores eram subsidiárias cativas de empresas de produto, tais como a IBM e a AT&T. Havia mercado para os sistemas do produto final, mas não havia mercado para os componentes desses sistemas. No final da década de 1970, empresas independentes como a Intel e a Texas Instruments, especializadas na fabricação de *chips*, vendiam-nos para empresas de produtos que usavam esses *chips* para criar novos sistemas de computador, ou telefones celulares ou jogos de *videogame*. Haviam surgido mercados para os *chips*, que eram comprados e integrados para fazer produtos de sistemas. Na década de 1980, a função de fabricação no desenvolvimento de *chips* separou-se da função de *design*, na medida em que empresas de fabricação de semicondutores (conhecidas como "fábricas"), como a TSMC, fabricavam *chips* que eram projetados pelas chamadas companhias "sem fábricas", que efetivamente terceirizavam sua produção. Agora havia mercados com capacidade de fabricação de semicondutores e mercados associados com capacidade para montagem, embalagem e testes. Na década de 1990, empresas como Qualcomm e ARM Holdings começaram a vender propriedade intelectual, tais como ferramentas e projetos para empresas que estavam projetando e fabricando *chips*. Então, agora uma empresa poderia comprar um projeto da ARM, modelá-lo usando as ferramentas da Cadence ou da Synopsys, ter o projeto desenvolvido pela TSMC e, em seguida, ofertá-lo para o mercado, criando um mercado para projetos de semicondutores.

Em torno dessa separação vertical de funções na cadeia de valor dos semicondutores estão ainda mais empresas oferecendo ferramentas de *design* (por exemplo, Cadence ou Synopsys, supracitadas), equipamento de teste e outros serviços para a indústria. Essa especialização migrou ao redor do mundo. Agora, apenas na China existem mais de 600 empresas de *design* especializadas em semicondutores e várias novas instalações de fabricação estão sendo construídas como fábricas para outras empresas em todo o mundo, para desenvolver seus projetos de *chips*.

Outro exemplo dessa especialização da inovação vem das ciências biológicas. Trinta anos atrás, medicamentos foram descobertos, desenvolvidos, testados e comercializados por grandes fabricantes de produtos farmacêuticos. Na década de 1980, no entanto, as empresas especializadas em biotecnologia começaram a descobrir e patentear novos compostos. Elas então se associavam a uma empresa farmacêutica, que realizaria os ensaios clínicos com o composto, exigidos pela FDA, e, depois, vendia os medicamentos para os médicos, que os receitavam. Mais recentemente, surgiu um grupo de organizações de pesquisa de contrato que se associam com as empresas farmacêuticas e de biotecnologia para realizar os ensaios clínicos para elas. Na década de 1990, a Millennium Pharmaceuticals começou a fazer pesquisa de contrato para os clientes farmacêuticos, mas reservando campos residuais de utilização de um composto para si mesma, e passou a desenvolver novas aplicações de medicamentos para esses compostos no ano de 2000. Outras empresas ainda oferecem equipamentos especializados, ferramentas, testes e serviços que auxiliam no processo de desenvolvimento de medicamentos.

Essa especialização da inovação também está surgindo no setor de produtos de consumo. A Procter & Gamble (P&G) tem uma longa tradição de inovação interna direcionada pela ciência, a qual tem sido usada para criar produtos diferenciados para oferecer aos clientes. Mais recentemente, no entanto, a P&G percebeu que seus pontos fortes não estão na ciência, mas em sua capacidade de criar marcas fortes. Em algumas das suas novas marcas, como a SpinBrush e o Swiffer, ela criou novas e grandes empresas com tecnologias que adquiriu fora. Por meio desses novos processos de inovação, o que ela chama de Connect and Develop (conectar e desenvolver), a P&G busca explorar o mercado de tecnologias externas, enquanto procura oportunidades para criar novas marcas para seus clientes.

Essa especialização da inovação não necessita ser baseada em produtos *per se*. Existem mercados intermediários que se desenvolveram para os serviços também. Com base em um estudo longitudinal da indústria bancária de hipotecas dos Estados Unidos, Jacobides (2003) descobriu que os mercados intermediários se tornaram uma força poderosa no mercado de títulos hipotecários. Tal como acontece com a indústria química, ele descobriu que os mercados surgiram por meio de esforços das empresas para explorar os ganhos provenientes da especialização de funções intraorganizacionais diferentes e do comércio com diferentes empresas. Isso, por sua vez, levou à padronização das informações e à simplificação da coordenação entre empresas. Ao contrário dos produtos químicos, o governo também desempenhou um papel na desintermediação do mercado hipotecário, por meio da criação de um padrão de informação (no caso dos bancos de hipotecas nos Estados Unidos, foram os regulamentos da Federal Housing Administration para padronizar empréstimos).

10.4.2 GERENCIANDO PI EM MERCADOS INTERMEDIÁRIOS

Enquanto a intensa especialização dos mercados intermediários desencadeou uma grande quantidade de inovação, os aspectos da propriedade intelectual resultantes dessa especialização podem ser bem complicados de gerenciar. Quando uma empresa introduz uma tecnologia externa para incorporar em seus negócios, é preciso avaliar cuidadosamente se tem a capacidade legal de usar aquela tecnologia sem infringir os direitos legais de outra empresa. A proteção de determinada tecnologia é incapaz de cobrir todos os aspectos da sua utilidade. Se a entidade que estiver licenciando ou vendendo a tecnologia a patenteou, por exemplo, o escopo daquela patente pode ou não cobrir a utilização que a empresa que a adquiriu pretende dar a ela. Por sua vez, a proteção de uma tecnologia pode envolver reivindicações que, inadvertidamente, infringem em algum aspecto a tecnologia de outra empresa.

Então, os mercados intermediários de tecnologia em um mundo de inovação aberta mudam profundamente a gestão de PI. Por um lado, uma empresa não pode adquirir e utilizar uma tecnologia externa, a menos que esteja confiante de que possui o direito legal de praticar a(s) tecnologia(s) que deseja usar. Com certeza, essa capacidade de praticar uma tecnologia também foi uma preocupação com as tecnologias em um mundo de inovação fechada. Mas, naquele mundo, a empresa sabia toda a história da tecnologia interna. Neste mundo mais especializado, em que as tecnologias fluem pelos limites da empresa (talvez várias vezes), obter a capacidade de praticar a própria tecnologia sem incorrer em uma infração por outra empresa é mais desafiador porque a história completa do desenvolvimento da tecnologia não é tão conhecida. Há sempre uma preocupação que pode estar bloqueando a PI lá fora, que se opõe ao desdobramento de uma tecnologia ser comprada ou vendida.

Por outro lado, os mercados secundários proporcionam a oportunidade de aumentar muito a utilização das tecnologias detidas internamente, ofertando-as a outras empresas para uso em seus negócios. Isso não só aumenta a utilização de dada tecnologia como também aumenta o número de áreas em que uma tecnologia pode ser aplicada.

Mas os mercados secundários para inovações apresentam outros desafios. Antes de a empresa identificar uma tecnologia promissora, deve interagir com muitas empresas e explorar uma variedade de tecnologias possíveis, a fim de ter qualquer esperança de encontrar uma tecnologia útil. Como a velha fábula diz, "você tem que beijar muitos sapos para encontrar um príncipe".

Isso levanta um problema antigo, mas muito importante, inicialmente observado pelo economista Ken Arrow: eu, como um cliente, preciso saber o que sua tecnologia pode fazer, antes de estar disposto a licenciá-la. Mas, uma vez que você, como vendedor, me disse o que a tecnologia é e o que ela pode fazer, transferiu efetivamente a tecnologia para mim sem receber qualquer compensação! E isso não é tudo. Se o cliente discute possíveis tecnologias com um candidato a fornecedor, mas decide não licenciar a tecnologia e, em vez disso, desistir e projetar uma tecnologia alternativa internamente, o cliente pode ter se contaminado com o conhecimento desse fornecedor. Um desenvolvimento interno subsequente em uma área relacionada pelo cliente pode ser desafiado pelo fornecedor, que pode alegar que o cliente roubou a ideia sem pagar nada por isso. Se o cliente é uma empresa muito grande, e o fornecedor é uma empresa muito pequena, essa situação de Davi e Golias pode tornar um júri muito simpático à causa da pequena empresa, mesmo que a grande empresa desenvolva a sua abordagem de forma completamente independente.

10.4.3 ALÉM DA CADEIA DE VALOR: REDES DE NEGÓCIOS

As redes de negócios em que uma empresa opera também podem ser uma fonte produtiva de possibilidades externas. O compartilhamento informal de informação e a negociação de conhecimento podem conduzir à descoberta de ideias úteis que podem resolver problemas de negócios importantes. As comunidades maiores, em que a informação pública é trocada, como as conferências industriais e feiras, também fornecem uma grande quantidade de conhecimento público que pode levar um inovador alerta a soluções úteis. Esses grupos trocam quantidades substanciais de informação, mas essa troca é considerada de domínio público. A informação mais valiosa aqui é onde procurar e com quem conversar para revelar a localização de informações privadas, que então teriam de ser perseguidas nos termos de não divulgação.

Organismos técnicos de normalização compreendem outro recurso para acessar o conhecimento disponível sobre determinada tecnologia e, depois, estabelecer uma abordagem compartilhada com toda uma série de empresas sobre como aplicar essa tecnologia. Mesmo aqui, porém, as questões de PI vêm à tona com grande frequência. Esses grupos não são puramente fóruns neutros, tentando desenvolver a melhor solução técnica para um problema de uma tecnologia particular. A pesquisa de Mark Lemley (2002) mostra que os órgãos técnicos têm uma ampla gama de regras sobre quanto de PI deve ser divulgado a terceiros no corpo técnico. E essa variação nas regras pode ser alavancada alertando empresas que se posicionam a ocupar posições-chave dentro de uma norma recente.

Um exemplo é a Rambus, uma empresa de *design* virtual de semicondutores que oferece uma tecnologia para acelerar *chips* DRAM dentro dos computadores, que tem lucrado significativamente explorando brechas nas regras do seu corpo de definição de normas. Depois que o corpo técnico definiu uma norma de como acelerar a velocidade na qual os *chips* DRAM transferiam dados para o sistema, a Rambus revelou que tinha recebido patentes sobre elementos importantes da referida norma. Em seguida, começou a extrair pagamentos elevados de *royalties* de outros participantes, que haviam projetado produtos em torno da recente norma, e, portanto, violado as patentes da Rambus.

O que a Rambus fez foi considerado totalmente legal, em uma série de casos no tribunal a respeito de sua conduta e das normas legais em torno de sua PI. O preço das ações da empresa é algo como um "jogo puro", no qual a propriedade intelectual da empresa é o único negócio que ela possui. Portanto, o preço diário das ações da Rambus reflete a atual avaliação do mercado do valor da sua PI. Dessa forma, a valorização da empresa ao longo dos últimos sete anos tem experimentado grandes oscilações, de mais de 100 dólares para menos de 10 dólares, mesmo que a PI em si tenha sido bem divulgada por muitos anos.

10.5 BARREIRAS PARA MERCADOS EFICIENTES DE PI

10.5.1 A QUALIDADE DA PI

Embora o agrupamento de hipotecas da Salomon Brother estabelecesse um mercado secundário de hipotecas, também sabemos que essa associação subsequente contribuiu grandemente para a crise de crédito de 2008. A fim de evitar uma calamidade semelhante quando os mercados secundários de PI começarem a surgir, será crucial assegurar a qualidade dos ativos subjacentes de PI. Patentes de forte qualidade são de primordial importância a esse respeito. No momento, os escritórios de patentes ao redor do mundo gastam, em média, entre 20 e 25 horas por caso para buscar em estudos anteriores. Como resultado, muitas dessas patentes são declaradas inválidas durante o curso do litígio, já que não atendem a critérios de patenteabilidade e não deveriam ter sido concedidas em primeira instância.

10.5.2 LIMITAÇÕES QUE IMPEDEM O MERCADO SECUNDÁRIO DE PI

Embora tenhamos esboçado o desenvolvimento dos mercados intermediários para a inovação em algumas indústrias e fornecido algumas evidências preliminares de que esses mercados estão se tornando mais difundidos, a verdade é que há muitas ineficiências que estão limitando o surgimento de mercados secundários de inovação. Compreender algumas dessas ineficiências nos dá a capacidade de manter uma perspectiva adequada desses mercados. Também apontam o caminho para alguns mecanismos a partir dos quais as empresas podem superar pelo menos algumas dessas limitações atuais.

Um dos fatores limitadores mais críticos é a simples falta de informação sobre a extensão e as condições de comércio nos mercados secundários para inovações. Os mercados requerem informações a fim de funcionarem bem, e grande parte das informações exigidas para coordenar o intercâmbio de inovações no mercado ainda não está disponível. Por exemplo, embora exista um comércio estimado de mais de 100 bilhões de dólares anualmente no licenciamento de tecnologias, não há nenhum lugar em que esse comércio seja relatado e monitorado. O que sabemos sobre o mercado de licenciamento atualmente vem de pesquisas ocasionais de empresas (que pedem que as empresas reportem seu comércio no total) ou da disputa ocasional de PI no tribunal, em que os termos de determinado contrato se tornam parte dos registros do tribunal e disponíveis ao público.

Esse nível muito baixo de licenciamento sugere que as patentes são vistas, de modo geral, como um mecanismo de defesa, um direito negativo, o de proteger em vez de permitir. Essa mentalidade leva à má gestão de ativos valiosos (Borod, 2005). Vários casos mostram que tratar a PI como um mero direito de defesa não é suficiente para manter o negócio progredindo. A gigante da tecnologia canadense Nortel Networks é um exemplo clássico de como as empresas podem perder em valor se usarem suas patentes apenas como ferramentas defensivas. Incapaz de gerar receita suficiente para continuar as operações, a Nortel Networks pediu concordata em 2009. Seus ativos de patentes foram, então, comprados em 2011 durante o processo de falência por 4,5 bilhões dólares por um consórcio liderado por Apple, Microsoft, Sony e Research in Motion.[5] A Kodak encontrou problemas similares em sua abordagem defensiva para patentes. A MDB Capital Group estimou, em agosto de 2011, que patentes de imagem digital da Kodak, que compreendem apenas 10% do seu portfólio de patentes, valem 3 bilhões de dólares.[6] Como parte de uma estratégia de reviravolta, a Kodak tentou gerar receitas a partir de litígios agressivos sobre patentes, ainda sob concordata em janeiro de 2012.

Essa situação é de alguma forma análoga à condição do mercado de hipotecas nos Estados Unidos antes do advento do agrupamento de hipotecas de Salomon. Não existe um padrão de informação para licenciamento de tecnologia e comércio associado de PI. Não há uma Administração Federal de Habitação (FHA, nos Estados Unidos) que defina um modelo ou formato para esse comércio. E dada a vasta gama de termos e condições para a negociação de PI, seria difícil agregar estatísticas sobre esse comércio, a menos que uma ou mais normas com informações apareçam.

Sem esses dados, é difícil para as empresas saber qual tecnologia está disponível no mercado. Uma consultora documentou um pouco de seu trabalho de reconhecimento de tecnologia para um cliente, revelando o potencial e os problemas de encontrar tecnologia disponível. Enquanto ela e suas colegas descobriram duas tecnologias altamente úteis em um curto período, a empresa de compras do cliente foi incapaz de encontrar quaisquer tecnologias úteis usando seus procedimentos normais para solicitar insumos externos.[7] Essa é a típica ineficiência dos mercados: você não sabe o que não sabe e não percebe o que pode estar perdendo.

Também é muito desafiador saber como avaliar as tecnologias disponíveis, uma vez que elas são localizadas. Esse valor é determinado por aquilo que um comprador interessado pagaria a um vendedor interessado. Os mercados agregam fornecedores e clientes, de modo que qualquer tecnologia individual pode ir para o maior lance e os licitantes sabem que tecnologias similares já foram vendidas no passado, dando-lhes uma base para o cálculo do seu preço de oferta.

Essas condições não estão tipicamente presentes no licenciamento de PI. Não há registro sistemático dos preços anteriores pagos por tecnologias externas e suas PIs associadas. Isso torna difícil para os vendedores saberem qual preço se espera receber ou qual preço seria razoável, dadas as transações similares no passado. O mesmo ocorre também com os compradores. Os dois lados de uma transação podem ter expectativas irrealistas nessas circunstâncias, e há pouco ou nenhum dado objetivo para aproximar essas expectativas. O pobre desenvolvimento do mercado de PI pode também ser o resultado do incômodo relacionado com o licenciamento. As receitas provenientes de acordos de licenciamento entre as pequenas empresas podem não cobrir os custos associados com a entrada nos acordos de licenciamento. Isso pode, contudo, ser superado por meio do estabelecimento de intermediários, como plataformas de negociação de PI, leilões públicos e *sites* que juntam licenciadores e licenciados por meio de procedimentos padronizados. É para isso que nos voltamos agora.

10.6 RESPOSTAS INSTITUCIONAIS ÀS FALHAS NO MERCADO DE PI

Diversos novos mecanismos de monetização, como securitizações, portfólios de patentes agrupadas, leilões públicos e intercâmbios financeiros, têm sido implementados a fim de extrair valor a partir da PI. As securitizações descrevem um instrumento financeiro criado por um emissor que combina outros ativos financeiros e, depois, comercializa diferentes camadas dos instrumentos reformulados para investidores. O processo pode abranger qualquer tipo de ativo financeiro e promove a liquidez no mercado. Combinando ativos em um grande agrupamento, o emissor pode dividir o grande agrupamento em partes menores com base no risco inerente de inadimplência de cada ativo individual e, em seguida, vender aquelas partes menores para investidores. O processo cria liquidez por permitir que os pequenos investidores comprem ações de um grande conjunto de ativos.[8] Annie Leibovitz, por exemplo, securitizou os direitos autorais das suas fotografias e, dessa forma, levantou com sucesso fontes substanciais de financiamento para seu futuro trabalho. Ao fazer isso, ela seguiu a abordagem adotada por David Bowie anteriormente, que securitizou os direitos autorais de sua música com muito sucesso ("Bowie Bonds"). A varejista de moda BCBG securitizou suas marcas há poucos anos e até mesmo o Dunkin Donuts usou sua marca para levantar capital com sucesso por meio de uma securitização. No entanto, essas secutirizações de várias formas de PI têm sido a exceção à regra e não são utilizadas em larga escala; principalmente porque é difícil identificar uma PI que ofereça fluxos de receitas sólidas no futuro.

Nessas circunstâncias, as trocas de PI pareciam oferecer o tão necessário lugar de mercado para o comércio de ativos fixos e, assim, promover mercados mais ativos de tecnologia e outras formas de criatividade. Esses intermediários buscavam permitir que as patentes não utilizadas ou subutilizadas fossem negociadas em um mercado transparente. Uma troca é valiosa porque torna as patentes disponíveis para aqueles que estão em melhor posição para rentabilizá-las. Certas empresas podem ter patentes valiosas, mas não terem ativos complementares suficientes para rentabilizá-las (Teece, 1998). Um mecanismo de troca eficaz para as patentes reduz a necessidade de ativos complementares para comercializar um produto. Eles podem, assim, ser vistos como importantes facilitadores da inovação aberta. As trocas habilitam as empresas inovadoras a rentabilizar os seus direitos sem o considerável capital tradicionalmente associado a isso (Serrano, 2006; Chesbrough, 2006d). Considera-se que os mercados secundários tradicionais de patentes nivelem o jogo competitivo, diminuindo as barreiras de entrada e minando o acesso privilegiado à tecnologia (Fosfuri e Gambardella, 2001). Novamente, como no caso das secutirizações da PI, esse tipo de mercado secundário é incorporado e depende de um conjunto de instituições financeiras e reguladoras.

A Intellectual Property Exchange International (IPXI) é uma intermediária que tem tentado estabelecer tal plataforma de troca de direitos de patente. A IPXI foi modelada conforme a Climate Exchange (Bolsa Climática), com base em Chicago e oferece ao comércio contratos padronizados de Direito de Licença Unitária (Unit License Right, ULR). O contrato de Direito de Licença Unitária procura transformar os direitos de patente em uma *commodity* mais transparente e padronizada, permitindo que os compradores utilizem uma configuração padrão, junto de um monitoramento de terceiros e tecnologias de fiscalização para facilitar a troca. Isso deveria permitir que os proprietários das patentes licenciassem sua tecnologia de uma forma não discriminatória para uma variedade de partes interessadas. Os mecanismos de contratos de precificação da ULR são muito complicados (Ghafele, Gibert e Malackowski, 2012).

A IPXI iniciou suas operações no início de 2012 e encontrou mais interesse dos proprietários de patentes em oferecer as suas para a troca do que para os potenciais compradores. A IPXI descobriu que também era difícil colocar as patentes "certas" para troca. Como muitas patentes são de baixo valor, e só algumas são dignas de negociação, tem sido muito difícil descobrir quais comercializar e quais deixar sem negociação. Finalmente, muitas empresas que a IPXI abordou tiveram dificuldades para compreender integralmente a proposição de valor da IPXI e seu conceito. Muito provavelmente, mais trabalhos educativos serão necessários antes de a IPXI ser capaz de observar o volume de negócios que gostaria de ver. O exemplo da IPXI mostra que o intercâmbio de patentes encontra uma série de dificuldades que o intercâmbio de outras *commodities* não encontra, por causa da natureza dos direitos sendo negociados. Os direitos de patente são, por definição, uma reivindicação de tecnologias únicas e inovadoras. Os direitos comercializados são, portanto, extremamente heterogêneos. Negociar patentes não é como negociar sacos de arroz ou barras de ouro. A falta de padrões comuns de avaliação e uma multiplicidade de tipos de direitos complicam o processo de transformar as patentes em uma *commodity* padronizada e negociável.

Os direitos de PI não podem ser eficientemente negociados em um mercado transparente até que existam normas adequadas para valorizá-los (Hagelin, 2002).

Ao contrário dos mecanismos mais complexos da IPXI, o PatentBooks da TAEUS é menos complicado na sua abordagem e tem, por essa razão, encontrado mais espaço nos negócios. O PatentBooks da TAEUS agrega patentes, e isso permite aos fabricantes licenciarem todas as patentes necessárias para um tecnologia específica em uma única transação. Os rendimentos com *royalties* são distribuídos entre os proprietários das patentes, de acordo com a qualidade das submetidas. O PatentBooks oferece vantagens significativas para os fabricantes de produtos e os proprietários de patentes. Permitindo que os fabricantes licenciem centenas, talvez milhares, de patentes de produtos específicos em uma única transação com um preço competitivo, o PatentBooks elimina problemas de acúmulo de *royalties* e prolongadas negociações bilaterais entre múltiplas partes interessadas.

A lógica fundamental das licenças do PatentBooks baseia-se no fato de que a fabricação de produtos tecnológicos exige licenciar várias patentes de uma variedade de atores ao redor do mundo. A grande proposta de valor do PatentBooks da TAEUS é que reduz significativamente os custos da transação. O PatentBooks, assim, tem como alvo, principalmente, dois tipos de empresas: fabricantes de produtos que montam produtos PatentBooks e empresas que detêm as patentes incluídas no PatentBooks. Ele reduz os custos totais de busca e informações de parceiros de licenciamento e divide os custos restantes entre os vários usuários.

Isso pode levar a um aumento da atividade de licenciamento. Os "efeitos de demonstração" sugerem que, quanto mais um produto torna-se predominante, mais é conhecido e, assim, as pessoas estão mais propensas a utilizá-lo (Arthur, 1989). Esse fenômeno é evidente em redes sociais como Facebook, MySpace e LinkedIn, bem como em mercados *online* como o eBay. Como as vantagens da plataforma PatentBooks são demonstradas por meio da sua utilização, a troca deveria atrair mais participantes e, assim, aumentar o seu valor. Os proprietários de patentes deveriam ser capazes de gerar maior receita do licenciamento não exclusivo dos fabricantes do que poderiam se licenciassem seus direitos de forma isolada. As economias de escala também permitem reduções nos custos das transações nas fases de aplicação e ajuste, em que a mediação limita as disputas e os custos de decisão (Ghafele e Gibert, 2011a). Atualmente, tanto a IPXI quanto o PatentBooks da TAEUS são muito novos para oferecer muita evidência de sucesso até o momento. Sites como IPXI ou o do PatentBooks da TAEUS podem ter pouca atividade porque o licenciamento ainda está fortemente associado com o litígio, ou seja, os licenciados têm uma forte tendência de apenas tomar uma licença sob ameaça de litígio. Resta saber até que ponto os participantes do mercado estão prontos para tomar uma licença sem serem ameaçados por um processo.

A ITRI, com sede em Taiwan, também procura agregar patentes entre empresas para permitir sua rentabilização. A aliança TFT-LCD (transistor de película fina – *display* de cristal líquido) é um bom exemplo que mostra o sucesso dessa abordagem. Em 1990, a ITRI formou uma *joint venture* com a Associação TFT-LCD Taiwan para formar um portfólio de patentes agrupadas de mais de duzentas patentes relativas aos monitores de tela plana (Lee et al., 2009). O agrupamento de patentes permitiu que as empresas locais de Taiwan entrassem no setor de monitores de tela plana bastante tarde. Isso pode ser explicado pelas significativas barreiras à entrada de concorrentes japoneses e sul-coreanos. Por facilitar negócios de concessão de licenças recíprocas com esses concorrentes utilizando o agrupamento de patentes criado a partir da aliança, a ITRI foi parte integrante do desenvolvimento dessa nova indústria lucrativa de Taiwan. As atividades da ITRI mostram as múltiplas estratégias que podem ser implementadas para facilitar o acesso à inovação e promover sua comercialização. A ITRI pode ser vista como um protótipo que pode ser replicado em muitas indústrias e regiões diferentes.

Outro desenvolvimento interessante seguindo uma lógica um pouco semelhante é a Open Invention Network (rede de inovação aberta). A Open Invention Network adquire patentes e as licencia livres de *royalties* para empresas, instituições ou indivíduos em troca de acordos em que esses atores não vão reivindicar patentes contra o sistema Linux. Isso permite que as empresas invistam em infraestrutura do Linux e produtos afins sem medo de responsabilidade de violação, alimentando a inovação e o crescimento em torno desse ecossistema tecnológico. O que é interessante nessa abordagem é que a PI é utilizada para desenvolver uma infraestrutura de inovação adequada e não como um meio de pleitear litígio contra empresas em operação (Ghafele e Gibert, 2012a).

10.7 CONCLUSÕES E IMPLICAÇÕES PARA FUTURAS PESQUISAS

A mudança institucional mais crucial necessária para promover a gestão de PI sob o paradigma da inovação aberta é a mudança de padrões de pensamento estabelecidos. Enquanto os responsáveis pela estratégia de PI virem a PI primariamente como um direito negativo, um direito de excluir, será muito improvável que os mercados secundários para PI decolem. Mudar os sistemas de crenças é, no entanto, um longo, e às vezes desesperado, empreendimento como mostra a história. Ignaz Semmelweis, Louis Pasteur e Gregor Mendel foram cientistas inovadores que tiveram suas pesquisas ignoradas nas suas épocas, apesar do fato de provarem estar corretos em última análise. Talvez o forte interesse em inovação aberta ajude a esclarecer os gestores de PI sobre possíveis caminhos alternativos para lidar com questões de PI. Para que seja gerenciada de forma proativa e os mercados para tecnologias sejam desenvolvidos, será de suma importância olhar para a PI como um mecanismo catalisador promovido sob o paradigma da inovação aberta. O PatentBooks da TAEUS, a ITRI e a Green Exchange da Nike têm procurado superar a limitação existente fornecendo plataformas de negociação eletrônicas sofisticadas. Parece que será igualmente importante educar líderes corporativos e ajudá-los a conceber novas questões sobre PI. Um novo mercado não é criado apenas pelas TICs.

Fora do domínio da PI, os serviços intermediários online têm provado ser um meio importante para juntar compradores/clientes potenciais e vendedores/prestadores de serviço. Podemos citar como exemplos de sucesso o Ebay, o Booking.com, a Kiva, a ZPIcar ou a Expedia. O sucesso da "infomediação" se baseia em custos de transação menores, como pesquisa, coordenação e diminuição dos custos de pagamento (Ng e Yip, 2010). Ao estabelecer um espaço para comparação de preços e a agregação de compradores e vendedores, isso cria um mercado propício para investimentos e abre caminhos para os mercados secundários para PI. A troca e a precificação de novas *commodities*, como as oferecidas pelas trocas de PI, carregam o potencial de estimular liquidez, transparência e padronização de uma forma que impacta positivamente o crescimento econômico. A criação de instrumentos financeiros para rentabilizar ativos não utilizados ou subutilizados encoraja um investimento maior e pode até mesmo criar mercados totalmente novos. Padronizar os procedimentos de valoração do ativo em questão e apresentar um preço adequado às flutuações do mercado é ainda o obstáculo mais significativo à criação de um mercado desse tipo. Diversas trocas de PI criaram instrumentos financeiros complexos para tentar superar essa limitação, e esse processo de comoditização ajudou a chegar a mercados anteriormente inacessíveis. Tais inovações abastecem um ciclo virtuoso de crescimento da produtividade que sustenta um aumento estável do PIB.

A inovação aberta mostra como a proteção da propriedade intelectual pode ser usada de uma forma criativa para alcançar os objetivos da economia baseada no conhecimento. A PI apresenta o potencial de um ativo comercializável que promove a transferência de tecnologia e o compartilhamento de ideias, e não o contrário. A percepção popular de PI como uma ferramenta legal defensiva ainda está de pé. Isso tem um impacto negativo sobre a eficiência da inovação de uma economia. A inovação aberta proporciona uma nova lógica para a PI que vai além do escopo para apropriar as rendas das invenções. É importante entender que a inovação aberta não está promovendo uma "economia de doação", em que as invenções são livremente reveladas sem nenhum ganho econômico. Em vez disso, ela oferece uma janela de oportunidades para um regime econômico diferente, no qual as empresas estão oferecendo uma gama de novas estratégias para gerar negócios a partir de suas invenções. Isso efetivamente constrói um novo regime de apropriação (Teece, 1986). A inovação aberta é, portanto, uma porta de entrada para um sistema diferente de PI. Um sistema baseado na troca aberta e na difusão de ideias torna-se possível graças a invenções claramente codificadas. Se uma lógica de inovação aberta é aplicada à gestão de PI, o estabelecimento dos mercados secundários para PI surge por consequência. A inovação aberta fornece a resposta para o que o "Rembrandts no sótão" deixou sem resposta. As empresas necessitam comprar e licenciar tecnologia uma vez que entendem que não precisam ter todas as competências em casa (Ghafele e Gibert, 2012b).

A gestão de PI sob o paradigma de inovação aberta reconhece o valor da troca de conhecimento e utiliza o regime de PI para garantir o acesso. Ao fazê-lo, está preparando o caminho para uma nova visão de PI. Esse paradigma não se baseia na capacidade de excluir os outros, mas na capacidade de utilizar os mecanismos associados da legislação com a introdução dos direitos de propriedade privada sobre o conhecimento. Durante décadas, os mecanismos capacitadores associados que permitiam o uso de PI permaneceram inexplorados por causa de uma cultura de mercado altamente litigiosa. No entanto, a PI é agora cada vez mais aceita na literatura econômica como um ativo. Os analistas argumentam que os ativos intangíveis agora emergiram totalmente como uma poderosa classe de ativos (Millien e Laurie, 2007), enquanto outros propõem que os ativos de PI podem ser gerenciados proativamente, desenvolvidos e nutridos para aumentar o valor dos negócios (Reilly e Schweihs, 2004). A mudança do paradigma de uma perspectiva de "direitos" de propriedade intelectual para uma de "gestão" de propriedade intelectual é um fator-chave na descoberta de mecanismos criativos para alavancar o sistema de propriedade intelectual como um meio para abastecer a inovação aberta. Esta tem estado na vanguarda dessa exploração por meio do desenvolvimento de novos acordos de licenciamento para garantir a abertura e, assim, a efetividade da inovação. Tentativas de desenvolver mercados secundários para a PI foram feitas antes e falharam. Elas falharam, não porque a ideia esteja errada, mas porque o paradigma da inovação aberta não foi suficientemente abraçado pelos participantes do mercado. Enquanto as empresas só estiverem dispostas a registrar uma licença sob a ameaça de litígio e sofrerem com a síndrome do "não foi inventado aqui", não é muito provável que os mercados secundários para PI possam ser estabelecidos. A ausência de compradores/licenciadores ilustra como há pouca compreensão sobre a capacidade das possíveis oportunidades associadas com a PI. Este capítulo espera ter dado uma contribuição para mudar esse cenário.

NOTAS

1   A revisão da literatura para este capítulo foi realizada por Robert O'Brian e Eric Motycka. O trabalho sobre intermediários de PI e trocas de PI baseia-se em um corpo de pesquisa que Roya Ghafele criou em conjunto com Benjamin Gibert ao longo de alguns anos de colaboração.

2   Em 25 de junho de 2012, havia 1.397 registros disponíveis para exportação a partir do banco de dados do ISI Web of Knowledge relacionados a "propriedade intelectual", em periódicos sobre negócios, economia e gestão. O HistCite é uma poderosa ferramenta que ajuda na comunicação dessas informações.

3   Observe que o licenciamento pode ser usado para criar valor a partir do conhecimento que não é patenteado nem pode ser codificado. O licenciamento de *know-how*, por exemplo, é um aspecto frequente de muitas licenças de tecnologia. Ver Arora, Fosfuri e Gambardella (2001a) para exemplos da indústria de produtos químicos.

4   A categoria de "negligência" ou "não fazer nada" é, geralmente, excluída do estudo acadêmico, mas a partir de nossas observações casuais de gestores de pesquisa, é um caminho comum para muitas invenções em seus estágios iniciais.

5   Ver: http://www.guardian.co.uk/technology/2011/jul/01/nortel-patents-sold-apple-sony-microsoft.

6   Ver: http://www.bloomberg.com/news/2011-08-17/kodak-worth-"ve-times-more-inbreakup-with-3-billion-patents-real-m-a.html?cmpid=yhoo.

7   Citação de Chesbrough e Crowther, "Beyond High Tech", 2006.

8   Leia mais em: http://www.investopedia.com/terms/s/securitization.asp#ixzz2HP6Fv9cj.

CAPÍTULO 11
Gerenciando a inovação de dentro para fora
O caso dos empreendimentos complexos

Henry Chesbrough e Chris Winter

"*A busca por inovação precisa ser organizacionalmente separada e à margem da gestão contínua dos negócios. As organizações inovadoras percebem que não se pode, simultaneamente, criar o novo e cuidar do que já se tem. Elas percebem que a manutenção do negócio atual é uma tarefa bastante difícil para que as pessoas que estão nela tenham muito tempo sobrando para criar o negócio novo e diferente de amanhã. Também percebem que cuidar do amanhã é uma tarefa demasiadamente grande e difícil de ser diluída nas preocupações para hoje. Ambas as tarefas têm de ser feitas. Mas elas são diferentes. Organizações inovadoras, portanto, colocam o novo em componentes organizacionais separados, preocupados com a criação do novo.*"

Peter Drucker, 1974, p. 799

11.1 INTRODUÇÃO

A inovação aberta contém dois processos importantes: um processo de fora para dentro, que procura ideias e tecnologias externas em um negócio próprio; e um processo de dentro para fora, que permite e possibilita que ideias internas não utilizadas possam estar fora de uso nos negócios de terceiros. Ambos os processos podem contribuir para a descoberta do "novo" da qual Drucker trata. Neste capítulo, exploramos o segundo processo, o processo de fora para dentro de inovação aberta.

Como vemos, desde o conselho de Drucker, dado há uma geração, muitas empresas tentaram separar os seus novos empreendimentos de negócios das suas estruturas de negócios atuais, em uma tentativa de gerar crescimento adicional para o negócio. Essas tentativas têm, geralmente, alcançado um sucesso apenas temporário. Por exemplo, na década de 1960 e início dos anos 1970, 25% das empresas da Fortune 500 tinham um programa de capital de risco corporativo (Fast, 1978). Esses, em grande parte, se desfizeram no final da década de 1970. Então, no início da década de 1980, na medida em que o mercado de capital de risco independente cresceu, as empresas renovaram seu interesse no capital de risco corporativo. Essas iniciativas foram novamente descontinuadas depois da desaceleração do mercado, em 1987. Então, conforme o mercado em alta (*bull market*) estendido da década de 1990 ganhava força, as corporações novamente reintroduziram as atividades de capital de risco corporativos (Yost, 1994).[1] A queda da era do ponto-com testemunhou outro retiro das atividades de capital de risco corporativo, enquanto a recuperação anêmica da economia da Grande Recessão de 2008 também tem amortecido o entusiasmo para o capital de risco dentro das empresas.

Ainda assim, qual é a alternativa para o capital de risco externo? Ao longo dos últimos quarenta anos, a pesquisa industrial está sob crescente pressão para justificar o seu financiamento contínuo. Embora os laboratórios centrais de pesquisa tenham descoberto várias tecnologias importantes, seus proprietários têm encontrado cada vez mais dificuldade para criar novos negócios a partir dessas descobertas.[2] Outras empresas, com aparentemente menos investimento em atividades básicas de pesquisa, frequentemente se apropriam de muitos dos ganhos das inovações originadas nesses laboratórios centrais. Frequentemente, até mesmo empresas *startups* têm sido capazes de comercializar descobertas antes das empresas que investiram na pesquisa em estágio inicial que levou a essas descobertas.

Na verdade, pelo menos algumas tendências sinalizam um novo renascimento do capital de risco corporativo. As empresas têm enormes montantes de dinheiro, no momento em que este livro é escrito, e estão ansiosas por encontrar novas oportunidades de crescimento para usá-lo. É improvável que voltem a financiar grandes laboratórios internos para conduzir a pesquisa industrial. Em vez disso, é mais provável que optem por um aumento na inovação aberta de dentro para fora.

Neste capítulo, vamos recapitular as experiências de capital de risco na Exxon, na Xerox, na Lucent e na Brightstar da British Telecom, a fim de explicar alguns dos processos envolvidos na inovação aberta de dentro para fora. Essas empresas nutriram laboratórios de P&D internos durante muitos anos e se esforçaram para utilizar a maior parte dos resultados desses laboratórios. O capital de risco tornou-se uma importante via alternativa para o mercado em tais casos. Obter valor dessa saída de P&D não utilizada exige processos de dentro para fora que vão além do capital de risco corporativo tradicional (em que uma empresa investe em uma *startup*), processos que seguem uma tecnologia desde uma universidade até uma *startup* e desde uma *startup* a uma empresa maior e um ecossistema a sua volta, com múltiplas mudanças no modelo de negócio ao longo do caminho.

Esses "pivôs" no modelo de negócio e essas transições por meio dos diferentes tipos de organizações são bastante difíceis de alcançar em um processo de gestão corporativa tradicional, mas devem ser gerenciados para que os processos de dentro para fora venham a agregar valor à empresa. Nós argumentamos ainda que as empresas se beneficiam de um processo saudável de dentro para fora, tanto em seus negócios como também em suas relações com funcionários internos e parceiros do ecossistema externos. Um tipo particular de capital de risco de *spin-out*, que denominamos *capital de risco de spin-out complexa*, oferece algumas vantagens naturais para as empresas em comparação com as empresas de capital de risco tradicionais. Nós examinamos os processos que levam a tais *spin-outs* complexas em empresas com investimentos significativos em P&D interno.

11.2 PESQUISAS ANTERIORES SOBRE CAPITAL DE RISCO CORPORATIVO

As primeiras avaliações acadêmicas das novas organizações de capital de risco em empresas eram bastante cautelosas em suas apreciações. Von Hippel (1973, 1977) relatou que, quando a empresa-mãe tinha significativa experiência anterior nesse mercado, o novo empreendimento era muito mais propenso a ter sucesso (*vs.* ter experiência com tecnologia, que *não* foi associada com melhores resultados). Ele também observou os problemas que os patrocinadores de capital de risco enfrentaram para instituir e manter o apoio interno para novos empreendimentos a partir da alta direção da empresa.

Fast (1978) conduziu outro estudo que tentou explicar os fatores que eram associados com o sucesso das "divisões de novos empreendimentos" (DNEs). Adicionalmente às questões que von Hippel identificou acima, Fast descobriu um surpreendente terceiro problema encontrado por DNEs dentro de uma organização: o problema de *sucesso* em novos empreendimentos. Ele descobriu que DNEs bem-sucedidos eram vistos frequentemente como ameaça para os negócios tradicionais nas empresas-mães. À medida que o novo empreendimento percebia um sucesso maior, ele precisaria de mais recursos, e esses recursos eram vistos como diminuição da quantidade de recursos corporativos à disposição para outros negócios na empresa.

Rind (1981) explorou ainda mais os conflitos de interesse potenciais inerentes que podiam surgir entre a empresa patrocinadora e o novo empreendimento que se tentava cultivar. Ele observou que, se o empreendimento estava servindo um mercado já servido pela empresa-mãe, poderia restringir as opções de marketing do empreendimento a fim de que não conflitassem com as da empresa-mãe. Uma outra questão que Rind identificou foi o problema de governança: os custos necessários para gerenciar um novo empreendimento com sucesso seriam incorridos no início da vida do empreendimento sob um gerente DNE, enquanto os benefícios desses investimentos, se de fato ocorressem, surgiriam mais tarde, com outro gerente. Isso poderia criar incentivos perversos para que os novos gestores de risco evitassem decisões dispendiosas e arriscadas, porque incorreriam nos custos dessas decisões, mas ainda poderiam não estar por perto para receber crédito dos seus benefícios subsequentes.

Uma pesquisa realizada por Siegel, Siegel e MacMillan (1988) estudou o conflito potencial entre as duas razões frequentemente citadas para novas empresas de capital de risco. Uma razão é estratégica: explorar o potencial para crescimento latente adicional na empresa. A segunda razão é financeira: criar receitas adicionais e lucro para o novo empreendimento em si. Os autores apontam que, para maximizar o retorno financeiro do novo empreendimento, as empresas são mais bem aconselhadas a fornecer autonomia completa aos gestores do novo empreendimento. No entanto, se a motivação principal para o empreendimento é estratégica, fornecer essa maior autonomia aumenta o risco potencial de conflitos com os negócios já estabelecidos das empresas. Aqui, a empresa pode precisar intervir a fim de gerenciar os potenciais conflitos entre o novo empreendimento e o negócio já estabelecido. Tal intervenção provavelmente vai ter o efeito de reduzir a autonomia e, portanto, diminuir o desempenho financeiro dos novos empreendimentos.[3]

No geral, estudos anteriores de atividades de capital de risco corporativo relataram dificuldades significativas para as empresas patrocinadoras. Existem problemas em desenvolver experiência de mercado relevante. Existem problemas de seleção adversa. Existem conflitos entre os objetivos estratégicos de novos empreendimentos e os seus objetivos financeiros. Existem questões de compensação e equilíbrio interno. Existem até mesmo problemas de alocação de recursos, se um novo empreendimento realmente for bem-sucedido.

Nós nos voltamos para quatro exemplos de inovação aberta de dentro para fora, alguns são de sucesso, outros são de fracasso, para diferenciar alguns padrões de maior envergadura na gestão eficaz do processo de dentro para fora.

11.2.1 A EXPERIÊNCIA AUTÊNTICA DA EXXON COM CAPITAL DE RISCO CORPORATIVO

Como parte de sua missão estratégica para diversificar seus negócios e se afastar de uma dependência exclusiva da indústria do petróleo na década de 1970, a Exxon embarcou em um programa de capital de risco corporativo.[4] Uma parte do programa foi uma série de investimentos financeiros externos ao lado de fundos de capital de risco privado, que seria seguido por um segundo programa de empreendimentos internos que estavam para ser iniciados e gerenciados em uma unidade especial dentro da Exxon. A estratégia da Exxon era (1) sondar e avaliar novas oportunidades de capital de risco por meio do investimento externo e, em seguida, (2) investir na mais promissora dessas oportunidades de capital de risco por meio de organizações de capital de risco financiadas internamente.

Existiam dezoito desses investimentos externos feitos dentro do primeiro programa, começando por volta do ano de 1975. A Exxon investiu aproximadamente 12 milhões de dólares nessas empresas *startups* externas. Houve um bom desempenho financeiro: dos dezoito empreendimentos em que a Exxon investiu com outros investidores privados, três foram vendidos a outras empresas com lucro e cinco foram negociados na Bolsa de Valores a partir de uma oferta pública inicial (IPO). Em 1982, os investimentos da Exxon nessas empresas foram em torno de 218 milhões de dólares, para uma taxa interna de retorno de aproximadamente 51% ao ano (supondo que todos os investimentos foram feitos em 1975 sem fazer nenhum ajuste para a inflação). Foi um sucesso impressionante em termos financeiros, se comparado à taxa de retorno global da Exxon ou à rentabilidade média de fundos de capital de risco privado semelhantes.

Prosseguindo com sua estratégia, a Exxon iniciou dezenove atividades de capital de risco interno para comercializar as áreas mais promissoras identificadas a partir dos seus programas de investimento externos. Poderíamos esperar que os programas internos se saíssem ainda melhor, devido à sua capacidade para selecionar áreas em que oportunidades significativas já haviam sido demonstradas a partir da sondagem de investimentos externos.

Entretanto, os resultados financeiros da Exxon foram praticamente inexistentes a partir desses empreendimentos internos em comparação com aqueles provenientes de seus investimentos externos. Nenhuma das dezenove entidades alcançou um evento de liquidez externa (como a venda da empresa para uma empresa de fora ou um IPO). Nenhuma das dezenove nunca conseguiu chegar a um ponto de equilíbrio, em que as suas receitas cobriam seus custos. A Exxon encerrou todos os empreendimentos internos.

Por que isso aconteceu com a Exxon? Chesbrough (2000) identificou quatro fatores:

1) Incentivos de baixa relevância aos gestores da Exxon.
2) Má alocação de financiamento de capital de risco.
3) Processo lento de tomada de decisão dentro da empresa.
4) Avaliações míopes do potencial dos negócios, quando o modelo de negócio do empreendimento se diferenciava daquele da empresa-mãe.

Este último ponto reflete a influência do modelo de negócio da empresa-mãe sobre o valor percebido do novo empreendimento. As estimativas da Exxon do potencial do novo empreendimento foram influenciadas por seu próprio modelo de negócio (Chesbrough e Rosenbloom, 2002), fazendo-a deixar de investir em modelos de negócio potencialmente disruptivos (Christensen e Raynor, 2004).

11.2.2 OS DESAFIOS DE GERENCIAR A INOVAÇÃO ABERTA DE DENTRO PARA FORA NO PARC

Em sua reorganização para capitalizar com sua tecnologia, a Xerox criou uma nova entidade em 1989, comandada por Robert Adams, que estabeleceu efetivamente um fundo de capital de risco interno para gerenciar *spin-offs*. Adams tinha criado um novo negócio para a Xerox a partir da tecnologia *laser* do PARC, que tinha promovido uma linha de produtos de muitos bilhões de dólares dentro da Xerox. Ele teve o apoio do CEO da Xerox, David Kearns, para estabelecer a nova estrutura interna. Isso permitiria à Xerox explorar as habilidades de Adams para obter valor a partir das novas tecnologias do PARC, permitindo a ele e a sua equipe examinar a base tecnológica da Xerox e identificar oportunidades de investimento que, de outra forma, poderiam ter sido perdidas. Essa estrutura foi chamada de Xerox Technology Ventures (Empreendimentos tecnológicos da Xerox; XTV).

Foi dado um capital inicial de 30 milhões de dólares para a XTV gerenciar. Ela foi estabelecida formalmente como uma divisão corporativa dentro da Xerox, mas Adams negociou condições especiais que imitavam muitos aspectos das empresas de capital de risco independentes. Oitenta por cento dos ganhos do fundo iriam para a Xerox, enquanto os diretores da XTV dividiriam os 20% restantes dos ganhos entre si. No caso de investimentos inferiores a 2 milhões de dólares, os diretores da XTV tinham autonomia para decidir se e quando investir. No caso de investimentos superiores a 2 milhões de dólares, um grupo de supervisão, chamado Conselho de Administração (composto de diretores da XTV, CEO, CFO e um membro sênior executivo da Xerox), tinha a decisão final. Isso visava a um processo bem mais curto de deliberação do que era típico na experiência da Exxon anteriormente citada.

A intenção da XTV foi alinhar os incentivos da Xerox com os dos *spin-offs* e empregar os processos de capital de risco para criar valor para tecnologias da Xerox, sempre que essas tecnologias não se encaixassem no próprio modelo de negócios da Xerox. Se houvesse tecnologias promissoras dentro da empresa que não estivessem sendo utilizadas em seus próprios negócios, a XTV proporcionava um novo caminho para elas entrarem no mercado. Se, posteriormente, aquela tecnologia criasse um valor econômico significativo, o investimento da XTV possibilitaria à Xerox participar substancialmente do valor resultante. Como Kearns afirmou em 1993, "a XTV é uma *hedge* [proteção cambial] contra os repetidos erros do passado".[5]

Em 1996, a carteira da XTV de 30 milhões de dólares comprometida em 1989 tinha retornado um total de 219 milhões de dólares para a Xerox, depois das taxas e dos lucros terem sido divididos com os parceiros na XTV, de acordo com cálculos à época.[6] Isso representou uma taxa interna de retorno superior a 56%. Foi comparado muito favoravelmente com os 13,7% de taxa média de retorno dos fundos de capital de risco independentes, que também foram iniciados em 1989. Por qualquer padrão razoável, a XTV tinha sido um tremendo sucesso financeiro para a Xerox. O sucesso da XTV não ocorreu porque criou um maior número de *spin-offs*, mas porque se baseou em processos que eram mais compatíveis com o sucesso de novos empreendimentos e passou por cima dos processos internos da Xerox. Ao mesmo tempo, a XTV permitiu que a Xerox tivesse mais empreendimentos e, assim, colhesse mais lucros quando obtiveram sucesso.

No entanto, apesar desse desempenho, a Xerox decidiu exercer o seu direito de rescindir o fundo em 1996. Alguns gerentes sêniores da Xerox sentiram (remetendo a Siegel, Siegel e MacMillan, 1988) que a autonomia dada a Adams comprometia a capacidade de desenvolver sinergia estratégica entre as *spin-offs* de tecnologias e os negócios internos da Xerox. Uma vez que as tecnologias foram desviadas para as *spin-offs* financiadas pela XTV, elas tratavam os negócios da Xerox da mesma forma que fariam com qualquer outro cliente potencial. Existiam alegações de que alguns dos sucessos das empresas mais lucrativas da XTV, Documentum e Document Sciences, ocorreram parcialmente por conta de produtos da Xerox que os clientes teriam comprado em seu lugar. A taxa de retorno obtida pela XTV não considerou essa perda de negócios potencial para a Xerox.

11.2.3 UM MODELO MELHORADO DE INOVAÇÃO DE DENTRO PARA FORA: NOVOS GRUPOS DE EMPREENDIMENTOS DA LUCENT[7]

A Lucent criou seu New Ventures Group (grupo de novos empreendimentos; NVG) em 1997, a fim de comercializar tecnologias a partir dos seus Laboratórios Bell, as quais não se encaixavam em nenhuma das empresas estabelecidas da Lucent. Além de capturar valor dessas tecnologias, a Lucent também desejava acelerar o tempo que levava para as tecnologias entrarem em suas empresas convencionais. Em contraste com a Exxon, a Lucent não estava interessada na diversificação não relacionada com seu crescimento. Ao contrário da Xerox, a Lucent não estava focada em um retorno financeiro, mas sim em processos adicionais para identificar novas oportunidades de negócios relacionados aos seus negócios principais. Chesbrough e Socolof (2000) fornecem uma análise detalhada desse modelo.

Para gerenciar o processo de mudança cultural necessário para o modelo de dentro para fora funcionar, o NVG conscientemente criou o que ficou conhecido internamente como "o mundo fantasma". Era uma "casa de recuperação", que capacitaria pessoas e ideias que não estavam prontas nem eram capazes de sair diretamente para obter capital de risco puro para desenvolver as suas ideias dentro da Lucent. Por ser sensível às lacunas culturais que tiveram de ser superadas e por ser sensível em relação à combinação certa de risco e retorno a oferecer, o processo criou uma plataforma de lançamento para que as ideias saíssem dos Laboratórios Bell para mercados fora dos canais tradicionais de negócios da Lucent.

Antes de sair da Lucent em 2001, o NVG tinha investido em 28 empreendimentos. A maioria dos empreendimentos era de internet, redes, *softwares*, tecnologias sem fio e espaços de transmissão digital, que eram de interesse estratégico da Lucent. Embora a maioria dos investimentos não tenha conseguido liquidez, cinco empreendimentos que atingiram liquidez trouxeram um retorno de 80% sobre o capital investido para o fundo do NVG.[8] O fundo, então, foi bem-sucedido financeiramente, como os da Exxon e da Xerox. Também permitiu à Lucent acelerar a sua entrada em mercados de crescimento promissores, como as redes ópticas, anos à frente de quando teria sido capaz de fazê-lo de outra forma. Esse benefício estratégico estava ausente das experiências anteriores da Exxon e da Xerox.

O processo NVG também serviu de impulso para as tecnologias dos Laboratórios Bell irem "para fora da prateleira". Uma vez que o grupo NVG identificava uma tecnologia promissora dentro dos Laboratórios Bell, as unidades de negócio da Lucent tinham apenas uma quantidade limitada de tempo para considerar se deveriam ou não assumir o controle da tecnologia para si mesmas e financiar o seu desenvolvimento posterior. No passado, as unidades de negócio poderiam esperar para ver se uma tecnologia se tornaria importante e isso, frequentemente, atrasava a introdução de novas tecnologias no mercado. Quando o NVG notificava que estava interessado em comercializar uma tecnologia interna, isso efetivamente se tornava uma função forçada, acelerando a velocidade com que essa tecnologia se movia para fora dos Laboratórios Bell, direto para o mercado.

O processo do NVG também forneceu um *feedback* mais rápido sobre o valor da tecnologia para a Lucent. As três instâncias em que a Lucent readquiriu um empreendimento do NVG surgiram quando ficou claro que as tecnologias eram importantes demais para que ela as gerenciasse de forma independente da empresa. Esse valor estratégico provavelmente não teria sido visível se as tecnologias permanecessem na prateleira. A capacidade de levá-las ao mercado por meio de novos empreendimentos permitiu que o mercado fornecesse uma "segunda opinião" para o julgamento anterior dos gerentes de negócio da Lucent, que pensaram anteriormente que as tecnologias não estavam ainda prontas para o mercado.

O modelo operacional do NVG também trouxe pessoas de fora para ajudar a lançar novos empreendimentos dentro da Lucent. Os gerentes contratados de fora da Lucent receberam opções de ações substanciais, um compromisso de obter liquidez para aquela ação e uma busca por sucesso financeiro, não importando custo ou impacto sobre os negócios das empresas-mães. Esse compromisso tornou-se mais crível pela disposição do NVG em distribuir o seu financiamento de novos empreendimentos internos com investidores de capital de risco externos. Esses investidores externos verificaram a tendência de uma grande corporação-mãe, como a Lucent, gerenciar o empreendimento com as mesmas políticas que regem a empresa-mãe.

11.2.4 BRIGHTSTART – DESENVOLVENDO UM MODELO ESTRATÉGICO DE CAPITAL DE RISCO

A Brightstar foi uma incubadora empresarial formada pela empresa BT (antiga British Telecom) de telecomunicações, sediada no Reino Unido, em 1999/2000. Ela foi impulsionada por três observações: primeira, a instalação de P&D tinha uma reputação internacional para invenções, mas as unidades de negócios e comunidade de investidores não conseguiam ver benefício material do programa de P&D em termos de produtos, serviços e criação de valor; segunda, a empresa tinha dificuldade em selecionar e dirigir aquelas tecnologias dos laboratórios para as unidades de negócios, e essas últimas, por vezes, adquiriam tais produtos de fora da empresa; terceira, muitos dos seus gestores mais empreendedores estavam saindo da BT e criando *startups* bem-sucedidas, em vez de explorar talentos e ideias dentro da empresa. Esse papel de atrair e reter talentos-chave é um benefício subapreciado de políticas robustas de inovação aberta de fora para dentro.

Assim, a Brightstar foi concebida para enfrentar simultaneamente uma série de questões: (1) monetização da grande carteira subaproveitada de direitos de propriedade intelectual; (2) criação de produtos e serviços que as novas empresas poderiam, então, vender para a empresa-mãe e a partir dela; (3) criação e manutenção de processo e cultura mais empreendedores. Desde o seu início, havia muito mais foco nos objetivos estratégicos de fornecer treinamento, educação e mudança de cultura para a BT do que simplesmente a criação de valor da PI, com essas atividades sendo peças-chave da história estratégica da Brightstar.

No seu conceito inicial, a Brightstar foi concebida para criar novas empresas dentro da BT em comum com muitas tentativas anteriores da BT de estimular a inovação corporativa. No entanto, a equipe de gestão rapidamente alterou a estratégia de levar ao mercado tais empresas como a melhor maneira de garantir que pudessem operar de uma forma empreendedora. Considerou-se que processos e tomada de decisão da BT anulariam a velocidade e a inovação necessárias e que a cultura e a tomada de decisão adequadas só ocorreriam se a empresa estivesse livre dos processos internos.

O modelo desenvolvido foi semelhante ao do New Venture Group (grupo de novos empreendimentos) da Lucent, com a intenção de manter uma participação significativa nos negócios assim que eles crescessem. Projetos que seriam levados ao mercado foram transferidos para unidade de negócio da Brightstar, onde foram executados como se fossem empresas separadas. Assim como o modelo da Lucent, esse modelo possibilitou que experientes empreendedores externos fossem trazidos para a empresa, que cultura e processos fizessem uma transição até um ponto apropriado para ir ao mercado e que o mercado testasse o modelo de negócio na relativa segurança da BT. A intenção era manter os negócios nesse estado de transição por seis a doze meses antes de levar para o mercado com um pequeno, mas significativo, suporte.

Os negócios criados na BT eram uma mistura de exploração da tecnologia, novos produtos e sistemas com missão crítica interna que poderiam ser oferecidos a terceiros, se saíssem da BT. Este último ponto diferencia o modelo da Brightstar de outras atividades de capital de risco corporativos. Os sistemas internos que foram admirados por concorrentes e empresas do setor foram levados ao mercado com a intenção de reduzir o custo do fornecimento interno (como é geralmente usado para justificar um acordo de terceirização) e também para capitalizar sobre o valor de venda a terceiros, a fim de aumentar os volumes, definir normas e difundir desenvolvimento fixo e suporte dos custos para mais clientes. Esses são exemplos claros de inovação aberta de dentro para fora (embora a expressão não tenha sido utilizada pela BT na época). Os exemplos incluem empresas como a Vidus, que foi responsável pela programação da força de trabalho da BT, e a Azure, que gerenciou o sistema de faturamento interconectado da BT. Essas duas empresas foram levadas com sucesso ao mercado no devido tempo.

A Brightstar também pôs em prática um processo de gestão e governança único, a fim de evitar acusações de que estava operando contra interesses da unidade de negócio da BT e de que não entendia o mundo do capital de risco. Em primeiro lugar, ela recrutou uma mescla de gerentes para a unidade de negócios, incluindo funcionários experientes da própria BT, pessoas que tinham trabalhado tanto para a BT como para *startups*, e pessoas empregadas como contratantes com experiência exclusivamente em *startups* e em capital de risco. Em segundo lugar, criou um conselho de consultores de investimento em que todos os projetos eram revisados, que consistia de duas empresas de capital de risco externas e gerentes sêniores de cada unidade de negócio. Isso assegurou que os projetos candidatos fossem adequados para o financiamento de risco e estabelecidos contatos iniciais com um líder na(s) unidade(s) de negócios.

Segundo a experiência da Brightstar, as empresas levadas ao mercado, que são focadas em fornecer para a empresa-mãe, ainda requerem uma gestão ativa e agressiva das ligações de volta para o negócio. A unidade de negócio geralmente não compartilha diretamente do valor criado na *startup* e está, assim, inclinada a tratar a *startup* como um negócio não relacionado em vez de parte da família BT. A presença de um líder dentro da unidade de negócio (via representação da unidade de negócios no Conselho Consultivo de Investimento) ajudou a superar essa tendência.

A Brightstar também se tornou um campo de treinamento para gerentes com grande parte da equipe trabalhando em posicionamentos destacados e temporários dentro da unidade. Cursos de formação foram concebidos; as ferramentas de análise utilizadas na Brightstar foram adotadas em todos os setores da empresa; e seu envolvimento por si só era frequentemente citado nos currículos. Os gestores da Brightstar acreditavam que isso era importante para a BT para a criação de mudança de cultura como valor das próprias empresas. Alguns dos gestores da BT que saíram eram bem recebidos de volta se, posteriormente, optassem por deixar suas empresas.

Embora o modelo tivesse um bom desempenho em seus objetivos estratégicos e financeiros, em 2003, o modelo esteve sob forte pressão devido ao fechamento virtual da disponibilidade de capital de risco na Europa no período de 2001-2002. A Brightstar havia reformulado o modelo dos primeiros dois anos, de modo que detinha empresas por mais tempo na incubação do que os desejados seis a doze meses; no entanto, isso teve um impacto negativo sobre a posição financeira da unidade de negócios. O ambiente financeiro desafiador de 2001-2002 levou a uma necessidade de que a Brightstar tivesse um Earnings Before Interest, Taxes, Depreciation and Amortization (EBITDA; ou, em português, lucros antes de juros, impostos, depreciação e amortização) positivo, apesar da criação de empresas *startup*. A Brightstar procurou uma alternativa financiando uma estrutura que lhe permitisse continuar a sua missão. Sempre tinha gerenciado a demonstração de resultados corporativos e não desenvolveu um fundo independente. Como resultado, foi decidido levar a Brightstar para o mercado e fornecer o serviço de volta para a BT.[9] O acordo da Lucent de 2001 deu um modelo ideal, com o aperfeiçoamento de que a BT concordava com um acordo de cinco anos para oferecer serviços de capital de risco e de incubação de volta para a BT, com um acesso exclusivo a sua base de tecnologia, a fim de criar novos empreendimentos. A Brightstar, assim, foi comprada da BT e se fundiu com o antigo time da Lucent para criar parceiros de novos empreendimentos.

Essa progressão, desde os primeiros experimentos na Exxon aos mais recentes da Lucent e da BT, mostra que a inovação aberta de dentro para fora pode desempenhar uma série de papéis importantes na inovação corporativa. Um deles é o de gerar novas opções para futuros negócios. Ao lançar ao mercado projetos que não se encaixavam bem com o atual modelo de negócios, os processos de capital de risco de dentro para fora permitiram que esses projetos fizessem uma busca mais ampla de modelos de negócio alternativos do que seria possível internamente. Outro papel é a possibilidade de benefícios financeiros, se o empreendimento se mostrar bem-sucedido. Ao longo do tempo, no entanto, é dada uma menor importância para essa possibilidade em relação aos outros papéis desempenhados. Um terceiro papel é a atração e a retenção de talentos-chave na organização.

No entanto, toda essa atividade de risco ocorre na sombra do capital de risco privado (Chesbrough, 2000). Para que o risco corporativo seja sustentado ao longo do tempo, ele deve gerar resultados que são difíceis de serem obtidos por processos de capital de risco tradicionais. A seguir, vamos examinar tal resultado, a *spin-out* complexa.

11.2.5 O PRÓXIMO NÍVEL DA INOVAÇÃO ABERTA DE DENTRO PARA FORA: CONSTRUINDO *SPIN-OUTS* COMPLEXAS

As empresas *startups* podem ser afligidas por um problema bem conhecido de capitalistas de risco: o abraço da morte do fundador. Essa é a situação que ocorre quando um fundador é incapaz de deixar o controle ou alterar a direção da empresa a partir da visão original do fundador, mesmo em face de um atraente *feedback* do mercado. Em comparação, as *spin-outs* não parecem sofrer desse problema. A equipe fundadora, embora vendo isso como seu projeto, tem um sentido menos proprietário de propriedade que o empreendedor puro, uma vez que o projeto foi desenvolvido em uma grande organização, com informações e aprovação de várias fontes.

Essa diferença significa que é possível construir uma *spin-out* por encomenda, em vez de lançá-la exclusivamente com a ideia inicial. Isso é particularmente verdadeiro quando a *spin-out* tem acesso a uma tecnologia poderosa, mas precisa de partes externas à organização para arquitetar uma proposição completa para o cliente. Por meio da montagem dessas partes diferentes, os riscos corporativos podem ser mais que uma *startup* financiada por uma empresa já existente. Ela pode ser empregada como uma ferramenta para alcançar novas oportunidades de negócios para a empresa que provavelmente não seria capaz de construir por conta própria em um prazo semelhante dentro de um orçamento aceitável. Nós chamamos esse processo de construir uma *spin-out* de múltiplas fontes de *spin-out complexa*.

A British Telecom (BT), depois de realizar a *spin-out* da Brightstar, passou a utilizar essa abordagem para instituir duas *spin-outs* complexas com soluções que idealmente se adaptavam às suas necessidades. Ela já tinha feito a *spin-out* da Vidus (discutida acima), que se especializou na programação da força de trabalho de serviço de campo para grandes empresas e mercados de prestadores de serviço. No entanto, as equipes de vendas da BT perceberam que havia uma oportunidade de criar uma empresa que oferecesse produtos de gerenciamento de serviços de campo para empresas de médio porte, que complementaria a oferta de programação de força de trabalho existente que a BT já tinha tomado para o mercado com a Vidus. Um dos principais diferenciais que tal oferta de serviço necessitaria era a capacidade de satisfazer os clientes com um processo de apoio a um custo muito menor. Embora a BT tivesse uma forte equipe técnica, que poderia desenvolver o produto, havia pouca experiência dentro da BT para o desenvolvimento de tais produtos de gerenciamento de serviços de campo. Faria mais sentido procurar uma solução externa, em que uma rota mais flexível e de baixo custo para desenvolver e testar o mercado poderia ser alcançada e, em seguida, incorporada a Vidus.

A BT identificou um produto que era uma solução parcial em uma pequena empresa do Reino Unido. Naquele momento, o sistema sendo vendido funcionava principalmente como uma venda de produto, e sentiu-se que um modelo de negócios de SaaS (*software como serviço*) e uma ampla gama de características do produto seriam necessários. Considerou-se também que levar essa pequena empresa para dentro da BT acabaria com a capacidade de inovar os novos produtos e serviços necessários para encontrar a combinação que funcionasse no mercado. A BT então abordou seu parceiro de financiamento de risco corporativo, New Venture Partners (parceiros de novos empreendimentos – NVP), para desenvolver a oportunidade de *spin-out* complexo juntos. Como parte de sua visão e estratégia mais amplas, o NVP investiu na empresa do Reino Unido e buscou reforçar e ampliar o conjunto de produtos a partir da extensão da oferta de gestão de serviços de campo da empresa do Reino Unido para produtos móveis de gerenciamento de cadeia de fornecimento. O NVP identificou uma oportunidade de fazer uma *spin-out* de uma divisão não estratégica de uma empresa dos Estados Unidos nesse setor. Isso foi feito e as duas entidades foram fundidas para formar a Airversent, resultando em uma presença internacional e em um conjunto mais amplo de produtos para a *spin-out*. O conjunto de produtos e serviços resultante foi vendido por meio de duas unidades de negócios da BT no Reino Unido e na Europa, consideradas um dos seus 21 mil negócios principais. A empresa rapidamente começou a gerar vendas substanciais por múltiplos canais de distribuição, no valor de dezenas de milhões de libras anuais.[10]

Uma oportunidade surgiu para fortalecer ainda mais as ofertas de *spin-outs*, estendendo para gestão, rastreamento e armazenamento de documentos e para ter acesso a uma pesada arquitetura de SaaS que tinha sido desenvolvida pela AirClic. Isso ofereceu o capital de risco e acesso da BT a outros produtos e ampliou o tamanho da empresa e as ofertas que poderiam abordar. Essa interessante combinação de *spin-outs*, empreendimentos financiados por capital de risco, fusões e aquisições em estágio inicial rapidamente levou a uma empresa com um porte viável e presença no mercado, com a BT atuando como um canal para o mercado. Ela ganhou acesso a produtos e serviços que nunca teria especificado internamente e a um teste rápido e flexível dessas empresas no mercado. Ainda melhor, a BT não teve de financiar todo o desenvolvimento internamente e assumir sozinha os riscos de fracasso ao longo do caminho. Em vez disso, os riscos e os financiamentos foram compartilhados com os investidores externos. Assim, a *spin-out* complexa foi, de certa forma, um projeto de P&D que não exigiu recursos de P&D interno para ser executado.

Um modelo de *spin-out* complexa similar foi usado para criar um *software* de governança, conformidade e gestão de riscos para clientes de *softwares* de empresas corporativas, como a Neohapsis. Isso exigiu que a BT identificasse uma necessidade interna, bem como uma oportunidade de mercado. A New Venture Partners, a empresa de capital de risco supracitada, gerenciou a *spin-out* de uma empresa norte-americana de um produto-chave, licenciou uma tecnologia adicional da GE, adicionou alguma tecnologia da BT e implantou a solução dentro da BT, como sua primeira cliente. Posteriormente, outra fusão ocorreu para incluir um ramo de serviços profissionais para a estratégia de produto. Essa é outra faceta das *spin-outs* complexas: a oportunidade de se envolver com a corporação como um cliente para a tecnologia. Como um cliente, a BT é capaz de influenciar o novo empreendimento para produzir uma oferta conforme suas especificações e só está comprometida em adquirir o resultado, se as especificações forem atendidas. De modo semelhante, uma grande corporação poderia utilizar uma *spin-out* para se tornar um fornecedor para um cliente recém-criado, de modo que o trabalho adicional necessário de vender para o mercado ficasse a cargo do cliente e não da BT. Seja como um cliente, seja como um fornecedor, essas *spin-outs* complexas criam opções para a BT, em que a empresa tem o direito, mas não a necessidade, de realizar uma ação adicional mais tarde.

Ofertas como essas, integrando a tecnologia de múltiplas corporações e executando aquisições e fusões em estágios iniciais, ocorrem mais facilmente em *spin-outs* do que em *startups* puras financiadas por capital de risco. Os capitalistas de risco são, provavelmente, mais adeptos aos acordos de pequena escala necessários do que os departamentos de fusões e aquisições das corporações, e as corporações geralmente possuem em suas linhas de produtos e instalações de P&D as peças faltantes (que muitas vezes carecem de qualquer caminho interno para ir para o mercado por conta própria) necessárias para elaborar rapidamente uma proposta vencedora. A New Venture Partners tem realizado nos últimos anos um número dessas *spin-outs* complexas, e pode ser que as empresas "instituídas por encomenda" representem uma nova onda de estratégia de inovação. Vale a pena notar que, em ambos os casos mencionados, a empresa-mãe, a BT, tinha um canal de vendas estratégico ou necessidades internas que direcionaram o modelo. A disponibilidade desses empreendimentos de dentro para fora permitiu à BT aumentar a utilização desses recursos estratégicos, ou o que David Teece chamaria de "ativos complementares" (Teece, 1986).

11.2.6 OS BENEFÍCIOS CULTURAIS DAS *SPIN-OUTS* COMPLEXAS

Este capítulo concentrou-se nas razões estratégicas para a utilização dos processos de inovação aberta de dentro para fora como um método de inovar. Ele cobriu também muitas das razões operacionais pelas quais tais modelos podem falhar. No entanto, no modelo da BT havia tanto foco sobre as implicações mais abrangentes de criar mais foco dentro do departamento de P&D na exploração comercial e na criação de uma mentalidade empreendedora como também na exploração financeira de ativos subutilizados. As incubadoras, como aquelas criadas na Philips, também fornecem esse ambiente cultural mais abrangente.

Em nível operacional, é importante em tais veículos considerar o impacto cultural do estilo gerencial e dos processos utilizados. Por exemplo, a taxa de rejeição de ideias para novas empresas deveria exceder substancialmente o número de negócios criados, tipicamente em uma proporção >100:1, que é muito mais elevada do que ocorre em muitos sistemas de gerenciamento de projetos internos. Isso significa que, na maior parte do tempo, a equipe de capital de risco vai recusar propostas. A forma como são rejeitadas e as explicações dadas sobre a rejeição serão cruciais na criação de uma cultura de inovação. De modo análogo, o processo de tomada de decisão deve ser transparente e rápido.

Se bem-feitos, esses processos levam a benefícios mais amplos. Na BT havia um fluxo constante de gestores procurando por destaques para a incubadora da Brightstar, pois isso era percebido como tendo valor no treinamento e no desenvolvimento de carreira. As pessoas, às vezes, eram destacadas para os negócios ou apoiadas pela equipe de capital de risco. Isso leva a uma disseminação mais abrangente dos processos e cultura da inovação do que a simples *spin-out* de empresas poderia sugerir. Ao contrário de pesquisar por tecnologia ou inovações fora da organização-mãe, a inovação de dentro para fora tem o potencial de mudar a cultura e os processos internamente, para apoiar um ambiente mais inovador e tornar a organização mais aberta a novas ideias tanto de dentro como de fora da principal cultura operacional.

11.3 CONCLUSÃO

Assim como outros aspectos da inovação aberta, gerenciar a inovação aberta de dentro para fora exige uma mudança de mentalidade na forma como a inovação é gerida, vendo-a como parte de um ecossistema em vez de algo controlado exclusivamente de dentro da corporação. Abrir o processo de criação de novos empreendimentos para outras *startups* de tecnologia e parceiros estratégicos requer diferentes habilidades e conhecimentos para gerir a inovação para além do capital de risco tradicional. Isso está ligado muito mais profundamente à cultura de dentro da organização-mãe e, portanto, tem muito mais potencial para criar, dirigir e recompensar o modelo de inovação do negócio da empresa-mãe do que o capital de risco tradicional. O conceito de processos de inovação aberta de dentro para fora – procurar modelos de negócio alternativos e lançar ao mercado novos empreendimentos e tecnologias complexos como uma estratégia para a criação de múltiplas opções de inovação –, portanto, merece ser muito mais utilizado e apreciado.

A liberdade do "abraço da morte dos empreendedores" também permite que tais *spin-outs* complexas realizem fusões e aquisições em estágios iniciais; com a empresa construída como um quebra-cabeça com peças fornecidas não só pela empresa-mãe como também por outras organizações. Essas empresas do tipo "construídas por encomenda" precisam de muito mais visão operacional e de mercado dos seus investidores do que muitas empresas financiadas por capital de risco. Essas são as condições mais adequadas para o modelo de *spin-out* complexa.

Outras empresas têm inaugurado tais processos novos de capital de risco, em que a busca do modelo de negócio é explicitamente parte da missão. As operações dos empreendimentos de PI da Microsoft em Mountain View, Califórnia, por exemplo, colocam a tecnologia da Microsoft e a PI em empresas *startups* externas e, então, verificam o que acontece nessas empresas. Na Europa, a Microsoft também funciona com a Enterprise Ireland e a Sitra, na Finlândia, para empregar suas tecnologias a fim de estimular novos modelos de negócios para suas tecnologias em pequenas e médias empresas (PMEs) (Gutierrez, 2008).

As grandes corporações estão perdendo oportunidade de inovação de utilizar as instalações de P&D em grande escala, orientadas comercialmente, que possuem de modo a gerar oportunidades de negócios e, em seguida, testar e qualificá-las de uma forma empreendedora de risco, criando múltiplas empresas por *spin-out*. No caso das *spin-outs* que têm sucesso, a corporação tem a opção de readquirir as novas linhas de produto bem-sucedidas. Isso permitiria criar prósperos ecossistemas de inovação em torno de suas instalações de P&D, aumentar a velocidade da taxa metabólica de inovação dentro de seus laboratórios e ficar em uma posição ideal para explorar os negócios revolucionários resultantes. As competências-chave estarão na gestão de portfólio e na busca no ecossistema por opções que a empresa-mãe esteja criando para o seu futuro. Da mesma forma, os recursos vitais da corporação, como os canais de distribuição, as capacidades de fabricação e as redes de apoio, podem sustentar a vantagem competitiva para as *spin-outs* nascentes, sem onerar o orçamento de P&D.

Existe ainda outra lógica de negócio, mais humana, para permitir maior uso externo da inovação aberta de dentro para fora. As empresas que proíbem os processos de dentro para fora acabam por frustrar muitas das equipes de P&D, porque muitas das ideias em que essas pessoas trabalham nunca são levadas ao mercado. É declaradamente muito comum que um pesquisador farmacêutico nunca veja um de seus projetos entrar no mercado, ao longo de uma carreira de mais de trinta anos, porque a taxa de atrito dos compostos é muito elevada. Isso é um enorme desperdício de talento humano e deve ter um alto preço sobre a iniciativa de qualquer pessoa. As empresas que adotam a inovação aberta de dentro para fora permitem outros caminhos para que as ideias internas cheguem até o mercado. Esses outros caminhos permitem que o mercado forneça *feedback* dessas ideias e que os pesquisadores vejam as suas ideias em ação no mundo todo, mesmo que essas ideias não sejam tão boas para os produtos da própria empresa. Isso também proporciona novas fontes de *feedback* para o pesquisador sobre como melhorar ideias, e algumas dessas melhorias poderiam, um dia, ser encontradas nos produtos da própria empresa.

O oposto desse modelo é controle e gestão internos predominantes em muitas empresas, uma mentalidade que, provavelmente, detém qualquer inovação aberta que ocorra em algum modelo. No futuro, é provável que as empresas que não puderem ou não forem lançar ao mercado empreendimentos complexos como parte de sua estratégia estejam incapacitadas na sua estratégia de inovação ou se descubram como uma empresa com uma cultura que não é favorável à inovação.

Lançar uma empresa para o mercado não é uma forma opcional de dispor ativos não desejados; esse é o futuro da criação de novos negócios e da inovação do modelo empresarial para as empresas verdadeiramente inovadoras. Os empreendimentos complexos representam um exemplo de como uma maior utilização dos processos de inovação aberta de dentro para fora podem revitalizar a inovação corporativa.

Mais pesquisas são necessárias para revelar outras maneiras pelas quais a inovação aberta de dentro para fora pode contribuir para o crescimento e para a inovação. Chesbrough e Garman (2009) falam do caso em que processos de dentro para fora podem aumentar a flexibilidade corporativa em crises econômicas. Chesbrough e Chen (2013) consideram o uso de processos de dentro para fora para recuperar compostos anteriormente abandonados no desenvolvimento de medicamentos farmacêuticos. Chesbrough e Ghafele (Capítulo 10 desta obra) discutem novas formas de gerenciar a PI para estimular maior exploração de tecnologias não utilizadas pela empresa que descobriu as tecnologias originalmente. Entretanto, essas são apenas as questões iniciais que só fazem alusão às formas pelas quais os processos de dentro para fora podem contribuir para a inovação.

NOTAS

1   Block e MacMillan (1993, p. 13) pensam que o ciclo, historicamente, foi executado de dez em dez anos aproximadamente.

2   Richard Rosenbloom e William Spencer, *Engines of Innovation: U.S. Industrial Research at the End of an Era*. Cambridge, MA: Harvard Business School Press, 1996.

3   É um exemplo específico de um problema mais geral. Ver Williamson (1985, Capítulo 6), para a discussão seminal do "problema de intervenção seletiva", ou por que uma grande empresa não pode fazer tudo o que uma pequena empresa pode fazer.

4   Essa seção segue de perto o relato em primeira mão dessa experiência de Sykes (1986).

5   A citação de Kearns é retirada de Larry Armstrong, "Nurturing an Employee's Brainchild", *Business Week*, 23 out. 1993, p. 196.

6   Lerner (Xerox Technology Ventures; Harvard Business School, caso n. 295-127, Anexo 5) fornece os termos gerais da estrutura da XTV e os retornos financeiros calculados mostrados aqui.

7   Veja Chesbrough e Socolof (2000) para uma descrição mais completa do New Venture Group da Lucent. Essa seção inspira-se fortemente nesse artigo.

8   Trata-se de um retorno *cash-on-cash* e exclui marcações assumidas de companhias privadas em rodadas subsequentes.

9   Como discutimos a seguir, a Brightstar por si só se tornou um empreendimento de *spin-out* complexa da BT como resultado desse processo.

10 Um desafio em *spin-outs* complexas pode ser quantificar seu impacto financeiro depois do fato. Quando sondamos os resultados da Vidus e da Texert, nós ficamos sabendo que suas finanças estavam misturadas com as dos seus parceiros e dos seus canais de distribuição, tornando problemática uma avaliação precisa. Embora um resultado de dezenas de milhões de libras em vendas anuais seja um desempenho brilhante para uma *startup*, representa uma quantia muito pequena de receitas para uma empresa do porte da BT.

CAPÍTULO 12
Padrões de implementação da inovação aberta em multinacionais

Letizia Mortara e Tim Minshall

12.1 INTRODUÇÃO

A inovação aberta (IA) é um paradigma de inovação que foi inicialmente descrito por Chesbrough há mais de dez anos (2003a). Desde então, tem recebido grande interesse dos profissionais, com empresas em muitos setores adotando progressivamente uma variedade de práticas abertas. Os legisladores também estão reconhecendo cada vez mais o potencial valor econômico[1] da IA e incentivando a sua adoção. Alguns acadêmicos vislumbram um futuro em que o modelo de IA será totalmente integrado às atividades de gestão da inovação das empresas (Huizingh, 2011), ainda que uma revisão recente (Schroll e Mild, 2012) estime que as atividades de IA têm sido implementadas atualmente em somente 20% a 45% das empresas (Schroll e Mild, 2012) e bem poucos determinantes individuais por trás da adoção das práticas de IA foram identificados. A maior taxa de concordância é que os ambientes turbulentos (indústria, mercado e/ou tecnologia) incentivam a adoção de IA (Schweitzer, Gassmann e Gaubinger, 2011), embora haja grande incerteza sobre outros fatores.

Sustentar a implementação bem-sucedida da IA é uma compreensão de *como* as empresas adotam esse modelo para determinar quais abordagens funcionam e quais não funcionam. Como a IA é, para muitas empresas, uma inovação em si mesma (Christensen, 2006), estudar a adoção da IA também apresenta uma nova oportunidade para melhorar a teoria da implementação da inovação.

Apenas alguns estudiosos, até o momento, têm dispendido esforços para pesquisar os padrões da implementação da IA (ex. Chesbrough, 2003a; Chesbrough, 2006a; Chiaroni, Chiesa e Frattini, 2010, 2011; Christensen, Olesen e Kjaer, 2005; Mortara e Minshall, 2011). Essa linha de pesquisa tem sido popular, em particular, em empresas europeias (mais especificamente, na Itália, por exemplo, Buganza et al., 2011; Chiaroni, Chiesa e Frattini, 2010, 2011; Di Minin, Frattini e Piccaluga, 2010; Pellegrini, Lazzarotti e Pizzurno, 2012; Petroni, Venturini e Verbano, 2012).

Em uma tentativa de consolidar o conhecimento atual sobre a implementação da IA, este capítulo analisa os mais ricos dados disponíveis, ou seja, a evidência sobre a adoção da IA em grandes corporações multinacionais (MNCs). Com base no estudo de caso (o método que consideramos mais adequado para revelar as complexidades que sustentam a adoção da IA), este capítulo desenvolve um modelo de implementação da IA e destaca as necessidades de pesquisa futura. Na seção 12.2, resumimos as teorias relevantes úteis para estudar esse fenômeno e as tendências gerais aplicáveis à implementação da IA. Na seção 12.3, nós nos aprofundamos em uma revisão das evidências publicadas na literatura, com destaque para os padrões e características-chave de implementação da IA que podem ser usados para caracterizar a adoção da IA nas empresas. Finalmente, propomos um modelo que pode ser usado para analisar as abordagens para implementação da IA nas empresas com metodologias de processos de pesquisa (Pettigrew, 1990).

12.2 O MODELO DE INOVAÇÃO ABERTA DE CHESBROUGH: UM PONTO DE DESCONTINUIDADE NA IMPLEMENTAÇÃO DA IA

A teoria da evolução tem sido usada para analisar a adoção da IA nas empresas (Christensen, Olesen e Kjaer, 2005). Assim, as empresas têm adotado diversas abordagens para abrir seus processos de inovação, mas apenas a "mais forte" – isto é, a mais bem-sucedida naquele contexto – sobreviveu. No entanto, muitos dos casos na literatura são descrições "estáticas" das práticas e modelos de IA, tais como as da Whirlpool (Muller e Hutchins, 2012), da Air Products (Tao e Magnotta, 2006), ou da P&G (Huston e Sakkab, 2006), enquanto o abandono de tipos específicos de atividades de inovação não é amplamente registrado. O estudo de exemplos "negativos" ou de "fracassos" (Chesbrough, 2012b; Huizingh, 2011) e das desvantagens da adoção da IA (Vanhaverbeke, van de Vrande e Chesbrough, 2008) poderia ajudar a esclarecer quais as formas de IA não funcionaram e por quê. É lamentável que a lembrança de experiências negativas (por exemplo, práticas abandonadas) seja difícil de identificar e documentar, desviando evidências de abordagens sobreviventes ou recém-adotadas, mas ainda não testadas.

Desde 2003, a difusão generalizada do modelo de IA de Chesbrough (Chesbrough, 2003a) tem incentivado empresas a experimentar práticas de IA (Mortara e Minshall, 2011), mudando a adoção de um fenômeno emergente para uma mudança planejada (Livne-Tarandach e Bartunek, 2009). Assim, o modelo de IA representa uma nova contingência em sua implementação. Por exemplo, quando o chefe de P&D da Fiat começou a abrir processos de inovação da empresa durante o início de 1990, em resposta a uma desaceleração acentuada do desempenho (Di Minin, Frattini e Piccaluga, 2010), não havia nenhum modelo de IA para apoiar a implementação dessa estratégia. Em contrapartida, qualquer empresa que procurasse fazer algo semelhante após 2003 teve o benefício de um modelo de IA claramente acessível e exemplos amplamente divulgados para apoiar projeto, desenvolvimento e implementação das atividades. A teoria teleológica seria, portanto, oportuna para analisar a implementação da IA depois de o modelo de IA ter se tornado explícito. Adotando essa teoria, o paradigma da IA torna-se um objetivo a alcançar, e as organizações se estabelecem para alcançar a sua implementação mais rapidamente se comparadas com empresas que se abriram de uma forma mais evolutiva. Em empresas em que a escolha de implementar a IA veio como uma decisão consciente, várias outras teorias poderiam coincidir no estudo da IA, tal como a racionalidade limitada – que supõe que os gestores que decidem adotar a IA estão apenas marginalmente cientes de todas as possíveis consequências das suas escolhas de implementação (Simon, 1947) – ou a teoria do escalão superior – que propõe que empresas são manifestações diretas das personalidades da sua alta direção (Hambrick e Mason, 1984). Além disso, claramente relevante é a teoria da gestão de mudança de como as empresas perseguem e mantêm o impulso da mudança e se e quando estão prontas para a mudança (Jansen, 2000, 2004).

É também evidente que o aumento do debate em torno do modelo de IA e sua terminologia associada concorreu para criar "ruído" nos dez anos desde sua primeira publicação. O exemplo de outras empresas, especialmente no âmbito dos sistemas de inovação similares, fornece um estímulo extra para testar e desenvolver as práticas de IA. Isso é evidente na história de implementação da IA na Roche (Nakagaki, Aber e Fetterhoff, 2012), em que os gerentes decidiram experimentar a IA seguindo, em primeiro lugar, os exemplos de outras empresas, em vez de serem pressionados por uma necessidade explícita. Consequentemente, na avaliação de casos recentes, os pesquisadores precisam considerar o "efeito de arrastamento" (*bandwagon effect*) na adoção das práticas de IA (Xu, Zhu e Zhu, 2012). Essa não é uma situação nova na pesquisa em administração (Abrahamson e Fairchild, 1999; Bikhchandani, Hirshleifer e Welch, 1992, 1998), que tem observado com frequência as questões relacionadas com as tendências da indústria na adoção e difusão da inovação (por exemplo, Webb e Pettigrew, 1999).

Assim, o estudo da implementação de IA é particularmente adequado para a dinâmica (West, Vanhaverbeke e Chesbrough, 2006) e as metodologias do processo de pesquisa que perseguem a questão do "como" (por exemplo, Huizingh, 2011; Pettigrew, 1990; Sminia e de Rond, 2012), reunindo o conhecimento sobre o contexto (interno e externo) e o processo (evolução de ações). Métodos qualitativos e longitudinais são, portanto, os mais adequados (Yin, 2009). Embora essas linhas de investigação sejam frequentemente seguidas por pesquisadores do gerenciamento de mudanças e de implementação de estratégias (Sminia e de Rond, 2012), essa abordagem não tem sido sistematicamente utilizada na avaliação da implementação da IA.

Nós nos concentramos na análise das evidências recolhidas a partir de estudos de caso publicados sobre a implementação da IA em empresas multinacionais (MNCs), extraindo um conjunto de características que poderiam ser utilizadas para caracterizar a implementação da IA. Para cada uma, destacamos algumas lacunas importantes que necessitam de um trabalho mais aprofundado. Mostraremos como essas características poderiam ser utilizadas para obter estudos de processos mais desenvolvidos sobre a implementação da IA.

12.3 CARACTERÍSTICAS-CHAVE NA IMPLEMENTAÇÃO DA IA

A partir da literatura atual sobre IA e, particularmente, dos exemplos de implementação em grandes empresas, nós apresentamos um conjunto abrangente de características que podem ser usadas para descrever a implantação da IA. Essas características encontram-se resumidas em dois níveis nas seguintes seções:

- Características macro: indicam as tendências de alto nível no âmbito da empresa das abordagens de inovação aberta.

- Características micro: internas do processo e das dinâmicas internas da implementação da IA.

12.3.1 CARACTERÍSTICAS MACRO DA IMPLEMENTAÇÃO DA IA

Quatro dimensões principais caracterizam a implementação macroscópica da IA, cuja variabilidade é também ilustrada:

- Processo: de dentro para fora – acoplado – de fora para dentro
- Estímulo da mudança interna: de cima para baixo – de baixo para cima
- Coordenação: descentralizada – centralizada
- Abordagem para localização: "vá para lugares-chave" – "venha para mim"
- Redes: tipos de parceiros

12.3.1.1 Processos

Até o momento, a pesquisa sobre IA tem sido baseada na diferenciação entre os processos de fora para dentro e de dentro para fora de IA, embora muitos tenham apontado também a existência de processos acoplados ou recíprocos (Enkel, Gassmann e Chesbrough, 2009). Esses três rótulos ajudam os pesquisadores a categorizar várias atividades de IA (formais e informais) que as empresas estabelecem. Tem sido geralmente reconhecido (por exemplo, Bianchi et al., 2011; Enkel, Gassmann e Chesbrough, 2009; Mortara e Minshall, 2011) que os processos de fora para dentro são favorecidos, em especial pelas grandes empresas, e os pesquisadores têm tentado medir o impacto desses processos no desempenho.

Não podemos nos aprofundar aqui na descrição de cada uma das instâncias dos processos de fora para dentro, de dentro para fora ou acoplados. No entanto, o que ainda está faltando é uma análise longitudinal para determinar quando as instâncias específicas de processos são modificadas ou abandonadas. A partir de exemplos em que as abordagens abertas não impediram que uma empresa fracassasse, podemos inferir as limitações dessas abordagens abertas. Por exemplo, a Kodak adotou as abordagens de IA quando estava enfrentando as ameaças e oportunidades da imagem digital. Focou basicamente na IA de fora para dentro, em primeiro lugar, por meio das alianças estratégicas (Grant, 2012) e depois avançando em direção ao modelo de externalização da exploração a partir de operações de inteligência (Mortara e Thomson et al., 2010). Embora a empresa tenha adotado atividades de IA para apoiar o desenvolvimento de um ecossistema para um fácil compartilhamento de imagens (Easyshare) (Grant, 2012), as mudanças na tecnologia aconteceram mais rápido do que a capacidade da empresa de se adaptar ao seu ambiente e desenvolver um modelo suficientemente robusto de negócio. O resultado disso foi que a empresa entrou com pedido de falência (por meio do "Chapter 11", que permite a reorganização sob as leis de falência dos Estados Unidos) no início de 2012. A adoção de um forte modelo de negócio de dentro para fora ficou fora do portfólio da Kodak até muito recentemente, e só agora a empresa está licenciando externa e sistematicamente a PI não estratégica. Seria possível argumentar que permitir processos de dentro para fora numa fase mais precoce poderia ter ajudado a empresa a alavancar um amplo portfólio de PI e a estabelecer modelos de negócio mais abertos. No entanto, adotar processos acoplados ou de dentro para fora não é uma receita para o sucesso, como uma evolução de abordagens poderia ser vista em muitas empresas.

A Nokia, por exemplo, mostrou uma abordagem inversa para modificar sua estratégia em resposta a uma mudança da tecnologia. Seguiu uma estratégia de exploração agressiva, enquanto desenvolvia as primeiras duas gerações de telefone móvel e mudava para uma estratégia de exploração menos agressiva para a terceira geração (Dittrich e Duysters, 2007). A Nokia também planejou desenvolver um ecossistema em torno da tecnologia de código aberto (ver Capítulo 4 e West e Wood, 2013) para estabelecer um novo reduto baseado em uma abordagem acoplada e de dentro para fora. No entanto, como esse modelo não correspondeu ao desafio e a tecnologia Symbian perdeu a batalha pela dominância, decidiu recentemente abandonar a continuação do desenvolvimento do seu próprio ecossistema e, em vez disso, desenvolveu uma parceria estratégica com a Microsoft com o mesmo objetivo. Alguns autores (por exemplo Chesbrough, 2006a; Buganza et al., 2011; Ferrary, 2011) têm tentado seguir essa linha de investigação para fornecer uma percepção inicial. Os trabalhos futuros deveriam continuar a revisar detalhadamente os sucessos e as limitações implícitas de cada um desses modelos de negócios, ligando mais fortemente o estudo da IA com o de estratégia (Chesbrough, 2012b), e melhorar a compreensão dos mecanismos de renovação e resiliência das empresas (Hamel e Välikangas, 2003; Vanhaverbeke e Peeters, 2005).

12.3.1.2 Estímulo da mudança interna e coordenação da implementação da IA

O ímpeto da adoção da IA pode ser visto como proveniente de duas direções opostas. Em muitas empresas, a alta direção é o estímulo para a implementação das práticas abertas, tal como na P&G (Cloyd e Euchner, 2012) ou na LG (Ryu, 2011). Como seria de se esperar, essas empresas adotaram abordagens coordenadas e centralizadas de IA para implementação, frequentemente contando com equipes de gerentes de IA (Mortara e Minshall, 2011). Vamos discutir o papel de indivíduos, equipes e alta direção na próxima seção. No entanto, deve ser ressaltado que não é incomum que a adoção de IA se origine de níveis mais baixos na hierarquia dos negócios e, em seguida, se mova mais para cima. Esse estímulo pode vir da média gerência que procura desenvolver procedimentos de inovação, começando por experimentar diferentes práticas em bolsões isolados (Mortara e Minshall, 2011). Quando esses gestores percebem a desagregação das suas atividades, podem tentar coordenar seus esforços por meio de comunidades de práticas com a ambição de demonstrar a validade da IA e, em seguida, obter uma aceitação da alta direção. Isso é mostrado pelo caso da Roche (Nakagaki, Aber e Fetterhoff, 2012), que atualmente confia em responsáveis de IA para implementação e está à procura da coordenação da implementação de IA por meio de uma "Rede de Práticas" da inovação aberta e de um "momento eureca" – o que demonstra os benefícios da IA –, antes de compartilhar as alterações com a alta direção. Nesse e em outros casos, as práticas abertas começaram a aparecer organicamente, distribuídas por toda a empresa (ou seja, IA descentralizada). Em uma fase posterior, quando a empresa reconhece que a IA pode ser usada para explicar as mudanças que já aconteceram, pode-se usar a IA como uma linguagem para estruturar e coordenar as diversas atividades. Por exemplo, a BT começou diversas atividades de IA na década de 1990 e início da década de 2000 (experimentou uma atividade de incubação corporativa conhecida como "BT Brightstar" (Ford e Probert, 2010), para a comercialização de novas tecnologias de ruptura desenvolvidas internamente). Uma equipe de coordenação para a inovação foi formada em 2006 com o nome de Innovation Central (central de inovação), que mais tarde se tornou a BT Innovate and Design. Essa função foi criada "para entregar inovação estratégica e visão tecnológica para a BT por meio do engajamento efetivo e coerente com outras partes do negócio e também por meio de relacionamentos poderosos com organizações de terceiros, incluindo algumas das mais famosas instituições acadêmicas do mundo". A terminologia da IA começou a aparecer logo depois em apresentações e artigos (por exemplo, Bross, 2009).

Observações recentes indicaram que algumas empresas tendem a passar das atividades descentralizadas para abordagens de IA coordenadas centralmente (Mortara e Minshall, 2011), mas mais dados são necessários para avaliar se os ciclos reversos também existem. Tirpak et al. (2006) observaram que existiam ciclos de centralização-descentralização ocasionais na P&D. O que não se sabe é se a centralização da coordenação é sempre a abordagem bem-sucedida na implementação (Linton, 2002), pois algumas evidências recentes mostraram que ambas as estruturas têm benefícios (Hollenbeck et al., 2011). Ligada a isso, está a necessidade de uma pesquisa das estruturas de P&D e de como mudam por causa da IA (Petroni, Venturini e Verbano, 2012).

12.3.1.3 Abordagem de localização

A implementação de IA também poderia ser avaliada de acordo com a infraestrutura implantada e a escolha do local para diferentes atividades de IA. A infraestrutura de IA pode variar de "pesada" (por exemplo, nos laboratórios de pesquisa em *campus* e em novos empreendimentos de incubadoras) a "leve" (por exemplo, plataformas online para competições de inovação e atividades de prospecção inicial de tecnologia) (Minshall et al., 2014). Algumas infraestruturas são independentes da localização (por exemplo, utilização de competições de inovação ou portais de internet para atrair ideias), enquanto outras características geograficamente integradas são fundamentais para o seu funcionamento (por exemplo, desenvolvimento de áreas acadêmicas (*campus*) de IA ao redor dos laboratórios de P&D corporativo). Algumas infraestruturas requerem investimentos a longo prazo substanciais (por exemplo, criação de laboratórios incorporados dentro das universidades), enquanto outras requerem compromissos mais modestos a curto prazo (por exemplo, financiar projetos de estudantes).

Existem exemplos de infraestrutura de IA que se destinam a atrair parceiros para uma localização específica. Recebe o nome de "modelo venha para mim". Os exemplos são *campus* de IA desenvolvidos em instalações de P&D das empresas para promover uma série de atividades de IA e para gerar retornos de instalações de laboratório de alto custo. Entre os exemplos mais famosos de *campus* de IA está o do High Tech Campus, em Eindhoven, desenvolvido em torno da infraestrutura de P&D da antiga Philips (Doppen, 2008; Tödtling, von Reine e Dörhöfer, 2011; Torkkeli, Koch e Salm, 2009). Outro exemplo é o do Colworth Science Park, que abriga exclusiva e formalmente as instalações de P&D das empresas da Unilever, que agora têm sido desenvolvidas e gerenciadas em um empreendimento conjunto com uma empresa de desenvolvimento de imóveis, a Goodman. Esse empreendimento conjunto possibilitou a captação de recursos adicionais de uma agência de desenvolvimento econômico regional que queria estimular a economia em uma parte do leste da Inglaterra e viu o desenvolvimento da infraestrutura de IA como um meio eficaz para atingir esse objetivo (Minshall et al., 2014).

A abordagem oposta de localização de IA é a "vá para lugares-chave". Por exemplo, a localização e as ligações da estrutura organizacional de IA são importantes para a Italcementi. Ela criou um escritório em Brindisi especificamente para operar em determinada região da União Europeia com acesso prioritário para o financiamento público (Chiaroni, Chiesa e Frattini, 2011). A Nokia (com muitas outras corporações multinacionais intensivas em tecnologias) também decidiu criar centros de pesquisa ao redor do mundo em parceria com instituições-chave (principalmente, universidades) para desenvolver opções futuras a longo prazo.[2]

A categorização da infraestrutura de IA e a análise da adequação de diferentes abordagens em contextos específicos parecia ser uma trajetória útil para exploração. Essa análise necessitaria traçar conjuntamente uma literatura diversificada abordando, entre outros, sistemas regionais de inovação (Asheim e Gertler, 2005), mudança de papel das universidades no âmbito dos sistemas nacionais de inovação (Etzkowitz, 2003), uso das competições de inovação (Lampel, Jha e Bhalla, 2012), incubação de empresas (Hackett e Dilts, 2004), inteligência para tecnologia (Kerr et al., 2006) e capital de risco corporativo (Markham et al., 2005). Tal trabalho também complementaria os tópicos discutidos no Capítulo 8, no qual a literatura estabelecida sobre a localização de P&D global está fundida com a literatura sobre IA, para fornecer discernimento sobre o papel da geografia na implementação da IA.

12.3.1.4 Redes

A colaboração com parceiros externos é a base da implementação de IA e tem sido amplamente utilizada como uma medida da IA, desde a publicação de Laursen e Salter em 2006 (Laursen e Salter, 2006; Schroll e Mild, 2012), que utilizaram dois índices: a extensão dos parceiros (ou seja, quantos tipos diferentes de parceiros) e a profundidade de interação com os parceiros (ou seja, o quanto é forte a colaboração com os parceiros). Alguns pesquisadores têm verificado que a abertura para clientes, fornecedores e universidades tem um significativo impacto positivo sobre as diferentes medidas de desempenho da inovação (Inauen e Schenker-Wicki, 2011). No entanto, resultados diferentes e, às vezes, contrastantes aparecem na literatura em relação ao mérito de colaborar com cada tipo de parceiro único (ver, por exemplo, Bianchi et al., 2011). Isso pode ser assim porque, mesmo quando o relacionamento é apenas com um tipo de parceiro, existe um potencial para uma variedade de diferentes tipos de relações a serem estabelecidas (com toda a universidade, um dos seus departamentos ou um dos seus acadêmicos) (Melese et al., 2009). Por exemplo, um crescente grupo da literatura observa, especialmente, as universidades como parceiras. Estas estão sendo incentivadas a dar mais ênfase à comercialização dos resultados das pesquisas, mas têm níveis variáveis de maturidade no que diz respeito às atividades de comercialização (Philpott et al., 2011). Os regulamentos relativos à posse dos resultados da pesquisa entre empresas e universidades parceiras variam de acordo com a localização e o tempo (Rhoten e Powell, 2007). Em particular, a Lei Bayh-Dole (Kenney e Patton, 2009) modificou drasticamente a posição comercial da academia norte-americana, e seus efeitos indiretos também são perceptíveis em universidades em muitos outros sistemas nacionais de inovação (Etzkowitz, 2003).

Quanto à análise das outras características da implementação da IA, a compreensão da evolução das parcerias ao longo do tempo requer mais atenção. Embora a análise de redes tenha sido defendida por estudiosos que pesquisam a teoria da implementação (Linton, 2002) e possa ser essencial para a compreensão de como as empresas têm evoluído na sua estratégia de IA ao longo do tempo (Bianchi et al., 2011; Dittrich e Duysters, 2007; Vanhaverbeke e Cloodt, 2006; West, Vanhaverbeke e Chesbrough, 2006), existe ainda uma falta de compreensão sobre como os parceiros e as redes afetam o processo de adoção da IA em grandes empresas e quais mais se adaptam em cada contexto.

12.3.2 CARACTERÍSTICAS MICRO DE IMPLEMENTAÇÃO DA IA

A dinâmica da implementação interna à empresa pode ser caracterizada observando:

- Implementadores: alta direção, especialistas e equipes, departamentos e funções de implementação da IA.
- Divisibilidade: incremental – implementação de "ataque único".
- Interações sociais: processos de treinamento, recrutamento e retenção, comunicação e implicações com as relações públicas (RP) de IA.

12.3.2.1 Implementadores

Muitos estudiosos destacam que o papel da alta direção é fundamental na implementação da IA (Elmquist, Fredberg e Ollila, 2009; Giannopoulou et al., 2010), mas a literatura atual ainda não abordou seriamente esse tema. O papel da liderança é defendido para criar um senso de urgência e ruptura (Buganza et al., 2011) e ser o elemento oscilante (Slowinski et al., 2009) para o estabelecimento da IA. Por exemplo, na P&G, a liderança de A. G. Lafley para a IA foi relatada como sendo chave. Ele se colocou pessoalmente na vanguarda da adoção da IA e publicamente definiu a meta de 50% de inovação que deveria ser alcançada usando fontes externas. Seu compromisso e credibilidade foram fundamentais na transformação da P&G para a IA, de acordo com Cloyd (2012). O papel da liderança é importante também se a IA não é diretamente o alvo. Por exemplo, na BP o claro interesse estratégico de Lord Browne em desenvolver a sustentabilidade como parte da estratégia corporativa e de marca levou, em 2005, à criação de um negócio com energia alternativa que usava os princípios da IA. Esse novo negócio foi planejado para criar um ecossistema de parceiros por meio de investimentos em tecnologia e empresas operando os negócios de energia alternativa, em particular, biocombustíveis e energia eólica. Da mesma forma, a nomeação de um novo CEO, convencido da importância de desenvolver mais veículos sustentáveis, iniciou os experimentos com IA em um fabricante de motocicletas; em um fabricante de cimento, o compromisso inicial do CEO com a ideia de aplicar elementos fotocatalíticos ao cimento fez avançar seu primeiro projeto de IA (Boscherini et al., 2010).

Desse modo, mesmo se o estudo da responsabilidade da liderança na implementação da mudança é propenso a vieses (Linton, 2002), vários aspectos relacionados à IA e à liderança deveriam ser investigados em detalhes. Há, por exemplo, a incerteza sobre quais características particulares de líderes que poderiam facilitar a implementação da IA. A entrada da alta direção com experiência de fora da indústria ou de empresas com culturas muito diferentes poderia permitir mudanças porque "ajuda [...] a desafiar as rotinas e práticas existentes" (Di Minin, Frattini e Piccaluga, 2010). Os gestores de outros contextos trazem experiência pessoal de outros domínios e, por vezes, têm sido propositadamente recrutados, como os gerentes de PI na Italcementi que já haviam trabalhado anteriormente em produtos farmacêuticos (Chiaroni, Chiesa e Frattini, 2011). No entanto, a experiência a longo prazo dentro de uma empresa poderia facilitar o estabelecimento da confiança e o reconhecimento da autoridade para conduzir as mudanças. Por exemplo, foi o chefe de P&D na FIAT, Gian Carlo Michellone, que estava na empresa há muitos anos, quem implementou com sucesso um plano de transformação a longo prazo para práticas abertas (Di Minin, Frattini e Piccaluga, 2010). Isso poderia ser um fator particularmente importante para as empresas em que a influência do líder é potencialmente maior, como PMEs e empresas de propriedade de famílias ou conduzidas por famílias; essas situações são mais comuns em certos países do que em outros (por exemplo, na Coreia do Sul (Ahn e Minshall, 2012)). Para esse tipo de estudo particular, a teoria do Escalão Superior poderia fornecer alicerces úteis (Hambrick e Mason, 1984).

Outras figuras que influenciam na implementação são os gestores que, no nível operacional, projetam e lideram as atividades que impulsionam a implementação da IA. Muitas empresas que desejavam adotar a IA logo depois da publicação do modelo de IA de Chesbrough, em 2003, contaram com equipes de implementação, geralmente lideradas por gerentes sêniores de P&D encarregados de estabelecer novas práticas e mudar a cultura (Mortara e Minshall, 2011; Mortara, et al., 2010). À medida que o papel da IA tornou-se gradualmente mais estratégico nas empresas, as funções e papéis de IA têm sido progressivamente formalizadas – a fase de "Institucionalização" da mudança (Lewin, 1947). Por exemplo, a Unilever começou a se comprometer com a IA em meados da década de 2000 e, desde então, tem adquirido progressivamente uma importância estratégica que foi sinalizada pela nomeação, em 2008, de um vice-presidente para IA. A experiência da Unilever não é rara, tal como ilustrado pelos exemplos dos diretores de IA na Crown Embalagens[3] e na Philips (Manceau et al., 2011). Essa análise deveria ser estendida para considerar: a manutenção e desenvolvimento adicional das atividades de IA e o impacto que assumir o papel de advogar a IA tem sobre a carreira a longo prazo dos gestores.

12.3.2.2 Divisibilidade

As atividades de implementação em pequena escala para IA têm sido relatadas na literatura (Boscherini et al., 2010; Minshall e Mortara, 2011), e Chesbrough indica que as abordagens incrementais podem ser uma receita de sucesso para a implementação de novos modelos de negócio abertos (Chesbrough, 2006a). Em contraste, muitas empresas em todo o domínio da FMCG, tal como a P&G, decidiram planejar uma grande reformulação (por exemplo, Cloyd e Euchner, 2012). Talvez ainda seja cedo para avaliar o sucesso relativo dessas duas estratégias, mas essa continua a ser uma variável que vale a pena monitorar.

12.3.2.3 Interações sociais

Há uma gama de dinâmicas sociais ligadas à implementação da IA. Em particular, nós gostaríamos de destacar duas áreas em que achamos que deve haver trabalhos adicionais: (1) as questões da gestão de recursos humanos (RH) ligadas às maneiras pelas quais as empresas contratam, promovem e integram funcionários na era da IA; e (2) as conexões entre comunicação/relações públicas (RP) e a IA.

RH: Existem evidências de que empresas que adotam IA estão mudando a forma como recrutam novos funcionários e as habilidades que procuram. A Fiat, por exemplo, mudou a forma como recrutava pessoal pela inclusão da "atitude empreendedora" na avaliação do potencial candidato (Di Minin, Frattini e Piccaluga, 2010). As mudanças trazidas pela IA relacionam-se também a desenvolvimento e suporte das capacidades-chave na equipe. Petroni et al. argumentam que o modelo Anglophone de ascensão de carreira dupla, com aqueles com competência técnica confinados às atividades de P&D, não fornecem os "homens-T" (no original, *T-men*) necessários para a IA (Chesbrough, 2012b). O modelo requerido, eles argumentam, é de uma "progressão dupla aberta", pela qual as empresas promovem a mobilidade de funcionários de P&D por toda a empresa (Petroni, Venturini e Verbano, 2012). Diversos estudos de caso também mencionam a necessidade de estimular o comportamento empreendedor em sua equipe de P&D (por exemplo, Cloyd e Euchner, 2012; Di Minin, Frattini e Piccaluga, 2010; Dodgson, Gann e Salter, 2006; Huston e Sakkab, 2006). Os estudos de caso têm mostrado como empresas perseguem esse objetivo usando diferentes meios. Por exemplo, a Qualcomm incentivou e recompensou o empreendedorismo por meio de um concurso interno de ideias, o "VentureFest" (dos Santos e Spann, 2011). A Fiat organizou um programa chamado "pesquisadores com a valise", não apenas para treinar os pesquisadores para se tornar guardiões (*gatekeepers*) capazes como também para explicar onde a fronteira entre o aberto e o fechado deveria ser traçada (Di Minin, Venturini e Verbano, 2010). Da mesma forma, a Unilever[4] tentou promover um programa de treinamento para desenvolver gestores profissionais de IA (Duff, 2011), no qual práticas e habilidades de IA estão ligadas ao processo Querer/Encontrar/Obter/Gerenciar, delineado por Slowinski (2010). A Philips, em vez disso, preferiu instalar uma incubadora para geração de ideias desenvolvidas internamente que não se encaixavam imediatamente nos negócios estratégicos principais da empresa. Como a Xerox (Chesbrough, 2002), ela encorajou sua força de trabalho a criar novos negócios por meio da transferência das competências de gestão requeridas para novas áreas de oportunidade (Ford, Garnsey e Probert, 2010).

Outros aspectos que merecem mais atenção dizem respeito aos sistemas de gestão da inovação, à integração do conhecimento interno e externo (Wallin e Von Krogh, 2010) e aos procedimentos de gestão do conhecimento adotados para fazê-lo. Existem algumas evidências que mostram que há diferentes maneiras pelas quais os funcionários se integram com a principal unidade de negócios (Bröring e Herzog, 2008). Contudo, não há um entendimento conclusivo da efetividade desses aspectos.

RP: Agora está se tornando cada vez mais claro que a implementação da IA e a imagem da empresa estão ligadas. Em particular, o aspecto da comunicação corporativa para criar e manter a reputação, que já foi domínio de estratégia de marketing, está se tornando mais relevante para as atividades de inovação em um contexto de IA. No entanto, com raras exceções (por exemplo, Pfeffermann, 2011a, 2011b), os estudos até o momento ainda não têm se concentrado na comunicação e no seu impacto sobre a implementação de IA. Quatro temas iniciais emergem da nossa pesquisa exploratória sobre esse assunto.

Em primeiro lugar, para ter sucesso na IA, é necessário que a empresa seja percebida como um parceiro potencialmente atrativo. Isso pode ser demonstrado pela experiência dos "olheiros" na Kodak: "Sabíamos que os contatos estariam fazendo sua "diligência prévia" sobre nós, tanto como a KER [Pesquisa Europeia da Kodak] e como indivíduos – nós seríamos 'googados'! Queríamos ter certeza de que eles encontrariam informações precisas e abertas que ajudariam a facilitar a interação" (Ruth Thomson, líder de inovações da KER entre 2006 e 2009, citado em Dang et al., 2011). A comunicação pode ser vista como uma das competências que os funcionários precisam ter e que poderia ter impacto sobre como são recrutados e promovidos dentro de um ambiente de IA.

Em segundo lugar, dada a natureza aberta da IA, as pressões políticas e sociais parecem influenciar na adoção de práticas de inovação IA. Vários exemplos apontam para a necessidade de entender se e como os assuntos de comunicação e RP medem as questões na adoção da IA. Por exemplo, como uma resposta à crise ambiental no Golfo do México, em 2010, a administração da BP estabeleceu um portal aberto para coletar sugestões e soluções para a situação de emergência. Os estudos sobre competições de ideias e *crowdsourcing* destacam como poucas das ideias apresentadas estão suficientemente prontas ou viáveis para serem aceitas (Alexy, Criscuolo e Salter, 2012; Poetz e Schreier, 2012). No entanto, a BP, já no centro dos noticiários, foi muito criticada, e surgiram rapidamente questões de relações públicas negativas.[5] Em particular, alguns participantes sentiram que não foi dada suficiente consideração às suas ideias. Da mesma forma, as competições de ideias, expondo o público aos processos de inovação das empresas também poderiam levar a resultados tendenciosos (Mortara, Ford e Jaeger, 2013). Enquanto as empresas em um modelo de inovação fechada não têm de prestar contas publicamente sobre o modo como selecionam determinadas ideias em vez de outras, nesses concursos públicos as ideias podem ser selecionadas com outros critérios, além daqueles de interesses próprios imediatos. Por exemplo, precisam ter como objetivo produzir bens públicos ou levar em conta o que o público pensa (Lampel, Jha e Bhalla, 2012). Um exemplo é o caso da GE em seu desafio Ecomagination, no qual a GE convidou o público para fazer comentários sobre as propostas apresentadas. As ideias que tinham maior interesse do público não foram necessariamente aquelas que a empresa teria adquirido, mas foram, no entanto, premiadas (Chesbrough, 2012a).

Em terceiro lugar, os impactos da adoção de IA na imagem que o público tem da empresa poderiam também ser incluídos na avaliação do desempenho e do sucesso das práticas de IA. Por exemplo, as competições de ideias ajudam a desenvolver o perfil do público e da marca das empresas participantes (Cornelissen, Christensen e Kinuthia, 2012). Outro exemplo: a GE utilizou esse método para apoiar a marca "Ecomagination" (Chesbrough, 2012a). A construção da reputação é mencionada por muitas empresas como um fator de sucesso adicional considerado ao se planejar esse tipo de atividade (Mortara, Ford e Jaeger, 2013). Para esse fim, as competições de ideias são frequentemente ligadas a uma mensagem de responsabilidade social das empresas, tal como a sustentabilidade (por exemplo, competição "Springboard" (Trampolim) de ideias da Shell, destinada a identificar ideias de negócios com baixo uso de carbono das PMEs do Reino Unido).[6] As mensagens positivas têm o efeito de facilitar a "obtenção" da inovação no início do processo de fora para dentro (West e Bogers, 2013), fornecendo motivações intrínsecas para os participantes (West e Gallagher, 2006). Por outro lado, esse mesmo fator poderia ser uma limitação para a implementação desses métodos de IA para empresas em segmentos com menor potencial de apelo público, como a defesa (Mortara, Ford e Jaeger, 2013).

Em quarto lugar, uma ligação ainda pouco explorada entre a IA e as RP é a utilização da IA como termo para representar a atividade de inovação das empresas. Em alguns casos, o termo "inovação aberta" não faz parte da linguagem usada pelas empresas para comunicar suas atividades de inovação, enquanto em outros a IA é usada publicamente como definição da imagem da empresa. Por exemplo, desde a década de 1980, a Rolls-Royce desenvolveu uma rede de centros de pesquisas integrados com universidades (University Technology Centres – centros universitários de tecnologia – ou UTCs) que, começando pelo Reino Unido, foram gradualmente estendidos para o mundo. Esses UTCs se concentraram em muitos domínios da engenharia, e o relacionamento com os especialistas nas universidades parceiras é claramente estratégico para a empresa. No entanto, o termo "inovação aberta" não aparece em nenhum momento no seu *website*.[7] Em contraste, a Nokia decidiu exatamente o contrário e tem claramente utilizado o rótulo "Inovação Aberta" para seus Nokia Research Centers (centros de pesquisa Nokia) em todo o mundo: "O Nokia Research Center está ativamente envolvido na Inovação Aberta por meio de colaborações de pesquisas seletivas e profundas com instituições líderes mundiais".[8] Então, qual estratégia pode ser mais eficaz? E, mais importante, qual é o valor das RP para a IA? Empresas como a P&G usam IA como uma mensagem para promover seu caminho para a retomada do crescimento. Tendo se tornado forte símbolo para a IA, o sucesso ou o fracasso dessas empresas únicas, independentemente das suas escolhas específicas em IA, pode impactar o fenômeno da implementação da IA. Esse tema parece ser um dos que merecem uma investigação mais profunda.

12.3.3 FATORES MODERADORES: FACILITADORES E BARREIRAS

Certo número de elementos têm sido descritos como potenciais facilitadores e obstáculos para a implementação da IA. A mais amplamente reconhecida é a cultura, mas até agora esse tema não tem sido explorado em profundidade (Elmquist, Fredberg e Ollila, 2009; Giannopoulou et al., 2010). Alguns estudos qualitativos têm tentado abordar esse assunto, mas o único estudo quantitativo nesse domínio é um que revê as métricas culturais e as atitudes dos trabalhadores na inovação aberta e fechada na unidade de Creavis, da Evonik Industries (Herzog e Leker, 2010). A cultura é vista mais frequentemente como uma barreira para a adoção da IA em grandes empresas, mas também tem sido sinalizada como um fator facilitador (Mortara e Minshall, 2011).

Lichtenthaler e Ernst definiram seis diferentes atitudes que poderiam distorcer, atuar como barreiras ou supervalorizar a importância da IA (Lichtenthaler e Ernst, 2006), das quais a síndrome do "não inventado aqui" (NIH) (Katz e Allen, 1982) é a mais frequentemente citada. A partir dos exemplos da Roche (Nakagaki, Aber e Fetterhoff, 2012) e de empresas estudadas na Itália (Boscherini et al., 2010; Chiaroni, Chiesa e Frattini, 2011), verifica-se que as "manifestações" podem ser importantes facilitadoras para a aceitação da IA, particularmente para institucionalizar a mudança. Westergen e Holmström usam o caso da LKAB (uma empresa tradicional e muito fechada no início do seu processo de abertura) para mostrar que a construção da confiança com parceiros externos apoiou a implementação dos projetos iniciais de IA e, assim, forneceu uma manifestação para outras atividades de IA (Westergren e Holmström, 2012). Mortara et al. (2010) constataram que para apoiar o estabelecimento de uma cultura de IA, os líderes da IA apoiaram diferentes grupos no P&D, fornecendo tipos específicos de motivadores, de acordo com a subcultura subjacente. Uma ênfase especial foi dada à entrega de competências e à criação de objetos que abarcam a fronteira. Verificou-se que os mecanismos de controle, tais como incentivos, têm um impacto positivo na transferência de conhecimentos externos (de dentro para fora) (Persson, 2006) e internos (Minbaeva, 2005) e no desempenho de busca (Salge et al., 2012).

Embora a cultura de IA da empresa seja claramente importante, a cultura nacional (Savitskaya, Salmi e Torkkeli, 2010; Chesbrough e Crowther, 2006) e regional (Tödtling, von Reine e Dörhöfer, 2011) também podem ter impacto na implementação da IA. A cultura é um assunto ainda pouco estudado no contexto da IA. Esse tema poderia ser particularmente adequado para a análise mais qualitativa, por exemplo, pela adoção de uma análise detalhada dos "dramas sociais" que podem ser uma característica da adoção da IA.

Outras características internas da empresa, relativas, principalmente, à presença de capacidade interna de P&D (por exemplo, Berchicci, 2013; Cassiman e Veugelers, 2006) e de um conjunto de capacidades de IA (Lichtenthaler e Lichtenthaler, 2009), como a capacidade absortiva (Bogers e Lhuillery, 2011), têm sido sugeridas como facilitadoras ou barreiras. Certas práticas de gestão estão sendo observadas para apoiar a implementação da IA (Salge et al., 2012). Por exemplo, em Creavis, três tipos de projetos permitem à empresa acessar e integrar conhecimentos externos (Bröring e Herzog, 2008). A experiência da P&G (Dodgson, Gann e Salter, 2006) e da Italcementi (Chiaroni, Chiesa e Frattini, 2011) mostrou também que sistemas de TI podem apoiar a transição para a IA. A infraestrutura de TI é vista como facilitadora da comunicação entre as fronteiras (Boscherini et al., 2010) e como elemento de controle (Kuschel, Remneland e Kuschel, 2011). As ferramentas de gestão (Griffiths, Boisot e Mole, 1998), taxonomias (Di Minin, Frattini e Piccaluga, 2010), ou "listas de observação" (Mortara e Thomson et al., 2010; Tao e Magnotta, 2006) também podem ser usadas para encontrar o equilíbrio entre o que fazer abertamente ou internamente. O impacto da adoção de plataformas "virtuais" para a realização das atividades específicas de inovação, tal como a interação com os usuários, também tem sido explorado (Bughin, Chui e Johnson,

2008). Adicionalmente, como uma mudança de estratégia é geralmente ligada à liderança, o clima político e as dinâmicas internas de poder precisam ser vistos como mediadores na adoção da IA (Pye e Pettigrew, 2006).

12.4 O MODELO DE IMPLEMENTAÇÃO DA IA

Os ambientes externos em que as organizações estão integradas fornecem o contexto e os direcionadores subjacentes para essas transformações. A literatura revela que a turbulência está associada com a implementação da IA (Schroll e Mild, 2012; Schweitzer, Gassmann e Gaubinger, 2011). As características da tecnologia (por exemplo, sua incerteza, apropriabilidade e ciclo de vida evolutivo (Buganza et al., 2011)), os sistemas industriais de inovação e a dinâmica dos ecossistemas (Christensen, Olesen e Kjaer, 2005) fornecem os fatores de base que influenciam na abertura dos processos de inovação. A dinâmica da transição de fechado para aberto, documentada por meio de estudos de caso (Buganza et al., 2011), tem sido também confirmada quantitativamente em uma amostra de empresas holandesas, indicando que o momento dessa transição de fechado para aberto difere de indústria para indústria (Poot, Falms e Vanhaverbeke, 2009) e que as descontinuidades na adoção da IA podem ser particularmente relacionadas com as crises (por exemplo, Fiat (Di Minin, Frattini e Piccaluga, 2010), ENI (Pellegrini, Lazzarotti e Pizzurno, 2012) e as alterações de gestão relacionadas (Mortara e Minshall, 2011)). Outros fatores contextuais exógenos, tais como a proximidade, têm uma implicação menos clara para a adoção da IA (Schroll e Mild, 2012). Schroll e Mild concluem que a adoção da IA está certamente em ascensão, mas que mais dados são necessários para compreender seus determinantes (Schroll e Mild, 2012).

Sentimos que a implementação da IA deve, portanto, ser avaliada contingencialmente para compreender as peculiaridades da implementação da IA em relação aos determinantes externos. O próximo problema é aquele de julgar a implementação "bem-sucedida". Segundo pesquisas anteriores (Linton, 2002), existem quatro níveis diferentes para avaliar a implementação, não só relacionados ao desempenho econômico:

- Implementação, integração e institucionalização: a inovação mudou o modo como o trabalho é desempenhado? Essa mudança foi institucionalizada (tornou-se uma rotina) ou foi abandonada antes de se tornar rotina? Essa é a abordagem de trabalhos como o de Chiaroni, Chiesa e Frattini (2011).
- Dinâmica de parceria humana: a inovação muda a natureza da estrutura da organização ou a interação dos funcionários com o trabalho?
- Desempenho econômico: como é o desempenho da inovação em termos econômicos mensuráveis? (Essa é a abordagem favorita dos estudos quantitativos.)
- Efetividade operacional: a inovação melhora a operação de um modo que não pode ser facilmente quantificado?

Outros métodos de avaliação do que constitui "sucesso", tais como alcançar uma meta ou satisfação da gestão, são mais carregados de valor e podem ser mais difíceis de usar (Linton, 2002).

A Figura 12.1 busca apresentar todos os elementos relacionados com a implementação da IA descritos acima em um modelo coerente que pode ser usado para avaliar os padrões da implementação da IA em grandes empresas, ligando contextos externos às características internas da implementação e acompanhando sua evolução. Acreditamos que essa análise poderia trazer uma maior compreensão da IA e seu potencial e explicar melhor por que as empresas em circunstâncias semelhantes (ou seja, enfrentando turbulência similar) têm adotado IA de diferentes maneiras com taxas variáveis de sucesso – por exemplo, Cisco e Lucent (Ferrary, 2011).

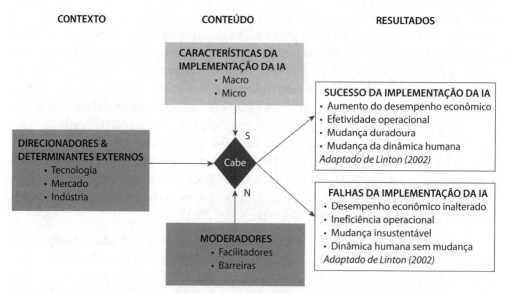

Figura 12.1 Modelo de implementação para inovação aberta.

12.5 CONCLUSÕES

Este capítulo revisou o conhecimento atual sobre como as empresas, especificamente as grandes multinacionais, implementam a IA, apresentando e destacando os benefícios dos estudos de caso longitudinais para lançar luz sobre essa complexa questão multidimensional.

Em primeiro lugar, como resultado da descontinuidade de 2003 na adoção da IA, temos enfatizado que o estudo da implementação da IA precisa usar diferentes bases teóricas. A teoria da evolução fornece um forte embasamento, já utilizado para analisar o surgimento da IA. No entanto, a alta visibilidade da IA nos últimos anos significa que algumas empresas podem ver a abertura como um fim em si mesma (ou seja, o modelo de IA de Chesbrough (2003a) tem sido uma ruptura na tendência de implementação), em vez de um mecanismo pelo qual as empresas respondem a alguma ruptura interna ou externa. Os padrões da evolução na implementação da IA, portanto, realmente necessitam de uma base teórica mais ampla que inclui teleologia, alto escalão, racionalidade limitada e o entendimento do "efeito de arrastamento" na adoção das inovações. Sentimos que uma abordagem de processo de pesquisa é a mais adequada para estudar a implementação da IA, na medida em que é capaz de ligar o contexto ao conteúdo e à ação. A natureza das descontinuidades que as empresas estão enfrentando precisa ser levada em conta quando se analisa a implementação da IA, apontando para uma área rica de pesquisas potenciais que faz essa conexão muito mais explícita e proporciona uma visão bem minuciosa, tornando a pesquisa sobre IA mais fortemente ligada à pesquisa sobre estratégia. As análises longitudinais de bancos de dados e a utilização de estudos etnográficos são mais adequados para esse propósito.

Assim, a partir de uma análise da atual modernização da pesquisa sobre a implementação da IA, nós propusemos um modelo que não só ajuda a expandir a teoria de implementação (Linton, 2002) como também compreende os elementos necessários para uma análise do processo. Em particular, lista as principais peculiaridades da implementação nas empresas ao longo das quais a implementação da IA seria caracterizada ao longo do tempo. São divididas em: (1) características macro que ilustram as peculiaridades de alto nível da implementação e (2) características micro que se concentram em fatores internos e dinâmicas sociais na implementação da IA. Adicionalmente, o modelo lista os fatores moderadores (facilitadores e barreiras) e sugere um método de avaliação para sucessos e fracassos na implementação da IA.

O padrão na Tabela 12.1 resume todas as dimensões do modelo e as áreas-chave específicas para futuras pesquisas que destacamos ao longo do caminho. Esse esquema poderia também ser usado para capturar a evolução das abordagens para cada empresa individual.

Tabela 12.1 Áreas-chave para pesquisas futuras.

Este padrão resume as principais características de implementação da IA em empresas multinacionais (caixas acinzentadas). O padrão oferece também a oportunidade de recapitular as áreas-chave para futuras pesquisas na implementação da IA discutidas no capítulo (caixas brancas).

			Tempo →		
			Antes de 2003	2003	Depois de 2003
Contingências externas	Mercado				
	Indústria				
	Tecnologia	Incerteza			
		Apropriabilidade			
		Ciclo de vida evolutivo			
Peculiaridades da implementação da IA		Processos	*De dentro para fora*	Como as características macro da implementação da IA mudaram ao longo do tempo?	
			De fora para dentro		
			Acoplado		
	Macro	Estímulo para implementação	*De cima para baixo*	Como combinaram as contingências externas?	
			De baixo para cima		
		Coordenação	*Centralizada*		
			Descentralizada		
		Abordagem para localização	*Venha para mim*	Qual configuração da implementação da IA é mais bem-sucedida e em quais circunstâncias?	
			Vá para lugares-chave		
		Redes	*Profunda*		
			Ampla		

Peculiaridades da implementação da IA	Micro	Implementadores	*Liderança*: Quais características de liderança facilitam a implementação e as práticas da IA?
			Equipes dos gerentes de IA: Como os gestores de IA continuam suas carreiras após a IA ter sido implementada?
			Funções: Como as funções individuais interpretam e implementam a IA?
		Divisibilidade	*Curso único*: Qual é o impacto da estratégia de implementação da IA nos resultados de sucesso?
			Incremental
		Interações sociais	*RH*: Como as práticas de RH estão mudando devido à implementação da IA?
			RP: Qual o papel da IA para as RP (e vice-versa)?
	Facilitadores e barreiras	Cultura	A cultura é um facilitador ou uma barreira para a implementação da IA? Quais são as consequências detalhadas da implementação da IA na cultura das empresas?
		Política	Como a IA é influenciada pelas tensões políticas?
		P&D interno	Em qual extensão as capacidades de P&D interno facilitam ou dificultam a adoção da IA?
		Procedimentos e ferramentas da gestão do conhecimento e inovação	Como e quais práticas de gestão facilitam ou dificultam a implementação da IA?

NOTAS

1 http://www.whitehouse.gov/open/toolkit
2 http://research.nokia.com/open_innovation. Acessado em: 20 fev. 2013.
3 http://www.crowncork.com/innovation/open.php
4 http://bit.ly/hu6TWQ
5 Veja, por exemplo, http://www.guardian.co.uk/environment/2011/jul/12/bp-deepwater-horizon-IAl-spill-crowdsourcing
6 http://www.shellspringboard.org/
7 http://www.rolls-royce.com/about/technology/uni_research_centres/index.jsp
8 http://research.nokia.com/open_innovation

CAPÍTULO 13
Recebendo ajuda dos inomediários
O que os inovadores podem fazer para aumentar o valor na busca por conhecimento externo?

Nadine Roijakkers, Andy Zynga e Caroline Bishop

Os autores gostariam de agradecer a ajuda de H. Lopez na coleta de dados; a disposição de muitos clientes da NineSigma para compartilhar suas opiniões com os autores; e as observações muito apreciadas de R. Wielens e F. Tropper, da NineSigma, em relação a alguns dos tópicos abordados neste capítulo.

13.1 INTRODUÇÃO

Este capítulo tem como objetivo mostrar quais ações as empresas inovadoras podem tomar para aumentar o valor quando fazem uso dos serviços intermediários de IA em diferentes fases de sua busca por conhecimento externo e, assim, melhorar as suas chances de instituir um acordo de transferência de tecnologia bem-sucedida com um provedor de soluções. Ao longo da última década, mais de 25 artigos foram escritos sobre os serviços intermediários, indicando sua importância crescente para a academia e para os profissionais. Algumas dessas publicações foram de natureza descritiva, destacando tendências importantes na indústria de serviços intermediários de IA e descrevendo suas principais características (ver Fosfuri & Gambardella, 2001; Enkel, Gassmann e Chesbrough, 2009). Outros estudos têm focado o valor que as empresas inovadoras podem potencialmente derivar do uso dos serviços intermediários e identificado os fatores (geralmente fora da esfera de influência da empresa) que afetam o valor potencial proveniente das empresas inovadoras quando interagem com provedores de soluções/inomediários[1] de inovação (Dushnitsky e Klueter, 2011) e motivações por trás do envolvimento dos fornecedores de soluções nos respectivos mercados (Boudreau e Lakhani, 2009; Che e Gale, 2003). Apesar desse crescente corpo da literatura sobre serviços intermediários, relativamente pouca atenção tem sido dada até agora sobre o que as próprias empresas inovadoras podem fazer para aumentar o valor que derivam de trabalhar com inomediários em todas as fases das buscas por conhecimento externo. Algumas empresas são mais bem-sucedidas em derivar valor a partir das suas interações com inomediários do que outras. Essas diferenças podem ser parcialmente ligadas às ações inovadoras tomadas internamente para aumentar o seu potencial de captura de valor. O objetivo deste capítulo é identificar essas ações internas e, assim, ajudar as empresas inovadoras a aumentar o valor que geram quando utilizam serviços intermediários de IA.

Podemos distinguir entre dois tipos de inomediários na indústria de serviços intermediários de IA:

1) Inomediários que oferecem seus serviços intermediários baseados na interação entre a sua equipe de trabalho e os clientes que eles servem e, assim, dependem fortemente de pessoal experiente. Três subtipos existem atualmente:

    - Inomediários que ajudam as empresas inovadoras em sua busca por conhecimento externo e encontram soluções técnicas que são integradas aos produtos/serviços dos seus clientes (por exemplo, NineSigma, InnoCentive, IXC).

    - Inomediários que auxiliam as empresas inovadoras a fazer uso de sua propriedade intelectual (PI) não utilizada (por exemplo, Yet2.com, Innovaro).

    - Empresas de composição de equipe de trabalho que fornecem equipe de trabalho para ajudar os clientes a solucionar problemas de IA (por exemplo, IXC, YourEncore).

2) Inomediários que oferecem seus serviços com base na interação entre empresas inovadoras e tecnologia e, portanto, dependem de programas de *software* e de mecanismos de busca. Podemos distinguir três subtipos:

    - Fornecedores de plataforma que oferecem plataformas nas quais as empresas inovadoras podem postar suas necessidades e ofertas tecnológicas (por exemplo, Hypios, IdeaConnection).

---

[1] [N.R.] Na obra original, os autores chamam os intermediários de inovação de inomediários (*innomediaries*).

- Empresas de *software* que criam plataformas para ideias/buscas (por exemplo, Inno360, Spigit).
- Empresas de *crowdsourcing* que fornecem acesso aos consumidores (por exemplo, IdeaScale, Threadless).

Neste capítulo, estudamos como as empresas inovadoras podem aumentar o valor quando interagem com o primeiro tipo de inomediários em suas buscas por conhecimento externo. As empresas inovadoras que fazem uso dos serviços intermediários na busca por conhecimento externo são geralmente ativas em áreas da indústria altamente inovadoras (por exemplo, automotivas, produtos químicos, bens de consumo, alimentos e bebidas, produtos farmacêuticos, dispositivos médicos, comunicações e defesa, energia e utilitários, eletrônicos) e têm um amplo portfólio de tecnologia que é, simultaneamente, coberto por abastecimento interno e por busca de conhecimento externo (Cassiman e Veugelers, 2006). Exemplos de tais empresas incluem Philips, Siemens, Glaxo-Smithkline, Kraft, Jaguar Land Rover, Res Med Crown Packaging, PepsiCo etc. Nossa pesquisa exploratória envolve um conjunto de 21 entrevistas conduzidas com clientes da NineSigma, elas foram gravadas, transcritas e analisadas tematicamente, resultando em páginas de citações categorizadas por tema. Além disso, nós administramos uma *survey* online com 260 empresas inovadoras que trabalhavam com a NineSigma, usando o Survey Monkey. Cinquenta e dois gerentes de empresas inovadoras (ou seja, uma taxa de resposta de 20%) forneceram informações sobre suas interações com a NineSigma.

Quando as empresas inovadoras se envolvem em buscas por conhecimento externo enquanto procuram a ajuda de inomediários, geralmente passam por quatro fases: orientação, exploração, seleção e engajamento. Na orientação, as empresas inovadoras unem forças com os inomediários para formular suas necessidades tecnológicas e traduzir essas necessidades em pedidos de propostas (PdPs). Na fase de exploração, as empresas inovadoras dependem dos inomediários para recuperar propostas de soluções interessantes que atendam às suas necessidades. Na fase de seleção, as empresas e os inomediários determinam conjuntamente o valor das propostas recebidas e decidem com qual(is) provedor(es) de solução(ões) (se houver) vão se engajar. Na fase de engajamento, os inomediários ajudam seus clientes a marcar reuniões com os provedores de soluções e assinam acordos com essas partes (acordos de não divulgação (NDAs) ou acordos de transferência de tecnologia). Embora cada uma das fases possa dar resultados valiosos para as empresas inovadoras, o processo de busca de conhecimento externo é concluído com êxito quando um acordo benéfico com o provedor de solução é configurado. A qualidade dos serviços intermediados oferecidos pelos inomediários influencia parcialmente a probabilidade de um acordo assinado entre seus clientes e os provedores de soluções. No entanto, isso representa apenas um lado da história. Algumas empresas inovadoras estão mais bem equipadas do que outras para fazer uso eficaz de serviços intermediários em sua busca por conhecimento externo. Essas variações na taxa de sucesso podem ser parcialmente ligadas às ações que as empresas inovadoras tomam internamente para ampliar suas capacidades de se beneficiarem das suas interações com os inomediários. Para cada uma das fases da busca por conhecimento externo, identificamos uma série de ações que as empresas inovadoras podem tomar para aumentar a probabilidade de se engajar com sucesso com os inomediários e com os provedores de soluções. A Figura 13.1 mostra as relações entre os serviços oferecidos por inomediários em cada uma das fases da busca por conhecimento externo, as ações de valor agregado por empresas inovadoras e os fatores-chave de sucesso ligados a cada fase.

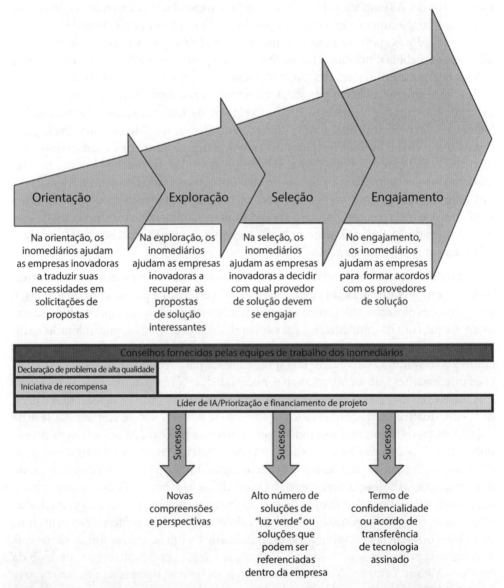

Figura 13.1 Potencial valor adicionado por intermediários de inovação nos diferentes estágios da busca por conhecimento externo, ações que agregam valor por empresas inovadoras e fatores-chave de sucesso relacionados a cada fase.

Com base na Figura 13.1, explicamos como o capítulo está estruturado. Na próxima seção, primeiro delineamos o contexto do capítulo. Começamos fornecendo uma visão geral da literatura importante que existe até o momento e que incide sobre os aspectos relevantes dos inomediários. A segunda parte dessa primeira seção lida com as tendências mais importantes que atualmente observamos na indústria de serviços intermediários de IA. A seguir, descrevemos os serviços oferecidos por inomediários em cada uma das fases de busca por conhecimento externo e explicamos como os clientes da NineSigma definem sucesso em relação à ajuda que recebem dos inomediários em todas as fases. Na sequência, identificamos as ações que as empresas inovadoras podem tomar por si mesmas para estimular a criação de valor nas suas relações com os inomediários. Finalmente, tiramos conclusões da nossa análise exploratória e apresentamos as principais linhas de pesquisas futuras em IA sobre inomediários.

13.2 ANTECEDENTES SOBRE OS INOMEDIÁRIOS

13.2.1 DESENVOLVIMENTO DA TEORIA

A crescente importância do papel dos inomediários em ajudar empresas inovadoras a estimular suas buscas por conhecimento externo é testemunhada pelo crescimento do estudo acadêmico desse campo. Mais de 25 publicações surgiram nos últimos anos lançando luz sobre os inomediários. Vários estudos foram publicados descrevendo as tendências que ocorrem na indústria de serviços intermediários de IA (Arora, Fosfuri e Gambordella, 2001a; Arora e Gambardella, 2010; Athreye & Cantwell, 2007; Dushnitsky e Klueter, 2011). Em 2001, Arora et al. estavam entre os primeiros a descrever o mercado para soluções como um meio eficaz para a transferência de tecnologia, no qual as empresas inovadoras podem estabelecer contato com os provedores de soluções que oferecem resoluções para os problemas técnicos internos. Nos últimos anos, um número crescente de empresas inovadoras tem procurado por conhecimento externo a partir de inomediários, acrescentando significativamente para o crescimento desse mercado. Especificamente, em meados dos anos 1990, o tamanho do mercado global de soluções foi estimado em 55 a 60 bilhões de dólares em receitas de *royalties* e licenciamento, enquanto esse número cresceu para 90 a 100 bilhões de dólares no ano de 2000 (Arora, Fosfuri e Gambardella, 2001a; Athreye e Cantwell, 2007). Outros estudos se concentram nas características e dinâmicas da indústria de serviços intermediários de IA (Enkel, Gassmann e Chesbrough, 2009; Huston e Sakkab, 2006). Especificamente, dependendo do número de empresas inovadoras (uma ou mais) envolvidas com a busca por conhecimento externo, os mercados para soluções têm sido classificados como sendo internos para a empresa ou externos (Huston e Sakkab, 2006). Como um número crescente de empresas inovadoras começou a procurar o conhecimento fora de seus limites, vários inomediários têm entrado em ação, oferecendo serviços intermediários de IA para as empresas a partir das suas equipes de trabalho, o que facilita o encontro entre empresas inovadoras e os provedores de soluções, Enkel et al. (2009) apontam que os inomediários promovem buscas por conhecimento externo a partir da criação de pontes eficazes entre as empresas inovadoras e os provedores de soluções.

Outros autores têm descrito o papel desempenhado pelos inomediários em ajudar empresas a buscar conhecimento externo (Arora e Fosfuri, 2003; Nambisan e Sawhney, 2007; Tapscott e Williams, 2006). Os inomediários ajudam seus clientes a formular declarações de problemas eficazes em solicitações de propostas, aumentando assim a probabilidade de obter soluções de alta qualidade dos provedores de soluções (Sieg, Wallin e von Krogh, 2010). Outros se concentram nos fatores que afetam o valor que as empresas inovadoras podem potencialmente derivar de interagir com os inomediários e os provedores de soluções, tais como síndrome do não inventado aqui (NIH), baixo nível de capacidade absortiva, falta de conhecimentos ou ativos complementares e componentes de conhecimento tácito (Arora e Gambardella, 2010; Bresnahan e Trajtenberg, 1995; Ceccagnoli et al., 2010; Dushnitsky e Klueter, 2011; Gans e Stern, 2010). A síndrome de NIH refere-se à relutância das empresas inovadoras de se engajar na busca por conhecimento externo e uma clara preferência para o desenvolvimento do conhecimento interno. Tipicamente, essa oposição é fundamentada na cultura organizacional das empresas inovadoras (Arora e Gambardella, 2010). Um baixo nível de capacidade absortiva (Cohen e Levinthal, 1990) em empresas inovadoras está relacionado à capacidade pouco desenvolvida em algumas empresas para fazer uso de conhecimentos externos, o que desestimula seus esforços de se engajar com os inomediários. Algumas propostas de soluções tendem a ser mais valiosas quando as empresas inovadoras são capazes de combinar essas resoluções técnicas com os ativos internos complementares e componentes do conhecimento. Nem todas as empresas inovadoras possuem essas importantes habilidades complementares, o que as leva a derivar menos valor a partir de suas buscas por conhecimento externo (Bresnahan e Trajtenberg, 1995; Ceccagnoli et al., 2010). Se as propostas de solução envolvem componentes de conhecimento tácito é muito difícil para as empresas inovadoras apreciar o valor dessas propostas ou aplicar esse conhecimento dentro de seus negócios (Dushnitsky e Klueter, 2011).

Um fluxo final de pesquisa está focado em questões relacionadas com os provedores de solução. Alguns autores apontam que um número elevado de provedores de soluções que respondem a solicitações de propostas pode diminuir a qualidade das soluções, na medida em que esses provedores são menos propensos a investir grande quantidade de recursos se a chance de ganhar for baixa (Che e Gale, 2003; Taylor, 1995). Outros argumentam que um número maior de provedores de solução contribui para a diversidade de soluções, compensando assim possíveis efeitos negativos (Pisano e Verganti, 2008; Terwiesch e Ulrich, 2009; Terwiesch e Xu, 2008). Silveira e Wright (2010) analisam o papel ambíguo da PI na indústria de serviços intermediários de IA, em que as empresas inovadoras precisam de acesso às informações completas para avaliar legitimamente o valor das propostas de solução, enquanto os provedores de soluções procuram maneiras de proteger seus conhecimentos a partir da PI (Laursen & Salter, 2012). Poucos estudos analisaram os direcionadores por trás do envolvimento dos provedores de soluções em seus mercados e concluem que recompensas monetárias são motivadores importantes; há motivações mais suaves, tais como a satisfação pessoal (Boudreau, Lacetera e Lakhani, 2011; Boudreau e Lakhani, 2009; Frey, Lüthje e Haag, 2011; Lakhani e Jeppesen, 2007).

13.2.2 TENDÊNCIAS NA PRÁTICA

Há maior aceitação nas grandes empresas de que a IA é uma parte essencial de seus negócios. As primeiras a adotar IA, tais como a Philips, a Kraft e a PepsiCo, têm aprendido com suas experiências e, consequentemente, refinado o seu uso da IA (Cassiman e Veugelers, 2002; Chesbrough, 2003a, 2006b; Laursen e Salter, 2006). Elas passaram da condição de explorar soluções tecnológicas a partir de parcerias tradicionais para as colaborações multilaterais. Esse é, particularmente, o caso quando as empresas reconhecem a necessidade de trabalhar com universidades e uma infinidade de outros parceiros ao mesmo tempo. Um exemplo é o programa Bioinspiration Global do Zoológico de San Diego, no qual biólogos, engenheiros e químicos unem forças para resolver problemas nas áreas de tecnologia, transporte e energia renovável. A prática de IA mais refinada das grandes empresas também se torna clara a partir de seu uso atual de *crowdsourcing*, que evoluiu de escrever solicitações de propostas baseadas em alguns critérios de busca predefinidos para criação de competições em áreas em que precisam adquirir rapidamente novos conhecimentos e desenvolver parcerias (por exemplo, o Concurso Siemens Smart Grid 2010). Além disso, a maioria dos primeiros adotantes de IA não via o *crowdsourcing* e a busca por tecnologia como ações de IA, mas mais ainda como parte do trabalho do dia a dia de todos os membros de suas equipes de P&D. Uma última evidência em relação ao aumento do refinamento das grandes empresas em IA refere-se a seus objetivos para a busca por conhecimento externo que estão sendo ampliados do licenciamento interno para aquisições, empreendimentos conjuntos, acordos de desenvolvimento conjuntos e colaborações para garantir o financiamento governamental de programas de desenvolvimento. Como resultado da sua crescente sofisticação na IA e dependência crescente da equipe interna para busca por tecnologia, os adotantes iniciais geralmente contam com os inomediários para as buscas por conhecimento externo fora do seu campo de visão normal ou para fornecer uma equipe de trabalho como um recurso provisório para lidar com projetos de IA especializados ou picos de carga de trabalho.

Nas pequenas inovadoras, testemunhamos o crescente reconhecimento da importância da IA e os grandes esforços para se engajar com ela. Particularmente, quanto mais o pequeno inovador faz uso de tecnologias complexas, maior é a probabilidade de utilizar a IA para melhorar o produto, reduzir custos, resolver os desafios de tecnologia, desenvolver novos produtos e serviços e abrir novos mercados. No entanto, a falta de competências e recursos e o foco no curto prazo parecem restringir o escopo da ação por IA em pequenas empresas (Chesbrough, 2011; Dahlander e Gann, 2010; Freel, 2000; Gans e Stern, 2003; Laursen e Salter, 2006; Lee et al., 2010; Narula, 2004; Spithoven, Vanhaverbeke e Roijakkers, 2012; van de Vrande et al., 2009b). A fim de estimular suas atividades inovadoras, as pequenas empresas inovadoras parecem continuar contando com a interação com universidades. Quando fazem uso dos serviços intermediários de IA, as pequenas empresas são mais propensas a se envolver com consultores individuais em vez dos inomediários.

O aumento do interesse na IA entre todos os tipos de empresas e um elevado refinamento no uso da IA nas grandes empresas têm expandido o mercado para os inomediários e incentivado os novos entrantes (Diener e Piller, 2010). A IA é um processo intensivo em pessoas e, mesmo que técnicas como o *crowdsourcing* tenham tornado muito mais fácil encontrar os dados, as pessoas ainda são necessárias para dar sentido ao que é encontrado. Por isso, muitos inomediários têm aumentado seu foco para replicar as habilidades analíticas das pessoas envolvidas com IA para afastar a concorrência. A NineSigma, o InnoCentive, a IXC, a Yet2.com e a YourEncore têm expandido seus serviços para abranger seu apoio não só nas fases de orientação e de exploração da busca por conhecimento externo, que eram tradicionalmente as fases em que os inomediários ofereciam seus serviços, como também para seleção e engajamento (ver Figura 13.1). Atualmente, os inomediários prestam consultoria em IA a partir da sua equipe de trabalho em todas as fases da busca por conhecimento externo e estimulam empresas a tomar medidas para aumentar o valor que elas podem derivar da utilização dos serviços intermediários de IA (por exemplo, recrutamento, treinamento e designação de líderes de IA).

13.3 BUSCAS POR CONHECIMENTO EXTERNO: O QUE AS EMPRESAS INOVADORAS PERCEBEM COMO RESULTADO DE SUCESSO DOS SERVIÇOS INTERMEDIÁRIOS DE IA

Uma série de estudos descreve os serviços intermediários de IA oferecidos por inomediários em buscas por conhecimento externo (Mortara, 2010a). Alguns pesquisadores têm dado atenção ao que constitui um resultado bem-sucedido das interações entre inomediários de inovação e seus clientes. A maioria das observações a esse respeito é de natureza geral, e os pesquisadores mencionam que o valor refere-se à diminuição dos custos internos de P&D, à redução dos riscos da P&D, tempo mais curto até o lançamento no mercado e acesso a novas ideias (Arora, Fosfuri e Gambardella, 2001a; Enkel, Gassmann e Chesbrough, 2009). Nesta seção, descrevemos os serviços intermediários de IA oferecidos por inomediários e vinculamos esses serviços intermediários às várias fases pelas quais as empresas inovadoras tipicamente passam quando buscam por conhecimento tecnológico fora das suas fronteiras. Além disso, especificamos o que constitui uma interação bem-sucedida com um inomediário em cada fase conforme a percepção dos clientes da NineSigma (ver a Figura 13.1).

Na orientação dos serviços intermediários, os inomediários estão focados em ajudar seus clientes a compreender e formular suas necessidades tecnológicas, bem como a treiná-los para escrever solicitações de propostas que contenham declarações de problemas de alta qualidade. Uma das facetas mais difíceis ao descrever uma solicitação de proposta está associada com a formulação de declarações de problemas que cubram adequadamente as necessidades tecnológicas das empresas inovadoras. A qualidade da declaração do problema em uma solicitação de proposta (em termos de identificar o problema tecnológico precisamente) determina a qualidade das soluções que são oferecidas por provedores de solução (em termos da extensão em que a solução proposta satisfaz as necessidades técnicas da empresa inovadora) (Sieg, Wallin e Von Krogh, 2010). Os entrevistados mencionam o seguinte em relação aos serviços intermediários de IA nessa fase: "a NineSigma faz perguntas que nos obrigam a pensar cuidadosamente sobre o problema que estamos tentando resolver [...] eles trabalham conosco na definição do problema".

Na fase de exploração os inomediários facilitam a recuperação de novas e inesperadas soluções de tecnologia. Com base na sua rede de empresas de tecnologia, universidades, institutos de pesquisa etc., são capazes de convidar os provedores de solução para responder às necessidades tecnológicas específicas dos seus clientes. Como tal, os inomediários de inovação ajudam seus clientes a obter propostas das partes que podem não ter considerado como fontes relevantes de tecnologia ou que podem não ter sido capazes de alcançar de outro modo. Gestores de empresas inovadoras afirmam o seguinte: "a NineSigma pode usar sua plataforma para identificar milhares de engenheiros trabalhando em problemas de pesquisa específicos e dentro de algumas semanas saberemos se será possível continuar ou concluir um projeto [...] eles nos fornecem informações sobre as possíveis soluções e sobre provedores de solução que não poderíamos encontrar na internet nem na literatura científica. Poderíamos ficar pesquisando eternamente e nunca conseguiríamos encontrá-los". A fase de exploração é considerada bem-sucedida pelos clientes da NineSigma quando são capazes de obter acesso a novos conhecimentos e perspectivas no que diz respeito às suas iniciativas internas de solução de problemas por meio da utilização dos serviços intermediários de IA. Um entrevistado descreveu esse resultado bem-sucedido da seguinte forma: "por causa da NineSigma, somos expostos a empresas com diferentes visões [...] diferentes perspectivas ou ângulos que não consideramos antes e, por vezes, isso nos leva a reavaliar nossos projetos".

Na fase de seleção, os inomediários oferem serviços que ajudam as empresas inovadoras a selecionar propostas de soluções valiosas. Quando os provedores de soluções apresentam possíveis respostas técnicas para declarações de problemas que foram expressas em solicitações de propostas, as empresas inovadoras têm de determinar o valor dessas soluções. Além disso, precisam decidir se querem ou não se envolver em interações adicionais com os provedores de soluções. Os inomediários capturam e entregam informações que seus clientes precisam para tomar essas difíceis decisões. Adicionalmente, fornecem métodos e ferramentas para auxiliar no processo de tomada de decisão. Ao trabalhar com empresas inovadoras, a NineSigma usa um sistema de semáforo para recomendar e priorizar as propostas de solução que atendem os objetivos originais das empresas, no qual as soluções "luz verde" representam aquelas mais valiosas em termos de atender as especificações técnicas. Como um cliente colocou: "a NineSigma classifica as soluções com base em critérios relevantes que nos permitem priorizar as principais respostas". Na seleção, os clientes da NineSigma percebem um elevado número de soluções "luz verde" como um resultado bem-sucedido da sua interação com o inomediário. Um entrevistado disse que: "não é apenas o número de soluções que recebemos [...] é o número de soluções que foram úteis". Outro resultado bem-sucedido na seleção é o número de propostas de solução que pode se referir a outros departamentos dentro da organização do cliente. Às vezes, as empresas inovadoras recebem propostas de solução que não são diretamente relevantes para a equipe ou departamento que se envolveu com o inomediário em primeiro lugar. Nesses casos, as propostas podem ser transferidas dentro da empresa para outras equipes ou departamentos que trabalham em diferentes conjuntos de problemas tecnológicos, beneficiando-se mais diretamente das soluções propostas. Como um gerente afirmou: "não teve utilidade diretamente para nós [...] e, como sabíamos de alguns cientistas dentro da nossa empresa trabalhando com essas questões [...] nós as enviamos para eles e eles puderam usá-las".

Na fase de engajamento, os inomediários ajudam a trazer acordos entre seus clientes e os provedores de solução que foram selecionados na fase anterior. Os inomediários auxiliam os seus clientes na condução de negociações com os provedores de solução e ajudam a estabelecer acordos de confidencialidade (NDA), para estimular discussões tecnológicas adicionais e arranjos mais definitivos relativos à transferência de conhecimento tecnológico ou PI ou criação conjunta de conhecimento. Os clientes da NineSigma descrevem esse serviço como se segue: "a NineSigma facilitou a interação com um provedor de solução, o que nos permitiu a comunicação por meio de conversas face a face e esclarecer aquelas nuances que vieram de conversas telefônicas e ainda estavam sem solução". As empresas inovadoras percebem essa fase como bem-sucedida quando assinam um acordo de confidencialidade benéfico para ambos ou um acordo de transferência de tecnologia com um provedor de solução. Um entrevistado mencionou o seguinte a esse respeito: "para mim, um projeto bem-sucedido é aquele que termina em um acordo assinado para mais cooperação".

Ao longo de todas as fases de busca por conhecimento externo, os inomediários confiam em sua equipe de trabalho para fornecer aos clientes assessoria técnica e consultoria em IA onde for necessário. Um dos entrevistados se referiu a esse aspecto do serviço assim: "tivemos discussões com os gerentes de projeto da NineSigma para descrever as nossas necessidades [...] eles entenderam o que precisamos e, então, traduziram aquela necessidade para fazê-la funcionar na rede de seus provedores de solução".

13.4 BUSCAS POR CONHECIMENTO EXTERNO: O QUE OS INOVADORES PODEM FAZER PARA AUMENTAR O VALOR PARTINDO DO USO DE SERVIÇOS INTERMEDIÁRIOS DE IA

As percepções dos clientes dos resultados bem-sucedidos da utilização dos serviços intermediários de IA estão ligadas às diferentes fases de busca por conhecimento externo. A conclusão bem-sucedida desse processo de busca é evidenciado por um acordo assinado entre empresas inovadoras e provedores de solução. Esse valioso resultado final não significa um resultado isolado, uma vez que tem por base os resultados obtidos em fases anteriores: uma solicitação de proposta de alta qualidade com uma de declaração do problema bem definida tem maior probabilidade de atrair um grande número de provedores de solução interessantes, resultando em um alto número de propostas de solução "luz verde". Um elevado número de soluções técnicas valiosas afeta positivamente as chances de negociações bem-sucedidas entre empresas inovadoras e provedores de solução. Ser bem-sucedida em cada uma das fases da busca por conhecimento externo enquanto une forças com um inomediário depende, em parte, da qualidade dos serviços intermediários de IA oferecidos pelos inomediários; isso também é, em parte, dependente da capacidade do cliente de fazer uso eficaz desses serviços intermediários. Algumas empresas inovadoras têm maior probabilidade de assinar um acordo de confidencialidade ou um acordo de transferência de tecnologia com provedores de solução do que outras, depois de sua interação com os inomediários. Em termos gerais, podemos dizer que para as empresas inovadoras com menos sucesso e um acordo assinado como um dos seus principais alvos, cerca de 40% de suas solicitações de propostas levam a um acordo assinado, ao passo que as empresas mais bem-sucedidas, visando um acordo assinado, são capazes de transformar de 60% 70% de toda a sua busca por conhecimento externo a partir de solicitações de propostas em contratos bem-sucedidos. Essas diferenças nas taxas de sucesso podem estar relacionadas a ações que as empresas inovadoras tomam internamente para aumentar a sua capacidade de fazer uso eficaz dos serviços intermediários em cada fase, elevando assim suas chances de assinar um acordo com um provedor de solução na fase de engajamento (Ihl, Piller e Wagner, 2012). Nessa seção, identificamos as ações que empresas inovadoras podem tomar em diferentes fases de sua busca por conhecimento externo para ampliar suas chances de sucesso (ver Figura 13.1).

Para aumentar o valor da utilização dos serviços intermediários, as empresas inovadoras precisam desenvolver habilidades no que diz respeito à formulação correta de declarações de problemas e escrever solicitações de propostas de alta qualidade. Na orientação, um dos principais desafios é definir uma declaração de problema de alta qualidade (Sieg, Wallin e Von Krogh, 2010). Se a declaração de problema contém mais de uma questão técnica, há grande probabilidade de que apenas poucos provedores de solução venham a responder à solicitação de proposta. Se a declaração do problema é muito descritiva em termos de aplicações, os provedores de soluções provenientes de indústrias que não sejam inovadoras podem falhar em resolver o problema ou em oferecer suas soluções. As empresas inovadoras com competências e experiência necessárias para traduzir suas necessidades técnicas em declarações de problemas específicos tendem a ser mais eficazes na parceria com um inomediário e no desenvolvimento conjunto de uma solicitação de proposta. Os clientes da NineSigma mencionam o seguinte a esse respeito: "tudo tem a ver com o modo como você cria a solicitação de proposta [...] formular uma declaração do problema que esteja livre da linguagem da indústria é de máxima importância". Outra ação importante que as empresas inovadoras podem fazer para serem mais eficazes nas suas interações com os inomediários é instigar uma recompensa para as soluções bem-sucedidas na fase de orientação. A maioria das empresas inovadoras bem-sucedidas disponibiliza uma recompensa financeira para os provedores de solução que lhes apresentam soluções valiosas. O montante da recompensa disponível para um provedor de solução deveria ser proporcional ao valor potencial criado a partir da solução bem-sucedida. Existe uma alta correlação entre a recompensa oferecida por uma empresa inovadora e a probabilidade de essa empresa acabar assinando um acordo mutuamente benéfico com um provedor de solução, seja para se engajar em novas negociações, seja para transferir conhecimento de um provedor de solução para a empresa inovadora (Boudreau, Lacereta e Lakhani, 2011; Boudreau e Lakhani, 2009; Frey, Lüthje e Haag, 2011; Lakhani e Jeppesen, 2007). Como um entrevistado afirmou: "o incentivo financeiro mostra que você é sério e está disposto a gastar dinheiro para resolver um problema".

Para estimular mais interações efetivas com inomediários em todas as fases de busca por conhecimento externo, as empresas inovadoras precisam nomear um líder de IA para apoiar o projeto, bem como rotular o projeto de "estratégico" e financiá-lo como tal. As empresas inovadoras que efetivamente fazem uso dos serviços intermediários de IA experimentam um apoio muito forte às iniciativas de IA e aos serviços intermediários nos níveis mais altos de sua organização. A maioria dessas empresas tem um líder de IA em vigor quando interagem com inomediários. Um líder de IA é, tipicamente, um indivíduo experiente de alto *status*, que está bem relacionado dentro da empresa inovadora e habilitado para gerenciar todas as fases de busca por conhecimento externo. As empresas inovadoras que interagem com a NineSigma descrevem o papel de um líder de IA da seguinte maneira: "o líder é um ponto inicial de contato para as empresas de fora [...] o líder prega a mentalidade da IA [...] o líder é chefe de torcida, treinador, estrategista, organizador, mantenedor da filosofia de IA". Quando todas as fases da busca por conhecimento externo são conduzidas por um líder, a taxa de sucesso duplica e triplica em comparação com as empresas que não têm esse apoio executivo. Como um entrevistado declarou: "esse processo como um todo tem sido apoiado pela alta direção; caso contrário, simplesmente não aconteceria". Além disso, as empresas inovadoras que são mais eficazes na assinatura de acordos com provedores de solução geralmente designam os seus projetos de IA e seus compromissos com os inomediários como "estratégico". Os projetos estratégicos são uma prioridade corporativa e têm baixa probabilidade de serem cancelados em virtude de mudanças nas agendas corporativas. Quando uma empresa inovadora utiliza os projetos mais estratégicos para as buscas por conhecimento externo que têm certa urgência, as chances de sucesso sobem drasticamente. Na fase de entrevista, descobrimos que "a principal razão por que os projetos não conseguem ter sucesso é porque não são estrategicamente relevantes para a empresa". Outro cliente da NineSigma mencionou que "a gerência sênior tem de fornecer apoio financeiro a longo prazo [...] você deve ter total empenho dos recursos internos [...] para que seja bem-sucedido".

13.5 CONCLUSÕES E ÁREAS PARA PESQUISAS FUTURAS

Com base nas entrevistas e pesquisas de opinião entre os clientes da NineSigma, este capítulo mostrou que existem várias ações que as empresas inovadoras podem realizar para aumentar o valor a partir da interação com inomediários em todas as fases da sua busca por conhecimento externo. Mais e mais empresas inovadoras com vastos portfólios de tecnologia na indústria automotiva, na indústria farmacêutica e de equipamentos médicos, comunicações, defesa e outros setores da indústria fazem uso dos serviços intermediários de IA para estimular suas buscas por conhecimento externo. Embora essas empresas tipicamente grandes (primeiros adotantes, como Siemens, Glaxo Smithkline e Jaguar Land Rover) tenham recebido substancial experiência em IA e no uso de ferramentas sofisticadas de IA, os inomediários têm intensificado suas ofertas de serviços nas fases iniciais de busca por conhecimento externo e expandido suas atividades para cobrir também os serviços intermediários nas fases finais de buscas externas e em todas as fases de consultoria de IA. Recentemente, várias publicações interessantes surgiram descrevendo o papel desempenhado pelos inomediários nas buscas por conhecimento externo de grandes empresas inovadoras (Enkel, Gassmann e Chesbrough, 2009). Enquanto alguns autores (Ceccagnoli et al., 2010) identificaram vários fatores que influenciam o valor potencial que as empresas inovadoras podem derivar a partir do uso de serviços intermediários de IA, esses fatores são em sua maioria difíceis de mudar ou estão além da esfera de influência direta da maioria das empresas. Com base em alguns outros estudos (Boudreau e Lakhani, 2009; Lakhani e Jeppesen, 2007; Ihl, Piller e Wagner, 2012) neste capítulo, nós nos concentramos no que as empresas inovadoras podem fazer internamente para aumentar a probabilidade de sucesso ao se engajar com os inomediários.

Nossa pesquisa exploratória identifica diversas rotas para melhorar as chances de sucesso ao se engajar nas buscas por conhecimento externo: otimizar o processo de redação das solicitações de propostas; premiar os provedores de soluções que agregam valor ao processo interno de solução de problemas; designar um líder experiente de IA para estimular as buscas por conhecimento externo; priorizar projetos de IA e alocar financiamento a longo prazo para essas iniciativas. O que é interessante sobre esses resultados é que há um conjunto específico de ações que as empresas inovadoras podem tomar bem no início da sua busca por conhecimento externo, isto é, antes mesmo de lançar uma solicitação de proposta (definir uma declaração de alta qualidade do problema e mencionar na solicitação de proposta uma recompensa atrelada para receber soluções valiosas), que aumenta significativamente a probabilidade de engajamento com os provedores de soluções na fase final da busca por conhecimento externo.

Em seu site, a NineSigma hospeda uma ferramenta de diagnóstico de IA que captura as taxas de adoção ou o nível de maturidade da adoção de IA das empresas. Das empresas que visitam esse site (não necessariamente de clientes da NineSigma) e utilizam a ferramenta, 34% não estão envolvidas com IA no momento; 37% de todos os questionados relatam estar nas fases iniciais da IA; 23% das empresas estão atualmente otimizando um programa de IA existente; 6% estão relançando um programa de IA. Desse cenário, pode-se concluir que, embora haja várias grandes empresas inovadoras com um nível bastante elevado de experiência em programas de IA e programas altamente sofisticados de IA em uso, há também muitas (pequenas) empresas que estão apenas começando a aprender sobre os benefícios potenciais relacionados com o engajamento na busca por conhecimento externo. Para todas essas empresas inovadoras (tanto experientes como inexperientes em IA) que almejam aprender sobre novas tecnologias por meio da utilização de serviços intermediários de IA, é de extrema importância perceber que há várias ações que elas mesmas podem tomar, tais como adquirir habilidade no processo de redação de solicitações de propostas e designar um líder de IA, para adicionar um valor significativo ao que podem potencialmente derivar do uso desses serviços intermediários (Enkel, Bell e Hogenkamp, 2011; Ihl, Piller e Wagner, 2012).

Nós discriminamos várias áreas para pesquisas futuras de estudiosos em IA visando aumentar eficiência e efetividade dos serviços intermediários de IA em todas as fases de busca por conhecimento externo, levando a benefícios mais amplos para todas as partes envolvidas. Diversos estudos de caso sobre serviços intermediários de IA têm surgido ao longo do tempo. No entanto, eles têm ficado atrás da prática por conta da relutância das empresas inovadoras em publicar como ganharam vantagem competitiva e do fato de que os lançamentos de produtos ou serviços e geração de receitas ocorrem anos depois das suas interações com os inomediários. Há ainda, portanto, uma necessidade de pesquisas de estudos de caso e de dados de grande escala para identificar as melhores práticas dos serviços intermediários de IA. Pesquisas detalhadas sobre os efeitos de se engajar com serviços intermediários de IA, sobre o sucesso comercial e sobre outros indicadores-chave de desempenho (KPIs) relacionados com a inovação podem ajudar as empresas inovadoras a melhor avaliar o valor desses serviços intermediários para o seu negócio e escolher a área que é melhor para elas. Enquanto os primeiros adotantes da IA se tornam cada vez mais bem informados com relação à busca por conhecimento externo, e os inomediários intensificam suas ofertas de serviços para direcionar necessidades mais refinadas nessas grandes empresas, parece que as empresas menores estão, na sua maioria, necessitando de serviços mais básicos de IA que as ajudam a ganhar experiência na busca por conhecimento externo. Com sua falta de habilidades e recursos, a questão que vem à mente é como tornar os serviços intermediários de IA acessíveis e baratos para as pequenas empresas. Assim como um número crescente de inomediários intensificou as suas ofertas de serviços para incluir consultoria em IA, a questão que surge é qual modelo de negócio é mais adequado para comercializar esses novos serviços intermediários. Conforme as grandes empresas se tornaram mais experientes na busca por conhecimento externo, desenvolveram seus próprios concursos para atrair provedores de solução. Como esse desenvolvimento afeta os inomediários? Outras questões interessantes estão relacionadas com o tema da resolução de problemas com base em grupo: as solicitações de propostas são mais bem redigidas de forma isolada ou com a ajuda de terceiros? Os provedores de solução são os melhores para responder às solicitações de propostas por si mesmos ou deveriam se juntar a outras entidades de conhecimento para fornecer soluções da mais alta qualidade? Embora a teoria e a prática apontem para a importância de recompensas financeiras para os provedores de solução como estímulo por sua participação nos mercados para soluções, mais pesquisas sobre os direcionadores por trás do envolvimento dos provedores de soluções podem lançar luz sobre como atrair aqueles de maior conhecimento.

CAPÍTULO 14
Teorias da empresa e inovação aberta

Wim Vanhaverbeke e Myriam Cloodt

14.1 INTRODUÇÃO

O conceito de inovação aberta decorre principalmente da observação das mudanças das práticas de gestão da inovação em empresas (Chesbrough, 2003a, 2006a). Essa abordagem baseada na prática explica, de certo modo, por que a pesquisa sobre inovação aberta não foi fundamentada sistematicamente nas pesquisas anteriores sobre gestão. O fracasso em conectar o fenômeno da inovação aberta às teorias da empresa existentes representa uma fraqueza na literatura sobre inovação aberta, portanto, há uma necessidade urgente de superar esse déficit teórico:

> um melhor embasamento teórico da pesquisa sobre inovação aberta é necessário. [...] Em particular, estudos sobre inovação aberta precisam ser suficientemente fundamentados em pesquisa anterior nas áreas de inovação aberta e correlatas. [...] Um desenvolvimento cumulativo da pesquisa sobre inovação aberta que integre os achados anteriores é essencial para se chegar a um corpo de conhecimento coerente sobre a inovação aberta (Lichtenthaler, 2011, p. 87).

O crescente interesse pela gestão da inovação aberta nas empresas fornece várias oportunidades de lançar uma nova luz nos quadros teóricos existentes sobre inovação. Para desenvolver um corpo de conhecimento coerente sobre inovação aberta, argumentamos que as teorias de gestão existentes deveriam ser combinadas já que nenhuma delas pode explicar completamente como as empresas se beneficiam da inovação aberta. Nós vamos lançar luz na inovação aberta a partir de múltiplas perspectivas e trazer um conjunto de teorias em uma tentativa de desenvolver uma melhor fundamentação teórica sobre inovação aberta. Em especial, vamos explorar a necessidade de vincular a inovação aberta à literatura sobre estratégia e às diferentes teorias sobre empresas, tais como economia dos custos de transação, visão baseada em recursos, teoria da dependência de recursos, visão relacional e teoria das opções reais. Nós também relacionamos a inovação aberta aos conceitos teóricos, tais como capacidade absortiva e capacidades dinâmicas. Até agora, apenas alguns pesquisadores têm tentado conectar os conceitos de inovação aberta à literatura de gestão da inovação existente e suas teorias da empresa subjacentes.[1]

Para conectar a inovação aberta às teorias existentes, escolhemos o funil da inovação aberta como ponto de partida. Chesbrough (2003a) explica, em seu primeiro livro, a inovação aberta utilizando o funil da inovação como uma ferramenta central de visualização, discutindo as diferenças entre a inovação aberta e a fechada. Nós usamos o funil da inovação aberta (Grönlund, Rönnberg Sjödin e Frishammar, 2010) como um ponto de partida para este capítulo porque, em uma análise rápida das suas dimensões constituintes, já se destaca a necessidade de um aprofundamento na estratégia, na modelagem de negócios, nas transações ou nas colaborações com parceiros externos, recursos internos e externos etc.[2]

A seguir, descrevemos o funil de inovação aberta e suas dimensões mais importantes em detalhe. Nessa parte, vamos explicar quais fluxos da literatura e conceitos teóricos constituem a ideia do funil aberto. Depois, avançamos em uma discussão sobre esses fluxos de literatura em um esforço para melhorar a nossa compreensão sobre as diferentes dimensões do funil. Curiosamente, apesar de a inovação aberta requerer uma conexão das diferentes teorias umas com as outras, ela também implica que algumas interpretações particulares dessas teorias são compatíveis com a inovação aberta e outras, não. Em uma discussão final, vamos lançar luz nas lições aprendidas a partir do nosso esforço para construir os contornos de uma teoria que tem o potencial de enquadrar o fenômeno da inovação aberta.

14.2 O FUNIL DA INOVAÇÃO ABERTA COMO UM PONTO DE PARTIDA

O funil da inovação tem uma longa história na literatura sobre gestão da inovação. Ele tem sido usado dentro do quadro de inovação fechada chandleriano, em que as empresas organizam os processos de pesquisa, desenvolvimento e comercialização dentro das fronteiras corporativas. Chesbrough (2003b, 2006a) utiliza o funil da inovação (aberta) como um conceito central para desenvolver várias ideias-chave sobre a inovação aberta. O funil é um conceito interessante, não apenas por resumir e visualizar as principais lições da inovação aberta como também por possuir o potencial de conectar a inovação aberta a teorias e gestão existentes. Neste capítulo, utilizamos determinados elementos constituintes do funil de inovação aberta (Grönlund, Rönnberg Sjödin e Frishammar, 2010) como um ponto de partida para conectar a inovação aberta às teorias de gestão e aos conceitos teóricos existentes. Nós explicamos essas ligações potenciais por meio do funil de inovação aberta representado na Figura 14.1.

Teorias da empresa e inovação aberta

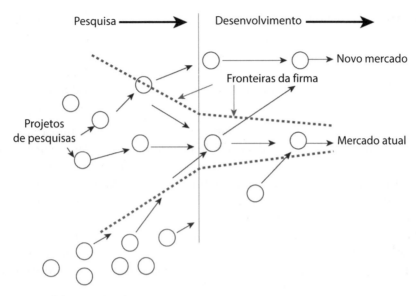

Figura 14.1 Funil da inovação aberta.

Fonte: Chesbrough (2003b, p. 37).

Em primeiro lugar, "novo mercado" e "mercado atual", no lado direito do funil da inovação, referem-se ao modelo de negócios de uma empresa. O pensamento de modelo de negócio está no coração da inovação aberta: o conhecimento interno que não apoia o modelo de negócios da empresa será licenciado ou vendido, e o conhecimento externo que complementa seu modelo de negócio será internalizado para desenvolver novos produtos ou negócios. Assim, a inovação aberta só pode ser corretamente entendida quando é integrada à estratégia da empresa. No entanto, poucas publicações têm analisado como a estratégia global, a estratégia de inovação e a inovação aberta nas empresas se conectam entre si (uma exceção notável é Chesbrough e Appleyard, 2007).

Em segundo lugar, as setas que atravessam a fronteira organizacional na figura representam diferentes tipos de acordos interorganizacionais para puxar ideias e tecnologias para dentro do funil ou para rentabilizar tecnologias não utilizadas. O conhecimento internalizado se dá por meio de contratos de pesquisa, ações de codesenvolvimento, capital de risco corporativo, acordos de compra de licenças ou aquisições definitivas. Em outros casos, as empresas vão a comunidades de usuários ou especialistas ou dependem dos serviços dos inomediários (nome dado aos intermediários de inovação) especializados.[3] As empresas terceirizam seu próprio conhecimento a partir de alianças, acordos de licenciamento e *spin-offs*. Aquelas que praticam a inovação aberta estão tomando decisões continuamente sobre qual conhecimento devem desenvolver internamente, o que comprar ou codesenvolver e o que vender ou licenciar. A escolha sobre os desenvolvimentos internos e externos de tecnologia no âmbito da inovação aberta está intimamente relacionada com o processo de tomada de decisão de fazer/comprar/aliar (Geykens, Steemkamp e Kumar, 2006; Jacobides e Billinger,

2006; Gulati e Nickerson, 2008; Mudambi e Tallman, 2010). Consequentemente, as pesquisas futuras deveriam analisar como as correntes da literatura do fazer/comprar/aliar e da inovação aberta se relacionam entre si e como podem enriquecer uma à outra. A esse respeito, a pesquisa sobre inovação aberta tem, certamente, que prestar mais atenção à questão de como a colaboração com os parceiros externos de inovação redesenha as fronteiras (e a organização) da (atividade de inovação na) empresa.

Escolher os modos de fornecimento apropriados é crucial para implantar a inovação aberta com êxito. A escolha depende da incerteza, tanto da tecnologia como do mercado (e, assim, mudará em diferentes estágios do funil) (van de Vrande, Lemmens e Vanhaverbeke, 2006, 2009a), e do tipo de conhecimento envolvido. As setas na figura podem ser consideradas como algum tipo de transação interorganizacional. Na seção 14.4 investigamos se as setas na Figura 14.1 deveriam ser analisadas a partir de uma lente de minimização dos custos de transação ou não (Williamson, 1975, 1985). Na inovação aberta, as empresas podem comercializar tecnologia por meio de transações no mercado, mas, na maioria dos casos, também investem em acordos complexos a longo prazo com seus parceiros de inovação.

Em terceiro lugar, nós podemos nos concentrar nos projetos de P&D (os pontos dentro e fora do funil). Eles começam como ideias e se desenvolvem ao longo do tempo em novos produtos comerciais. Esse processo exige recursos e capacidades para nutrir os projetos. Alguns deles estão disponíveis internamente, mas outros têm de ser provenientes de outras organizações. Obter acesso a esses recursos ou capacidades é um dos principais motores da inovação aberta. A inovação aberta deveria, portanto, estar ligada à visão baseada em recursos (Barney, 1986, 1991; Wernerfelt, 1984). Também tomamos a visão baseada no conhecimento em consideração, entendendo o conhecimento como um caso específico da visão baseada em recursos (Grant, 1996). A visão baseada em recursos (RBV) e a visão baseada no conhecimento estão focadas principalmente no desenvolvimento das capacidades internas. Para ter em conta o crescente uso das competências externas, diversos autores têm desenvolvido modelos para incorporar o fornecimento de capacidades e conhecimentos a partir das fontes externas: a visão baseada na relação da empresa está centrada em como as empresas podem utilizar os recursos externos (Dyer e Singh, 1998). Da mesma forma, a visão baseada no conhecimento tem sido aplicada às relações interorganizacionais, tais como alianças estratégicas (Grant e Baden-Fuller, 2004), capital de risco corporativo externo (Keil, 2004; Schildt, Maula e Keil, 2005) e aquisições de *startups* (Wagner, 2011).

Finalmente, o funil da inovação aberta pode ser gerenciado como um processo Stage-Gate. As metodologias Stage-Gate são amplamente utilizadas na gestão dos processos de inovação fechada (Cooper, 1999), mas também podem ser usadas, de uma forma diferente, em processos abertos de desenvolvimento de novos produtos (NPD) (Grönlund, Rönnberg Sjödin e Frishammar, 2010). A inovação é uma atividade carregada de risco que requer uma sequência de investimentos, primeiro com pequenos passos reversíveis, seguidos de investimentos com compromisso financeiro cada vez maior. O processo Stage-Gate é uma abordagem que visa reduzir as incertezas tecnológicas e de mercado logo no início do processo e que disciplina as empresas a postergar grandes investimentos até que a incerteza seja bastante baixa. Dessa forma, o funil de inovação aberta também pode ser considerado como um processo de tomada de decisão que pode ser analisado a partir de uma perspectiva da teoria de opções reais (Vanhaverbeke, van de Vrande e Chesbrough, 2008). A colaboração com parceiros externos nos estágios iniciais do funil pode ser considerada como decisões para criação de opções, que oferece às empresas uma oportunidade de tomar decisões mais bem informadas sobre investimentos mais onerosos em tecnologia externa durante os estágios finais do funil (van de Vrande, Vanhaverbeke e Duysters, 2009a).

O funil de inovação (aberta) nos fornece os diferentes pontos de intersecção entre a literatura sobre inovação aberta e a literatura anterior sobre gestão. Nós começamos explorando a relação entre inovação aberta e estratégia.

14.3 LIGANDO A INOVAÇÃO ABERTA À ESTRATÉGIA

Uma observação cuidadosa das empresas com um bom histórico em inovação aberta indica que as práticas de inovação aberta devem ser incorporadas na estratégia da empresa. Nós tocamos em três aspectos dessa (potencial) ligação entre a inovação aberta e a estratégia.

Em primeiro lugar, o modelo de negócio, que age como parte da estratégia da empresa, está no coração da inovação aberta. Discutindo a Figura 14.1, já mencionamos que o conhecimento interno que não pode ser alinhado com o modelo de negócio da empresa seria licenciado ou vendido. Em contraste, o conhecimento externo que complemente o modelo de negócios da empresa seria internalizado para desenvolver novos produtos ou empresas. Entretanto, poucas publicações analisaram como a estratégia e a inovação aberta se interconectam (algumas exceções são Chesbrough e Appleyard, 2007; Dittrich e Duysters, 2007). Essa falta de atenção é surpreendente porque os praticantes têm chamado a atenção ao fato de que a inovação aberta é inútil se não for integrada com a estratégia (Slowinsky e Sahal, 2010; Kirschbaum, 2005). Esse nexo entre a estratégia e a inovação aberta merece um lugar central em novos estudos sobre a inovação aberta.

Em segundo lugar, há uma conexão entre estratégia *corporativa* e inovação aberta que não tem sido explorada na literatura sobre inovação aberta. A maioria dos exemplos de inovação aberta ilustra como as empresas podem beneficiar-se do uso das fontes de conhecimento externas para desenvolver novos produtos nos negócios existentes. Essa ênfase excessiva no uso da inovação aberta nos negócios existentes esconde outras utilizações estratégicas da inovação aberta. Na DSM, uma empresa holandesa especializada em produtos químicos, a administração estabeleceu as áreas de negócios emergentes (ANEs), desenvolvendo e incubando novas divisões completas no centro de inovação corporativo para conduzir futuros (em contraste com os atuais) crescimentos da empresa por meio do estabelecimento de novos negócios que ainda não existem na empresa (Vanhaverbeke e Peeters, 2005; Wijen, Noorderhaven e Vanhaverbeke, 2011; Vanhaverbeke e Roijakkers, 2013). Esses negócios são desenvolvidos em colaboração com uma variedade de parceiros externos (de tecnologia), que são diferentes dos parceiros que estão envolvidos em iniciativas de inovação aberta para aumentar os negócios já existentes. Gerar crescimento nos negócios atuais requer uma forma diferente de organização interna, pensando em quando a empresa pretende desenvolver negócios completamente novos a longo prazo. O crescimento de diferentes metas estratégicas leva a diferentes maneiras de organizar a inovação aberta em uma empresa; diferentes departamentos na organização serão responsáveis por conduzir os projetos e outros tipos de parceiros são necessários para uma colaboração. Consequentemente, a inovação aberta deveria ser explicitamente ligada à estratégia (de crescimento) corporativa. Receber conhecimento dos parceiros não só é útil para estimular o crescimento das empresas já existentes como também para incubar empreendimentos em estágio inicial em áreas de negócio que são direcionadas pela alta direção, como áreas de crescimento corporativo (para além das divisões existentes na empresa). Da mesma forma, uma empresa pode usar a inovação aberta para realizar uma renovação corporativa. Organizar a inovação aberta por razões de crescimento e renovação corporativa aponta que a empresa tem de desenvolver novas competências (tecnológicas). O modo como as empresas desenvolvem novas competências colaborando com diferentes parceiros externos de conhecimento é um tema que não tem recebido a atenção que merece na literatura sobre gestão da inovação. Isso, por sua vez, pode estar ligado a novos desenvolvimentos interessantes em nossa compreensão das capacidades dinâmicas (Helfat et al., 2007; Teece, Pisano e Shuen, 1997; Teece, 2007).

Em terceiro lugar, fazer uso de comunidades de inovação, capital de risco corporativo, ecossistemas, acordos de licenciamento e aquisições de empreendimentos requer novas abordagens estratégicas. As principais correntes da literatura em estratégia – estratégia de crescimento e diversificação (Chandler, 1962), estratégia de posicionamento (Porter, 1980, 1985) e extensões (Brandenburger e Nalebuff, 1996), estratégias baseadas em recursos (Wernerfelt, 1984; Barney, 1986, 1991) e controle de ativos complementares fundamentais (Teece, 1986) – são focadas em ativos internos, propriedade e controle como fontes-chave do sucesso estratégico. Cada uma dessas direções tem provado ser frutíferas para compreender a estratégia de negócios quando as empresas baseiam-se, principalmente, nas capacidades tecnológicas internas para desenvolver novos produtos. Nenhuma, no entanto, abarca adequadamente a inovação colaborativa ou aberta como um fenômeno empírico que surgiu em diversas indústrias. Existe um imperativo para encontrar abordagens estratégicas novas ou adaptadas que possam dar conta totalmente das estratégias de colaboração e cooperação. A esse respeito, uma abordagem a se levar em conta é o trabalho recente sobre a gestão dos ecossistemas de inovação (Nambisan e Sawhney, 2011; Adner, 2012; van der Borgh, Cloodt e Romme, 2012; Leten, Hienerth e Gremünden, 2013).

14.4 TRANSAÇÕES COM ATORES ÚNICOS E MÚLTIPLOS

A inovação aberta tem a ver com o estabelecimento de relações com os parceiros externos de inovação. Essas relações interempresas são moldadas em transações entre diferentes entidades legais. As empresas podem colaborar de diferentes maneiras com os seus parceiros de inovação, e a escolha entre esses diferentes tipos de colaboração está no cerne da *teoria dos custos de transação* (Williamson, 1975, 1985). Assim como as transações interorganizacionais são essenciais para a inovação aberta, nós temos de analisar o potencial da teoria dos custos de transação como um quadro teórico para a inovação aberta. A produtividade da colaboração entre parceiros de inovação aumenta por meio da especialização da cooperação (Alchian e Demsetz, 1972). No entanto, quando os parceiros de inovação fazem investimentos em transações específicas, os custos de transação surgem por causa do medo do oportunismo (Williamson, 1985). Embora a coespecialização aumente a produtividade, o incentivo das empresas para fazer investimentos em transações específicas é aliviado porque os recursos especializados têm menor valor em utilizações alternativas (Dyer, 1997). Os proprietários de recursos especializados estão expostos a maiores riscos se comparados com proprietários dos recursos gerais (Klein, Crawford e Alchian, 1978). A teoria de custo de transação argumenta que as empresas vão escolher um modo específico de governança (transações independentes, controle hierárquico ou formas intermediárias de governança) para *minimizar os custos das transações*, dada a ameaça do oportunismo em um ambiente competitivo. As transações de mercado são altamente eficientes como modo de governança da transação, mas, quando o comportamento oportunista tem probabilidade de ocorrer, as empresas podem mitigar a ameaça de oportunismo escolhendo um intermediário (por exemplo, alianças estratégicas, empreendimentos conjuntos) ou um modo de governança hierárquica (por exemplo, a aquisição de parceiros de troca econômica) (Oxley, 1997; van de Vrande, Lemmens e Vanhaverbeke, 2006).

A questão central que permanece é: a minimização dos custos de transação é uma abordagem útil para a inovação aberta? Um pressuposto subjacente à teoria dos custos de transação é que aumentam à medida que são elevadas as especificidades dos ativos. No entanto, Dyer (1997, p. 539) mostra que "embora os custos de transação possam aumentar com a especificidade dos ativos, também vão variar independentemente da especificidade do ativo", em virtude do uso de formas adequadas para reger o relacionamento. Consequentemente, os parceiros podem, simultaneamente, atingir os benefícios duplos de especialização de ativos e menores custos de transação (por meio da escolha da governança ideal). Dessa maneira, transações interorganizacionais não devem ser estruturadas apenas para economizar os custos de transação, mas também para maximizar o valor da transação (Dyer, 1997). A observação cuidadosa das ofertas de inovação aberta revela que as empresas optam por um tipo específico de governaça de colaboração para, conjuntamente, maximizar o valor de uma transação em vez de minimizar os custos da transação.[4] Como tal, a otimização do valor da transação oferece um quadro teórico mais interessante para as ofertas de inovação aberta. Em primeiro lugar, a inovação aberta toma forma por meio de diferentes tipos de relações a longo prazo entre um conjunto de parceiros para executar tarefas complexas relacionadas com o desenvolvimento e a comercialização de inovações. Isso requer um elevado nível de compreensão e confiança entre os parceiros para aprender uns com os outros e perceber o potencial completo da estratégia de cooperação. Nesse contexto, o valor da cooperação entre empresas não se baseia apenas nos objetivos dos custos de transação como também no *valor estratégico e nas oportunidades de aprendizagem* (Kogut, 1988). Por conseguinte, os parceiros não estão interessados na minimização do custo da transação, mas na busca por valor transacional. Eles podem escolher modos cooperativos com custos de transação mais elevados, desde que "o esperado ganho conjunto supere as considerações do custo de transação" (Zajac e Olsen, 1993, p. 138).

Em segundo lugar, embora a ameaça de comportamento oportunista esteja, obviamente, presente dentro de um contexto de inovação aberta, as empresas estão frequentemente envolvidas em um relacionamento a longo prazo para desenvolver e/ou comercializar uma nova oferta de produto. Em tal contexto, a transação ou relacionamento entre os parceiros torna-se um ativo de valor em seu próprio direito. Os gastos específicos da transação deixaram de ser considerados como custos, tornando-se um investimento no valor futuro (Madhok e Tallman, 1998). Consequentemente, a inclinação para agir de forma oportunista é dominada "por estimativa por parte da empresa do impacto negativo que o comportamento oportunista terá sobre o valor da futura troca com o seu parceiro" (Zajac e Olsen, 1993, p. 137).

Em terceiro lugar, a teoria dos custos de transação concentra-se explicitamente na incerteza específica da transação – ou incerteza dentro do relacionamento (incerteza endógena). No entanto, a pesquisa, ao analisar a escolha entre diferentes modos de governança em um contexto de inovação aberta, tem demonstrado que essa escolha depende da incerteza exógena e da endógena. Ambos os tipos de incerteza vão diferir dependendo do estágio no funil de inovação e, como tal, têm um efeito sobre a preferência por um modo de governança específico. Por exemplo, van de Vrande, Lemmens e Vanhaverbeke. (2006) argumentam que sob condições de alta incerteza exógena (estágios de *front-end* do funil), as empresas preferem empreender modos de governança flexíveis que são altamente reversíveis e envolvem um baixo nível de comprometimento. Quando a incerteza externa diminui (estágios de *back-end* do funil), as empresas preferem empreender modos de governança mais hierárquicos, que envolvem maior quantidade de investimento e comprometimento.

Com base na argumentação supracitada, nós concluímos que a inovação aberta parece estar mais alinhada com a *teoria do valor da transação*. Como as transações entre parceiros em um contexto de inovação aberta podem ser consideradas, principalmente, em termos de maximização do valor transacional, é útil analisar mais profundamente as atividades de inovação aberta a partir de uma perspectiva teórica de valor transacional.[5]

Outro tópico relacionado com as transações interorganizationais (setas na Figura 14.1) que gostaríamos de abordar é o fato de que se pode chegar aos parceiros externos de inovação de uma forma direta ou indireta. As empresas podem estabelecer relações indiretamente com os parceiros a partir dos intermediários de inovação – ou *inomediários*. Durante a última década, as empresas fizeram cada vez mais uso dos serviços oferecidos por intermediários de inovação, como InnoCentive, NineSigma, Yet2com, Ocean Tomo e muitos outros (Chesbrough, 2006a; Huston e Sakkab, 2006; Lopez e Vanhaverbeke, 2009). Um intermediário de inovação pode ser definido como provedor de plataforma em mercados de inovação bilaterais criados para coordenar o fluxo de pedidos e soluções de inovação em agentes de inovação distintos, distantes e previamente desconhecidos.[6,7] A mecânica e a dinâmica dos mercados bilaterais foram analisadas em detalhe por economistas industriais (Rochet e Tirole, 2003, 2006; Parker e van Alstyne, 2005) e essas ideias teóricas podem ajudar os acadêmicos de inovação aberta a entender melhor os direcionadores de sucesso dos inomediários. Incorporar os intermediários de inovação nos modelos de mercados bilaterais (de inovação) proporcionará um benefício duplo: em primeiro lugar, a inovação aberta tem focado tradicionalmente em transações diretas enquanto a abordagem de mercado bilateral faz o papel das transações indiretas e descreve as condições em que uma plataforma cria valor. Em segundo lugar, as transações tornam-se mais eficientes na medida em que os intermediários de tecnologia desenvolvem e modelam o mercado de tecnologia. As plataformas que os inomediários criam aumentam o valor da busca externa de tecnologia (porque o alcance é muito mais amplo do que em pesquisas diretas); a transparência e a neutralidade dos inomediários diminui os custos de transação associados ao conhecimento externo e à aquisição de PI. Isso, por sua vez, faz com que a inovação aberta seja uma estratégia ainda mais interessante.

Em seguida, deveríamos conectar os inomediários à onipresença do conhecimento e dos mercados de tecnologia. Os intermediários de inovação se tornam mais interessantes quando o conhecimento é abundante e amplamente distribuído em todo o globo (Chesbrough, Vanhaverbeke e West, 2006). A crescente globalização da P&D e o aumento da diversidade de fontes de conhecimento elevam o valor de trabalhar por meio dos inomediários. Os inomediários também podem ser ligados ao mercado para a literatura sobre tecnologia (Arora, Fosfuri e Gambardella, 2001a; Arora e Gambardella, 2010). O mercado para tecnologia denota o comércio de tecnologia separado dos bens físicos. O foco está, principalmente, na eficiência das transações de mercado de tecnologia e da divisão resultante do trabalho inovador entre especialistas na área, licenciando suas tecnologias para empresas que integram essa tecnologia desenvolvida externamente para criar novos produtos e negócios. Essa literatura tem, no entanto, um forte foco em transações bilaterais de tecnologia, tais como a contratação e o licenciamento de P&D entre um especialista em tecnologia e um comprador de tecnologia. O papel dos intermediários de inovação, que une fornecedores e compradores de tecnologia em um conjunto triangular de relações, como sabemos, ainda não é discutido dentro desse quadro.

Finalmente, a escolha entre o uso dos inomediários ou de portais próprios pelas empresas é um tema interessante, mas inexplorado. Grandes empresas como Procter & Gamble, Unilever, Starbucks, Kraft, Pfizer, Lego e Dell fazem uso dos serviços de inomediários, mas também têm o seu próprio portal, que as conecta diretamente a milhares de provedores externos de soluções. Pesquisas futuras deveriam determinar quando é vantajoso trabalhar com inomediários e quando vale a pena ter o seu próprio portal.

14.5 RECURSOS

A característica central da *visão baseada em recursos* da empresa é que a empresa requer uma coleção única de recursos difíceis de imitar, competências e capacidades para ser competitiva (Barney, 1986, 1991; Grant, 1996; Wernerfelt, 1984). Para criar uma vantagem competitiva e capturar taxas de retornos acima do normal (isto é, rendas), esses recursos devem, por definição, ser escassos, valiosos e razoavelmente duráveis (Barney, 1991). A visão baseada em recursos argumenta que as empresas podem criar e capturar valor de acordo com o pacote único de recursos que possuem e que as divergências entre esses recursos são responsáveis por diferenças de desempenho entre as empresas (Bierly e Chakrabarti, 1996). Em outras palavras, os proponentes da visão baseada em recursos enfatizam o fato de que uma vantagem competitiva sustentável é baseada nesses recursos e capacidades que são de propriedade de uma única empresa e controladas dentro dos limites dela (Dyer e Singh, 1998). Essa visão sobre como as empresas desenvolvem e sustentam uma vantagem competitiva é tipicamente alinhada ao modelo da inovação fechada.

Na inovação aberta, as empresas contam tanto com os recursos internos como com os externos para os seus novos produtos, e os recursos internos podem ser desdobrados usando caminhos internos e externos para o mercado (Chesbrough, 2003b). As empresas conseguem acesso aos conhecimentos externos e os integram ao desenvolvimento das suas novas ofertas. Recursos e capacidades de diferentes organizações são reunidos em um esforço para ofertar valor para os clientes-alvo. As empresas, mesmo as grandes, não podem desenvolver os recursos necessários internamente e têm de criar equipes com parceiros de inovação permitindo fluxos de recursos entre as empresas. Tal aumento da permeabilidade das fronteiras das empresas vai melhorar a correspondência entre oportunidades de mercado e capacidades, bem como trazer um uso mais eficiente dos recursos (Elmquist, Fredberg e Ollila, 2009; Arora, Fosfuri e Gambardella, 2001a; Arora e Gambardella, 2010). Posteriormente, enquanto a visão baseada em recursos enfatiza questões como *independência* e o papel crucial da *competição* entre empresas autônomas baseadas no conjunto exclusivo de recursos e capacidades que possuem, a inovação aberta enfatiza a *interdependência* dos recursos *complementares* das empresas para desenvolver e lançar a inovação no mercado (Vanhaverbeke, van de Vandre e Chesbrough, 2008). No entanto, dada essa diferença, tanto a visão baseada em recursos da empresa como a inovação aberta salientam a importância dos recursos e das competências para gerar uma vantagem competitiva sustentável.

Sabendo as similaridades e diferenças, existe uma necessidade de alinhar a visão baseada em recursos com a premissa teórica subjacente à inovação aberta. Uma opção é a *visão relacional* da empresa, que enfatiza que os recursos críticos também podem e devem ser encontrados fora dos limites da empresa (Dyer e Singh, 1998). As empresas colaboradoras que combinam recursos de maneiras originais podem obter uma vantagem competitiva sobre os outros que competem na base de uma estratégia autônoma. Para fazer isso, as empresas têm de combinar recursos com parceiros de maneiras únicas e estar dispostas a fazer investimentos específicos em uma relação. Esses investimentos específicos em relação geram rendas relacionais que são uma propriedade da díade ou das redes e não podem ser apreciadas por uma empresa isolada (Dyer e Singh, 1998). A visão relacional identifica recursos ou capacidades complementares das empresas como uma fonte potencial de vantagem competitiva interorganizacional. Isso está alinhado com a premissa maior da inovação aberta que considera o fornecimento de conhecimento dos parceiros externos uma fonte de vantagem competitiva. Em particular, a visão relacional da empresa considera a díade/rede como a unidade de análise e, por consequência, os recursos complementares que criam as rendas relacionais estão essencialmente fora do controle da empresa individual (Dyer e Singh, 1998).

Isso implica também que as organizações se tornam dependentes de seu ambiente (ou seja, outras organizações) para o fornecimento de recursos vitais de que precisam para sobreviver e prosperar.[8] Consequentemente, existe um risco de que as organizações percam sua liberdade de ação porque são limitadas pelas interdependências externas com outras organizações (Pfeffer, 1987). Contudo, podem tentar reduzir sua dependência ambiental com base no conceito de poder (Hillman, Withers e Collins, 2009), que é definido como controle sobre os recursos vitais (Ulrich e Barney, 1984). De acordo com a *teoria da dependência de recursos*, a ambição de uma organização é minimizar a dependência de outras organizações e encontrar formas de influenciar essas organizações para garantir os recursos que são necessários (Pfeffer e Salancik, 1978). Para gerenciar essa dependência de recurso, as organizações envolvem-se em diferentes acordos interorganizacionais, tais como cooptação, alianças contratuais, alianças de capital próprio (por exemplo, participações minoritárias ou empreendimentos conjuntos) e fusões e aquisições (Pfeffer e Salancik, 1978; Drees e Heugens, 2013). A literatura sobre inovação aberta não tem prestado atenção na estrutura do poder nem na interdependência entre os parceiros. Por um lado, seria interessante investigar quando a estrutura de poder e a interdependência se tornam importantes nas redes de inovação. Por outro lado, a teoria da dependência de recurso é estática por natureza. A maioria das indústrias hoje em dia experimenta uma forte dinâmica e enfrenta os desafios das novas tecnologias e modelos de negócios. O poder faz um movimento de fluxo e refluxo em redes e ecossistemas ao longo do tempo. Olhemos para a IBM, a Intel e a Microsoft na década de 1980, ou para a Nokia e qualquer um de seus parceiros de ecossistema nos últimos anos. Nós conhecemos a Philips como uma empresa de produtos eletrônicos de consumo, mas atualmente ela se redefine como uma empresa de iluminação, saúde e estilo de vida. Embora não estejamos excluindo as questões de poder e de interdependência em algumas indústrias, lidar com a rápida mudança da dinâmica em uma indústria é um tema importante para entender a inovação aberta. Este é o tema da seção seguinte.

14.6 CAPACIDADES DINÂMICAS

Um grande número de empresas opera atualmente em um ambiente em que o panorama do conhecimento é muito mais diversificado e globalmente distribuído do que no passado (Chesbrough, 2003a). Em tal ambiente, as competências essenciais baseadas em recursos escassos, únicos e difíceis de imitar podem se transformar em armadilhas de competência, visto que as empresas ficam presas com recursos que se tornam cada vez mais irrelevantes, quando as tecnologias e o ambiente competitivo mudam. Como resultado, obter uma vantagem competitiva sustentável vai além da posse de recursos difíceis de imitar e da requisição de capacidades dinâmicas difíceis de replicar (Teece, 2007).

Teece (2007, p. 3019) classifica as capacidades dinâmicas nas três seguintes categorias: (1) a capacidade de sentir e configurar oportunidades e ameaças, (2) a capacidade de aproveitar as oportunidades e (3) a capacidade de manter a competitividade por meio de reforço, combinação, proteção e, quando necessário, reconfiguração dos recursos intangíveis da empresa. Nós argumentamos que as três categorias de capacidades dinâmicas estão intimamente relacionadas com vários elementos importantes da inovação aberta.[9] Além disso, defendemos que as microfundações subjacentes a essas capacidades dinâmicas oferecem percepções interessantes sobre os processos *organizacionais* e gerenciais, procedimentos, sistemas e estruturas para implementar a inovação aberta na empresa.

A primeira categoria (sentir e configurar oportunidades e ameaças) lida com a detecção das oportunidades tecnológicas e de comercialização. Para identificar e configurar essas oportunidades, Teece (2007) argumenta que as empresas devem superar um horizonte de busca limitado combinando conhecimentos interno e externo que se originam no centro e na periferia do ecossistema dos seus negócios. Isso está intimamente relacionado com a abordagem de fora para dentro de inovação aberta. Para começar, as empresas podem desenvolver bases de conhecimento robustos internamente, investindo fortemente em atividades de P&D (Park, 2002). Essas atividades de P&D permitirão à empresa desenvolver suas próprias capacidades centrais em novas áreas tecnológicas que formam a base de uma possível "vantagem de ser o primeiro a mudar" (Chesbrough e Teece, 1996). No entanto, a criação de uma base de conhecimento interna é um processo longo e dispendioso, e também é muito difícil mudar o perfil de bases tecnológicas ao longo do tempo (Breschi, Lissoni e Malerba, 2003; Giuri, Hagedoorn e Mariani, 2004; Granstrand, Patel e Pavitt, 1997). Assim, contar com as capacidades internas provavelmente levará a uma "rigidez do núcleo" (Leonard-Barton, 1992, 1995) ou à chamada armadilha da familiaridade (Ahuja e Lampert, 2001), reduzindo a chance de as empresas se beneficiarem das novas oportunidades tecnológicas (Jaffe, 1986; Lunn e Martin, 1986; Levin, Cohen e Mowery, 1985). Apoiando-se no conhecimento externo, uma empresa pode superar os limites da aprendizagem interna (Capron e Mitchell, 2000; Karim e Mitchell, 2000).

Essa confiança no conhecimento externo está intimamente relacionada com o imperativo de inovação aberta, em que o conhecimento externo é igualmente importante para o conhecimento interno. O mesmo equilíbrio entre fontes de conhecimento internas e externas é defendida por Teece (2007). Para estabelecer esse equilíbrio, as microfundações, que consistem em processos para dirigir a P&D interna, os processos para aprender sobre mudanças das necessidades dos clientes e os processos de apoiar ciência e tecnologia exógenas, inovação de fornecedor, complementador e cliente precisam ser estabelecidos dentro da empresa (Teece, 2007). A literatura de inovação aberta não tem prestado atenção suficiente nessas microfundações e pode claramente se beneficiar ao integrá-las na pesquisa de inovação aberta.

A segunda categoria de capacidade (aproveitamento de oportunidades) lida com as escolhas que se deve fazer depois que a oportunidade é detectada. Isso está particularmente relacionado com tomar as decisões certas em relação aos investimentos em desenvolvimento e as atividades de comercialização, já que múltiplos caminhos de investimento são possíveis. A seleção ou a criação do modelo de negócio adequado é fundamental, pois define a estratégia de comercialização e as prioridades de investimento da empresa (Teece, 2007). Por conseguinte, criação, ajuste ou substituição dos modelos de negócio é um microfundamento muito importante da segunda categoria de capacidades dinâmicas (Teece, 2007). No entanto, os modelos de negócios podem criar fortes forças inerciais, uma vez que se tornaram bem estabelecidos (Chesbrough e Rosenbloom, 2002), dificultando ajustá-los ou substituí-los. Como já discutimos antes, o modelo de negócio também desempenha um papel central na inovação aberta (Chesbrough, 2006a). No entanto, Teece está se concentrando em caminhos internos para o mercado, enquanto a inovação aberta também está enfatizando caminhos externos para o mercado.

A terceira categoria de capacidade dinâmica é focada na reconfiguração de ativos e de estruturas organizacionais, como resultado das mudanças nas tecnologias, e nas necessidades dos clientes. Essa mudança é necessária para se livrar da dependência de trajetórias desfavoráveis (como discutido anteriormente) e para manter a boa condição evolutiva (Teece, 2007; Helfat et al., 2007). Um dos microfundamentos importantes subjacentes a essa classe de capacidade dinâmica é o alcance da descentralização e da degradabilidade próxima. Por um lado, empresas em crescimento devem descentralizar para permanecer flexíveis e para serem capazes de responder às mudanças tecnológicas e às necessidades dos clientes. Por outro lado, as organizações deveriam ser capazes de alcançar a integração e beneficiarem-se de economias de escala e escopo potenciais. Obter esse equilíbrio sutil é chamado de "degradabilidade próxima" (Simon, 2002; Teece, 2007). Teece (2007), explicitamente, associa os conceitos de descentralização e de degradabilidade próxima à inovação aberta, porque dependem de um modelo distribuído de inovação para acessar e integrar conhecimentos externos.

Em suma, as capacidades dinâmicas abordam explicitamente alguns dos elementos importantes da inovação aberta. O equilíbrio entre o conhecimento interno e externo, o papel importante do modelo de negócio e a adesão à inovação aberta como uma maneira de acessar e integrar a tecnologia externa desempenham um papel na análise em profundidade das capacidades dinâmicas de Teece. No entanto, também podemos observar algumas diferenças entre a teoria das capacidades dinâmicas e a da inovação aberta. Mais importante ainda, a abordagem de dentro para fora do modelo de inovação aberta não é abordada na primeira capacidade. De acordo com Teece (2007, p. 1343), a detecção e o aproveitamento de oportunidades, bem como a reconfiguração, estão intimamente relacionados com uma abordagem de fora para dentro do modelo de inovação aberta, em que a empresa integra o conhecimento interno e externo para criar novos produtos ou serviços que são comercializados a partir de caminhos internos para os mercados. No entanto, a abordagem de dentro para fora do modelo de inovação aberta diverge claramente da definição supramencionada das capacidades dinâmicas, já que a empresa também pode ganhar dinheiro alavancando caminhos externos para o mercado. As empresas só podem utilizar caminhos externos para o mercado quando têm as capacidades dinâmicas certas no lugar certo. Vender ou fazer *spin-off* de tecnologia requer o desenvolvimento de práticas específicas na empresa. Os empreendimentos de PI da Philips são um exemplo: quando a empresa decide não usar uma tecnologia internamente, a PI relacionada pode não ser interessante o suficiente para ser vendida para outras empresas. Nesse caso, a Philips desenvolve a tecnologia até que haja uma prova de conceito ou um protótipo, o que torna muito mais fácil vender ou licenciar a tecnologia.

14.7 CAPACIDADE ABSORTIVA E ALÉM

A capacidade absortiva foi primeiro definida por Cohen e Levinthal (1989, 1990) como uma capacidade da empresa de reconhecer o valor das novas informações, assimilá-las e aplicá-las para fins comerciais. Tanto a literatura sobre inovação aberta (Chesbrough, 2003a, 2006a; Chesbrough, Vanhaverbeke e West, 2006; Christensen, Olesen e Kjaer, 2005) como aquela sobre a capacidade absortiva (Lenox e King, 2004; Arora e Gambardella, 1990; Ireland, Hitt e Vaidyanath, 2002) focam em como as empresas inovadoras podem se beneficiar a partir dessas fontes externas de tecnologia. Particularmente, desde que a capacidade absortiva se concentrou na aquisição e na utilização de conhecimentos externos dentro da empresa (Lichtenthaler e Lichtenthaler, 2009), esse é um conceito nuclear da abordagem de fora para dentro da inovação aberta. Para obter uma melhor compreensão da relação entre capacidade absortiva e inovação aberta, vamos inicialmente explicar como esses dois conceitos estão ligados um ao outro. Também vamos explicar as diferenças entre eles.

A inovação aberta e a capacidade absortiva frisam que deveria haver um equilíbrio adequado entre conhecimento interno e externo. A fim de acessar e assimilar o conhecimento externo, as empresas precisam de conhecimento relacionado prévio para entender aquele que é absorvido (Cohen e Levinthal, 1990; Jansen, van den Bosch e Volberda, 2005). As empresas, portanto, requerem capacidades de P&D internas para reconhecer e monitorar tecnologias interessantes que são desenvolvidas em outros lugares. Por outro lado, as capacidades de pesquisa interna são indispensáveis para efetivamente explorar o *know-how* externo (Arora e Gambardella, 1994; Rosenberg, 1990; Cohen e Levinthal, 1989). As atividades de P&D internas continuam a ser cruciais para desenvolver *know-how* tecnológico, para aumentar a capacidade de aprendizagem da empresa e para melhorar sua capacidade absortiva. Isso também ecoou na literatura de inovação aberta: a P&D interna melhora a efetividade no monitoramento e no uso de recursos de conhecimento externo (Rigby e Zook, 2002; Chesbrough, 2003b; 2006a). Alinhados com Cohen e Levinthal (1990), os pesquisadores de inovação aberta salientam a necessidade de equilibrar a capacidade para lucrar a partir das fontes de conhecimento externo e a capacidade de desenvolver e explorar o conhecimento interno (Chesbrough, 2003a, 2006a; Gassmann e Enkel, 2004). Assim, o crescente foco em fontes de conhecimento externas não diminui a necessidade de compreender como as empresas podem gerar e gerenciar o conhecimento interno (Gambardella e Giarratana, 2004). Dessa forma, para compreender a relação entre a capacidade absortiva e a inovação aberta de uma empresa, é preciso se concentrar na organização interna do processo de inovação, que determina a difusão e a exploração do conhecimento tecnológico dentro da organização (Nooteboom et al., 2007; Levinthal e March, 1993; Argyres e Silverman, 2004). A presença de fontes externas de conhecimento valiosas não implica que o fluxo de novas ideias para dentro da organização seja um processo automático ou fácil. O conhecimento externo só pode ser reconhecido, acessado e assimilado quando as empresas desenvolvem rotinas e mudam sua estrutura e cultura organizacional para facilitar os processos de inovação aberta (Dahlander e Gann, 2007). Consequentemente, os pesquisadores de inovação aberta devem aproveitar o desenvolvimento da literatura sobre capacidade absortiva para compreender como as empresas criam novas rotinas organizacionais para obter o conhecimento externo com mais eficiência.

No entanto, também existem diferenças dignas de nota entre a capacidade absortiva e a inovação aberta. A capacidade absortiva está relacionada com assimilação e integração de conhecimento externo e é limitada à perspectiva de fora para dentro da inovação aberta. Isso também implica que outros aspectos do processo de inovação aberta são negligenciados. Por exemplo, a saída intencional de fluxos de conhecimento e tecnologia, por meio de licenciamento e *spin-offs*, não tem recebido reconhecimento na literatura sobre capacidade absortiva. A capacidade absortiva não pode explicar todas as dimensões da inovação aberta em termos de capacidades. Portanto, nós precisamos complementar o conceito de capacidade absortiva com novos desenvolvimentos teóricos. O estudo de Lichtenthaler e Lichtenthaler (2009) fornece um importante primeiro passo nesse sentido. Eles construíram uma estrutura baseada na capacidade para inovação aberta, distinguindo sondagem, retenção e exploração do conhecimento interno e externo. Restringimos a nossa atenção aqui unicamente à dimensão externa. Em primeiro lugar, a exploração de conhecimento externo descreve a assimilação de conhecimento a partir de fontes externas (Lane, Koka e Pathak, 2006), que corresponde ao conceito de capacidade absortiva. Em segundo lugar, a retenção de conhecimento externo refere-se ao conhecimento que é incorporado nas relações interorganizacionais da empresa, tais como acordos de pesquisa, alianças tecnológicas, investimentos de capital de risco corporativos, aquisições de tecnologia etc. Foi identificada uma *capacidade conectiva* da empresa como sua capacidade de manter e, posteriormente, reativar o conhecimento nas relações interorganizacionais (Lichtenthaler e Lichtenthaler, 2009, p. 1320). Contrariamente à capacidade absortiva, aqui o foco recai sobre a manutenção e a gestão do conhecimento externamente, em vez de transferência de conhecimento para dentro. Ganhar acesso ao conhecimento externo sem a transferência imediata do conhecimento do parceiro é um aspecto importante, mas frequentemente negligenciado, do primeiro estágio do funil de inovação aberta. Nós esperamos que esse conceito seja aplicado mais no futuro, parcialmente como consequência da crescente popularidade dos ecossistemas de inovação. Em terceiro lugar, a exploração do conhecimento externo como a monetização do conhecimento é introduzida por meio de caminhos externos para o mercado (Chesbrough, 2003b). Não há um modo direto de rentabilizar efetivamente uma tecnologia não utilizada. A *capacidade não absortiva* (*desorptive capacity*) de uma empresa é a sua capacidade de gerar receitas a partir da exploração do conhecimento externo (Lichtenthaler e Lichtenthaler, 2009, p. 1321), que é complementar à aplicação do conhecimento interno nos próprios mercados de produtos da empresa (Lichtenthaler, 2007). Isso consiste em identificar oportunidades de exploração de conhecimento externo com base em motivos estratégicos e monetários e posterior transferência do conhecimento para o(s) parceiro(s) da empresa (Lichtenthaler e Lichtenthaler, 2009). Dado que a exploração do conhecimento externo refere-se à transferência de conhecimento para fora e aos caminhos externos para o mercado, essa é uma capacidade relacionada com a dimensão de dentro para fora do modelo de inovação aberta.

A extensão para três capacidades para explicar as práticas de inovação aberta é uma notável extensão do modelo de capacidade absortiva. As contribuições futuras deveriam identificar como as empresas constroem essas capacidades e em qual medida são diferentes umas das outras. De qualquer modo, é evidente que uma extensão é necessária e que a distinção entre os diferentes tipos de capacidades externas de conhecimento é um passo frutífero para compreender a complexa realidade da inovação aberta.

14.8 OPÇÕES REAIS

Os benefícios alegados da inovação aberta podem ser parcialmente explicados pela abordagem da opção real. A criação de novos produtos e negócios envolve um alto nível de incerteza. Uma maneira de as empresas lidarem com as incertezas tecnológica e do mercado, associadas com o desenvolvimento de novos negócios, é fazendo pequenos investimentos em múltiplas opções de tecnologia. Esses pequenos investimentos iniciais podem ser considerados como uma opção real, que é "o direito, mas não a obrigação, de tomar uma ação no futuro" (Amram e Kulatilaka, 1999, p. 5). O raciocínio das opções reais é uma ferramenta para a redução da incerteza – fazer um pequeno investimento inicial sob altos níveis de incerteza para criar uma opção enquanto se espera até que a incerteza sobre a oportunidade tenha diminuído. Quando a incerteza diminuiu, a empresa investidora pode decidir se faz um investimento de acompanhamento ou se encerra o projeto (Adner e Levinthal, 2004; McGrath e Nerkar, 2004). Vanhaverbeke, van de Vrande e Chesbrough (2008) mostram como o raciocínio das opções reais pode ser aplicado à inovação aberta. O funil de inovação aberta é composto de diferentes estágios em que a incerteza diminui, indo desde a fase de geração da ideia até o lançamento no mercado. Em comparação com a inovação fechada, as práticas de inovação aberta têm quatro vantagens em termos de opções reais: (1) as empresas se beneficiam do envolvimento precoce em novas tecnologias ou oportunidades de negócio; (2) elas podem se beneficiar da entrada tardia ou do compromisso financeiro tardio em uma tecnologia particular; (3) a inovação aberta oferece às empresas a vantagem de uma saída precoce e a capacidade de obter algum valor a partir de projetos que não vão para a frente internamente; (4) finalmente, a inovação aberta permite que as empresas se beneficiem de um retardo na saída.

Em primeiro lugar, as empresas podem beneficiar-se da inovação aberta a partir de um envolvimento precoce em novas tecnologias ou oportunidades de negócio. Os parceiros externos ajudam a empresa a ter acesso a uma ampla gama de tecnologias desenvolvidas externamente e a oportunidades de mercado. Os parceiros podem traçar novas tecnologias ou desenvolvimentos de mercado precocemente e com mais precisão do que uma empresa isolada. Esta última pode tirar proveito do conhecimento dos parceiros a partir de investimentos em fase inicial, tais como participações minoritárias em *startups*, investimentos educacionais ou *crowdsourcing*. Esses são investimentos menores para a empresa, permitindo-lhes contabilizar tecnologias (por meio dos seus parceiros) de um modo mais eficaz. Em segundo lugar, as empresas podem também se beneficiar de uma internalização atrasada de novas tecnologias ou ideias. Internalizar os projetos de pesquisa e desenvolvimento indica que a empresa está pagando todos os custos relacionados. Atrasar esses gastos é benéfico quando as tecnologias estão em um estágio inicial e quando os investimentos são ainda muito arriscados. Com a inovação aberta, as empresas têm mais flexibilidade para decidir quando iniciar a parte interna do processo de inovação: as empresas começam a sondar as possibilidades comerciais de uma tecnologia externa inicialmente, por meio dos relacionamentos com universidades, *startups*, laboratórios de pesquisa, fornecedores e outras fontes de inovação. Atrasar os investimentos em inovação interna permite que a empresa assuma riscos menores ao começar a inovação dentro da empresa. Em terceiro lugar, a inovação aberta oferece às empresas a vantagem de uma saída precoce para projetos de P&D que não corresponderam às expectativas. Em um sistema definido como inovação fechada, um projeto de P&D só pode virar um sucesso (um novo produto ou serviço) ou um insucesso (abandono do projeto). Por conta dessa dicotomia, as empresas tendem a investir muito tempo em projetos pouco promissores. Em contraste, elas têm opções adicionais com a inovação aberta: podem conceder licenças de tecnologias ou *spin-off* de empreendimentos que não são promissores o suficiente ou não se encaixam em seu modelo de negócio. Finalmente, a inovação aberta permite às empresas se beneficiarem do controle estendido até a saída completa de um projeto. Licenciar tecnologias ou fazer *spin-out* de empreendimentos libera dinheiro para outros projetos mais interessantes. No entanto, a empresa pode ainda desejar monitorar conhecimentos "externalizados" por razões estratégicas, enquanto retarda a decisão (completa) de saída. Enquanto a tecnologia licenciada ou a *spin-off* amadurece e o valor para a empresa torna-se evidente ao longo do tempo, ela pode adiar a decisão sobre fazer *spin-in* do empreendimento ou de vender os seus interesses remanescentes a outros provedores de capital.

Essas quatro vantagens são apenas um exercício simples de como reinventar a inovação aberta em termos de opções reais. Nós estamos convencidos de que o raciocínio das opções reais pode ser aplicado a diferentes contextos de inovação aberta. Colaborar com parceiros externos não deveria ser considerado apenas em termos de competências que a empresa requer como também em termos de estratégias para reduzir a incerteza durante os projetos de pesquisa.

14.9 CONCLUSÃO: JUNTANDO AS PARTES

Dez anos depois de Henry Chesbrough (2003a) cunhar o termo inovação aberta, vemos um aumento contínuo das práticas relacionadas a essa inovação. Essa crescente abertura das empresas está ilustrada em uma pesquisa recente entre as grandes empresas, em que 78% das empresas questionadas relataram o uso de processos de inovação aberta (Chesbrough e Brunswicker, 2013). Van de Vrande (2009b) observou uma tendência similar entre as PMEs. No entanto, apesar da popularidade da inovação aberta, poucos estudiosos têm tentado ligá-la e integrá-la às teorias existentes. Esse déficit de pesquisa mostra uma forte necessidade de trabalhos teóricos e empíricos adicionais. Embora o modelo da inovação aberta inclua percepções conceituais interessantes e algumas extensões teóricas para teorias de transbordamentos econômicos de P&D (Chesbrough e Bogers, Capítulo 1 deste volume), suas conexões com teorias de estratégia existentes ainda não estão bem desenvolvidas (Van de Ven, 1989). Assim, nós começamos este capítulo com um exercício simples que liga o modelo da inovação aberta com teorias existentes e conceitos teóricos. Limitamos nossa atenção aos elementos constituintes do funil de inovação aberta para estreitar o foco e manter a análise tratável.

Em nossa tentativa de ligar a inovação aberta às teorias existentes e aos conceitos teóricos, descobrimos que: (1) a inovação aberta negligenciou largamente a ligação entre os negócios e a estratégia corporativa da empresa; (2) algumas teorias são mais alinhadas com o fenômeno da inovação aberta do que outras; (3) a maioria das teorias que podem ser alinhadas com a inovação aberta ainda deve ser adaptada para apreender uma dimensão particular da inovação aberta; (4) a inovação aberta é um fenômeno complexo e multidimensional que nos obriga a combinar diferentes perspectivas em um modelo dinâmico (ou passo a passo) mais amplo. Nós discutimos essas descobertas nos parágrafos seguintes.

Em primeiro lugar, as decisões de se engajar na inovação aberta deveriam sempre estar relacionadas com a estratégia da empresa. Em particular, a ligação entre inovação aberta e estratégia corporativa necessita ser destacada em pesquisas futuras. Hoje em dia, os benefícios de estabelecer parceiros de inovação são considerados independentemente dos negócios da empresa e da estratégia corporativa. Incorporar as decisões da inovação aberta às estratégias das empresas vai nos oferecer um retrato mais preciso da diversidade de objetivos a que as empresas visam com a abertura de suas atividades de inovação. Atualmente, as atividades de inovação aberta são agrupadas nos modos "de dentro para fora" e "de fora para dentro" de inovação aberta. Dessa forma, a diversidade de objetivos estratégicos e o grande número de resultados que podem ser alcançados por meio da inovação aberta são encobertos por esses conceitos abrangentes.

Em segundo lugar, algumas teorias são difíceis de alinhar com as premissas subjacentes ao modelo da inovação aberta. A minimização dos custos de transação não está refletindo a lógica das transações entre as organizações que estão praticando inovação aberta. Maximizar o valor conjunto entre parceiros de inovação representa muito melhor esse raciocínio, já que explica por que as empresas se envolvem em relacionamentos com transações específicas de alto custo (Zajac e Olsen, 1993; Dyer, 1997). Da mesma forma, nós discutimos as possibilidades de considerar a inovação aberta por meio das lentes da visão relacional (Dyer e Singh, 1998) e da teoria da dependência de recursos (Pfeffer e Salancik, 1978). Na última, a atenção é dada à estrutura de poder e à dependência entre os parceiros a partir de acordos interorganizacionais. Na visão relacional, o foco está na complementaridade dos recursos dos parceiros e em como os parceiros podem atingir objetivos estratégicos que não poderiam atingir por conta própria. A literatura sobre inovação aberta tem se concentrado, principalmente, nos benefícios da colaboração interempresas, ou seja, como os parceiros podem criar valor juntos. Desse modo, a inovação aberta pode beneficiar-se de uma avaliação mais detalhada a partir da lente da visão relacional da empresa. A teoria da dependência de recursos parece ser menos promissora como um modelo teórico para compreender o fenômeno da inovação aberta. No entanto, embora a visão relacional seja muito útil para apoiar teoricamente a inovação aberta, a teoria está focada, principalmente, na colaboração diática (Dyer e Singh, 1998). Mais atenção deveria ser dada às redes de inovação, em que o papel de um orquestrador da rede ou de um arquiteto do sistema no ecossistema torna-se crucial para entender os benefícios e as dinâmicas da inovação aberta (Adner, 2012; Nambisan e Sawhney, 2011).

As teorias que podem ser alinhadas com inovação aberta ainda devem ser modificadas para compreender a inovação aberta. A visão baseada em recursos e a visão baseada no conhecimento como um caso especial são base teórica valiosa para a inovação aberta na qual as empresas tentam ter os recursos (externos e internos) certos disponíveis para criar novos produtos e serviços. No entanto, a visão baseada em recursos e a visão baseada em conhecimento estão se concentrando apenas em recursos internos – alinhados com a inovação fechada – e não em um equilíbrio entre os recursos internos e externos. Similarmente, as "teorias como a de custos econômicos da transação, a teoria baseada em recursos e a teoria da dependência de recursos são *estáticas* ou próximas disso" (Eisenhardt e Tabrizi, 1995, p. 108). A inovação aberta é uma resposta dada pelas empresas inovadoras para lidar com a crescente complexidade tecnológica e dinâmica competitiva. Mover-se rapidamente, agilizar a inovação do produto e aproveitar novas oportunidades de mercado são capacidades essenciais. Por conseguinte, a fim de explicar a inovação aberta, precisamos das *teorias dinâmicas*. As capacidades dinâmicas e a capacidade absortiva são *teorias dinâmicas* e, assim, apropriadas para a compreensão da inovação aberta em configurações de rápida mudança. No entanto, ambas estão ligadas apenas à perspectiva de fora para dentro da IA e negligenciam a perspectiva de dentro para fora. Seria interessante ver mais pesquisas que ligam explicitamente as capacidades dinâmicas à inovação aberta (Teece, 2007, foi um trabalho seminal a esse respeito). Da mesma forma, nós precisamos de uma pesquisa mais detalhada de novas capacidades – como as capacidades conectiva e não absortiva, para entender quais capacidades internas as empresas têm de desenvolver para se engajar com sucesso na inovação aberta.

Há definitivamente uma necessidade de integrar diferentes teorias. As diferentes perspectivas teóricas podem explicar apenas uma dimensão particular da inovação aberta. Contudo, devemos juntar as peças para desenhar os contornos do que poderia tornar-se uma teoria de inovação aberta.

Passo 1: Argumentamos que a inovação aberta é, intrinsecamente, relacionada à estratégia. A estratégia sempre esteve presente no segundo plano da literatura sobre inovação aberta desde ênfase contínua em modelos de negócio e seu papel na determinação de qual conhecimento externo precisa ser internalizado e qual conhecimento interno pode ser validado por meio de caminhos externos para o mercado. No entanto, em muitos casos, os profissionais e os pesquisadores começaram a se concentrar nos benefícios dos projetos de inovação aberta, sem enquadrar os projetos dentro dos objetivos estratégicos mais amplos que a empresa tem em mente. Enquadrar a inovação aberta dentro das estratégias de negócio e corporativas é crucial para entender com quem a empresa precisa colaborar, quando e como vai colaborar e que tipo de modelo de governança é necessário para alcançar os objetivos estabelecidos. Mais importante, os objetivos estratégicos também determinam quais capacidades devem ser desenvolvidas internamente, as quais, em muitos casos, requerem parceiros externos para fornecer ou cocriar as capacidades necessárias. Associar, por exemplo, a visão baseada em recursos da empresa com a teoria da dependência de recursos e a visão relacional nos proporciona uma melhor percepção na combinação de uma perspectiva interna (especificação das necessidades de recursos para uma estratégia da empresa) e uma perspectiva externa (oportunidades de inovação de fora para dentro e de dentro para fora, levando à renovação estratégica de um negócio já existente) em um contexto estratégico mais amplo da empresa.

Passo 2: Uma vez que os objetivos estratégicos são fixados, os gestores têm de determinar onde as fontes interessantes de tecnologias externas necessárias estão localizadas. É importante perceber que este é um estágio anterior àquele em que a empresa realmente desenvolve seus relacionamentos. Este estágio está fortemente relacionado com a capacidade de detecção (dinâmica) desenvolvida por Teece (2007). Quando os projetos de inovação aberta estão seguindo as rotinas existentes, as empresas podem confiar nas redes de parceiros existentes. No entanto, se elas se envolvem em novas tecnologias ou mercados, as redes existentes são de pouca ajuda e as empresas devem procurar novas fontes externas de conhecimento. Essa capacidade tem sido subestimada na literatura sobre inovação aberta. Da mesma forma, a procura por novas formas de valorização dos caminhos externos para o mercado para conhecimento interno é uma capacidade esquiva que a maioria das empresas acha difícil de dominar. Neste estágio as empresas já deveriam se concentrar em alguns fatores que poderiam afetar o resultado final. Exemplos disso são o ajuste das competências do parceiro com o novo produto ou serviço (visão baseada no conhecimento, visão baseada no recurso e visão baseada na relação), o perfil de risco do projeto, a apropriação de PI, a irreversibilidade dos investimentos (teoria de opções reais), o valor potencial das transações, a estrutura de poder entre a empresa e os parceiros particulares (teoria da dependência de recursos) etc.

Passo 3: Uma vez que uma empresa determinou quem são os melhores parceiros para se juntar a ela, ainda deve começar e executar a parceria. Em contraste com o passo 1 e 2, este passo tem recebido muita atenção na literatura existente, embora sejam poucas as tentativas de esclarecer este estágio usando as teorias expostas. Neste passo, o contato com os parceiros externos de inovação pode ser feito de forma direta ou indireta, por meio dos intermediários de inovação, ou inomediários. Além disso, o sucesso é determinado pela concepção e elaboração da relação certa com o parceiro. Neste estágio, é importante determinar como escolher a governança mais adequada para a colaboração e como garantir que cada parceiro capture valor suficiente das atividades conjuntas. A escolha de um modo de governança particular é uma função que os parceiros de valor conjunto podem realizar com os custos líquidos da transação em que incorrem (teoria do valor da transação), os riscos de um jogo de poder e da interdependência estratégica (teoria baseada no recurso), a capacidade absortiva da empresa, o potencial de aprendizagem da parceria e a irreversibilidade do investimento (teoria das opções reais). Por exemplo, quando uma empresa inovadora tem intenção de fornecer tecnologias emergentes, a incerteza sobre o potencial do futuro negócio da tecnologia é muito alta. Por isso, sob condições de alta incerteza (turbulência ambiental ou novidade tecnológica), as empresas preferem maximizar sua flexibilidade e fazer pequenos investimentos que facilitam a reversibilidade das ações (van de Vrande, Vanhaverbeke e Duysters, 2009a). Nesse caso, por exemplo, um investimento minoritário em uma aliança pode ser utilizado para conseguir um maior grau de certeza antes de executar a opção de uma fusão ou aquisição (Hillman, Withers e Collins, 2009). No entanto, devemos ter em mente que descrevemos até agora apenas o modo de fora para dentro da inovação aberta. A escolha dos modos de governança certos, quando uma empresa quer explorar as tecnologias desenvolvidas internamente a partir de caminhos externos para o mercado, também deve ser considerada.

Passo 4: A inovação aberta é uma competência que as empresas têm de aprender ao longo do tempo. A inovação aberta não tem a ver apenas com internalizar e externalizar recursos. As empresas aprendem com o tempo a trabalhar efetivamente com a inovação aberta. Gerenciar a inovação interna não é trivial, mas gerenciar a inovação aberta é ainda mais desafiador. Recentemente, os acadêmicos têm focado na necessidade de organizar e gerenciar a inovação aberta internamente. Apenas as empresas que têm as estruturas adequadas e os processos em andamento podem trabalhar efetivamente com parceiros externos. Exemplos estão em Enkel, Bell e Hogenkamp (2011) e Chiaroni, Chiesa e Frattini (2010, 2011). Essas publicações indicam que a inovação aberta é essencialmente um exercício para tornar-se uma *organização de aprendizagem*, o que nos traz de volta a necessidade de ligar-se à inovação aberta com outra ampla corrente de literatura (Argyris, 1999; Senge, 1990). Além disso, Teece (2007) discute vários microfundamentos importantes das *capacidades dinâmicas* que oferecem *insights* interessantes sobre processos *organizacionais* e *gerenciais*, procedimentos, sistemas e estruturas necessárias para implementar a inovação aberta na empresa.

NOTAS

1   Até onde sabemos, Laursen e Salter (2006), Christensen, Olesen e Kjaer (2005), Gassmann e Enkel (2004), Lichtenthaler e Lichtenthaler (2009), Dahlander e Gann (2010) e Vanhaverbeke, van de Vrande e Chesbrough (2008) são algumas notáveis exceções.

2   Focar diferentes dimensões do funil de inovação aberta é uma escolha deliberada, e há certamente outras incursões potenciais para ligar práticas de inovação aberta com a literatura de gestão existente.

3   Um inomediário, ou intermediário de inovação, pode ser definido como "uma organização ou órgão que atua como um agente ou mediador em qualquer aspecto do processo de inovação entre duas ou mais partes", Howells (2006). Eles foram descritos em detalhe em Chesbrough (2006, capítulo 6).

4   Diversos autores (Madhok, 1997; Ring e Van de Ven, 1992; Zajac e Olsen, 1993; Dyer, 1997) têm argumentado que as empresas optam por otimizar o *valor líquido da transação*.

5   Dadas as críticas com relação à teoria dos custos de transação, também seria possível argumentar que a transação não é a unidade de análise mais apropriada, mas sim o relacionamento entre os parceiros de inovação. Pierre Azoulay tem alguns bons trabalhos sobre esse tema (ver, por exemplo, Azoulay, Repenning e Zuckerman, 2010; Azoulay, 2004).

6   Poderíamos também definir intermediário de inovação de uma forma mais ampla como "uma organização ou órgão que atua como agente ou mediador em qualquer aspecto do processo da inovação entre duas ou mais partes. Tais atividades intermediárias incluem: ajudar a fornecer informações sobre potenciais colaboradores, intermediar as transações entre duas ou mais partes; atuar como mediador, ou intermediar, órgãos ou organizações que já estão colaborando; e ajudar a encontrar conselhos, financiamento e apoio para os resultados da inovação de tais colaborações" (Howells, 2006, p. 720). No entanto, nós preferimos ficar com uma definição simples, mais alinhada com os inomediários que foi descrita extensivamente na literatura sobre inovação aberta.

7   Boudreau e Lakhani (2009) discutem a escolha entre abordagens de inomediários estruturados competitivamente e abordagens estruturadas cooperativamente. Esse tópico é importante na determinação da eficiência do processo de intermediação e da estrutura de incentivos dos diferentes atores.

8   Dyer e Singh (1998) argumentam que há uma relação importante entre a visão relacional e a teoria de dependência de recursos (Dyer e Singh, 1998, p. 675, nota de rodapé número 7: "Isso está baseado em suas expectativas de que a distribuição das rendas relacionais seja consistente com uma perspectiva de dependência de recursos, pois os parceiros que trazem os recursos mais críticos (ou seja, escassos) para a relação serão capazes de apropriar uma porcentagem mais elevada das rendas".

9   Chesbrough, Vanhaverbeke e West (2006) mencionam vários pontos de diferenciação para a inovação aberta em relação às teorias anteriores de inovação (ver Tabela 1.1). Vários dos microfundamentos das capacidades dinâmicas confirmam os novos *insights* da inovação aberta.

PARTE V
CONCLUSÕES

CAPÍTULO 15
Surfando na nova onda de pesquisa em inovação aberta

Wim Vanhaverbeke, Henry Chesbrough e Joel West

O conceito de inovação aberta tem se tornado cada vez mais popular na literatura sobre gestão de tecnologia e inovação. Essa abordagem possui uma década de vida, mas está mais viva do que nunca. Chesbrough e Brunswicker (2013) conduziram recentemente a primeira grande pesquisa por amostragem a respeito da adoção da inovação aberta por empresas de grande porte (com vendas acima de 250 milhões de dólares). Nenhum dos questionados relatou ter abandonado a prática da inovação aberta e 82% relataram que a inovação aberta é praticada de forma mais intensa atualmente do que há três anos. Os resultados dessa pesquisa sugerem que a inovação aberta é uma prática que vai continuar por muitos anos e é amplamente considerada como uma importante abordagem de inovação para melhorar o desempenho.

Apesar da popularidade da inovação aberta, muitas empresas ainda se esforçam para geri-la adequadamente. Embora suscite muitos novos desafios para as empresas quando adotada, são os desafios organizacionais internos que são percebidos como os mais difíceis de gerir. Gerenciar a jornada do modelo fechado para o aberto de inovação implica diversas mudanças organizacionais em vários níveis da empresa. Fazer essas mudanças acontecerem é difícil, de acordo com os entrevistados da pesquisa. Da mesma forma, eles não estavam satisfeitos com as métricas adotadas para medir a inovação aberta.

A penetração crescente da inovação aberta nas empresas se reflete no crescimento espantoso do número de publicações relacionadas a ela (ver Capítulo 1 para uma descrição detalhada). No entanto, apesar do grande volume de publicações sobre inovação aberta, ainda existem muitos tópicos de pesquisa importantes que não foram plenamente abordados. A inovação aberta tem sido estudada, principalmente, no nível da empresa, enquanto outros níveis de análise que poderiam enriquecer nossa compreensão não foram tocados. Apesar do rápido crescimento dos trabalhos empíricos, muitas hipóteses ainda têm de ser testadas adequadamente por meio de estudos empíricos com base em mineração de dados e trabalhos empíricos mais avançados. As metodologias que estão sendo propostas são muitas vezes generalistas e não específicas a determinados contextos e contingências.

O estado atual da inovação aberta na prática e na área acadêmica requer extensa pesquisa nesta próxima década. Esse foi um dos principais direcionadores para a publicação deste livro: cada um dos catorze capítulos anteriores é uma contribuição em uma área de pesquisa que tem sido pouco estudada e merece mais atenção da comunidade acadêmica na próxima década. Um dos objetivos deste livro é avançar de um debate entre defensores e opositores sobre os benefícios da inovação aberta para uma análise que identifique mediadores e moderadores de tais benefícios. A pesquisa mostrou que os padrões de inovação diferem fundamentalmente por setor, empresa e estratégia; portanto, poderíamos esperar que os mecanismos e resultados de modelos de inovação aberta também fossem sensíveis ao contexto em que são analisados. Em vez de fornecer prescrições gerais, os diferentes capítulos deste livro oferecem visões conceituais e empíricas sobre os mecanismos precisos que fundamentam a execução bem-sucedida da pesquisa sobre inovação aberta e da prática de gestão.

Neste capítulo, oferecemos sugestões específicas para a comunidade acadêmica sobre como a pesquisa em inovação aberta pode e deve evoluir na próxima década. Algumas dessas sugestões são uma consequência direta das ideias desenvolvidas nos capítulos anteriores. Aqui, integramos essas ideias e as interligamos umas às outras. Destacamos, ainda, temas que, embora não abordados neste livro, acreditamos que merecem mais atenção em pesquisas futuras.

Este capítulo está estruturado da seguinte forma: primeiro, discutimos a necessidade de conectar (e integrar) a pesquisa de inovação aberta com as teorias de gestão predominantes. Em seguida nós atentamos para possíveis extensões da pesquisa em inovação aberta para novos campos de aplicação, como PMEs, empresas de baixa tecnologia e organizações sem fins lucrativos. A inovação aberta também tem várias implicações para as políticas públicas e para as empresas multinacionais. Depois, detalhamos a necessidade de examinar a inovação aberta em diferentes níveis de análise. Na sequência identificamos a necessidade de desenvolver modelos (*frameworks*) para entender como as empresas devem mudar internamente e aplicar com sucesso a inovação aberta. Destacamos como a inovação aberta tem implicações para além de funções de P&D que não têm sido tradicionalmente envolvidas na sua implementação, como recursos humanos, relações públicas e jurídica. Por fim, refletimos sobre a transformação em curso da pesquisa e prática da inovação aberta e as implicações sobre como se beneficiar dela.

15.1 ASSOCIANDO A INOVAÇÃO ABERTA A OUTRAS PESQUISAS

A literatura sobre inovação aberta originou-se de reflexões das observações sobre as mudanças nas práticas da gestão da inovação nas empresas (Chesbrough, 2003a, 2006a). A literatura sobre esse tema tem crescido rapidamente, e percebe-se uma crescente necessidade de relacioná-la ou integrá-la com a pesquisa existente a respeito da gestão da inovação.

Em primeiro lugar, precisamos integrar a inovação aberta com o fluxo mais amplo da literatura sobre inovação com foco em colaboração com parceiros externos. Tal colaboração externa é cada vez mais importante para as empresas, e outros pesquisadores (antes e depois de Chesbrough) têm analisado essa colaboração sob perspectivas diferentes da inovação aberta. Essa proliferação de perspectivas e terminologias tem o potencial de criar ambiguidades e confusões, enquanto contrastar e integrar a inovação aberta com outras pesquisas deveria melhorar a precisão e o valor preditivo de ambos os fluxos de pesquisa.

Em nosso livro anterior (*Open Innovation: Researching a New Paradigm*), West e Gallagher (2006b) examinaram a diferença entre inovação aberta e código aberto (*open source*). Neste livro, Piller e West (Capítulo 2) trataram da distinção entre inovação aberta e inovação de usuário (*user innovation*), enquanto Chesbrough e Rogers (Capítulo 1) consideraram, de uma forma mais ampla, como a inovação aberta se relaciona com outras formas de abertura. Outros pesquisadores têm buscado integrar a inovação aberta com pesquisas anteriores, como Perkmann e Walsh (2007) fizeram para a colaboração universidade-indústria. Achamos bem-vindas novas pesquisas visando distinguir a inovação aberta e combiná-la com outras pesquisas sobre colaboração externa, incluindo inovação de usuário, cocriação, P&D colaborativo, terceirização de tecnologias e outros tópicos relacionados.

Outra forma de avançar a pesquisa em inovação aberta foi mostrada por Vanhaverbeke e Chesbrough (Capítulo 3), que explicaram as diferenças nas estratégias empresariais classificando-as em duas dimensões: inovação aberta *versus* fechada e modelos de negócios abertos *versus* fechados. No caso em que a inovação aberta é combinada com os modelos de negócios abertos, novas estratégias podem ser desenvolvidas, nas quais a empresa em foco não é envolvida no desenvolvimento do novo produto, mas forma um ecossistema em que outras empresas estão entregando soluções técnicas (eventualmente no estilo de inovação aberta), para desenvolver o modelo de negócio da empresa em foco. Essa visão ampliada sobre a inovação aberta oferece uma incursão interessante para vinculá-la ao pensamento de ecossistema de inovação (Nambisan e Sawhney, 2011). Uma sugestão para uma nova expansão da lógica da inovação aberta é considerar o desenvolvimento de novos produtos como um caso particular de um direcionador estratégico. Usar as capacidades de inovação dos outros para alavancar os direcionadores estratégicos do seu negócio pode abrir oportunidades até mesmo para empresas que vendem *commodities*.

A inovação aberta entre organizações promove o surgimento e o crescimento dos ecossistemas de inovação. A literatura em inovação aberta tem focado, principalmente, nas relações bilaterais com parceiros de inovação observados do ponto de vista de uma única empresa (geralmente, compradores de tecnologia). Entretanto, mais e mais empresas utilizam plataformas e redes de multiparceiros como base de seu modelo de negócio. Consequentemente, a literatura de inovação aberta deveria voltar sua atenção para além das relações unilaterais entre os parceiros de inovação visando configurações de parcerias mais complexas, a fim de criar novos modelos de negócio abertos. Por exemplo, após explicar as diferenças entre redes, ecossistemas e plataformas, West (Capítulo 4 deste livro) examina os desafios que uma empresa *startup* enfrenta para gerenciar e financiar uma estratégia de plataforma de inovação aberta.

Finalmente, Vanhaverbeke e Cloodt (Capítulo 14) aprofundam os pressupostos subjacentes da inovação aberta e tentam esclarecer esse fenômeno, por meio do uso de teorias de gestão e empresariais existentes. Apesar de a meta ser obter um melhor entendimento teórico da inovação aberta, os resultados desse capítulo sugerem aplicações mais amplas. É um exercício relativamente simples investigar quais pressupostos teóricos são consistentes ou não com a inovação aberta. Os autores também sugerem que a inovação aberta desafie as teorias existentes a repensar alguns de seus pressupostos teóricos. Nós convidamos os acadêmicos a aceitar esse desafio e fornecer uma base teórica sólida para a inovação aberta que vai levar a *insights* e conclusões mais substanciais. Tal pesquisa também contribuirá para que a inovação aberta desempenhe um papel mais central nos estudos sobre inovação.

15.2 AMPLIANDO A INOVAÇÃO ABERTA PARA NOVAS ÁREAS DE APLICAÇÃO

A inovação aberta foi originalmente concebida como uma mudança de paradigma para as grandes empresas de manufatura. Essas empresas estavam também entre as primeiras que deliberadamente adotaram a inovação aberta como parte de sua estratégia de inovação. Além de empresas como IBM e Intel, que foram citadas no livro seminal de Chesbrough (2003a), existem inúmeros exemplos de grandes empresas que adotaram a inovação aberta como consequência direta da publicação desse livro. P&G, General Mills, Philips, Siemens, Lego, Natura e DSM são bons exemplos de empresas que adotaram a inovação aberta e têm melhorado sistematicamente a gestão da inovação por meio dessa abordagem ao longo do tempo.

O próprio Chesbrough ampliou o escopo da inovação aberta durante a última década. Primeiramente, ele estendeu o foco da inovação para os modelos de negócios, argumentando que as empresas poderiam criar e agregar mais valor por meio dos modelos de negócios abertos (Chesbrough, 2006a). Posteriormente, ele introduziu a inovação aberta em serviços, mostrando como as empresas em uma grande gama de indústrias de serviços poderiam se beneficiar com a aplicação das práticas de inovação aberta (Chesbrough, 2011). Não há a menor dúvida de que as grandes mudanças em setores como bancário, de seguros, de publicações, de varejo, logístico e telecomunicações serão vistas como sendo de empresas de serviços que começaram a adotar abordagens para virar o jogo, tais como a inovação aberta e os modelos de negócio abertos.

A maioria dos capítulos deste livro fornece munição para ampliar ainda mais o escopo das pesquisas em inovação aberta. Como é impossível mencionar todas as possíveis extensões, buscamos descrever aqui alguns dos exemplos mais interessantes.

Inovação aberta em PMEs: uma área de pesquisa inicialmente negligenciada foi o modo como a inovação aberta e os modelos de negócios abertos podem ser aplicados em pequenas e médias empresas (PMEs). Só mais tarde é que os pesquisadores realmente investigaram a relevância e a natureza específica da inovação aberta nas PMEs (ver van de Vrande et al., 2009; Lee et al., 2010; Wynarczyk, Piperopoulos e McAdam, 2013; Spithoven, Vanhaverbeke e Roijakkers, 2013) e existe ainda muito mais que nós ainda não sabemos sobre a inovação aberta nas PMEs.

No Capítulo 7 deste livro, van de Vrande e Brunswicker definiram um cenário para futuras pesquisas sobre inovação aberta nas PMEs. Eles discutem a natureza específica desse contexto e mapeiam o campo de pesquisa existente. Contra esse pano de fundo, esses autores propõem uma agenda para pesquisas futuras e discutem quatro áreas-chave de pesquisa de inovação aberta nas PMEs que ainda não receberam atenção suficiente dos pesquisadores: (1) *crowdsourcing* habilitada por tecnologia da informação (TI) nas PMEs, por envolver um grande número de "estranhos", (2) importância de diferentes tipos de redes (redes pessoais, de valor e de P&D) quando as PMEs se envolvem com a inovação aberta, (3) interação de gerenciamento de propriedade intelectual (PI) e inovação aberta nas PMEs, e (4) dimensões internas da gestão da inovação aberta nas PMEs.

As poucas pesquisas realizadas até agora sugerem que as PMEs podem obter sucesso na adoção da inovação aberta e que a abertura contribui substancialmente para seu desempenho inovativo e financeiro. Isso ainda indica também que a gestão da inovação aberta nas PMEs difere substancialmente da gestão da inovação aberta nas grandes empresas (de manufatura). Encorajamos fortemente os acadêmicos a desenvolver um entendimento conceitual do porquê a inovação aberta em PMEs difere significativamente da inovação aberta nas grandes empresas e, portanto, desvendar por que adotar as práticas de inovação aberta utilizadas nas grandes empresas não é apropriado para as PMEs. Baseado em entrevistas em dez PMEs que adotaram a inovação aberta, Vanhaverbeke (2012) concluiu que a gestão dessa em PMEs (tradicionais) é tão diferente daquela das grandes empresas que as lições aprendidas das boas práticas em grandes empresas não podem ser aproveitadas pelas PMEs.

Aqui estão alguns possíveis tópicos de pesquisa sobre como a inovação aberta necessita ter uma nova conceituação quando aplicada a PMEs. Primeiro, a inovação aberta está indissoluvelmente ligada à estratégia ou ao modelo de negócios da empresa e, então, seu papel só pode ser compreendido dentro de uma ampla definição estratégica. Assim, uma análise da inovação no modelo de negócio deveria, logicamente, vir primeiro e a serventia da inovação aberta depende do papel que desempenha na realização de objetivos estratégicos mais amplos. Um segundo tópico de pesquisa que poderia ser explorado mais detalhadamente é a relação entre a inovação aberta em PMEs e o papel do fundador ou gerente da empresa. Nas PMEs, o empreendedor desempenha um papel crucial na formação de todo o processo de inovação. Ele percebe e explora novas oportunidades de negócio, e seu comprometimento pessoal e suas convicções ajudam a determinar o sucesso e o desenvolvimento de uma rede de inovação. Isso sugere uma oportunidade de relacionar as literaturas sobre inovação aberta e empreendedorismo, particularmente aquelas ligadas às atitudes e aos comportamentos dos fundadores. Em terceiro lugar, uma abordagem para as PMEs utilizarem a inovação aberta poderia ser a aplicação dos princípios da teoria do crescimento induzido pela descoberta (*discovery driven growth theory*), para maximizar as oportunidades e minimizar os riscos (McGrath e MacMillan, 2009). Finalmente, precisamos integrar diferentes disciplinas, tais como a gestão da inovação, o empreendedorismo e a estratégia, unindo essas perspectivas independentes para compreender a complexidade da inovação aberta nas PMEs.

Inovação aberta em indústrias de alta e baixa tecnologias: a inovação aberta tem sido associada, principalmente, aos contextos de alta tecnologia, em que as empresas desenvolvem novas oportunidades de negócios baseadas em tecnologias provenientes de outras empresas. Isso não é surpreendente porque tais avanços tecnológicos são uma importante forma de inovação. Entretanto, novas tecnologias não são a única forma na qual as empresas podem desenvolver novas ofertas e gerar vantagem competitiva. O projeto de produtos, as novas perspectivas de mercado, a proximidade com os clientes e a inovação de modelos de negócio são alguns exemplos de como as empresas podem aproveitar os benefícios da inovação aberta a partir de fatores não tecnológicos. Suspeitamos que esses direcionadores serão particularmente importantes nos ambientes de baixa tecnologia.

Embora não seja foco explícito deste livro, nós gostaríamos de ver mais pesquisas sobre inovação aberta em setores de baixa tecnologia e sobre inovação aberta além da inovação tecnológica.[1] As empresas de produtos de consumo, como P&G e Matsushita, foram as primeiras a adotar a inovação aberta de fora para dentro (*inbound*) (Dodgson, Gann e Salter, 2006; Christensen, 2006), e muitas das PMEs (em estudos mencionados anteriormente) eram de setores de baixa tecnologia. Contudo, apenas alguns poucos artigos possuíam um foco explícito na inovação aberta em configurações de baixa tecnologia (Chesbrough e Crowther, 2006; Spithoven, Clarysse e Knockaert, 2010; Vanhaverbeke, 2012), e existe uma carência de analisar sistematicamente como a inovação aberta funciona em configurações como essas.

As práticas de inovação aberta que são eficazes em ambientes de alta tecnologia podem não funcionar em setores de baixa tecnologia: com poucas (ou nenhuma) capacidades para atividades internas de P&D, as empresas de baixa tecnologia podem não trabalhar em inovações tecnológicas próprias (incluindo empresas com capacidades internas de P&D pouco desenvolvidas), mas ainda podem prosperar fazendo uso de inovações desenvolvidas por setores de alta tecnologia. Laursen e Salter (2006) constataram que as empresas de baixa tecnologia em setores como papel e impressão tiveram uma procura relativamente pequena de inovações externas; entretanto, as empresas desses setores tendem a confiar em fornecedores (de bens de capital ou insumos-chave) para fornecer inovação (Dosi, 1988). A lógica estratégica por trás das aplicações de sucesso da inovação aberta em setores de baixa tecnologia deveria ser analisada em detalhes e comparada com as práticas de inovação aberta em setores de alta tecnologia.

Tais percepções poderiam levar a uma teoria mais sutil e preditiva da inovação aberta, caso a comparação conclua que as práticas de inovação aberta em setores de baixa tecnologia são significativamente diferentes daquelas de setores de alta tecnologia.

Inovação aberta e organizações sem fins lucrativos: a inovação aberta tem sido largamente estudada no setor privado da economia. Recentemente, o setor das organizações sem fins lucrativos tem percebido cada vez mais que a inovação aberta pode gerar consideráveis benefícios potenciais para organizações como agências governamentais, organizações não governamentais (ONGs) e instituições de caridade. Chesbrough e Di Minin (Capítulo 9 deste livro) examinaram estudos de caso de três organizações como essas que aplicaram a inovação aberta com sucesso no cerne das suas estratégias. Eles concluíram que a inovação aberta é também relevante para os empreendedores sociais, organizações sem fins lucrativos e agências públicas, no intuito de apoiar seus esforços visando o crescimento das suas operações e o estabelecimento de parcerias para alcançar a mudança social. Chesbrough e Di Minin explicam como os princípios da inovação aberta podem ser aplicados nesse contexto por meio de um processo que denominam inovação social aberta.

Existem outros exemplos de ONGs e outras organizações sem fins lucrativos que têm se envolvido completamente com as iniciativas de inovação aberta. Por exemplo, o World Wildlife Fund (WWF) estabeleceu uma incubadora onde indivíduos ou grupos de fora da WWF podem lançar ideias que poderiam ser financiadas e gerenciadas pela ONG. Também é interessante acompanhar o número crescente de colaborações entre as corporações multinacionais e as ONGs que utilizam esse processo para desenvolver ecossistemas de inovação completamente novos. Em maio de 2007, a Unilever se tornou a primeira empresa a se comprometer a obter todos os seus chás de uma maneira sustentável. Trabalhando com a Rainforest Alliance, uma ONG ambiental internacional, Lipton e sua empresa-mãe, a Unilever, anunciaram que todos os saquinhos de chá Lipton Yellow Label vendidos na Europa Ocidental seriam certificados até 2010. Nesse caso, a Rainforest Alliance certificou as fazendas de chá Lipton na África. A colaboração com uma ONG deveria garantir aos consumidores que o chá que estavam consumindo contribuía para a renda e o sustento de quase um milhão de africanos e para a proteção do meio ambiente. A aliança proporcionou à Unilever uma forma única de diferenciar a marca Lipton dos seus concorrentes.

Porém, não apenas empreendedores sociais e ONGs podem lucrar com a inovação. Há uma diversidade de organizações sem fins lucrativos que podem ser analisadas por meio das lentes da inovação aberta: universidades, laboratórios de pesquisa, bibliotecas, fundos de financiamento, museus e até mesmo agências reguladoras (cf. Chesbrough, 2003b). Cada uma enfrenta desafios estratégicos consideráveis de crescimento e renovação e, como acontece com as empresas, a inovação aberta pode proporcionar um caminho a seguir. Assim como as empresas, as organizações sem fins lucrativos estão cada vez mais reconhecendo o papel crucial das parcerias na implementação de uma estratégia de sucesso. Sendo assim, encorajamos fortemente que os acadêmicos explorem mais a fundo o potencial das aplicações da inovação aberta no terceiro setor.

Inovação aberta e as políticas públicas: A inovação aberta tem grandes implicações para as políticas públicas. No entanto, nós não abordamos esse tema neste livro e, até agora, apenas algumas publicações têm se concentrado nessa área. Em um estudo sobre as implicações políticas de inovação aberta na União Europeia, Chesbrough e Vanhaverbeke (2012) afirmam que as políticas públicas deveriam seguir a evolução do setor privado em direção às estratégias para a inovação aberta. Esse relatório oferece um conjunto de orientações gerais sobre como, começando de um entendimento da inovação aberta, as políticas públicas podem facilitar a inovação aberta da União Europeia, criar um crescimento econômico maior e aumentar a oferta de empregos. As recomendações dos autores variam desde pontos de ação na educação e no desenvolvimento do capital humano, para ideias sobre como financiar a inovação aberta, até uma nova abordagem para a propriedade intelectual nas organizações financiadas pelo governo. Outras recomendações políticas poderiam facilitar a inovação aberta pelo apoio a *startups* e PMEs, que trazem novas ideias para o mercado e estimulam a competição nas empresas já estabelecidas. Finalmente, o relatório apela aos governos para que expandam o governo aberto.

Em suma, o apoio à política de inovação aberta significa ir além das tradicionais políticas de inovação, com novas abordagens que atravessam diferentes áreas políticas para avançar e apoiar a inovação. Acreditamos que muitas métricas de políticas em países em desenvolvimento foram criadas para uma era de inovação fechada e permaneceram praticamente inalteradas desde então. Conforme as economias entram na era da inovação aberta, as políticas de inovação precisam mudar para acompanhar a evolução e permanecem efetivas. Dada a pouca atenção até agora, incentivamos fortemente os pesquisadores e formuladores de políticas a desenvolver estruturas políticas que facilitem a inovação aberta.

O alcance geográfico da inovação aberta: Uma extensão recente está ampliando a dimensão geográfica da inovação aberta. No passado, a literatura de inovação aberta estava focada em saber por que o conhecimento externo era importante, mas raramente considerava onde o conhecimento deveria ser adquirido. Asakawa, Song e Kim (Capítulo 8 deste livro) observaram que, como a inovação aberta está se tornando cada vez mais global e o P&D global está se tornando cada vez mais aberto, a fertilização cruzada entre o fluxo das literaturas da inovação aberta e da P&D global é uma direção natural. Ligar a inovação aberta à globalização da P&D, como atualmente praticado por um número crescente de empresas multinacionais, tornará a inovação aberta mais interessante e relevante para esse tipo de empresa que luta com a dimensão geográfica da inovação aberta. A organização da inovação aberta se torna mais complexa porque a direção deve obter conhecimento em diferentes partes do mundo, enquanto organiza e coordena internamente os fluxos de conhecimento para extrair o máximo proveito do conhecimento internalizado ou cocriado.

No entanto, como a inovação aberta pode ser associada à gestão global de P&D em empresas multinacionais, passa a ser apenas um dos tópicos potenciais quando se introduz a dimensão geográfica na inovação aberta. Os pesquisadores têm considerado o impacto das diferenças da cultura corporativa sobre a inovação aberta, mas não o impacto das diferenças na cultura nacional. Os pesquisadores de inovação mais antigos examinaram como as últimas diferenças afetaram os processos de inovação nas empresas, como quando Shane, Venkataraman e MacMillan (1995) descobriram diferenças nos estilos de liderança para inovação entre países em um estudo envolvendo trinta culturas nacionais. Assim, explorar a ligação entre as diferenças na cultura com as diferenças na incidência e no sucesso da inovação aberta ajudaria a identificar os moderadores e os limites da inovação aberta.

Uma possível abordagem poderia ser os pesquisadores analisarem o impacto da inovação aberta na economia asiática e comparar os resultados com as economias ocidentais. A maioria das culturas do Extremo Oriente é considerada promotora de laços relacionais em vez de abordagem transacional utilizada na maioria das economias ocidentais. Como as diferentes culturas mudam suas abordagens para a construção de colaborações com novos parceiros? Qual o impacto na velocidade da construção ou da dissolução de relações? Os relacionamentos nas economias asiáticas são mais estáveis? O que isso implica para o conceito de confiança das economias asiáticas? Até o momento, há uma evidência preliminar de que a inovação aberta funcione de maneira diferente no norte e no sul da Europa, enquanto também pode haver uma ligação entre a penetração dos capitalistas de risco em um país e a percepção da inovação aberta.

Finalmente, devemos também analisar o papel dos arranjos produtivos locais em determinar a eficácia da inovação aberta. A literatura sobre inovação aberta destaca a relevância das redes de empresas inter-relacionadas como um fator determinante da capacidade de inovar com sucesso (Chesbrough, 2003b; van de Vrande, Vanhaverbeke e Gassmann, 2010). Arranjos produtivos locais (APL) podem ser definidos como "concentrações geográficas de empresas e instituições interconectadas em um campo particular" (Porter, 1998, p. 78). Em nosso livro anterior, Simard e West (2006) concluíram que os benefícios da inovação aberta podem ser mais bem percebidos em APLs regionais, que oferecem um ambiente mais adequado para a troca de informações, e porque a colaboração entre as empresas (e instituições de pesquisa) em um APL é um dos principais fatores de sucesso de tais arranjos. Esses mesmos autores observaram o potencial de ligação entre as teorias relacionais da análise de redes sociais e os processos colaborativos que estão no cerne na inovação aberta. Embora Lee et al. (2010) tenham utilizado tais métricas em seu estudo da inovação aberta em pequenas e médias empresas da Coreia, nós não temos conhecimento da utilização dessa abordagem em estudos de arranjos produtivos locais regionais. Acolhemos com satisfação novas pesquisas que liguem a literatura sobre a inovação aberta à teoria de APL regional. De particular interesse é a teoria evolutiva de APL baseada no conhecimento, uma vez que se destacam o papel dos processos de aprendizagem interativos e o desenvolvimento do capital relacional como uma fonte primária de efeitos positivos dos APLs (Bahlmann e Huysman, 2008; Bathelt, 2008; Cooke, 2007; Staber, 2007; Mesquita, 2007).

15.3 ANALISANDO A INOVAÇÃO ABERTA EM DIFERENTES NÍVEIS DE ANÁLISE

West, Vanhaverbeke e Chesbrough (2006) identificaram a necessidade de estudar o fenômeno da inovação aberta em diferentes níveis de análise. Em nosso livro anterior, destacamos cinco níveis de análise para pesquisas futuras sobre inovação aberta: indivíduos e equipes (grupos), organizações, interorganizações (redes, indústria ou setor) e sistemas de inovação nacionais e regionais. Pesquisas extensas têm sido feitas no nível organizacional, mas os outros níveis foram e ainda estão sub-representados. A ênfase excessiva na empresa tem alguns efeitos desagradáveis: em primeiro lugar, a inovação aberta é estudada com uma perspectiva restrita, relacionada à gestão, que está focada nos tópicos relevantes, principalmente, na alta direção. Em segundo lugar, a perspectiva da empresa nos impede de assumir uma visão imparcial sobre a colaboração entre os diferentes parceiros de inovação. A perspectiva de rede de inovação ou de uma parceria entre duas empresas (*dyadic*) é necessária para entender os incentivos desejados de todos os parceiros envolvidos. Em terceiro lugar, uma análise no âmbito da organização não fornece informações detalhadas sobre o mecanismo de conduzir inovação aberta dentro de uma empresa. A falta de entendimento desses mecanismos vai nos impedir de chegar a uma melhor compreensão de como a inovação aberta deve ser gerida e organizada. Por fim, a análise da empresa pode refletir a zona de conforto de estudiosos de gestão, apontando para a necessidade de envolver uma ampla gama de perspectivas de pesquisa.

Analisar a inovação aberta em outros níveis exige investigação interdisciplinar, que pode ser mais difícil de realizar e publicar. Como discutimos a seguir, compreender a gestão de inovação aberta nos níveis dos indivíduos requer algum conhecimento de gestão de recursos humanos, gestão de propriedade intelectual (PI), dinâmica de equipe ou desenvolvimento de novos produtos. Um bom entendimento de alianças estratégicas, a compreensão legal e o papel dos contratos ou o desenvolvimento de confiança tendem a ser elementos-chave para o estudo de redes de inovação em profundidade. Finalmente, descrever o papel da inovação aberta em sistemas regionais de inovação e políticas públicas (como recomendado anteriormente) requer colaboração de especialistas na tomada de decisão política.

Três capítulos deste livro sugerem alguns dos benefícios da análise da inovação aberta em diferentes níveis. O Capítulo 4 sugere as dificuldades que as jovens empresas inovadoras têm na construção de um modelo de negócio sustentável, quando o financiamento e outros recursos essenciais são fornecidos por parceiros do ecossistema com interesses divergentes. No Capítulo 5, Christensen demonstra a crescente importância da colaboração entre a empresa e seu ambiente e as oportunidades que as empresas que praticam a inovação aberta têm de estabelecer e configurar esse ambiente. De modo similar, há oportunidades para conectar a inovação aberta a pesquisas anteriores sobre o surgimento de mercados de tecnologia (cf. Arora, Fosfuri e Gambardella, 2001a, 2001b; Arora e Gambardella, 2010).

No Capítulo 6, Vanhaverbeke e seus colegas analisaram um caso específico de análise de unidade de subempresa, identificando os benefícios potenciais de pesquisar (e gerenciar) a inovação aberta no âmbito do projeto de P&D. A inovação aberta pode acelerar (ou desacelerar) projetos de P&D e levar a mais transferências de tecnologia ou inovações, com um impacto financeiro maior, enquanto as empresas podem utilizar a abertura durante parte ou totalidade do projeto de P&D. Os pesquisadores também podem considerar o impacto dos diferentes tipos de parceiros em um projeto de

P&D, ou os impactos contrastantes da abertura nas inovações radicais ou incrementais. Estudos de projetos de P&D seriam ainda mais proveitosos se utilizassem dados sistemáticos sobre a composição das equipes (internas ou externas) e as características das pessoas que trabalham em projetos de inovação aberta.

15.4 ORGANIZANDO E GERENCIANDO A INOVAÇÃO ABERTA

Enquanto a primeira década da pesquisa em inovação aberta focou adoção e notável sucesso da inovação aberta, menor atenção foi dada para a medição dos benefícios líquidos da inovação aberta. Durante esse mesmo período, muitas empresas adotaram a inovação aberta em uma base *ad-hoc* ou de uma forma mais sistemática. Entretanto, uma pesquisa recente revelou que a maioria das empresas falhou na organização interna para a inovação aberta (Chesbrough e Brunswicker, 2013). Analisando a adoção da inovação aberta em grandes empresas, o estudo encontrou que enquanto 78% dos entrevistados afirmaram utilizar a inovação aberta, o nível de satisfação deles com as métricas utilizadas para gerenciar a inovação aberta foi baixo. Os autores concluíram que muito mais conhecimento é necessário a respeito de como gerenciar e organizar para a inovação aberta.

A inovação aberta não leva automaticamente a uma melhoria no desempenho da inovação ou no financeiro. Existem muitas formas nas quais uma estratégia para inovação aberta pode não dar certo. Por exemplo, as empresas que utilizam a inovação aberta de fora para dentro (*inbound*) podem não conseguir identificar uma inovação externa adequada, podem falhar em integrar a tecnologia nos processos internos da organização ou em levá-la para o mercado, ainda podem considerar que os custos da fonte externa excedem os benefícios (West e Bogers, 2014). As empresas necessitam da organização interna certa para ganhar com inovação aberta. Isso inclui organizar e gerenciar eficientemente a colaboração com parceiros de inovação externos, assim como acompanhar os resultados da comercialização e da medição. Se os pesquisadores olharem para dentro das empresas para estudar a organização e a gestão interna da inovação aberta, podem produzir resultados que sejam relevantes para os gestores, bem como ajudar a mudar os rumos da pesquisa de inovação aberta em novas e interessantes direções.

Mortara e Minshall (Capítulo 12 deste livro) oferecem uma estrutura potencialmente valiosa para a implementação da inovação aberta que sugere como as grandes empresas se organizam para lucrar com ela. Esses autores distinguiram características que descrevem as tendências de alto desempenho na empresa das configurações da inovação aberta, de um lado, e dinâmicas e características internas dos processos de implementação da inovação aberta, de outro lado. Essas "macro" e "micro" características das configurações da inovação aberta utilizadas pelas empresas devem estar alinhadas com os requisitos do ambiente (mercado, indústria e tecnologia) e podem ser moderadas (de uma forma positiva ou negativa) por cultura corporativa, políticas, capacidades tecnológicas internas e ferramentas e procedimentos corporativos para a gestão do conhecimento. Embora esse quadro seja um caminho promissor para estruturar a pesquisa sobre a implementação de inovação aberta, ainda temos um longo caminho a percorrer e, portanto, convidamos mais pesquisadores a estudar essa área. Estamos apenas cientes das limitadas publicações, até agora, que consideraram esses temas (por exemplo, Chiaroni, Chiesa e Frattini, 2010, 2011).

Em outros capítulos deste livro, os autores focaram tópicos específicos sobre a implementação. Para esse fim, nós nos aproveitamos da experiência e do conhecimento de profissionais e especialistas que trabalham em estreita colaboração com as empresas que praticam a inovação aberta. Os tópicos abordados incluem: (1) como as empresas deveriam ser organizadas para trabalhar efetivamente com intermediários de inovação (Capítulo 13 deste livro); (2) como as empresas deveriam se organizar para trabalhar de forma efetiva com a forma de dentro para fora (*outbound*) da inovação aberta, especificamente no estabelecimento de *spin-offs* (Capítulo 11 deste livro); (3) como gerenciar a propriedade intelectual (PI) na empresa para utilização ótima na inovação aberta (Capítulo 10 deste livro). Esses tópicos cobrem apenas um pequeno conjunto de possíveis temas de pesquisa de como organizar e gerenciar a inovação aberta em médias e grandes empresas.

Outras questões requerem mais investigações. Por exemplo, qual o papel da alta direção em apoiar a inovação aberta? Como as empresas deveriam configurar as estruturas organizacionais, gerenciais e de comunicação que apoiam os projetos de inovação aberta? Como deveriam recrutar, selecionar, treinar etc., para a inovação aberta? Quais habilidades, atitudes e perfis são necessários? (Veja também o Capítulo 12 deste livro). Como as empresas podem criar uma cultura corporativa em que a inovação aberta possa prosperar? Como a PI pode ser utilizada estrategicamente para acomodar a inovação aberta? Como o departamento de P&D deveria ser reorganizado para facilitar a inovação aberta? Como os funcionários deveriam trabalhar com uma equipe de implementação da inovação aberta? Qual a melhor forma para avaliar o sucesso da inovação aberta? O que é preciso para passar do modelo fechado para o aberto de inovação? Muitas empresas estão se debatendo com essas questões, e investigações aprofundadas a respeito desses tópicos as ajudariam a organizar e a gerenciar a inovação aberta com mais sucesso.

15.5 CONECTANDO A INOVAÇÃO ABERTA A FUNÇÕES ALÉM DA P&D

O foco da inovação aberta tem sido os desafios criados para o departamento de P&D ou as unidades de desenvolvimento de novos negócios, mas o impacto potencial estende-se a muitas outras funções dentro da empresa. Por exemplo, a gestão de recursos humanos (GRH) tem recebido pouca atenção na literatura sobre inovação aberta, embora sua promoção, na verdade, exija práticas de gestão específicas e uma cultura organizacional adequada. Esforços para explicar (ou favorecer) o sucesso da inovação aberta podem falhar se não considerarem as práticas de RH. Por exemplo, tais práticas frequentemente focam encorajar e reforçar o desempenho e o desenvolvimento individual, formando potenciais obstáculos para a implementação efetiva da inovação aberta. Tais incentivos significam que os empregados não são encorajados a inovar fora dos limites de sua empresa ou unidade de negócio ou são constantemente desencorajados a fazer isso.

Quando começamos o projeto deste livro no início de 2012, não havia praticamente nenhuma literatura sobre a relação entre práticas de GRH e desempenho da inovação aberta. Quando terminamos este capítulo, dois anos depois, existem apenas algumas poucas publicações que abordam o tema com profundidade. Com base em uma pesquisa com 158 empresas em regiões inovadoras da Rússia, Podmetina, Volchek, Dabrowka e Fiegenbaum (2013) encontraram uma relação positiva entre aprendizagem em RH e práticas de formação, entre valor do capital humano e motivação dos funcionários no fornecimento de tecnologia externa – e os primeiros dois fatores sobre cooperação externa. Van Steerthem, Delcour e De Stobbeleir (2013) entrevistaram gerentes de organizações belgas que praticavam com sucesso a inovação aberta. O estudo desses autores é uma primeira tentativa de desenvolver uma abordagem sistemática sobre as implicações da GRH na inovação aberta, considerando recrutamento e seleção, treinamento e desenvolvimento, avaliações e as mudanças necessárias na cultura corporativa.

Apesar de alguns acadêmicos terem sido pioneiros nas implicações da inovação aberta para a GRH, é justo dizer que o aspecto humano da implementação da inovação aberta continua largamente ignorado. O sucesso da inovação aberta depende das pessoas envolvidas e também das práticas e da cultura de GRH que apoiam essas pessoas e os processos de inovação aberta. As práticas tradicionais de RH que formam um obstáculo para tais esforços devem ser deixadas de lado e substituídas por abordagens novas e inovadoras de RH. Estimulamos os acadêmicos da área de gestão da inovação para se juntar aos especialistas em GRH e estudar as implicações da inovação aberta para a GRH, buscando desenvolver práticas de GRH que facilitem a inovação aberta.

GRH não é a única função corporativa que é impactada pela abordagem de uma empresa para inovação aberta e que também a impacta. Outras funções incluem os departamentos jurídico (considerado por Chesbrough e Ghafele no Capítulo 10), relações públicas (estudado por Mortara e Minshall no Capítulo 12) e manufatura (Boers e Lhuillery, 2011). Suprimentos, controle de qualidade, assistência técnica e tecnologia da informação estão entre as outras funções que também devem ser estudadas por acadêmicos interessados na inovação aberta.

15.6 A TRANSFORMAÇÃO DAS PRÁTICAS E PESQUISAS DE INOVAÇÃO ABERTA

A inovação aberta e a pesquisa em inovação aberta não estão apenas se expandindo rapidamente como também estão se transformando ao longo do tempo. Originalmente, a inovação aberta foi explicitamente desenvolvida como uma prática de gestão para grandes empresas de manufatura. Atualmente, é aplicada em pequenas empresas, empresas de serviço, universidades, laboratórios de pesquisa e até mesmo em agências governamentais. Paralelamente, o foco da pesquisa foi mudando e evoluindo, como notamos neste capítulo (e revimos em detalhes no Capítulo 1).

Vários capítulos indicam muito bem que a prática da inovação aberta ainda está em pleno desenvolvimento e transformando-se ao longo do tempo, conforme indicado pela forma como os temas mudaram desde que a inovação aberta foi lançada. As formas de gerenciar a inovação aberta são diferentes e as empresas têm se tornado maduras em gerenciar a inovação aberta (veja Enkel, Bell e Hogenkamp, 2011; Chiaroni, Chiesa e Frattini, 2010, 2011). As práticas de inovação aberta estão gradualmente se profissionalizando, como ilustrado pelos exemplos de gestão da propriedade intelectual no Capítulo 10, *spin-outs* por etapas no Capítulo 11, mecanismos de implantação da inovação aberta no Capítulo 12 e profissionalização do uso dos intermediários de inovação no Capítulo 13. Esses exemplos mostram como as práticas de inovação aberta estão se tornando mais complexas e que o modo padrão de gerenciá-la não levará automaticamente a uma vantagem competitiva. As diferenças nos processos, estruturas e pessoas usadas para implementar a inovação aberta cada vez mais antecipam diferenças na capacidade das empresas de obter benefícios sustentáveis a partir dessa implementação.

Similarmente, a pesquisa em inovação aberta está mudando rapidamente. Não apenas o número de publicações está crescendo exponencialmente como também os temas estão mudando. A pesquisa em inovação aberta não se limita apenas às vantagens (e possíveis desvantagens) da inovação aberta. Os tópicos agora incluem como balancear os custos e os benefícios, quando a inovação aberta é benéfica (ou não), como alinhar e implementar a inovação aberta para ganhar o benefício máximo e como medir seus resultados.

Concluindo, as práticas de inovação aberta estão mudando continuamente e, portanto, a pesquisa em inovação aberta seguirá essa evolução. Encorajamos os pesquisadores desse tema a manter o alinhamento de suas pesquisas com relação às práticas de inovação aberta, de modo que os gestores possam se beneficiar da pesquisa acadêmica e a comunidade acadêmica possa continuar a oferecer percepções teóricas e empíricas relevantes para a prática.

NOTAS

1   Alguns gerentes e pesquisadores pensaram em expandir a "inovação aberta" além da inovação para qualquer forma de colaboração externa (Bogers e West, 2012). Não endossamos essas visões amplas e consideramos como inovação qualquer "ideia, prática ou objeto que é percebido como novo" (Rogers, 1995, p. 11), que leva a melhores resultados para uma organização.

Referências

Abernathy, William J. e Utterback, James, M. (1978). "Patterns of industrial innovation", *Technology Review*, 80(7): 40–47.

Abrahamson, Eric e Fairchild, Gregory (1999). "Management fashion: lifecycles, triggers, and collective learning processes", *Administrative Science Quarterly*, 44: 708–740.

Acs, Zoltan J. e Audretsch, David B. (1987). "Innovation in large and small firms", *Economics Letters*, 23(1): 109–112.

Acs, Zoltan J. e Audretsch, David B. (1988). "Innovation and firm size in manufacturing", *Technovation*, 7(3): 197–210.

Adamczyk, Sabrina, Bullinger, Angelika C. e Möslein, Kathrin M. (2012). "Innovation contests: a review. Classification and outlook", *Creativity and Innovation Management 2*, 1(4): 335–360.

Adams, Richard, Bessant, John e Phelps, Robert (2006). "Innovation management measurement: A review", *International Journal of Management Reviews*, 8(1): 21–47.

Adner, Ron (2006). "Match your innovation strategy to your innovation ecosystem", *Harvard Business Review*, 84(4): 98–107.

Adner, Ron (2012). *The Wide Lens: A New Strategy for Innovation*. New York: Portfolio/Penguin.

Adner, Ron e Levinthal, Daniel A. (2004). "What is not a real option: considering boundaries for the application of real options to business strategy", *Academy of Management Review*, 29: 74–85.

Adner, Ron e Kapoor, Rahul (2010). "Value creation in innovation ecosystems: How the structure of technological interdependence affects firm performance in new technology generations", *Strategic Management Journal*, 31(3): 306–333.

Afuah, Allan e Tucci, Christopher L. (2001). *Internet Business Models and Strategies: Text and Cases*. Boston: McGraw-Hill.

Afuah, Allan e Tucci, Christopher L. (2012). "Crowdsourcing as a solution to distant search", *Academy of Management Review*, 37(3): 355–375.

Ahn, Joonmo e Minshall, Tim (2012). "The influence of the characteristics of CEOs on open innovation performance in SMEs: the case of Korea", The DRUID Academy Conference, January 19–21, Cambridge, UK.

Ahuja, Gautam e Lampert, Curba Morris (2001). "Entrepreneurship in the large corporation: a longitudinal study of how established firms create breakthrough inventions", *Strategic Management Journal*, 22(6-7): 521-543.

Alchian, Armen A. e Demsetz, Harold (1972). "Production, information costs, and economic organization", *American Economic Association*, 62(5): 777-795.

Alexy, Oliver, Criscuolo, P., e Salter, A. (2009). "Does IP strategy have to cripple open innovation?" *MIT Sloan Management Review*, 51(1): 71-77.

Alexy, Oliver, Criscuolo, Paola e Salter, Ammon (2012). "Managing unsolicited ideas for R&D", *California Management Review*, 54(3): 116-139.

Almeida, Paul e Phene, Anupama (2004). "Subsidiaries and knowledge creation: The infuence of the MNC and host country on innovation", *Strategic Management Journal*, 25(8-9): 847-864.

Ambos, Björn e Schlegelmilch, Brodo B. (2004). "The use of international R&D teams: An empirical investigation of selected contingency factors", *Journal of World Business*, 39(1): 37-48.

Amit, Rafael e Zott, Christoph (2001). "Value creation in e-business", *Strategic Management Journal*, 22(6-7): 493-520.

Amram, Martha e Kulatilaka, Nalin (1999). *Real Options: Managing Strategic Investment in an Uncertain World*. Boston: Harvard Business School Press.

Anderson, Philip e Tushman, Michael L. (1990). "Technological discontinuities and dominant designs: A cyclical model of technological change", *Administrative Science Quarterly*, 35(4): 604-633.

Andersson, Ulf, Forsgren, Mats e Holm, Ulf (2002). "The strategic impact of external networks: Subsidiary performance and competence development in the multinational corporation", *Strategic Management Journal*, 23(11): 979-996.

Antikainen, Maria, Mäkipää, Marko e Ahonen, Mikko (2010). "Motivating and supporting collaboration in open innovation", *European Journal of Innovation Management*, 13(1): 100-119.

Appiah-Adu, Kwaku e Ranchhod, Ashok (1998). "Market orientation and performance in the biotechnology", *Technology Analysis & Strategic Management*, 10(2): 197-210.

Argyres, Nicholas S. e Silverman, Brian S. (2004). "R&D, organization structure, and the development of corporate technological knowledge", *Strategic Management Journal*, 25(8-9): 929-958.

Argyris, Chris (1999). *On Organizational Learning*. 2. ed., Malden, Mass.: Blackwell.

Arora, Ashish (1995). "Licensing tacit knowledge: intellectual property rights and the market for know-how", *Economics of Innovation and New Technology*, 4(1): 41-60.

Arora, Ashish e Fosfuri, Andrea (2003). "Licensing the market for technology", *Journal of Economic Behavior and Organization*, 52(2): 277-295.

Arora, Ashish, Fosfuri, Andrea e Gambardella, Alfonso (2001a). *Markets for Technology: The Economics of Innovation and Corporate Strategy*. Cambridge, Mass.: MIT Press.

Arora, Ashish, Fosfuri, Andrea e Gambardella, Alfonso (2001b). "Markets for technology and their implications for corporate strategy", *Industrial and Corporate Change*, 10(2): 419-451.

Arora, Ashish e Gambardella, Alfonso (1990). "Complementarity and external linkages: the strategies of the large firms in biotechnology", *Journal of Industrial Economics*, 38(4): 361-379.

Arora, Ashish e Gambardella, Alfonso (1994). "Evaluating technological information and utilizing it: Scientific knowledge, technological capability and external linkages in biotechnology", *Journal of Economic Behavior and Organization*, 24(1): 361–379.

Arora, Ashish e Gambardella, Alfonso (2010). "Ideas for rent: an overview of markets for technology", *Industrial and Corporate Change*, 19(3): 775–803.

Arora, Ashish e Nandkumar, Anand (2007). "Securing their future? Entry and survival in the information security industry", NBER Working Paper (artigo preliminar) 13634, Cambridge, Mass.: National Bureau of Economic Research.

Arrow, Kenneth J. (1962). "Economic welfare and the allocation of resources for invention", em National Bureau of Economic Research (Ed.), *The Rate and Direction of Inventive Activity: Economic and Social Factors*: 609–625. Princeton, NJ: Princeton University Press.

Arthur, W. Brian (1989). Competing technologies, increasing returns, and lock-in by historical events. *The Economic Journal*, 99(394): 116–131.

Arundel, Anthony (2001). "The relative effectiveness of patents and secrecy for appropriation", *Research Policy*, 30(4): 611–624.

Asakawa, Kazuhiro (2001). "Organizational tension in international R&D management: the case of Japanese firms", *Research Policy*, 30(5): 735–757.

Asakawa, Kazuhiro (2004). "The coevolution of national innovation system and business strategy: The case of Japanese biotechnology industry", *Journal of Asian Business*, 20(4): 9–40.

Asakawa, Kazuhiro e Lehrer, Mark (2003). "Managing local knowledge assets globally: the role of regional innovation relays", *Journal of World Business*, 38(1): 31–42.

Asakawa, Kazuhiro e Som, Ashok (2008). "Internationalization of R&D in China and India: Conventional wisdom versus reality", *Asia Pacific Journal of Management*, 25(3): 375–394.

Asakawa, Kazuhiro e Un, Annique (2012). Types of R&D collaborations and process innovation. Artigo apresentado the National University of Singapore, September.

Asakawa, Kazuhiro, Nakamura, Hiroshi e Sawada, Naohiro. (2010). "Firms' open innovation policies, laboratories' external collaborations, and laboratories' R&D performance", *R&D Management*, 40(2): 109–123.

Asheim, Bjørn T. e Gertler, Meric S. (2005). "The geography of innovation: regional innovation systems", em Fagerberg, Jan, Mowery, David C., Nelson, Richard R. (eds.), *The Oxford Handbook of Innovation*. Oxford: Oxford University Press.

Athreye, Suma e Cantwell, John (2007). "Creating competition? Globalization and the emergence of new technology producers", *Research Policy*, 36(2): 209–226.

Azoulay, Pierre (2004). "Capturing knowledge within and across firm boundaries: Evidence from clinical development", *American Economic Review*, 94(5): 1591–1612.

Azoulay, Pierre, Repenning, Nelson P. e Zuckerman, Ezra W. (2010). "Nasty, brutish, and short: Embeddedness failure in the pharmaceutical industry", *Administrative Science Quarterly*, 55(3): 472–507.

Bahemia, Hanna e Squire, Brian (2010). "A contingent perspective of open innovation in new product development projects", *International Journal of Innovation Management*, 14(4): 603–627.

Bahlmann, Marc D. e Huysman, Marleen H. (2008). The emergence of a knowledge-based view of clusters and its implications for cluster governance. *The Information Society*, 24(5): 304–318.

Baker, Ted e Nelson, Reed E. (2005). "Creating something from nothing: resource construction through entrepreneurial bricolage", *Administrative Science Quarterly*, 50(3): 329-366.

Baldwin, Carliss Y. (2012). "Organization design for business ecosystems", *Journal of Organizational Design*, 1(1): 20-23.

Baldwin, Carliss Y. e Henkel, Joachim (2011). The impact of modularity on intellectual property and value appropriation, HBS Working Paper (artigo preliminar) 12-040, Harvard Business School.

Baldwin, Carliss Y., Hienerth, Christoph, e von Hippel, Eric (2006). "How user innovations become commercial products: A theoretical investigation and case study", *Research Policy*, 35(9): 1291-1313.

Baldwin, Carliss Y. e von Hippel, Eric (2011). "Modeling a paradigm shift: from producer innovation to user and open collaborative innovation", *Organization Science*, 22(6): 1399-1417.

Barge-Gil, Andrés (2010). "Open, semi-open and closed innovators: Towards an explanation of the degree of openness", *Industry & Innovation*, 17(6): 577-607.

Barney, Jay B. (1986). "Strategic factor markets: expectations, luck, and business strategy", *Management Science*, 32(10): 1231-1241.

Barney, Jay B. (1991). "Firm resources and sustained competitive advantage", *Journal of Management*, 17(1): 99-120.

Bartlett, Christopher A. e Ghoshal, Sumantra (1990). "Managing innovation in the transnational corporation", em Christopher A. Bartlett, Yves Doz e Gunnar Hedlund, eds., *Managing the Global Firm*. London: Routledge, 215-255.

Basberg, Bjørn L. (1987). "Patents and the measurement of technological change: a survey of the literature", *Research Policy*, 16(2-4): 131-141.

Bathelt, Harald (2008). "Knowledge-based clusters: Regional multiplier models and the role of 'buzz' and 'pipelines'", em Karlsson, Charlie (ed.), *Handbook of Research on Cluster Theory*. Cheltenham, UK: Edward Elgar.

Baum, Joel A. C., Calabrese, Tony e Silverman, Brian S. (2000). "Don't go it alone: Alliance network composition and startups performance in Canadian biotechnology", *Strategic Management Journal*, 21(3): 267-294.

Becker, Wolfgang e Dietz, Jürgen (2004). "R&D cooperation and innovation activities of firms—evidence for the German manufacturing industry", *Research Policy*, 33(2): 209-223.

Behrman, Jack N. e Fischer, William A. (1980). *Overseas R&D Activities Of Transnational Companies*: Cambridge, Mass.: Oelgeschlager, Gunn and Hain.

Bekkers, Rudi (2001). *Mobile Telecommunications Standards: GSM, UMTS, TETRA, and ERMES*. Boston: Artech House.

Bekkers, Rudi e West, Joel (2009) "The limits to IPR standardization policies as evidenced by strategic patenting in UMTS", *Telecommunications Policy*, 33(1-2): 80-97.

Belderbos, René e Carree, Martin (2002). "The location of Japanese investments in China: Agglomeration effects, keiretsu, and firm heterogeneity", *Journal of the Japanese and International Economies*, 16(2): 194-211.

Belderbos, René, Carree, Martin e Lokshin, Boris (2004). "Cooperative R&D and firm performance", *Research Policy*, 33(10): 1477-1492.

Belderbos, René, Carree, Martin e Lokshin, Boris (2006). "Complementarity in R&D cooperation strategies", *Review of Industrial Organization*, 28(4): 401-426.

Benkler, Yochai (2006). *The Wealth of Networks: How Social Production Transforms Markets and Freedom*. New Haven, Conn.: Yale University Press.

Berchicci, Luca (2013). "Towards an open R&D system: Internal R&D investment, external knowledge acquisition and innovative performance", *Research Policy*, 42(1): 117-127.

Bergek, Anna, Tell, Fredrik, Berggren, Christian e Watson, Jim (2008). "Technological capabilities and late shakeouts: Industrial dynamics in the advanced gas turbine industry, 1987-2002", *Industrial and Corporate Change*, 17(2): 335-392.

Bessant, John (1999). "The rise and fall of "Supernet": A case study of technology transfer policy for smaller firms", *Research Policy*, 28(6): 601-614.

Bianchi, Mattia, Campo dall'Orto, Sergio, Frattini, Federico e Vercesi, Paolo (2010). "Enabling open innovation in small- and medium-sized enterprises: How to find alternative applications for your technologies", *R&D Management*, 40(4): 414-431.

Bianchi, Mattia, Cavaliere, Alberto, Chiaroni, Davide, Frattini, Federico e Chiesa, Vittorio (2011). "Organisational modes for Open Innovation in the bio-pharmaceutical industry: An exploratory analysis", *Technovation*, 31(1): 22-33.

Bierly, Paul e Chakrabarti, Alok (1996). "Generic knowledge strategies in the U.S. pharmaceutical industry", *Strategic Management Journal*, 17(winter): 123-135.

Bikhchandani, Sushil, Hirshleifer, David e Welch, Ivo (1992). "A theory of fads, fashion, custom, and cultural change as informational cascades", *Journal of Political Economy*, 100(5): 992-1026.

Bikhchandani, Sushil, Hirshleifer, David e Welch, Ivo (1998). "Learning from the Behavior of Others: Conformity, Fads, and Informational Cascades", *Journal of Economic Perspectives*, 12(3): 151-170.

Bingham, Alpheus e Spradlin, Dwayne (2011). *The Open Innovation Marketplace: Creating Value in the Challenge Driven Enterprise*. Upper Saddle River, NJ: FT Press.

Bird, Barbara (1988). "Implementing entrepreneurial ideas: the case for intention", *Academy of Management Review*, 13(3): 442-453.

Birkinshaw, Julian e Hood, Neil (1998). "Multinational subsidiary evolution: Capability and charter change in foreign owned subsidiary companies", *Academy of Management Review*, 23(4): 773-795.

Birley, Sue (1985). "The role of networks in the entrepreneurial process", *Journal of Business Venturing*, 1(1): 107-117.

Block, Zenas e Ornati, Oscar A. (1987). "Compensating corporate venture managers", *Journal of Business Venturing*, 2(1): 41-51.

Blomqvist, Kirsimarja, Hurmelinna, Pia e Seppänen, Risto (2005). "Playing the collaboration game right—balancing trust and contracting", *Technovation*, 25(5): 497-504.

Bogers, Marcel (2011). "The open innovation paradox: Knowledge sharing and protection in R&D collaborations", *European Journal of Innovation Management*, 14(1): 93-117.

Bogers, Marcel (2012). "Knowledge sharing in open innovation: An overview of theoretical perspectives on collaborative innovation", em C. de Pablos Heredero e D. López (eds.), *Open Innovation at Firms and Public Administrations: Technologies for Value Creation*: 1-14. Hershey, PA: IGI Global.

Bogers, Marcel and Lhuillery, Stephane (2011). "A functional perspective on learning and innovation: Investigating the organization of absorptive capacity", *Industry and Innovation*, 18(6): 581-610.

Bogers, Marcel e West, Joel (2012). "Managing distributed innovation: Strategic utilization of open and user innovation", *Creativity and Innovation Management*, 21(1): 61-75.

Bogers, Marcel, Afuah, Allan e Bastian, Bettina (2010). "Users as innovators: A review, critique, and future research directions", *Journal of Management*, 36(4): 857-875.

Bogers, Marcel, Bekkers, Rudi e Granstrand, Ove (2012). "Intellectual property and licensing strategies in open collaborative innovation", em Carmen de Pablos Heredero e David López Berzosa (eds.), *Open Innovation at Firms and Public Administrations: Technologies for Value Creation*, Hershey, Penn.: IGI Global, 37-58.

Borod, Ronald S. (2005). "An update on intellectual property securitization", *Journal of Structured Finance*, 10(4): 65-72.

Boscherini, Lorenzo, Chiaroni, Davide, Chiesa, Vittorio e Frattini, Federico (2010). "How to use pilot projects to implement open innovation", *International Journal of Innovation Management*, 14(6): 1065-1097.

Boudreau, Kevin (2010). "Open platform strategies and innovation: granting access vs. devolving control", *Management Science*, 56(10): 1849-1872.

Boudreau, Kevin J. e Lakhani, Karim (2009). "How to manage outside innovation: competitive markets or collaborative communities?", *MIT Sloan Management Review*, 50(4): 69-75.

Boudreau, Kevin J., Lacetera, Nicola e Lakhani, Karim (2011). "Incentives and problem uncertainty in innovation contests: An empirical analysis", *Management Science*, 57(5): 843-863.

Bougrain, Frédéric e Haudeville, Bernard (2002). "Innovation, collaboration and SMEs internal research capacities", *Research Policy*, 31(5): 735-747.

Brandenburger Adam e Nalebuff, Barry J. (1996). *Co-opetition*. New York: Doubleday.

Brem, Alexander e Tidd, Joseph (eds.). (2012). *Perspectives on Supplier Innovation: Theories, Concepts and Empirical Insights on Open Innovation and the Integration of Suppliers*. London: Imperial College Press.

Breschi, Stefano, Lissoni, Francesco e Malerba, Franco (2003) "Knowledge-relatedness in firm technological diversification", *Research Policy*, 32(1): 69-87.

Bresnahan, Timothy F. e Trajtenberg, M. (1995). "General purpose technologies: Engines of growth?", *Journal of Econometrics*, 65(1): 83-108.

Bröring, Stefanie e Herzog, Philip (2008). "Organising new business development: open innovation at Degussa", *European Journal of Innovation Management*, 11(3): 330-348.

Bross, Matt (2009). "Innovation at the speed of life", *BT Innovation Journal*, 1: 3-11.

Brown, Shona L. e Eisenhardt, Kathleen M. (1995). "Product development: past research, present findings, and future directions", *Academy of Management Review*, 20(2): 343-378.

Brüderl, Joseph e Preisendörfer, Peter (1998). "Network support and the success of newly founded business", *Small Business Economics*, 10(3): 213-225.

Brunswicker, Sabine (2011). *An empirical multivariate examination of the performance impact of open and collaborative innovation strategies*, Tese não publicada, Universität Stuttgart.

Brunswicker, Sabine (2013). "Crowdsourcing in SMEs: the Ocean Optics case", Artigo preliminar, Universität Stuttgart.

Brunswicker, Sabine e Vanhaverbeke, Wim (2010). "Beyond open innovation in large enterprises: How do small and medium-sized enterprises (SMEs) open up to external innovation sources?", Artigo preliminar, Universität Stuttgart.

Brunswicker, Sabine e Ehrenmann, Frank (2013). "Managing open innovation in SMEs: A good practice example of German software firm", *International Journal of Industrial Engineering and Management*, 4(1): 33–41.

Brusoni, Stefano, Prencipe, Andrea e Pavitt, Keith (2001). "Knowledge specialization, organizational coupling and the boundaries of the firm: why firms know more than they make?", *Administrative Science Quarterly*, 46(4): 597–621.

Büchel, Bettina e Raub, Steffen (2002). "Building knowledge-creating value networks", *European Management Journal*, 20(6): 587–596.

Buganza, Tommaso, Chiaroni, Davide, Colombo, Gabriele e Frattini, Federico (2011). "Organisational implications of open innovation: An analysis of inter-industry patterns", *International Journal of Innovation Management*, 15(2): 423–455.

Bughin, Jacques, Chui, Michael e Johnson, Brad (2008). "The next step in open innovation", *McKinsey Quarterly*, (4): 112–122.

Campbell-Kelly, Martin (2003). *From Airline Reservations to Sonic the Hedgehog: A History of the Software Industry*. Cambridge, Mass.: MIT Press.

Campbell, Alexandra J. e Cooper, Robert G. (1999). "Do customer partnerships improve new product success rates?", *Industrial Marketing Management*, 28(5): 507–519.

Cantwell, John e Mudambi, Ram (2005). "MNE competence-creating subsidiary mandates", *Strategic Management Journal*, 26(12): 1109–1128.

Cantwell, John e Santangelo, Grazia D. (2006). "Evolution of markets, technology and M&A", em Bruno Cassiman e Massimo G. Colombo (eds.) *Mergers & Acquisitions: The Innovation Impact*, Cheltenham, UK: Edward Elgar, pp. 28–36.

Capron, Laurence e Mitchell, Will (2000). "Internal versus external knowledge sourcing: evidence from telecom operators in Europe", Artigo preliminar, INSEAD.

Carlile, Paul R. (2002). "A pragmatic view of knowledge and boundaries: boundary objects in new product development", *Organization Science*, 13(4): 442–455.

Casper, Steven (2007). "How do technology clusters emerge and become sustainable? Social network formation and inter-firm mobility within the San Diego biotechnology cluster", *Research Policy*, 36(4): 438–455.

Cassiman, Bruno e Veugelers, Reinhilde (2002). "Spillovers and R&D cooperation: Some empirical evidence for Belgium", *American Economic Review*, 92(4): 1169–1184.

Cassiman, Bruno e Veugelers, Reinhilde (2006). "In search of complementarity in innovation strategy: Internal R&D and external knowledge acquisition", *Management Science*, 52(1): 68–82.

Cassiman, Bruno, Veugelers, Reinhilde e Zuniga, Pluvia (2008). "In search of performance effects of (in)direct industry-science links", *Industrial and Corporate Change*, 17(4): 611–646.

Ceccagnoli, Marco, Graham, Stuart J. H., Higgins, Matthew J. e Lee, Jeongsik (2010). "Productivity and the role of complementary assets in firms' demand for technology innovations", *Industrial and Corporate Change*, 19(3): 839–869.

Ceci, Federica e Iubatti, Daniela (2012). "Personal relationships and innovation difusion in SME networks: A content analysis approach", *Research Policy*, 41(3): 565–579.

Chandler, Alfred D., Jr. (1962). *Strategy and Structure*. Cambridge, Mass.: MIT Press.

Chandler, Alfred D., Jr. (1990). *Scale and Scope: The Dynamics of Industrial Capitalism*. Cambridge, Mass.: Harvard University Press.

Che, Yeon-Koo, e Gale, Ian (2003). "Optimal design of research contests", *American Economic Review*, 93(1): 646-671.

Chen, J., Chen, Y. e Vanhaverbeke, Wim (2011). "The influence of scope, depth, and orientation of external technology sources on the innovative performance of Chinese firms", *Technovation*, 31(8): 362-373.

Cheng, Joseph L.C. e Bolon, Douglas S. (1993). "The management of multinational R&D: A neglected topic in international business research", *Journal of International Business Studies*, 24(1): 1-18.

Chesbrough, Henry W. (1999). "The organizational impact of technological change: a comparative theory of national institutional factors", *Industrial and Corporate Change*, 8(3): 447-485.

Chesbrough, Henry W. (2000). "Designing corporate ventures in the shadow of private venture capital", *California Management Review*, 42 (3): 31-49.

Chesbrough, Henry W. (2002). "Graceful exits and missed opportunities: Xerox's management of its technology spin-off organizations", *Business History Review*, 76(4): 803-837.

Chesbrough, Henry W. (2003a). *Open Innovation: the New Imperative for Creating and Profiting from Technology*. Boston, MA: Harvard Business School Press.

Chesbrough, Henry W. (2003b). "The era of open innovation", *Sloan Management Review*, 44(3): 35-41.

Chesbrough, Henry W. (2003c). "The logic of open innovation: managing intellectual property", *California Management Review*, 45(3): 33-58.

Chesbrough, Henry W. (2006a). *Open Business Models: How to Thrive in the New Innovation Landscape*. Boston: Harvard Business School Press.

Chesbrough, Henry W. (2006b). "Open innovation: A new paradigm for understanding industrial innovation", em H. Chesbrough, W. Vanhaverbeke e J. West (eds.), *Open Innovation: Researching a New Paradigm*. Oxford: Oxford University Press, 1-12.

Chesbrough, Henry W. (2006c). "New puzzles and new findings", em H. Chesbrough, W. Vanhaverbeke e J. West (eds.), *Open Innovation: Researching a New Paradigm*. Oxford: Oxford University Press, 15-34.

Chesbrough, Henry W. (2006d). "Emerging secondary markets for Intellectual Property: US and Japan Comparisons", Relatório de pesquisa ao National Center for Industrial Property Information and Training, Lafayette, CA: Open Innovation Corporation.

Chesbrough, Henry W. (2007a). "Business model innovation: It's not just about technology anymore", *Strategy & Leadership*, 35(6): 12-17.

Chesbrough, Henry W. (2007b). "Why companies should have open business models", *Sloan Management Review*, 48(2): 22-28.

Chesbrough, Henry W. (2010). "Business model innovation: Opportunities and barriers", *Long Range Planning*, 43(2-3): 354-363.

Chesbrough, Henry W. (2011). *Open Services Innovation: Rethinking Your Business to Grow and Compete in a New Era*. San Francisco: Jossey-Bass.

Chesbrough, Henry W. (2012a). "GE's ecomagination challenge: an experiment in open innovation", *California Management Review*, 54(3): 140-154.

Chesbrough, Henry W. (2012b). "Open innovation: Where we've been and where we're going", *Research Technology Management*, 55(4): 20-27.

Chesbrough, Henry W. e Appleyard, Melissa M. (2007). "Open innovation and strategy", *California Management Review*, 50(1): 57-76.

Chesbrough, Henry W. e Brunswicker, Sabine (2013). *Managing Open Innovation In Large Firms*. Stuttgart: Fraunhofer Verlag.

Chesbrough, Henry W. e Chen, Eric (2013). "Recovering abandoned compounds through expanded external IP licensing", *California Management Review*, 55(4): 83-101.

Chesbrough, Henry W. e Crowther, Adrienne Kardon (2006). "Beyond high tech: Early adopters of open innovation in other industries", *R&D Management*, 36(3): 229-236.

Chesbrough, Henry W. e Garman, Andrew R. (2009). "How open innovation can help you cope in lean times", *Harvard Business Review*, 87(12): 68-76.

Chesbrough, Henry W. e Kusonoki, Ken (2001), "The modularity trap: innovation, technology phases shifts and the resulting limits of virtual organizations", em Ikujiro Nonaka e David J. Teece (eds.), *Managing Industrial Knowledge: creation, transfer and utilization*, London: Sage, pp. 202-231.

Chesbrough, Henry W. e Rosenbloom, Richard S. (1999). "The dual-edged role of the business model in leveraging corporate technology investments", Artigo apresentado na *Conferência NIST sobre Managing Technical Risk*, the John F. Kennedy School of Government, Harvard University, September.

Chesbrough, Henry W. e Rosenbloom, Richard S. (2002). "The role of the business model in capturing value from innovation: Evidence from Xerox Corporation's technology spin-off companies", *Industrial and Corporate Change*, 11(3): 529-555.

Chesbrough, Henry W. e Schwartz, Ken (2007). "Innovating business models with co-development partnerships", *Research—Technology Management*, 50(1): 55-59.

Chesbrough, Henry W. e Socolof, Stephen J. (2000). "Creating new ventures from Bell Labs Technologies", *Research-Technology Management*, 43(2): 13-17.

Chesbrough, Henry W. e Teece, David J. (1996). "When is virtual virtuous: organizing for innovation", *Harvard Business Review*, January–February, 65-74.

Chesbrough, Henry W. e Vanhaverbeke, Wim (2012). *Open Innovation and Public Policy in Europe*. Encomendada pela ESADE e pelo Science Business Innovation Board, Brussels: Science Business Publishing Ltd.

Chesbrough, Henry W., Vanhaverbeke, Wim, e West, Joel (eds.). (2006). *Open Innovation: Researching a New Paradigm*. Oxford: Oxford University Press.

Chiaroni, Davide, Chiesa, Vittorio e Frattini, Federico (2010). "Unraveling the process from Closed to Open Innovation: evidence from mature, asset-intensive industries", *R&D Management*, 40(3): 222-245.

Chiaroni, Davide, Chiesa, Vittorio e Frattini, Federico (2011). "The open innovation journey: How firms dynamically implement the emerging innovation management paradigm", *Technovation*, 31(1): 34-43.

Christensen, Clayton (1997). *The Innovator's Dilemma: When New Technologies Cause Great Firms To Fail*. Boston: Harvard Business School Press.

Christensen, Clayton (2012). *Open Innovation and Getting Things Right*, Artigo em blog, 19 Sept., URL: http://www.claytonchristensen.com/open-innovation, acessado em 26 Sept 2013.

Christensen, Jens Frøslev (1995). "Asset profiles for technological innovation", *Research Policy*, 24(5): 727-745.

Christensen, Jens Frøslev (2006). "Wither core competency for large corporation in an open innovation world?", em Chesbrough, H., Vanhaverbeke, Wim, West, Joel (eds.), *Open Innovation: Researching a New Paradigm*. Oxford University Press: Oxford, 35-61.

Christensen, Jens Frøslev (2011). "Industrial evolution through complementary convergence: the case of IT security", *Industrial and Corporate Change*, 20(1): 57-89.

Christensen, Jens Frøslev, Olesen, Michael Holm e Kjaer, Jonas Sorth (2005). "The industrial dynamics of Open Innovation: Evidence from the transformation of consumer electronics", *Research Policy*, 34(10): 1533-1549.

Christiansen, Christian A., Burke, Brian E., Kolodgy, Charles J. e Hudson, Sally (2003). "The Big Picture: IT Security Products and Services Forecast and Analysis, 2002-2006", International Data Corporation, Report 29137.

Churchill, Joan, von Hippel, Eric e Sonnack, Mary (2009). *Lead User Project Handbook. A practical guide for lead user project teams*. Cambridge, Mass.: MIT.

Clark Kim B. e Wheelwright, Steven C. (1990). *Managing New Product and Process Development: Text and Cases*. Boston: Harvard Business School.

Classen, Nicolas, van Gils, Anita, Bammens, Yannick e Carree, Martin (2012). "Accessing resources from innovation partners: the search breadth of family SMEs", *Journal of Small Business Management*, 50(2): 191-215.

Clay, Alexa, e Paul, Roshan (2012). "Open innovation: a muse for scaling", *Stanford Social Innovation Review*, Fall, 17-18.

Cloyd, Gil, Euchner, James (2012). "Building open innovation at P&G: An interview with Gil Cloyd", *Research Technology Management*, 55(4): 14-19.

Cohen, Wesley M. e Levinthal, David A. (1989). "Innovation and learning: the two faces of R&D", *Economic Journal*, 99(397): 569-596.

Cohen, Wesley M. e Levinthal, David A. (1990). "Absorptive capacity: A new perspective on learning and innovation", *Administrative Science Quarterly*, 35(1): 128-152.

Collinson, Simon, e Gregson, Geoff (2003). "Knowledge networks for new technology-based firms: an international comparison of local entrepreneurship promotion", *R&D Management*, 33(2): 189-208.

Colombo, Massimo G. e Paola Garrone (2006). "The impact of M&A on innovation: empirical results", em Bruno Cassiman and Massimo G. Colombo (eds.) *Mergers & Acquisitions: the Innovation Impact*, Cheltenham, UK: Edward Elgar, 104-133.

Cooke, Philip (2005). "Regionally asymmetric knowledge capabilities and open innovation exploring 'Globalisation 2': A new model of industry organisation", *Research Policy*, 34(8): 1128-1149.

Cooke, Philip (2006). "Regional knowledge capabilities and open innovation: regional innovation systems and clusters in the asymmetric knowledge economy", em Stefano Breschi & Franco Malerba (eds.), *Clusters, Networks & Innovation*, Oxford: Oxford University Press: 80–112.

Cooke, Philip (2007). "Social capital, embeddedness, and market interactions: An analysis of firm performance in UK regions", *Review of Social Economy*, 65(1): 79–106.

Cooper, Robert G. (1990). "Stage-gate systems: A new tool for managing new products", *Business Horizons*, 33(3): 44–54.

Cooper, Robert G. (1999). "The invisible success factors in product innovation", *Journal of Product Innovation Management*, 16(2): 115–133.

Cooper, Robert G. (2008). "Perspective: the stage-gate idea-to-launch process-update, what's new, and nexgen systems", *Journal of Product Innovation Management*, 25(3): 213–232.

Cooper, Robert G. e Edgett, Scott J. e Kleinschmidt, Elko J. (2004). "Benchmarking best NPD practices—I", *Research-Technology Management*, 47(1): 31–43.

Cooper, Robert G., Edgett, Scott J. (2012). "Best practices in the idea-to-launch process and its governance", *Research-Technology Management*, 55(2): 43–53.

Cordón-Pozo, Euloio, Garcia-Morales, Victor J. e Aragón-Correa, J. Alberto (2006), "Inter-departmental collaboration and new product development success: a study on the collaboration between marketing and R&D in Spanish high-technology firms", *International Journal of Technology Management*, 35(1): 52–79.

Cornelissen, Joep, Christensen, Lars Thøger e Kinuthia, Kendi (2012). "Corporate brands and identity: Developing stronger theory and a call for shifting the debate", *European Journal of Marketing*, 46(7–8): 1093–1102.

Cosh, Andy e Zhang, Joanne Jin (2011). "Open innovation choices—What is British enterprise doing?", London: UK-Innovation Research Centre.

Cottrell, Tom e Nault, Barrie R. (2004). "Product variety and firm survival in the microcomputer software industry", *Strategic Management Journal*, 25(10): 1005–1025.

Dahlander, Linus, Frederiksen, Linus e Rullani, Francesco (eds.). (2011). *Online Communities and Open Innovation: Governance and Symbolic Value Creation*. London: Routledge.

Dahlander, Linus, e Gann, David M. (2010). "How open is innovation?", *Research Policy*, 39(6): 699–709.

Dahlander, Linus e Magnusson, Mats (2008). "How do firms make use of open source communities?", *Long Range Planning*, 41(6): 629–649.

Dahlander, Linus, e Wallin, Martin W. (2006). "A man on the inside: Unlocking communities as complementary assets", *Research Policy*, 35(8): 1243–1259.

Dang, Rani J., Mortara, Letizia, Thomson, Ruth e Minshall, Tim (2011). "Developing a technology intelligence strategy to access knowledge of innovation clusters", em Hülsmann, M. e Pfeffermann, N. (eds.), *Strategies and Communications for Innovations. An Integrative Management View for Companies and Networks*. Berlin: Springer-Verlag, 51–68.

Daniel, Caroline (2000). "Psion plans Symbian flotation", *Financial Times*, August 9.

Davis, Lee (2008), "Licensing strategies of the new 'intellectual property vendors'", *California Management Review*, 50(2): 6–30.

de Jong, Jereon P. J. e Marsili, Orietta (2006). "The fruit flies of innovations: A taxonomy of innovative small firms", *Research Policy*, 35 (2): 213-229.

de Jong, Jereon P. J., Kalvet, Tarmo e Vanhaverbeke, Wim (2010). "Exploring a theoretical framework to structure the public policy implications of open innovation", *Technology Analysis & Strategic Management*, 22(8): 877-896.

De Meyer, Arnoud (1991). "Tech talk: How managers are stimulating global R&D communication", *Sloan Management Review*, 32(3): 49-58.

De Meyer, Arnoud e Mizushima, Atsuo (1989). "Global R&D management", *R&D Management*, 19(2): 135-146.

de Pablos Heredero, Carmen e López, David (eds.). (2012). *Open Innovation at Firms and Public Administrations: Technologies for Value Creation*. Hershey, PA: IGI Global.

Diener, Kathleen e Piller, Frank (2008), "Facets of open innovation: development of a conceptual framework", Artigo apresentado na Open User Innovation Conference, Boston.

Diener, Kathleen e Piller, Frank (2010). *The Market for Open Innovation: Increasing the Eficiency and Effectiveness of the Innovation Process*. Raleigh, NC: Lulu.

Diener, Kathleen e Piller, Frank (2013). *The Market for Open Innovation: A Survey of Open Innovation Accelerators*. 2. ed., Raleigh, NC: Lulu.

Dimancescu, Dan e Botkin, James (1986). *The New Alliance: America's R&D Consortia*. Cambridge, Mass.: Ballinger.

Di Minin, Alberto, Frattini, Federico e Piccaluga, Andrea (2010). "Fiat: open innovation in a downturn (1993-2003)", *California Management Review*, 52(3): 132-159.

Di Minin, Alberto e Bianchi, Mattia (2011). "Safe nests in global nets: Internationalization and appropriability of R&D in wireless telecom", *Journal of International Business Studies*, 42(7): 910-934.

Dittrich, Koen e Duysters, Geert (2007). "Networking as a means to strategy change: The case of open innovation in mobile telephony", *Journal of Product Innovation Management*, 24(6): 510-521.

Doan, Anhai, Ramakrishnan, Raghu e Halevy, Alon Y. (2011). "Crowdsourcing systems on the world-wide web", *Communications of the ACM*, 54(4): 86-96.

Dodgson, Mark, Gann, David e Salter, Ammon (2006). "The role of technology in the shiff towards open innovation: The case of Procter & Gamble", *R&D Management*, 36(3): 333-346.

Doppen, Casper S. (2008). "Research on the role of MiPlaza within the Open Innovation R&D community", Tese não publicada, Twente University, School of Management and Governance.

dos Santos, Ricardo e Spann, Martin (2011). "Collective entrepreneurship at Qualcomm: combining collective and entrepreneurial practices to turn employee ideas into action", *R&D Management*, 41(5): 443-456.

Dosi, Giovanni (1988). "Sources, procedures, and microeconomic effects of innovation", *Journal of Economic Literature*, 26(3): 1120-1171.

Doz, Yves L., Santos, Jose e Williamson Peter (2001). *From Global to Metanational: How Companies Win in the Knowledge Economy*. Boston: Harvard Business School Press.

Doz, Yves L., Olk, Paul M. e Smith Ring, Peter (2000). "Formation processes of R&D consortia: Which path to take where does it lead?", *Strategic Management Journal*, 21(3): 239-266.

Drayton, Bill (2011). "Collaborative Entrepreneurship: How social entrepreneurs can tip the world by working in global teams", *Innovations*, 6(2): 35-38.

Drayton, Bill e Budinich, Valeria (2010). "A new alliance for global change", *Harvard Business Review*, 88(9), 56-64.

Drechsler, Wenzel e Natter, Martin (2012). "Understanding a firm's openness decisions in innovation", *Journal of Business Research*, 65(3): 438-445.

Drees, Johannes M. e Heugens, Pursey (2013). "Synthesizing and extending resource dependence theory: A meta-analysis", *Journal of Management*, 39(6): 1666-1698.

Dreyfuss, Rochelle C. (2011). "Evaluating the public impact of open innovation", *The Australian Economic Review*, 44(1): 66-72.

Droge, Cornelia, Stanko, Michael A. e Pollitte, Wesley A. (2010), "Lead users and early adopters on the Web: The role of new technology product blogs," *Journal of Product Innovation Management*, 27(1): 66-82.

Drucker, Peter (1974). *Management: Tasks, Responsibilities, Practices*. New York: Harper & Row.

Drucker, Peter (1993). *Post-Capitalist Society*. New York: Harper Business.

Drucker, Peter (2001). "The Next Society—Special Report", *The Economist*, Nov 3.

Du, Jingshu, Leten, Bart e Vanhaverbeke, Wim (2014). "How to make open innovation more relevant for multinational enterprises?", Artigo preliminar, Hasselt University.

Du Chatenier, Elise, Biesmans, Harm J. A., Verstegen, Jos A. A. M e Mulder, Martin (2007). Collaborative knowledge creation in open innovation teams. Artigo apresentado na Eighth International Conference on HRD Research and Practice across Europe.

Du Chatenier, Elise, Verstegen, Jos, Biemans, Harm, Mulder, Martin e Omta, Onno (2010). "Identification of competencies for professionals in open innovation teams", *R&D Management*, 40(3): 271-280.

Duff, Karen (2011). "Unilever's open innovation learning programmes", *Innovation UK*, London: Maritime Media.

Dushnitsky, Gary e Klueter, Thomas (2011). "Is there an eBay for ideas? Insight from online knowledge marketplaces", *European Management Review*, 8(1): 17-32.

Dyer, Jefrey H. (1997). "Effective interfirm collaboration: How firms minimize transaction cost and maximize transaction value", *Strategic Management Journal*, 18(7): 535-556.

Dyer, Jefrey H. e Singh Harbir (1998). "The relational view: Cooperative strategy and sources of interorganizational competitive advantage", *Academy of Management Review*, 23(4): 660-679.

Dyer, Jefrey H. e Nobeoka, Kentaro (2000). "Creating and managing a high-performance knowledge sharing network: the Toyota case", *Strategic Management Journal*, 21(3): 345-367.

Dyer, Davis, Dalzell, Frederick e Olegario, Rowena (2004). *Rising Tide: Lessons from 165 Years of Brand Building at Procter & Gamble*. Boston: Harvard Business School Press.

Edwards, Tim, Delbridge, Rick e Munday, Max (2005). "Understanding innovation in small and medium-sized enterprises: A process manifest", *Technovation*, 25(10): 1119-1127.

Eisenhardt, Kathleen M. e Tabrizi, Behnam N. (1995). "Accelerating adaptive processes: Product innovation in the global computer industry", *Administrative Science Quarterly*, 40(1): 84-110.

Eisenmann, Thomas R. (2008). "Managing proprietary and shared platforms", *California Management Review*, 50(4): 31-53.

Eisenmann, Thomas R., Parker, Geofrey e Van Alstyne, Marshall (2011). "Platform Envelopment", *Strategic Management Journal*, 32(12): 1270-1285.

Elmquist, Maria, Fredberg, Tobias e Ollila, Susanne (2009). "Exploring the field of open innovation", *European Journal of Innovation Management*, 12(3): 326-345.

Enkel, Ellen e Gassmann, Oliver (2007). "Driving open innovation in the front end. The IBM case", Artigo apresentado na conferência EURAM, Paris.

Enkel, Ellen e Gassmann, Oliver e Chesbrough, Henry (2009). "Open R&D and open innovation: exploring the phenomenon", *R&D Management*, 39(4): 311-316.

Enkel, Ellen, Bell, John e Hogenkamp, Hannah (2011). "Open innovation maturity framework", *International Journal of Innovation Management*, 15(6): 1161-1189.

Etzkowitz, Harry (2003). "Innovation in innovation: the triple helix of university-industry--government relations", *Social Science Information*, 42(3): 293-337.

European Commission (2003). "Commission Recommendation of 6 May 2003 concerning the definition of micro, small and medium-sized enterprises", *Oficial Journal of the European Union*, L124 (46): 36.

European Commission (2005). *The New SME Definition: User Guide and Model Declaration*. Brussels: European Commission.

Fabrizio, Kira (2006). "The use of university research in firm innovation", em Chesbrough, H., Vanhaverbeke, Wim e West, Joel (eds.). *Open Innovation: Researching a New Paradigm*. Oxford: Oxford University Press, 134-160.

Faems, Dries, De Visser, Matthias, Andries, Petra e Van Looy, Bart (2010). "Technology alliance portfolios and financial performance: Value-enhancing and cost-increasing effects of open innovation", *Journal of Product Innovation Management*, 27(6): 785-796.

Fasnacht, Daniel (2009). *Open Innovation in the Financial Services: Growing through Openness, Flexibility and Customer Integration*. Berlim: Springer.

Fast, Norman D. (1978). *The Rise and Fall of Corporate New Venture Divisions*. Ann Arbor, MI: UMI Research Press.

Feldman, Maryann P. e Florida, Richard (1994). "The geographic sources of innovation: technological infrastructure and product innovation in the United States", *Annals of the Association of American Geographers*, 84(2): 210-229.

Felin, Teppo e Foss, Nicolai J. (2009). "Organizational routines and capabilities: Historical drif and a course-correction toward microfoundations", *Scandinavian Journal of Management*, 25(2): 157-167.

Ferrary, Michel (2011). "Specialized organizations and ambidextrous clusters in the open innovation paradigm", *European Management Journal*, 29(3): 181-192.

Fitzgerald, Brian (2006). "The transformation of open source software", *MIS Quarterly*, 30 (3): 587-598.

Fleming, Lee e Sorenson, Olav (2001). "Technology as a complex system. evidence from patent data", *Research Policy*, 30(7): 1019-1039.

Fleming, Lee e Sorenson, Olav (2004). "Science as a map in technological search", *Strategic Management Journal*, 25(8-9): 909-928.

Fleming, Lee e Waguespack, David M. (2007). "Brokerage, boundary spanning, and leadership in open innovation communities", *Organization Science*, 18(2): 165–180.

Florida, Richard e Kenney, Martin (1990). *The Breakthrough Illusion*. New York: Basic Books.

Flowers, Stephen (2008). "Harnessing the hackers: the emergence and exploitation of Outlaw Innovation", *Research Policy*, 37(2): 177–193.

Fontana, Roberto, Geuna, Aldo e Matt, Mireille (2006). "Factors affecting university–industry R&D projects: the importance of searching, screening and signaling", *Research Policy*, 35(2): 309–323.

Ford, Simon, Garnsey, Elizabeth e Probert, David (2010). "Evolving corporate entrepreneurship strategy: Technology incubation at Philips", *R&D Management*, 40(1): 81–90.

Ford, Simon e Probert, David (2010). "Trial by market: the Brightstar incubation experiment", *International Journal of Entrepreneurial Venturing*, 2(2): 185–200.

Foss, Nicolai J., Laursen, Keld e Pedersen, Torben (2011). "Linking customer interaction and innovation: the mediating role of new organizational practices", *Organization Science*, 22(4): 980–999.

Franke, Nikolaus e Shah, Sonali (2003), "How communities support innovative activities: An exploration of assistance and sharing among end-users", *Research Policy*, 32(1): 157–178.

Franke, Nikolaus e Piller, Frank. (2004), "Toolkits for user innovation and design: an exploration of user interaction and value creation", *Journal of Product Innovation Management*, 21(6): 401–415.

Freel, Mark S. (2000). "Barriers to product innovation in small manufacturing firms", *International Small Business Journal*, 18(2): 60–80.

Frenz, Marion e Ietto-Gillies, Grazia (2009). "The impact on innovation performance of different sources of knowledge: Evidence from the UK Community Innovation Survey", *Research Policy*, 38(7): 1125–1135.

Frey, Karsten, Lüthje, Christian e Haag, Simon (2011). "Whom should firms attract to open innovation platforms? The role of knowledge diversity and motivation", *Long Range Planning*, 44(5): 397–420.

Frost, Tony S. (2001). "The geographic sources of foreign subsidiaries' innovations", *Strategic Management Journal*, 22(2): 101–123.

Frost, Tony S. e Zhou, Changhui (2005). "R&D co-practice and 'reverse' knowledge integration in multinational firms", *Journal of International Business Studies*, 36(6): 676–687.

Füller, Johann, Bartl, Michael, Ernst, Holger e Mühlbacher, Hans (2006). "Community based innovation: How to integrate members of virtual communities into new product development", *Electronic Commerce Research*, 6(1): 57–73.

Füller, Johann e Matzler, Kurt (2007). "Virtual product experience and customer participation—A chance for customer-centred, really new products", *Technovation*, 27(6): 378–387.

Füller, Johann, Matzler, Kurt e Hoppe, Melanie (2008). "Brand community members as a source of innovation", *Journal of Product Innovation Management*, 25(6): 608–619.

Füller, Johann, Mühlbacher, Hans, Matzler, Kurt e Jawecki, Gregor (2009). "Consumer empowerment through internet-based co-creation", *Journal of Management Information Systems*, 26(3): 71–102.

Füller, Johann, Schroll, Roland e von Hippel, Eric (2013). "User generated brands and their contribution to the diffusion of user innovations", *Research Policy*, 42(6-7): 1197-1209.

Gallagher, Scott e West, Joel (2009). "Reconceptualizing and expanding the positive feedback network effects model: A case study", *Journal of Engineering and Technology Management*, 26(3): 131-147.

Gambardella, Alfonso e Giarratana, Marco S. (2004). "Fingerprints of the visible hand. Chandlerian organizations and their inward looking malaise", LEM Artigo preliminar, 2004/16, Available at SSRN: http://ssrn.com/abstract=578302.

Gambardella, Alfonso e Giarratana, Marco S. (2013). "General technological capabilities, product market fragmentation, and markets for technology", *Research Policy*, 42(2): 315-325.

Gambardella, Alfonso e Giarratana, Marco S. (2007). "Technological Breadth, Product Market Fragmentation and the Market for Technology: Evidence from the Software Security Industry", Artigo preliminar, Bocconi, Milão.

Gans, Joshua S. e Stern, Scott (2003). "The product market and the market for "ideas": commercialization strategies for technology entrepreneurs", *Research Policy*, 32(2): 333-350.

Gans, Joshua S. e Stern, Scott (2010). "Is there a market for ideas?", *Industrial and Corporate Change*, 19(3): 805-837.

Gardet, Elodie e Fraiha, Shady. (2012). "Coordination modes established by the hub firm of an innovation network: The Case of an SME bearer", *Journal of Small Business Management*, 50(2): 216-238.

Garnsey, Elizabeth (1998). "A theory of the Early Growth of the Firm", *Industrial & Corporate Change*, 7(3): 523-556.

Gassmann, Oliver (2006). "Opening up the innovation process: Towards an agenda", *R&D Management*, 36(3): 223-228.

Gassmann, Oliver e Enkel, Ellen (2004). "Towards a theory of open innovation: free core process archetypes", *Proceedings of the R&D Management Conference* (RADMA), Lisboa, Portugal, July 6-9.

Gassmann, Oliver, Enkel, Ellen. e Chesbrough, Henry (2010). "The future of open innovation", *R&D Management*, 40(3): 213-221.

Gassman, Oliver, Kausch, Christoph e Enkel, Ellen (2010). "Negative side effects of customer integration", *International Journal of Technology Management*, 50(1): 43-63.

Gatzweiler, Alexandra, Blazevic, Vera e Piller, Frank (2013). "Deviant participant behavior in ideation contests", *Proceedings of the 2013 PDMA Research Forum*.

Gaule, Andrew (2006). *Open Innovation in Action: How to Be Strategic in the Search for New Sources of Value*. London: H-I Network.

Gawer, Annabelle (2009). "Platform dynamics and strategies: from products to services", em Annabelle Gawer (ed.), *Platforms, Markets and Innovation*, Cheltenham, UK: Edward Elgar: 45-76.

Gawer, Annabelle (2010). "The organization of technological platforms", em Nelson Phillips, Graham Sewell e Dorothy Griffiths (eds.), *Research in the Sociology of Organizations*, 29: 287-296.

Gawer, Annabelle e Cusumano, Michael A. (2002). *Platform Leadership: How Intel, Microsoft, and Cisco Drive Industry Innovation*. Boston: Harvard Business School Press.

Gawer, Annabelle e Cusumano, Michael A. (2008). "How Companies Become Platform Leaders", *Sloan Management Review*, 49(2): 28-35.

Germeraad, Paul (2010). "Integration of intellectual property strategy with innovation strategy", *Research-Technology Management*, 53(3): 10-18.

Gerwin, Donald (2004). "Coordinating new product development in strategic alliances", *Academy of Management Review*, 29(2): 241-257.

Geykens, Inge, Steemkamp, Jan-Benedict E. M. e Kumar, Nirmalya (2006). "Make, buy, or ally: A transaction cost theory meta-analysis", *Academy of Management Journal*, 49(3): 519-543.

Ghafele, Roya e Gibert, Benjamin (2011a). "The transaction cost benefits of electronic patent licensing platforms: a discussion at the example of the patentbooks model", MPRA Artigo preliminar 36010.

Ghafele Roya e Gibert, Benjamin (2011b). "The transformative impact of business models", MPRA Artigo preliminar 38346.

Ghafele, Roya e Gibert, Benjamin (2012a). "Promoting intellectual property monetization in developing countries: a review of issues and strategies to support knowledge-driven growth", Artigo preliminar em Policy Research WPS 6143, World Bank.

Ghafele Roya e Gibert, Benjamin (2012b). "Eficiency through openness: the economic value proposition of open source software", MPRA Artigo preliminar 38088.

Ghafele, Roya e O'Brian, Robert D. (2012). "Open innovation for sustainability: lessons from the GreenXchange experience", *Policy Brief No. 13. ICTSD*: 1-10.

Ghafele, Roya, Gibert Benjamin e Malackowski, James (2012). "Emerging IP monetization techniques. the institutionalization of an intellectual property exchange", *International Journal of Intellectual Property Management*, 5(2): 115-133.

Ghemawat, Pankaj (2001). "Distance still matters: the hard reality of global expansion", *Harvard Business Review*, 79(8): 137-147.

Giannopoulou, Eleni, Yström, Anna, Ollila, Susanna, Fredberg, Tobias e Elmquist, Maria (2010). "Implications of openness: A study into (all) the growing literature on open innovation", *Journal of Technology Management and Innovation*, 5(3): 162-180.

Giarratana, Marco S. (2004). "The birth of a new industry: entry by start-ups and the drivers of firm growth: the case of encryption software", *Research Policy*, 33(5): 787-806.

Giarratana, Marco S. e Fosfuri, Andrea (2007). "Product strategies and survival in schumpeterian environments: evidence from the security software", *Organization Studies*, 28(6): 909-929.

Giuri, Paola, Hagedoorn, John e Mariani, Myriam (2004). "Technological diversification and strategic alliances", em Cantwell, John, Gambardella, Alfonso e Ove Granstrand (eds.). *The Economics and Management of Technological Diversification*, London: Routledge, 116-152.

Gollin, Michael A. (2008). *Driving Innovation: Intellectual Property Strategies for a Dynamic World*. Cambridge, UK: Cambridge University Press.

Gomes-Casseres, Benjamin (1996). *The Alliance Revolution: The New Shape of Business Rivalry*, Boston: Harvard Business School Publishing.

Gort, Michael e Klepper, Steven (1982). "Time paths in the diffusion of product innovations", *Economic Journal*, 92(367): 630-653.

Gould, David M. e Gruben William C. (1996). "The role of intellectual property rights in economic growth", *Journal of Development Economics*, 48(2): 323-350.

Graham, Bradley (1978). "World of venture capitalists becomes more complicated", *Washington Post*, October 1, M1.

Granovetter, Mark (1985). "Economic action and social structure: the problem of embeddedness", *American Journal of Sociology*, 91(3): 481-510.

Granstrand, Ove, Patel, Pari e Pavitt, Keith (1997). "Multi-technology corporations: why they have "distributed" rather than "distinctive" core competences", *California Management Review*, 39(4): 8-25.

Grant, Robert M. (1996). "Toward a knowledge-based theory of the firm", *Strategic Management Journal*, 17(Winter): 109-122.

Grant, Robert M. (2012). "Eastman Kodak: meeting the digital challenge", *Contemporary Strategy Analysis: Text and Cases*. Hoboken, NJ: Wiley, 591-612.

Grant, Robert M. e Baden-Fuller, Charles (2004). "A knowledge accessing theory of strategic alliances", *Journal of Management Studies*, 41(1): 61-84.

Griffin, Abbie (1997). "PDMA research on new product development practices: updating trends and benchmarking best practices", *Journal of Product Innovation Management*, 14(7): 429-458.

Griffths, Dorothy, Boisot, Max, e Mole, Veronica (1998). "Strategies for managing knowledge assets: A tale of two companies", *Technovation*, 18(8-9): 529-539.

Griliches, Zvi (1990). "Patent statistics as economic indicators: a survey", *Journal of Economic Literature*, 28(4): 1661-1707.

Grimpe, Christoph e Sofia, Wolfgang (2009). "Search patterns and absorptive capacity: Low- and high-technology sectors in European countries", *Research Policy*, 38(3): 495-506.

Grindley, Peter C. e Teece, D. (1997). "Managing intellectual capital: licensing and cross-licensing in semiconductors and electronics", *California Management Review*, 39(2): 8-41.

Groen, Aard J. e Linton, Jonathan D. (2010). "Is open innovation a field of study or a communication barrier to theory development?", *Technovation*, 30(11-12): 554.

Grönlund, Johann, Rönnberg Sjödin, David e Frishammar, Johann (2010). "Open innovation and the Stage-Gate process: A revised model for new product development", *California Management Review*, 52(3): 106-131.

Gronum, Sarel, Verreynne, Martie-Louise e Kastelle, Tim (2012). "The role of networks in small and medium-sized enterprise innovation and firm performance", *Journal of Small Business Management*, 50(2): 257-282.

Grove, Andrew S. (1996). *Only the Paranoid Survive: How to Exploit the Crisis Points at Challenge Every Company and Career*. New York: Doubleday.

Gruber, Mark e Henkel, Joachim (2006). "New ventures based on open innovation—an empirical analysis of start-up firms in embedded Linux", *International Journal of Technology Management*, 33(4): 356-372.

Gruner, Kjell E. e Homburg, Christian (2000). "Does customer interaction enhance new product success?", *Journal of Business Research*, 49(1): 1-14.

Grunwald, Roman e Kieser, Alfred (2007). "Learning to reduce interorganizational learning: an analysis of architectural product innovation in strategic alliances", *Journal of Product Innovation Management*, 24(4): 369-391.

Gulati, Ranjay e Nickerson, Jack A. (2008). "Interorganizational trust, governance choice, and exchange performance", *Organization Science*, 19(5): 688–708.

Gulati, Ranjay (1995). "Does familiarity breed trust? The implications of repeated ties for contractual choice in alliances", *Academy of Management Journal*, 38(1): 85–112.

Gupta, Anil K., Tesluk, Paul E. e Taylor, M. Susan (2007). "Innovation at and across multiple levels of analysis", *Organization Science*, 18(6): 885–897.

Gutierrez, Horacio (2008). "Microsoft's Collaboration Imperative", *Intellectual Asset Management*, 29: 9–15.

Hackett, Sean M. e Dilts, David M. (2004). "A systematic review of business incubation research", *Journal of Technology Transfer*, 29(1): 55–82.

Hafkesbrink, Joachim, Hoppe, H. Ulrich e Schlichter, Johann (eds.) (2010). *Competence Management for Open Innovation*. Lohmar, Germany: Eul Verlag.

Hagedoorn, John (1993). "Understanding the rationale of strategic technology partnering: interorganizational modes of cooperation and sectoral differences", *Strategic Management Journal*, 14(5): 371–385.

Hagelin, Ted (2002). "New method to value intellectual property", *AIPLA Quarterly Journal*, 30(3): 353–403.

Håkanson, Lars e Nobel, Robet (2001). "Organizational characteristics and reverse technology transfer", *Management International Review*, 41(4): 395–420.

Hallawell, Arabella, MacDonald, Neil e Firstbrook, Peter (2009). "Microsoft frees up its consumer security software product", *Gartner*, 26 June, http://www.gartner.com/id=1045412.

Hambrick, Donald C. e Mason, Phyllis A. (1984). "Upper echelons: the organization as a reflection of its top managers", *Academy of Management Review*, 9(2): 193–206.

Hamel, Gary, Doz, Yves L. e Prahalad, C. K. (1989). "Collaborate with your competitors-and win", *Harvard Business Review*, 67(1): 133–139.

Hamel, Gary e Välikangas, Lisa (2003). "The Quest for Resilience", *Harvard Business Review*, 81(9): 1–13.

Hamm, Steve (2009). "The future of tech—Big Blue's Global Lab", *Business Week*, 27 August, http://www.businessweek.com/magazine/content/09_36/b4145040683083.htm.

Harhoff, Dietmar, Henkel, Joachim e von Hippel, Eric (2003). "Profiting from voluntary information spillovers: How users benefit by freely revealing their innovations", *Research Policy*, 32(10): 1753–1769.

Harrison, Debbie e Waluszewski, Alexandra (2008). "The development of a user network as a way to re-launch an unwanted product", *Research Policy*, 37(1): 115–130.

Harryson, Sigvald J. (2008). "Entrepreneurship through relationships—navigating from creativity to commercialisation", *R&D Management*, 38(1): 290–310.

Hars, Alexander e Ou, Shaosong (2002). "Working for free? Motivations for participating in open-source projects", *International Journal of Electronic Commerce*, 6(3): 25–39.

Hasan, Ifekhar e Tucci, Christopher L. (2010). "The innovation–economic growth nexus: Global evidence", *Research Policy*, 39(10): 1264–1276.

Hayek, Friedrich A. (1945). "The use of knowledge in society", *American Economic Review*, 35(4): 519–530.

Helfat, Constance, Finkelstein, Sydney, Mitchell, Will, Peteraf, Margaret A., Singh, Harbir, Teece, David J. e Winter, Sydney G. (2007). *Dynamic Capabilities: Understanding Strategic Change in Organizations*. Oxford: Blackwell.

Henkel, Joachim (2006). "Selective revealing in open innovation processes: The case of embedded Linux", *Research Policy*, 35(7): 953–969.

Henkel, Joachim, Schöberl, Simone e Alexy, Oliver (2014). "The Emergence of Openness: How firms learn selective revealing in open innovation", *Research Policy*, 43(5): 879–890.

Herzog, Phillip e Leker, Jens (2010). "Open and closed innovation—Diferent innovation cultures for diferent strategies", *International Journal of Technology Management*, 52(3–4): 322–343.

Heyman, James e Ariely, Dan (2004). "Effort for payment: a tale of two markets", *Psychological Science*, 15(11): 787–793.

Hillman, Amy J., Withers, Michael C. e Collins, Brian J. (2009). "Resource dependence theory: A review", *Journal of Management*, 35(6): 1404–1427.

Hiltzik, Michael (1999). *Dealers of Lightning: Xerox PARC and the Dawn of the Computer Age*. New York: HarperCollins.

Hoang, Ha e Rothaermel, Frank T. (2005). "The effect of general and partner-specific alliance experience on joint R&D project performance", *Academy of Management Journal*, 48(2): 332–345.

Hobday, Michael (2000). "The project-based organization: an ideal form for managing complex products and systems?", *Research Policy*, 29(7–8): 871–893.

Hollenbeck, John R., Ellis, Alexsander P. J., Humphrey, Stephen E., Garza, Adela S. e Ilgen, Daniel R. (2011). "Asymmetry in structural adaptation: the diferential impact of centralizing versus decentralizing team decision-making structures", *Organizational Behavior and Human Decision Processes*, 114(1): 64–74

Holmes, Joseph S. Jr. (2009). "Societal and economic valuation of technology-transfer deals", *Acta Astronautica*, 65(5–6): 834–840.

Hopkins, Michael M., Tidd, Joe, Nightingale, Paul e Miller, Roger (2011). "Generative and degenerative interactions: positive and negative dynamics of open, user-centric innovation in technology and engineering consultancies", *R&D Management*, 41(1): 44–60.

Hossain, Mokter (2012). "Performance and potential of open innovation intermediaries", *Procedia—Social and Behavioral Sciences*, 58: 754–764.

Howe, Jeff (2006), "The Rise of Crowdsourcing", *Wired*, 14(6): 176–183.

Howe, Jeff (2008). *Crowdsourcing: How the Power of the Crowd is Driving the Future of Business*. London: Random House Business.

Howells, Jeremy (2006). "Intermediation and the role of intermediaries in innovation", *Research Policy*, 35(5): 715–728.

Huang, Fang e Rice, John (2009). "The role of absorptive capacity in facilitating 'open innovation' outcomes: A study of Australian SMEs in the manufacturing sector", *International Journal of Innovation Management*, 13(2): 201–220.

Huizingh, Eelko K. (2011). "Open innovation: State of the art and future perspectives", *Technovation*, 31(1): 2–9.

Hurmelinna, Pia, Kyläheiko, Kalevi e Jauhiainen, Tiina (2007). "The Janus face of the appropriability regime in the protection of innovations: theoretical re-appraisal and empirical analysis", *Technovation*, 27(3): 133–144.

Huston, Larry e Sakkab, Nabil (2006). "Connect and develop: inside Procter and Gamble's new model for innovation", *Harvard Business Review*, 84(3): 58–66.

Huston, Larry e Sakkab, Nabil (2007). "Implementing open innovation", *Research-Technology Management*, 50(2): 21–25.

Iansiti, Marco e Levien Roy (2004a). *The Keystone Advantage: What The New Dynamics of Business Ecosystems Mean for Strategy, Innovation, and Sustainability*. Boston: Harvard Business School Press.

Iansiti, Marco e Levien Roy (2004b). "Strategy as ecology", *Harvard Business Review*, 82(3): 68–78.

Ihl, Christoph, Piller, Frank T. e Wagner, Phillip (2012). "Organizing for open innovation: Aligning internal structure and external knowledge sourcing", *Open Innovation: New Insights and Evidence conference*, Imperial College London, June 26. Available at SSRN: http://ssrn.com/abstract=2164766.

Ihl, Christoph, Vossen, Alexander e Piller, Frank T. (2012). "All for the money? the ambiguity of monetary rewards in firm-initiated ideation with users", SSRN Artigo preliminar, http://ssrn.com/abstract=2164763.

Immelt, Jeffrey R., Govindarajan, Vijay e Trimble, Chris (2009). "How GE is disrupting itself", *Harvard Business Review*, 87(10): 56–65.

Inauen, Matthias e Schenker-Wicki, Andrea (2011). "The impact of outside-in open innovation on innovation performance", *European Journal of Innovation Management*, 14(4): 496–520.

Inkpen, Andrew W. e Tsang, Eric W. K. (2005). "Social capital, networks, and knowledge transfer", *Academy of Management Review*, 30(1): 146–165.

Ireland, R. Duane, Hitt, Michael A. e Vaidyanath, Deepa (2002). "Alliance management as a source of competitive advantage", *Journal of Management*, 28(3): 413–441.

Iwasa, Tomoko e Odagiri, Hiroyuki (2004). "Overseas R&D, knowledge sourcing, and patenting: an empirical study of Japanese R&D investment in the US", *Research Policy*, 33(5): 807–828.

Jacobides, Michael (2003). "How do markets emerge? Organizational unbundling and vertical dis-integration in mortgage banking", Artigo preliminar, Centre for the Network Economy. London Business School. http://www.london.edu/facultyandresearch/research/docs/sim18.pdf.

Jacobides, Michael G. e Billinger, Stephan (2006). "Designing the boundaries of the firm: From 'Make, buy, or ally' to the dynamic benefits of vertical architecture", *Organization Science*, 17(2): 249–261.

Jacobides, Michael G., Knudsen, Thorbjørn e Augier, Mie (2006). "Benefiting from innovation: Value creation, value appropriation and the role of industry architectures", *Research Policy*, 35(8): 1200–1221.

Jaffe, Adam B. (1986). "Technological opportunity and spillovers of R&D: evidence from firms' patents, profits, and market value", *American Economic Review*, 76(5): 984–1001.

Jaffe, Adam B., Trajtenberg, Manuel e Henderson, Rebecca (1993). "Geographic localization of knowledge spillovers as evidenced by patent citations", *Quarterly Journal of Economics*, 108(3): 577-598.

Jansen, Justin J. P., van den Bosch, Frans A. J. e Volberda, Henk W. (2005). "Managing potential and realized absorptive capacity: how do organizational antecedents matter?", *Academy of Management Journal*, 48(6): 999-1015.

Jansen, Karen J. (2000). "The emerging dynamics of change: resistance, readiness, and momentum", *Human Resource Planning*, 23(2): 53-55.

Jansen, Karen J. (2004). "From persistence to pursuit: a longitudinal examination of momentum during the early stages of strategic change", *Organization Science*, 15(3): 276-294.

Jensen, Michael C. (1986). "Agency costs of free cash how, corporate finance, and takeovers", *American Economic Review*, 76(2): 323-329.

Jensen, Michael C. (1989). "Eclipse of the public corporation", *Harvard Business Review*, 67(5): 61-75.

Jensen, Richard e Thursby, Marie (2001). "Proofs and prototypes for sale: the licensing of university inventions", *American Economic Review*, 91(1): 240-259.

Jeppesen, Lars Bo e Frederiksen, Lars (2006). "Why do users contribute to firm-hosted user communities? The case of computer-controlled music instruments", *Organization Science*, 17(1): 45-63.

Jeppesen, Lars Bo e Lakhani, Karim R. (2010). "Marginality and problem solving effectiveness in broadcast search", *Organization Science*, 21(4): 1016-1033.

Jones, Candace, Hesterly, William S. e Borgatti, Stephen P. (1997). "A general theory of network governance: exchange conditions and social mechanisms", *Academy of Management Review*, 22(4): 911-945.

Kahn, Kenneth B., Barzak, Gloria e Moss, Roberta (2006). "Perspective: establishing an NPD best practices framework", *Journal of Product Innovation Management*, 23(2): 106-116.

Karim, Samina e Mitchell, Will (2000). "Path-dependent and path-breaking change: reconfiguring business resources following acquisitions in the US medical sector 1978-1995", *Strategic Management Journal*, 21(10-11): 1061-1081.

Katila, Rita, Rosenberger, Jeff D. e Eisenhardt, Katkhleen M. (2008). "Swimming with sharks: technology ventures, defense mechanisms and corporate relationships", *Administrative Science Quarterly*, 53(2): 295-332.

Katz, Ralph e Allen, Thomas J. (1982). "Investigating the Not Invented Here (NIH) syndrome: A look at the performance, tenure, and communication patterns of 50 R&D Project Groups", *R&D Management*, 12(1): 7-20.

Kawasaki, Guy (1990). The Macintosh Way, Glenview, Ill.: Scott, Foresman.

Keil, Thomas (2004). "Building external corporate venturing capability", *Journal of Management Studies*, 41(5): 799-825.

Kennedy, Jason (2012). "Linux unites with android, adds business-friendly features", *PCWorld*, March 19, URL: http://www.pcworld.com/article/252137/linux_unites_with_android_adds_business_friendly_features.html.

Kenney, Martin e Patton, Donald (2009). "Reconsidering the Bayh-Dole act and the current university invention ownership model", *Research Policy*, 38(9): 1407-1422.

Kenney, Martin e Pon, Bryan (2011). "Structuring the smartphone industry: is the mobile internet os platform the key?", *Journal of Industry, Competition and Trade*, 11(3): 239–261.

Kerr, Clive I. V. Mortara, Letizia, Phaal, R. e Probert, D. R. (2006). "A conceptual model for technology intelligence", *International Journal of Technology Intelligence and Planning*, 2(1): 73–93.

Kessler, Eric H., Bierly, Paul E. e Gopalakrishnan, Shanthi (2000). "Internal vs. external learning in new product development: effects on speed, costs and competitive advantage", *R&D Management*, 30(3): 213–224.

King, William R. e Cleland, David I. (1983). "Life cycle management", em David I. Cleland e William R. King (eds.), *Project Management Handbook*, New York: Van Nostrand Reinhold Co.

Kinoshita, Yumiko (2011). *Service Entities in Open-Closed Innovation*. New York: NewScience Publishers Inc.

Kirschbaum, Robert (2005). "Open innovation in practice", *Research-Technology Management*, 48(4): 24–28.

Kitching, John e Blackburn, Robert (1998). "Intellectual property management in the small and medium enterprise (SME)", *Journal of Small Business and Enterprise Development*, 5(4): 327–335.

Klein, Benjamin, Crawford, Robert G. e Alchian, Armen A. (1978). "Vertical integration, appropriable rents, and the competitive contracting process", *Journal of Law and Economics*, 21(2): 297–326.

Klepper, Steven (1996). "Entry, exit, growth, and innovation over the product life cycle", *American Economic Review*, 86(3): 562–583.

Klepper, Steven (1997). "Industry Life Cycles", *Industrial and Corporate Change*, 6(1): 145–182.

Knudsen, Mette Praest (2007). "The relative importance of interfirm relationships and knowledge transfer for new product development success", *Journal of Product Innovation Management*, 24(2): 117–138.

Knudsen, Mette Praest e Mortensen, Thomas Bøtker (2011). "Some immediate—but negative—effects of openness on product development performance", *Technovation*, 31(1): 54–64.

Koberg, Christine S., Uhlenbruck, Nikolaus e Sarason, Yolanda (1996). "Facilitators of organizational innovation: The role of life-cycle stage", *Journal of Business Venturing*, 11(2): 133–149.

Koch, Felix e Coates, Nick (2010). "Rulemaking or playmaking? Implications of the emerging co-creation landscape", *ESOMAR 2010 Collection on Online Research*, Part 3: Online Cosmos: Panels, Communities and Social Networks.

Kogut, Bruce (1988). "Joint ventures: theoretical and empirical perspectives", *Strategic Management Journal*, 9(4): 319–332.

Krugman, Paul (1991). *Geography and Trade*. Cambridge, MA: MIT Press.

Kuemmerle, Walter (1997). "Building effective R&D capabilities abroad", *Harvard Business Review*, 75(2): 61–70.

Kuhn, Thomas S. (1962). *The Structure of Scientific Revolutions*. Chicago: University of Chicago Press.

Kuschel, Jonas, Remneland, Bjorn e Kuschel, Magnus Holmqvist (2011). "Open innovation and control: A case from Volvo", *International Journal of Networking and Virtual Organisations*, 9(2): 123-139.

Laffan, Liz (2011). "Open Governance Index: Measuring the true open source projects form Android to WebKit", Vision Mobile, URL: http://www.visionmobile.com/rsc/researchreports/Open%20Governance%20Index%20(VisionMobile).pdf.

Lakhani, Karim R. e von Hippel, Eric (2003). "How open source software works: 'Free' user--to-user assistance", *Research Policy*, 32(6): 923-943.

Lakhani, Karim R. e Jeppesen, Lars Bo. (2007). "Getting unusual suspects to solve R&D puzzles", *Harvard Business Review*, 85(5): 30-32.

Lakhani, Karim R., Jeppesen, Lars Bo, Lohse, Peter A. e Panetta, Jill A. (2006). "The value of openness in scientific problem solving", HBS Artigo preliminar número 07-050, Harvard University.

LaMonica, Martin (2010). "Fast EV charging stations plug in", *CNET* Oct 13. http://news.cnet.com/8301-11128_3-20019438-54.html.

Lampel, Joseph, Jha, Pushkar P. e Bhalla, Ajay (2012). "Test-driving the future: How design competitions are changing innovation", *Academy of Management Perspectives*, 26(2): 71-85.

Lane, Peter J., Koka, Balaji R. e Pathak, Seemantini (2006). "The reification of absorptive capacity: a critical review and rejuvenation of the construct", *Academy of Management Review*, 31(4): 833-863.

Langlois, Richard N. (2003). "The vanishing hand: the changing dynamics of industrial capitalism", *Industrial and Corporate Change*, 12(2): 351-385.

Langlois, Richard N. e Garzarelli, G. (2008). "Of hackers and hairdressers: modularity and the organizational economics of open—source collaboration", *Industry & Innovation*, 15(2): 125-143.

Lanjouw, Jean O. e Schankerman, Mark (2004). "Patent quality and research productivity: Measuring innovation with multiple indicators", *Economic Journal*, 114(495): 441-465.

Lanjouw, Jean O., Pakes, Ariel e Putnam Jonathan (1998). "How to count patents and value intellectual property: the uses of patent renewal and application data", *Journal of Industrial Economics*, 46(4): 405-432.

Laursen, Keld e Salter, Ammon (2004). "Searching high and low: What types of firms use universities as a source of innovation?", *Research Policy*, 33: 1201-1215.

Laursen, Keld e Salter, Ammon (2006). "Open for innovation: The role of openness in explaining innovation performance among UK manufacturing firms", *Strategic Management Journal*, 27(2): 131-150.

Laursen, Keld e Salter, Ammon (2012). "The paradox of openness: Appropriability and the use of external sources of knowledge for innovation", *Open Innovation: New Insights and Evidence conference*, Imperial College London, June 26.

Lazzarotti, Valentina e Manzini, Rafaella (2009). "Different modes of open innovation: a theoretical framework and an empirical study", *International Journal of Innovation Management*, 13(4): 615-636.

Lee, Keun, Park, Kyooho, Oh, Jun-Byoung e Kim, Jinyoung (2009). "Economics of IP in the context of shifting innovation paradigm", *WIPO Annual Report*.

Lee, Sungjoo, Park, Gwangman, Yoon, Byungun e Park, Jinwoo (2010). "Open innovation in SMEs—An intermediated network model", *Research Policy*, 39(2): 290-300.

Lehrer, Mark e Asakawa, Kazuhiro (2002). "Offshore knowledge incubation: the third path for embedding R&D labs in foreign systems of innovation", *Journal of World Business*, 37(4): 297-306.

Lehrer, Mark e Asakawa, Kazuhiro (2003). "Managing intersecting R&D social communities: A comparative study of European "knowledge incubators" in Japanese and American firms", *Organization Studies*, 24(5): 771-792.

Lehrer, Mark, Asakawa, Kazuhiro e Behnam, Michael (2011). "Home base-compensating R&D: Indicators, public policy, and ramifiations for multinational firms", *Journal of International Management*, 17(1): 42-53.

Leiponen, Aija e Byma, Justin (2009). "If you cannot block, you better run: Small firms, cooperative innovation, and appropriation strategies", *Research Policy*, 38(9): 1478-1488.

Lemley, Mark A. (2002). "Intellectual property rights and standard-setting organizations", *California Law Review*, 90(6): 1889-1980.

Lenox, Michael e King, Andrew (2004). "Prospects for developing absorptive capacity through internal information provision", *Strategic Management Journal*, 25(4): 331-345.

Leonard-Barton, Dorothy (1992). "Core capabilities and core rigidities: a paradox in managing new product development", *Strategic Management Journal*, 13(S1): 111-125.

Leonard-Barton, Dorothy (1995). *Wellsprings of knowledge: Building and sustaining the source of innovation*. Boston: Harvard Business School Press.

Lerner, Josh (1995). "Venture capitalists and the oversight of private firms", *Journal of Finance*, 50(1): 301-318.

Leten, Bart, Vanhaverbeke, Wim, Roijakkers, Nadine, Clerix, Andre e Van Helleputte, Johan (2012). "IP models to orchestrate innovation ecosystems: imec, a public research institute in nano-electronics", *California Management Review*, 55(4): 51-64.

Lettl, Christopher, Hienerth, Christoph e Gemünden, Hans Georg (2008). "Exploring how lead users develop radical innovation: opportunity recognition and exploitation in the field of medical equipment technology", *IEEE Transactions on Engineering Management*, 55(2): 219-233.

Levin, Richard C., Cohen, Wesley M. e Mowery, David C. (1985). "R&D appropriability, opportunity and market structure: new evidence on some Schumpeterian hypotheses", *American Economic Review*, 75(2): 20-24.

Levinthal, Daniel A. e March, James G. (1993). "The myopia of learning", *Strategic Management Journal*, 14(S2): 95-112.

Lewin, Kurt (1947). "Frontiers in group dynamics", *Human Relations*, 1(1): 5-41.

Liao, Jianwen Jon e Welsch, Harold (2008). "Patterns of venture gestation process: Exploring the differences between tech and non-tech nascent entrepreneurs", *Journal of High Technology Management Research*, 19(2): 103-113.

Lichtenthaler, Ulrich (2007). "The drivers of technology licensing: an industry comparison", *California Management Review*, 49(4): 67-89.

Lichtenthaler, Ulrich (2011). "Open innovation: past research, current debates, and future directions", *The Academy of Management Perspectives*, 25(1): 75-93.

Lichtenthaler, Ulrich e Ernst, Holger (2006). "Attitudes to externally organising knowledge management tasks: a review, reconsideration and extension of the NIH syndrome", *R&D Management*, 36(4): 367-386.

Lichtenthaler, Ulrich e Ernst, Holger (2008). "Innovation intermediaries: Why internet marketplaces for technology have not yet met the expectations", *Creativity and Innovation Management*, 17(1): 14-25.

Lilien, Gary L., Morrison, Pamlea D., Searls, Kathleen, Sonnack, Mary e Von Hippel, Eric (2002). "Performance assessment of the lead user idea-generation process for new product development", *Management Science*, 48(8): 1042-1059.

Lindegaard, Stefan (2010). *The Open Innovation Revolution: Essentials, Roadblocks, and Leadership Skills*. Hoboken, NJ: Wiley.

Linton, Jonathan D. (2002). "Implementation research: state of the art and future directions", *Technovation*, 22(2): 65-79.

Livne-Tarandach, Reut e Bartunek, Jean M. (2009). "A new horizon for organizational change and development scholarship connecting planned and emergent change", *Research in Organizational Change and Development*, 17: 1-35.

Lopez-Vega, Henry (2009). "How demand-driven technological systems of innovation work? The role of intermediary organizations", *DRUID-DIME Academy PhD Conference*, Economics and Management of Innovation, Technology and Organizational Change, 1-35.

Lopez, Henry e Vanhaverbeke, Wim (2009). "How innovation intermediaries are shaping the technology market? An analysis of their business model", Artigo preliminar. Disponível em: http://mpra.ub.uni-muenchen.de/27016.

Lundvall, Bengt-Åke (ed.) (1992). *National Systems of Innovation: Towards a theory of Innovation and Interactive Learning*. London: Pinter.

Lunn, John e Martin, Stephen (1986). "Market structure, firm structure, and research and development", *Quarterly Review of Economic and Business*, 26(1): 31-44.

Lüttgens, Dirk, Pollok, Patrick, Antons, David e Piller, Frank (2014). "Wisdom of the crowd and capabilities of the few: internal success factors of crowdsourcing for innovation", *Journal of Business Economics*, 84(3): 339-374.

Lyons, Andrew C., Coronado Mondragon, Adrian E., Piller, Frank e Poler, Raúl (2012). *Customer-Driven Supply Chains: From Glass Pipelines to Open Innovation Networks*. London: Springer.

Ma, Chaoqun, Yang, Zhi, Yao, Zheng, Fisher, Greg e Fang, Eric (2012). "The effect of strategic alliance resource accumulation and process characteristics on new product success: Exploration of international high-tech strategic alliances in China", *Industrial Marketing Management*, 41(3): 469-480.

Maarse, Johann Henk e Bogers, Marcel (2012). "An integrative model for technology-driven innovation and external technology commercialization", em Carmen de Pablos Heredero e David López (eds.). *Open Innovation at Firms and Public Administrations: Technologies for Value Creation*. Hershey, PA: IGI Global, 59-78.

Macpherson, Allan e Holt, Robin (2007). "Knowledge, learning and small firm growth: A systematic review of the evidence", *Research Policy*, 36(2): 172-192.

Madhok, Anoop (1997). "Cost, value and foreign market entry mode: the transaction and the firm", *Strategic Management Journal*, 18(1): 39-61.

Madhok, Anoop e Tallman, Stephen B. (1998). "Resources, transactions and rents: Managing value through interfirm collaborative relationships", *Organization Science*, 9(3): 326-339.

Malerba, Franco e Orsenigo, Luigi (1997). "Technological regimes and sectoral patterns of innovative activities", *Industrial and Corporate Change*, 6(1): 83-118.

Malone, Michael S. (1999). *Infinite Loop: How the World's Most Insanely Great Computer Company Went Insane*. New York: Currency/Doubleday.

Manceau, Delphine, Moatti, Valérie, Fabbri, Julie, Kaltenbach, Pierre-François e Bagger-Hansen, Line (2011). "Open Innovation. What's behind the buzzword?", Artigo preliminar, i7 Institute for Innovation and Competitiveness, ESCP Europe.

Markham, Stephen K., Gentry, Stuart T., Hume, David, Ramachandran, Ram e Kingon, Angus I. (2005). "Strategies and Tactics for External Corporate Venturing", *Research Technology Management*, 48(2): 49-59.

Markus, M. Lynne (2007). "The governance of free/open source software projects: monolithic, multidimensional, or configurational?", *Journal of Management & Governance*, 11(2): 151-163.

Maskus, Keith E. e Reichman, Jerome H. (2004). "The Globalization of private knowledge goods and the privatization of global public goods", *Journal of International Economic Law*, 7(2): 279-320.

Mathews, John A. (2002). *Dragon Multinational: A New Model of Global Growth*. New York: Oxford University Press.

Maula, Markku V. J., Autio, Erkko e Murray, Gordon C. (2009). "Corporate venture capital and the balance of risks and rewards for portfolio companies", *Journal of Business Venturing*, 24(3): 274-286.

Maula, Markku, Keil, Thomas e Salmenkaita, Jukka-Pekka (2006). "Open innovation in systemic innovation contexts", em Henry Chesbrough, Wim Vanhaverbeke e Joel West (eds.). *Open Innovation: Researching a New Paradigm*. Oxford: Oxford University Press, 241-257.

Mazzoleni, Roberto e Nelson, Richard R. (1998). "The benefits and costs of strong patent protection: a contribution to the current debate", *Research Policy*, 27(3): 273-284.

McGrath, Rita e Nerkar, Atul (2004). "Real options reasoning and a new look at the R&D investment strategies of pharmaceutical firms", *Strategic Management Journal*, 25(1): 1-21.

McGrath, Rita e MacMillan, Ian C. (2009). *Discovery Driven Growth: A Breakthrough Process to Reduce Risk and Seize Opportunity*. Boston, Mass: Harvard Business Press.

Meehan, William F. III e Koehane, Georgia Levenson (2012). "Ashoka: Innovators for the Public", Stanford Graduate School of Business, caso número SM203.

Meijer, Elise (2012). *Team performance in R&D alliances: A micro-level perspective*. Tese de doutoramento não publicada, Eindhoven University of Technology.

Melese, Teri, Lin, Salima M., Chang, Julia L. e Cohen, Neal H. (2009). "Open innovation networks between academia and industry: an imperative for breakthrough therapies", *Nature Medicine*, 15(5): 502-507.

Ménière, Yann (2012). "The market for patents: a quantitative analysis for patent ownership transfers based on the European and French Registers". Apresentação feita na 7ª Annual EPIP Conference. IP in Motion. Leuven, September 28.

Merges, Robert P. (1999). "Institutions for intellectual property transactions", Artigo preliminar, Bolt School of Law, U. C. Berkeley, https://2048.berkeley.edu/files/pools.pdf.

Mesquita, Luiz F. (2007). "Starting over when the bickering never ends: Rebuilding aggregated trust among clustered firms through trust facilitators", *Academy of Management Review*, 32(1): 72-91.

Millien, Raymond e Laurie, Ron (2007). "A summary of established and emerging IP business models", URL: https://vcexperts.com/buzz_articles/592.

Minbaeva, Dana B. (2005). "HRM practices and MNC knowledge transfer", *Personnel Review*, 34(1): 125-144.

Minshall, Tim, Kouris, Stefan, Mortara, Letizia e Weiss, David (2014). "Developing infrastructure to support open innovation: Analysis of case studies in the East of England", *International Journal of Innovation & Technology Management*, 11(1).

Möller, Krisitan, Rajala, Risto e Westerlund, Mika (2008). "Service innovation myopia? a new recipe for client-provider value creation", *California Management Review*, 50(3): 31-48.

Moore, James F. (1993). "Predators and prey: a new ecology of competition", *Harvard Business Review*, 71(3): 75-86.

Moore, James F. (1996). *The Death of Competition: Leadership and Strategy in the Age of Business Ecosystems*. New York: HarperBusiness.

Morgan, Keegan (2006). *Navigating the 7 C's of Security As Industry Shiffits from Infrastructure to Information Security*. Morgan Keegan & Company, July 21.

Morgan, Stanley (2005). "Security Software Data—The Next Perimeter of Defence", Morgan Stanley, January 5.

Mortara, Letizia (2010a). *Getting Help With Open Innovation*. Cambridge: University of Cambridge Press.

Mortara, Letizia (2010b). "The role of intermediaries", *White paper*. Center for Technology Management. Cambridge University.

Mortara, Letizia, Slacik, Imke, Napp, Johann J. e Minshall, Tim (2010). "Implementing Open Innovation: cultural issues", *International Journal of Entrepreneurship and Innovation Management*, 11(4): 369-397.

Mortara, Letizia, Thomson, Ruth, Moore, Chris, Armara, Kalliopi, Kerr, Clive, Phaal, Robert e Probert, David (2010). "Developing a technology intelligence strategy at Kodak european research: scan and target", *Research—Technology Management*, 53: 27-38.

Mortara, Letizia e Minshall, Tim (2011). "How do large multinational corporations implement Open Innovation?", *Technovation*, 31(10-11): 586-597.

Mortara, Letizia, Ford, Simon J. e Jaeger, Manuel (2013). "Idea competitions under scrutiny: acquisition, intelligence or public relation mechanism?", *Technological Forecasting & Social Change*, 80(8): 1563-1578.

Moschella, David C. (1997). *Waves of Power: Dynamics of Global Technology Leadership*, 1964-2010. New York: AMACOM.

Mowery, David C. (2009). "Plus ça change: Industrial R&D in the 'third industrial revolution'", *Industrial and Corporate Change*, 18(1): 1-50.

Mowery, David C., Oxley, Joanne E. e Silverman, Brian S. (1996). "Strategic alliances and interfirm knowledge transfer", *Strategic Management Journal*, 17(Winter): 77-91.

Mudambi, Susan M. e Tallman, Stephen (2010). "Make, buy or ally? Theoretical perspectives on knowledge process outsourcing through alliances", *Journal of Management Studies*, 47(8): 1434–1456.

Müller-Seitz, Gordon e Sydow, Jorg (2012). "Open innovation at the interorganizational network level—Collaborative Practices in a Semiconductor Industry Consortium", *Open Innovation: New Insights and Evidence conference*, Imperial College London, June 25.

Müller-Stewens, Günther e Lechner, Christoph (2005). *Strategisches Management*, 3rd ed. Stuttgart: Schäffer-Poeschel Verlag.

Muller, Amy e Hutchins, Nate (2012). "Open innovation helps Whirlpool Corporation discover new market opportunities", *Strategy and Leadership*, 40(4): 36–42.

Murray, Fiona e O'Mahony, Siobhán (2007). "Exploring the foundations of cumulative innovation: Implications for organization science", *Organization Science*, 18(6): 1006–1021.

Murray, Robin, Caulier-Grice, Julie e Mulgan, Geoff (2010). *The Open Book of Social Innovation*. NESTA, The Young Foundation.

Nakagaki, Paul, Aber, Josh e Fetterhoff, Terry (2012). "The challenges in implementing open innovation in a global innovation-driven corporation", *Research Technology Management*, 55(4): 32–38.

Nambisan, Satish e Sawhney, Mohanbir (2007). *The Global Brain: Your Roadmap for Innovating Faster and Smarter in a Networked World*. Filadélfia: Wharton School Publishing.

Nambisan, Satish e Sawhney, Mohanbir (2011). "Orchestration process in network-centric innovation: Evidence from the field", *Academy of Management Perspectives*, 25(3): 40–57.

Nambisan, Satish, Bacon, John e Throckmorton, James (2012). "The role of the innovation capitalist in open innovation a case study and key lessons learned", *Research-Technology Management*, 55(3): 49–57.

Narula, Rajneesh (2004). "R&D collaboration by SMEs: New opportunities and limitations in the face of globalization", *Technovation*, 24(2): 153–161.

NSF (2006). *Survey of Industrial Research and Development*, Division of Science Resource Studies, National Science Foundation.

Nelson, Richard R. (1959). "The simple economics of basic scientific research", *Journal of Political Economy*, 67(3): 297–306.

Nelson, Richard R. (1993). *National Innovation Systems: A Comparative Analysis*. New York: Oxford University Press.

Nelson, Richard R. e Phelps, Edmund S. (1966). "Investment in humans, technological difusion, and economic growth", *American Economic Review*, 56(1–2): 69–75.

Ng, Irene C. L e Yip, Nick (2010). "Theoretical foundations in the pricing of intermediating services: the case of mobile phone payments", *Journal of Revenue and Pricing Management*, 9(3): 1–16.

Nieto, Maria Jesús e Santamaría, Lluis (2007). "The importance of diverse collaborative networks for the novelty of product innovation", *Technovation*, 27(6–7): 367–377.

Nobel, Robert e Birkinshaw, Julian (1998). "Innovation in multinational corporations: Control and communication patterns in international R&D operations", *Strategic Management Journal*, 19(5): 479–496.

Nonaka, Ikujiro e Takeuchi, Hirotaka (1995). *The Knowledge Creating Company: How Japanese Companies Create the Dynamics of Innovation*. New York: Oxford University Press.

Nooteboom, Bart, Vanhaverbeke, Wim, Duysters, Geert, Gilsing, Victor e van den Oord, Ad. (2007). "Optimal cognitive distance and absorptive capacity", *Research Policy*, 36(7): 1016–1034.

Normann, Richard e Ramirez, Rafael (1993). "From value chain to value constellation: designing interactive strategy", *Harvard Business Review*, 71: 65–65.

Northam, Phil (ed.) (2006). *How Smartphones Work: Symbian and the Mobile Phone Industry*, Chichester, UK: Wiley.

O'Hern, Matthew S. e Rindfleisch, Aric (2009). "Customer co-creation: a typology and research agenda", em: Naresh K. Malhotra (ed.): *Review of Marketing Research*, vol. 6, Armonk, NY: M.E. Sharpe, 84–106.

OECD (2008). *Open Innovation in Global Networks*. Paris: Organisation for Economic Co-operation and Development.

OECD (2009). *The Impact of the Global Crisis on SME and Entrepreneurship Financing and Policy Response*. Paris: Organisation for Economic Co-operation and Development.

Orlowski, Andrew (2011). "Symbian's secret history: Davies on what went right (and wrong)", *The Register*Jan. 12, URL: http://www.theregister.co.uk/2011/01/12/symbian_history_part_three_charles_davies_interview/p.

Osterwalder, Alexander e Pigneur, Yves (2009). *Business Model Generation. A Handbook for Visionaries, Game Changers, and Challengers*. Hoboken, NJ: Wiley.

Oxley, Joanne E. (1997). "Appropriability hazards and governance in strategic alliances: A transaction cost approach", *Journal of Law, Economics, and Organization*, 13(2): 387–409.

Paasi, Jaako, Luoma, Tuja, Valkorari, Katri e Lee, Nari (2010). "Knowledge and intellectual property management in customer-supplier relationship", *International Journal of Innovation Management*, 14 (4): 629–654.

Page, Albert L. (1993). "Assessing new product development practices and performance: establishing crucial norms", *Journal of Product Innovation Management*, 10(4): 273–290.

Parida, Vinit, Westerberg, Mats e Frishammar, Johan (2012). "Inbound open innovation activities in high-tech SMEs: The impact on innovation performance", *Journal of Small Business Management*, 50(2): 283–309.

Park, Choelsoon (2002). "The effects of prior performance on the choice between related and unrelated acquisitions: implications for the performance consequences of diversification strategy", *Journal of Management Studies*, 39(7): 1003–1019.

Parker, Geoffrey G. e van Alstyne, Marshall (2005). "Two-sided network effects: A theory of information product design", *Management Science*, 51(10): 1494–1504.

Patel, Pari e Pavitt, Keith (1991). "Large firms in the production of the world's technology: An important case of 'Non-Globalisation'", *Journal of International Business Studies*, 22(1): 1–21.

Pavitt, K. (2002). "Innovating routines in the business firm: What corporate tasks should they be accomplishing?", *Industrial and Corporate Change*, 11(1): 117–133.

Pellegrini, Luisa, Lazzarotti, Valentina e Pizzurno, Emanuele (2012). "From outsourcing to Open Innovation: A case study in the oil industry", *International Journal of Technology Intelligence and Planning*, 8(2): 182–196.

Penin, Julien (2005). "Patents versus ex post rewards: A new look", *Research Policy*, 34(5): 641-656.

Penner-Hahn, Joan e Shaver, J. Myles (2005). "Does international research and development increase patent output? An analysis of Japanese pharmaceutical firms", *Strategic Management Journal*, 26(2): 121-140.

Perkmann, Marcus e Walsh, Kathryn (2007). "University-industry relationships and open innovation: Towards a research agenda", *International Journal of Management Reviews*, 9(4): 259-280.

Persson, Magnus (2006). "The impact of operational structure, lateral integrative mechanisms and control mechanisms on intra-MNE knowledge transfer", *International Business Review*, 15(5): 547-569.

Petrash, Gordon (1997). "Intellectual asset management at Dow Chemical", em Patrick H. Sullivan (ed.) *Profiting from Intellectual Capital: Extracting Value from Innovation*. New York: Wiley.

Petroni, Giorgio, Venturini, Karen e Verbano, Chiara (2012). "Open innovation and new issues in R&D organization and personnel management", *International Journal of Human Resource Management*, 23(1): 147-173.

Pettigrew, Andrew M. (1990). "Longitudinal field research on change: theory and practice", *Organization Science*, 1(3): 267-292.

Pfeffer, Jeffrey (1987). "A resource dependence perspective on intercorporate relations", em Mizruchi, Mark S. e Schwartz, Michael. *Intercorporate Relations: The Structural Analysis of Business*. Cambridge: Cambridge University Press, 25-55.

Pfeffer, Jeffrey e Salancik, Gerald R. (1978). *The External Control of Organizations*. New York: Harper and Row.

Pfeffermann, Nicole (2011a). "The scent of innovation: towards an integrated management concept for visual and scent communication of innovation", em Michael Hülsmann e Nicole Pfeffermann (eds.), *Strategies and Communications for Innovations: An Integrative Management View for Companies and Networks*, Berlim: Springer, 163-181.

Pfeffermann, Nicole (2011b). "Innovation communication as a cross-functional dynamic capability: strategies for organisations and networks", em Michael Hülsmann e Nicole Pfeffermann (eds.), *Strategies and Communications for Innovations: An Integrative Management View for Companies and Networks,* Berlim: Springer: 257-290.

Philpott, Kevin, Dooley, Lawrence, O'Reilly, Caroline e Lupton, G. (2011). "The entrepreneurial university: Examining the underlying academic tensions", *Technovation*, 31(4): 161-170.

Piller, Frank T. e Walcher, Dominik (2006). "Toolkits for idea competitions: A novel method to integrate users in new product development", *R&D Management*, 36(3): 307-318.

Piller, Frank, Ihl, Christoph e Vossen, Alexander (2011). "Customer co-creation: open innovation with customers", em Volker Wittke e Heidemarie Hanekop (eds.), *New Forms of Collaborative Innovation and Production on the Internet: An Interdisciplinary Perspective*, Göttingen: Universitätsverlag Göttingen, 31-61.

Piller, Frank, Vossen, Alexander e Ihl, Christoph (2012). "From social media to social product development: the impact of social media on co-creation of innovation". *Die Unternehmung*, 65(1): 7-27.

Pinto, Jeffrey K. e Prescott, John E. (1988). "Variations in critical success factors over the stages in the project life cycle", *Journal of Management*, 14(1): 5-18.

Pisano, Gary P. (1990). "The R&D boundaries of the firm: An empirical analysis", *Administrative Science Quarterly*, 35(1): 153-176.

Pisano, Gary P. e Teece, David J. (2007). "How to capture value from innovation: shaping intellectual property and industry architecture", *California Management Review*, 50(1): 278-296.

Pisano, Gary P. e Verganti, Roberto (2008). "Which kind of collaboration is right for you?", *Harvard Business Review*, 86 (12): 78-86.

Podmetina, Daria, Volchek, Daria, Dabrowska, Justina e Fiegenbaum, Irina (2013). "Human resource practices and open innovation", *International Journal of Innovation Management*, 17(5).

Poetz, Marion K. e Prügl, Reinhard (2010). "Crossing domain-specific boundaries in search of innovation: exploring the potential of pyramiding", *Journal of Product Innovation Management*, 27(6): 897-914.

Poetz, Marion K. e Schreier, Martin (2012). "The value of crowdsourcing: can users really compete with professionals in generating new product ideas?", *Journal of Product Innovation Management*, 29(2): 245-256.

Poot, Tom, Faems, Dries e Vanhaverbeke, Wim (2009). "Toward a dynamic perspective on open innovation: a longitudinal assessment of the adoption of internal and external innovation strategies in the Netherlands", *International Journal of Innovation Management*, 13, 177-200.

Porter, Michael E. (1980). *Competitive Strategy*. New York: Free Press.

Porter, Michael E. (1983). *Cases in Competitive Strategy*. New York: Free Press.

Porter, Michael E. (1985). *Competitive Advantage: Creating and Sustaining Superior Performance*. New York: Free Press.

Porter, Michael E. (1998). "Clusters and the new economics of competition", *Harvard Business Review*, 76(6): 77-90.

Porter, Michael E. e Kramer, Mark R. (2011). "Creating shared value", *Harvard Business Review*, 89(1-2): 62-77.

Powell, Walter W. (1990). "Neither market nor hierarchy: Network forms of organization", *Research in Organizational Behavior*, 12: 295-336.

Prahalad, C. K. e Ramaswamy, Venkat (2003). *The Future of Competition: Co-Creating Unique Value with Customers*. Boston, MA: Harvard Business School Press.

Prahalad, C. K. e Ramaswamy, Venkat (2004a). "Co-creation experiences: the next practice in value creation", *Journal of Interactive Marketing*, 18(3): 5-14.

Prahalad, C. K. e Ramaswamy, Venkat (2004b). "Co-creating unique value with customers", *Strategy & Leadership*, 32(3): 4-9.

Prud'homme van Reine, Peter (2010). "Open innovation and regional growth", em Philip Cooke, Bjørn T. Asheim, Ron Boshma, Ron Martin, Dafna Schwartz e Franz Tödtling (eds.), *Handbook of Regional Innovation and Growth*, Cheltenham: UK, Edward Elgar, 391-405.

Pye, Annie e Pettigrew, Andrew (2006). "Strategizing and organizing: change as a political learning process, enabled by leadership", *Long Range Planning*, 39(6): 583-590.

Quigley, Narda R., Tesluk, Paul E., Locke, Edwin A. e Bartol, Kathryn M. (2007). "A multilevel investigation of the motivational mechanisms underlying knowledge sharing and performance", *Organization Science*, 18(1): 71–88.

Raasch, Christina, Herstatt, Cornelius e Balka, Kerstin (2009). "On the open design of tangible goods", *R&D Management*, 39(4): 382–393.

Rahman, Hakikur e Ramos, Isabel (eds.). (2011). *SMEs and Open Innovation: Global Cases and Initiatives*. Hershey, Penn.: IGI Global.

Ragatz, Gary L., Handfield, Robert B. e Scannell, Thomas V. (1997). "Success factors for integrating suppliers into new product development", *Journal of Product Innovation Management*, 14(3): 190–202.

Ragatz, Gary L., Handfield, Robert B. e Petersen, Kenneth J. (2002). "Benefits associated with supplier integration into new product development under conditions of technology uncertainty", *Journal of Business Research*, 55(5): 389–400.

Ramaswamy, Venkat e Gouillart, Francis (2010). *The Power of Co-Creation*. New York: Free Press.

Reilly, Robert F. e Schweihs, Robert P. (2004). *The Handbook of Business Valuation and Intellectual Property Analysis*. New York: McGraw-Hill.

Rhoten, Diana e Powell, Walter W. (2007). "The Frontiers of Intellectual Property: Expanded Protection versus New Models of Open Science", *Annual Review of Law and Social Science*, 3: 345–373.

Rigby, Darrell e Zook, Chris (2002). "Open-market innovation", *Harvard Business Review*, 80(10): 80–89.

Rind, Kenneth W. (1981). "The Role of Venture Capital in Corporate Development", *Strategic Management Journal*, 2(2): 169–180.

Ring, Peter Smith e Van de Ven, Andrew H. (1992). "Structuring cooperative relationships between organizations", *Strategic Management Journal*, 13(7): 483–498.

Ringberg, Torsten e Reihlen, Markus (2008). "Communication assumptions in consumer research: An alternative socio-cognitive approach", *Consumption, Markets and Culture*, 11(3): 173–189.

Rivette, Kevin G. e Kline, David (2000). *Rembrandts in the Attic. Unlocking the Hidden Value of Patents*. Boston: Harvard Business Press.

Robertson, Paul L., Casali, Gian Luca e Jacobson, David (2012). "Managing open incremental process innovation: Absorptive capacity and distributed learning", *Research Policy*, 41(5): 822–832.

Rochet, Jean-Charles e Tirole, Jean (2003). "Platform competition in two-sided markets", *Journal of the European Economic Association*, 1(4): 990–1029.

Rochet, Jean-Charles e Tirole, Jean (2006). "Two-sided markets: A progress report", *The RAND Journal of Economics*, 37(3): 645–667.

Rogers, Everett M. (1995). *Diffusion of Innovations*. 4. ed. New York: Free Press.

Rogers, Mark (2004). "Networks, firm size and innovation", *Small Business Economics*, 22(2): 141–153.

Rohrbeck, René (2010). "Harnessing a network of experts for competitive advantage: technology scouting in the ICT industry", *R&D Management*, 40(2): 169–180.

Rohrbeck, René, Hölzle, Katharina e Gemünden, Hans Georg (2009). "Opening up for competitive advantage—How Deutsche Telekom creates an open innovation ecosystem", *R&D Management*, 39 (4): 420-430.

Roper, Stephen (1999). "Modeling small business growth and profitability", *Small Business Economics*, 13(3): 235-252.

Rosenberg, Nathan (1990). "Why do firms do basic research (with their own money)?", *Research Policy*, 19(2): 165-174.

Rosenkopf, Lori, Metiu, Anca e George, Varghese, P. (2001). "From the bottom up? Technical committee activity and alliance formation", *Administrative Science Quarterly*, 46(4): 748-772.

Roser, Thorsten, Samson, Alain, Humphreys, Patrick e Cruz-Valdivieso, Eidi (2009). "New pathways to value: Co-creating products by collaborating with customers", Artigo preliminar, London School of Economics.

Rothaermel, Frank T. e Deeds, David L. (2004). "Exploration and exploitation alliances in biotechnology: A system of new product development", *Strategic Management Journal*, 25(3): 201-222.

Rothaermel, Frank T. e Hess, Andrew M. (2007). "Building dynamic capabilities: Innovation driven by individual-, firm-, and network-level effects", *Organization Science*, 18(6): 898-921.

Rothaermel, Frank T., Agung, Shanti D. e Jiang, Lin (2007). "University entrepreneurship: A taxonomy of the literature", *Industrial and Corporate Change*, 16(4): 691-791.

Rothwell, R. e Dodgson, M. (1991). "External linkages and innovation in small and medium-sized enterprises", *R&D Management*, 21(2): 125-138.

Ryu, Christopher J. (2011). "How LG electronics is transforming itself into an innovation company", em Paul Sloane (ed.). *A Guide to Open Innovation and Crowdsourcing*. London: Kogan Page, 85-90.

Salge, Torsten Oliver, Bohné, Thomas Marc, Farchi, Tomas e Piening, Erk Peter (2012). "Harnessing the value of open innovation: The moderating role of innovation management", *International Journal of Innovation Management*, 16(3): 1-26.

Sahlman, William A. (1992). "Insights from the American Venture Capital Organization", Artigo preliminar, Harvard Business School, 92-047.

Sahlman, William A. (1990). "The structure and governance of venture capital organizations", *Journal of Financial Economics*, 27(2): 473- 521.

Sakakibara, Mariko (1997). "Heterogeneity of firm capabilities and cooperative research and development: an empirical examination of motives", *Strategic Management Journal*, 18(S1): 143-164.

Sanchez, Ron (2008). "Modularity in the mediation of market and technology change", *International Journal of Technology Management*, 42(4): 331-364.

Santamaría, Lluís, Nieto, María Jesús e Barge-Gil, Andrés (2009). "Beyond formal R&D: Taking advantage of other sources of innovation in low- and medium-technology industries", *Research Policy*, 38(3): 507-517.

Savitskaya, Irina, Salmi, Pekka e Torkkeli, Marko (2010). "Barriers to open innovation: Case China", *Journal of Technology Management and Innovation*, 5(4): 10-21.

Sawhney, Mohanbir e Prandelli, Emanuela (2000). "Beyond customer knowledge management: customers as knowledge co-creators", em Yogesh Malhotra (ed.), *Knowledge Management and Virtual Organizations*, Hershey, Penn.: Idea Group, 258-282.

Sawhney, Mohanbir, Verona, Gianmario e Prandelli, Emanuela (2005). "Collaborating to create: the Internet as a platform for customer engagement in product innovation", *Journal of Interactive Marketing*, 19(4): 4–17.

Schiele, Holger (2010). "Early supplier integration: the dual role of purchasing in new product development", *R&D Management*, 40(2): 138–153.

Schildt, Henri, Maula, Markku, V. J. e Keil, Thomas (2005). "Explorative and exploitative learning from external corporate ventures", *Entrepreneurship theory and Practice*, 29(4): 493–515.

Schlegelmilch, Bodo B., Ambos, Björn e Chini, Tina C. (2003). "Are you ready to learn from your offshore afiliates?", *European Business Forum*, 16: 50–54.

Schroll, Alexander e Mild, Andreas (2012). "A critical review of empirical research on open innovation adoption", *Journal für Betriebswirtschaft*, 62(2): 85–118.

Schulze, Anja e Hoegl, Martin (2008). "Organizational knowledge creation and the generation of new product ideas: A behavioral approach", *Research Policy*, 37(10): 1742–1750.

Schweitzer, Fiona M., Gassmann, Oliver e Gaubinger, Kurt (2011). "Open innovation and its effectiveness to embrace turbulent environments", *International Journal of Innovation Management*, 15(6): 1191–1207.

Selzer, Larry (2006). "Vista, Security Check: This Time Microso&Means Business", *eWeek*, May 29, (http://www.eweek.com/c/a/Security/Vista-Security-Check-this-Time-Microso&-Means-Business/).

Senge, Peter M. (1990). *The Fifth Discipline: The Art and Practice of the Learning Organization*. New York: Doubleday.

Serrano, Carlos J. (2006). "The market for intellectual property: Evidence from the transfer of patents", Artigo preliminar, University of Minnesota.

SG Cowen (2004). "McAfee—Initiating Coverage", SG Cowen Securities Corporation (November 18, 2004).

Shah, Sonali K. (2006), "Motivation, governance, and the viability of hybrid forms in open source software development", *Management Science*, 52(7): 1000–1014.

Shah, Sonali K. e Tripsas, Mary (2007). "The accidental entrepreneur: the emergent and collective process of user entrepreneurship", *Strategic Entrepreneurship Journal*, 1(1–2): 123–140.

Shan, Weijan, Walker, Gordon e Kogut, Bruce (1994). "Interfirm cooperation and startup innovation in the biotechnology industry", *Strategic Management Journal*, 15(5): 387–394.

Shane, Scott, Shane Venkataraman e Ian MacMillan (1995). "Cultural differences in innovation championing strategies", *Journal of Management*, 21(5): 931–952.

Shapiro, Carl e Varian, Hal R. (1999). *Information Rules: A Strategic Guide to the Network Economy*. Boston: Harvard Business School Press.

Sieg, Jan Henrik, Martin W. Wallin e Georg Von Krogh (2010). "Managerial challenges in open innovation: a study of innovation intermediation in the chemical industry", *R&D Management*, 40(3): 281–291.

Siegel, Robin, Siegel, Eric e MacMillan, Ian C. (1988). "Corporate venture capitalists: autonomy, obstacles and performance", *Journal of Business Venturing*, 3(3): 233–247.

Silveira, Rafael e Wright, Randall (2010). "Search and the market for ideas", *Journal of Economic Theory*, 145(4): 1550–1573.

Simcoe, Tim (2006). "Open standards and intellectual property rights", em Henry Chesbrough, Wim Vanhaverbeke e Joel West (eds.), *Open Innovation: Researching a New Paradigm*. Oxford: Oxford University Press, 161-183.

Simcoe, Tim (2012). "Standard setting committees: Consensus governance for shared technology platforms", *American Economic Review*, 102(1): 305-336.

Simard, Caroline e West, Joel (2006). "Knowledge networks and the geographic locus of innovation", em Henry Chesbrough, Wim Vanhaverbeke e Joel West (eds.). *Open Innovation Researching a New Paradigm*. Oxford: Oxford University Press, 220-240.

Simon, Herbert A. (1947). *Administrative Behavior*. New York: Macmillan.

Simon, Herbert A. (2002). "Near decomposability and the speed of evolution", *Industrial and Corporate Change*, 11(3): 587-599.

Sivadas, Eugene e Dwyer, F. Robert (2000). "An examination of organizational factors influencing new product success in internal and alliance-based processes", *Journal of Marketing*, 64(1): 31-49.

Sloane, Paul (ed.). (2011). *A Guide to Open Innovation and Crowdsourcing: Advice From Leading Experts*. London: Kogan Page.

Slowinski, Gene, Hummel, Edward, Gupta, Amitabh e Gilmont, Ernest R. (2009). "Effective practices for sourcing innovation", *Research Technology Management*, 52(1): 27-34.

Slowinski, Gene e Sahal, Matthew W. (2010). "Good practices in open innovation", *Research-Technology Management*, 53(5): 38-45.

Sminia, Harry e de Rond, Mark (2012). "Context and action in the transformation of strategy scholarship", *Journal of Management Studies*, 49(7): 1329-1349.

Sofka, Wolfgang e Grimpe, Christoph (2010). "Specialized search and innovation performance—evidence across Europe", *R&D Management*, 40(3): 310-323.

Song, Jaeyong, Almeida, Paul e Wu, Geraldine (2003). "Learning-by-hiring: When is mobility more likely to facilitate inter-firm knowledge transfer?", *Management Science*, 49(4): 351-365.

Song, Jaeyong e Shin, Jongtae (2008). "The paradox of technological capabilities: A study of knowledge sourcing from host countries of overseas R&D operations", *Journal of International Business Studies*, 39(2): 291-303.

Song, Jaeyong, Asakawa, Kazuhiro e Chu, Youngeun (2011). "What determines knowledge sourcing from host locations of overseas R&D operations? A study of global R&D activities of Japanese multinationals", *Research Policy*, 40(3): 380-390.

Southwick, Karen (1999). *High Noon: The Inside Story of Scot McNealy and the Rise of SunMicrosystems*. New York: Wiley.

Spaeth, Sebastian, Stuermer, Matthias e von Krogh, Georg (2010). "Enabling knowledge creation through outsiders: towards a push model of open innovation", *International Journal of Technology Management*, 52(3-4): 411-431.

Spithoven, André, Clarysse, Bart e Knockaert, Mirjam (2010). "Building absorptive capacity to organise inbound open innovation in traditional industries", *Technovation*, 31(1): 130-141.

Spithoven, André, Teirlinck, Peter e Frantzen, Dirk (2012). *Managing Open Innovation: Connecting the Firm to External Knowledge*. Cheltenham: Edward Elgar.

Spithoven, André, Vanhaverbeke, Wim e Roijakkers, Nadine (2013). "Open innovation practices in SMEs and large enterprises", *Small Business Economics*, 41(3): 537–552.

Spradlin, Dwayne. (2012). "Are you solving the right problem? Asking the right questions is crucial", *Harvard Business Review*, 90(9): 84–101.

Staber, Udo (2007). "Contextualizing research on social capital in regional clusters", *International Journal of Urban and Regional Research*, 31(3): 505–521.

Staudenmayer, Nancy, Tripsas, Mary e Tucci, Chris L. (2000). "Development Webs: A new paradigm for product development", em Rudi K. F. Bresser, Michael A. Hitt, Robert D. Nixon e Dieter Heuskel (eds.), *Winning Strategies in a Deconstructing World*. New York: Wiley, 135–161.

Sullivan, Patrick H. (2000). *Value Driven Intellectual Capital: How to Convert Intangible Corporate Assets into Market Value*. New York: Wiley.

Swink, Morgan, Talluri, Srinivas e Pandejpong, Temyos (2006). "Faster, better, cheaper: A study of NPD project eficiency and performance tradeoffs", *Journal of Operations Management*, 24(5): 542–562.

Sydow, Jörg, Lindkist, Lars e DeFillippi, Robert (2004). "Project based organizations, embeddedness and repositories of knowledge: editorial", *Organization Studies*, 25(9): 1475–89.

Sykes, Hollister B. (1986). "The anatomy of a corporate venturing program: factors influencing success", *Journal of Business Venturing*, 1(3): 275–293.

Symbian. (2006). "Ownership," November 11, acessado em Archive.org, original URL: http://www.symbian.com/about/overview/ownership/ownership.html.

Takahashi, Dean (2002). *Opening the XBox: Inside Microsoft's Plan to Unleash an Entertainment Revolution*. Roseville, CA: Prima.

Takeishi, Akira (2001). "Bridging inter- and intra-firm boundaries: Management of supplier involvement in automobile product development", *Strategic Management Journal*, 22(5): 403–433.

Tanriverdi, Hüseyin e Chi-Hyon Lee (2008). "Within-industry diversification and firm performance in the presence of network externalities: evidence from the software industry", *Academy of Management Journal*, 51(2): 381–397.

Tao, John e Magnotta, Vincent (2006). "How air products and chemicals identifies and accelerates", *Research Technology Management*, 49(5): 12–18.

Tapscott, Don e Williams, Anthony D. (2006). *Wikinomics: How Mass Collaboration Changes Everything*. London: Penguin.

Taptich, Brian E. (1998). "The New Startup", *Red Herring*, October: 52–56.

Taylor, Curtis R. (1995). "Digging for golden carrots: An analysis of research tournaments", *American Economic Review*, 85(4): 872–890.

Teece, David J. (1986). "Profiting from technological innovation: Implications for integration, collaboration, licensing and public policy", *Research Policy*, 15(6): 285–305.

Teece, David J. (1998). "Capturing value from knowledge assets: the new economy, markets for know-how, and intangible assets", *California Management Review*, 40(3): 55-79.

Teece, David J. (2006). "Reflections on 'profiting from innovation", *Research Policy*, 35 (8): 1131-1146.

Teece, David J. (2007). "Explicating dynamic capabilities: the nature and microfoundations of (sustainable) enterprise performance", *Strategic Management Journal*, 28(13): 1319-1350.

Teece, David J. (2008). "Dosi's technological paradigms and trajectories. Insights for economics and management", *Industrial and Corporate Change*, 17(3): 507-512.

Teece, David J., Pisano, Gary e Shuen, Amy (1997). "Dynamic capabilities and strategic management", *Strategic Management Journal*, 18(7): 509-533.

Terwiesch, Christian e Xu, Yi (2008). "Innovation contests, open innovation, and multiagent problem solving", *Management Science*, 54(9): 1529-1543.

Tether, Bruce S. (2002). "Who co-operates for innovation, and why: An empirical analysis", *Research Policy*, 31(6): 947-967.

Tether, Bruce S. e Tajar, Abdelouahid (2008). "Beyond industry–university links: Sourcing knowledge for innovation from consultants, private research organisations and the public science-base", *Research Policy*, 37(6-7): 1079-1095.

Theyel, Nelli (2012). "Open innovation — a gold mine or fool's gold for young firms?", *Academy of Management Proceedings*, 2012.

Thomke, Stefan e Sinofsky, Steven Jay (1999). "Learning from projects: note on conducting a postmortem analysis", HBS Case #N9-600-021, September 3.

Thomke, Stefan e von Hippel, Eric (2002). "Customers as innovators: a new way to create value", *Harvard Business Review*, 80(4): 74-81.

Thrift, Nigel (2006). "Re-inventing invention: New tendencies in capitalist commodification", *Economy and Society*, 35(2): 279-306.

Tirpak, Thomas M., Miller, Roger, Schwartz, Larry e Kashdan, David (2006). "R&D structure in a changing world", *Research-Technology Management*, 49(5):19-26.

Tödtling, Franz, van Reine, Peter Prud'homme e Dörhöfer, Steffen (2011). "Open innovation and regional culture-findings from di&erent industrial and regional settings", *European Planning Studies*, 19(11): 1885-1907.

Torkkeli, Marko T., Kock, Carl Joachim e Salm, Pekka A. S. (2009). "The 'Open Innovation' paradigm: A contingency perspective", *Journal of Industrial Engineering and Management*, 2(1): 176-207.

Tranekjer, Tina Lundø e Knudsen, Mette Præst (2012). "The (unknown) providers to other firms' new product development: What's in it for them?", *Journal of Product Innovation Management*, 29(6): 986-999.

Trott, Paul e Hartmann, Dap (2009). "Why 'open innovation' is old wine in new bottles", *International Journal of Innovation Management*, 13(4): 715-736.

Tsai, Kuen-Hung (2009). "Collaborative networks and product innovation performance: Toward a contingency perspective", *Research Policy*, 38(5): 765-778.

Ulrich, David e Barney, Jay B. (1984). "Perspectives in organizations: Resource dependence, efficiency, and population", *Academy of Management Review*, 9(3): 471–481.

Un, C. Annique, Cuervo-Cazurra, Alvaro e Asakawa, Kazuhiro (2010). "R&D collaborations and product innovation", *Journal of Product Innovation Management*, 27(5): 673–689.

Urban, Glen L. e Von Hippel, Eric (1988). "Lead user analyses for the development of new industrial products", *Management Science*, 34(5): 569–582.

Utterback, James M. (1994). *Mastering the Dynamics of Innovation*. Boston: Harvard Business School Press.

Uzzi, Brian (1996). "The sources and consequences of embeddedness for the economic performance of organizations: the network effect", *American Sociological Review*, 61(4): 674–698.

Van den Biesen, Jan (2008). "Open Innovation @ Philips Research, Business Symposium", Symposium on Open Innovation in Global Networks, Danish Enterprise and Construction Authority, Copenhagen, February 26, http://www.oecd.org/science/inno/40206366.pdf

van de Vrande, Vareska, Lemmens, Charmianne e Vanhaverbeke, Wim (2006). "Choosing governance modes for external technology sourcing", *R&D Management*, 36(3): 347–363.

van de Vrande, Vareska, Vanhaverbeke, Wim e Duysters, Geert (2009). "External technology sourcing: The effect of uncertainty on governance mode choice", *Journal of Business Venturing*, 24(1): 62–80.

van de Vrande, Vareska, de Jong, Jeroen P. J., Vanhaverbeke, Wim e de Rochemont, Maurice (2009). "Open innovation in SMEs: Trends, motives and management challenges", *Technovation*, 29(6–7): 423–437.

van de Vrande, Vareska, Vanhaverbeke, Wim e Gassmann, Oliver (2010). "Broadening the scope of open innovation: past research, current state and future directions", *International Journal of Technology Management*, 52(3): 221–235.

van der Borgh, Michel, Cloodt, Myriam e Romme, A. Georges L. (2012). "Value creation by knowledge-based ecosystems: evidence from a field study", *R&D Management*, 42(2): 150–169.

Van der Meer, Hans (2007). "Open Innovation—the Dutch treat: Challenges in thinking in business models", *Creativity and Innovation Management*, 16(2): 192–202.

Van de Ven, Andrew H. (1989). "Nothing is quite so practical as a good theory", *Academy of Management Review*, 14(4): 486–489.

Van Steerthem, Angie, Delcour, Fauve e De Stobbeleir, Kathleen (2013). "De menselijke factor in open innovatie: hoe people management open innovatie kan stimuleren" ("*The human factor in open innovation: how people management can promote open innovation*"), *white paper*, Flanders DC Kennisstudie, Vlerick Business School.

Vanhaverbeke, Wim (2006). "The inter-organizational context of open innovation", em Henry Chesbrough, Wim Vanhaverbeke e Joel West (eds.), *Open Innovation: Researching a New Paradigm*. Oxford: Oxford University Press, 205–219.

Vanhaverbeke, Wim e Cloodt, Myriam (2006).

Vanhaverbeke, Wim (2012). *Open Innovation in SMEs: How can small companies and start-ups benefit from open innovation strategies?* Flanders District of Creativity: Leuven, Belgium.

Vanhaverbeke, Wim e Bosch, Servaas (2010). "Curana BVBA: Managing open innovation in SMEs", European Case Clearinghouse, case ECCH 810-062-1.

Vanhaverbeke, Wim e Cloodt, Myriam (2006). "Open innovation in value networks", em Henry Chesbrough, Wim Vanhaverbeke e Joel West (eds.), *Open Innovation: Researching a new paradigm*. Oxford: Oxford University Press, 258-281.

Vanhaverbeke, Wim, Du, Jingshu e von Zedtwitz, Maximilian (2013). "Managing open innovation in multinational enterprises: combining open innovation and R&D globalization literature", em Joe Tidd (ed.), *Open Innovation Research, Management and Practice*, Series on Technology Management: Volume 23, Imperial College Press, 213-233.

Vanhaverbeke, Wim, Gilsing, Victor e Duysters, Geert (2012). "Competence and governance in strategic collaboration: The differential effect of network structure on the creation of core and non-core technology", *Journal of Product Innovation Management*, 29(5): 784-802.

Vanhaverbeke, Wim e Peeters, Nico (2005). "Embracing innovation as strategy: corporate venturing, competence building and corporate strategy making", *Creativity and Innovation Management*, 14(3): 246-257.

Vanhaverbeke, Wim e Roijakkers, Nadine (2013). "The role of strategy in open innovation", em Nicole Pfeffermann, Tim Minshall e Letizia Mortara (eds.). *Strategy and Communication for Innovation: An Integrative Management View for Start-Ups, Companies and Collaborative Networks in the Open Innovation Economy*. Heidelberg: Springer Verlag, 15-25.

Vanhaverbeke, Wim, van de Vrande, Vareska e Chesbrough, Henry (2008). "Understanding the advantages of open innovation practices in corporate venturing in terms of real options", *Creativity & Innovation Management*, 17(4): 251-258.

Van Oorschot, Kim, Sengupta, Kishore, Akkermans, Henk e Van Wassenhove, Luk (2010). "Get fat fast: Surviving Stage-Gate® in NPD", *Journal of Product Innovation Management*, 27(6): 828-839.

Van Wijk, Raymond, Jansen, Justin J. P. e Lyles, Marjorie A. (2008). "Inter-and intra-organizational knowledge transfer: a meta-analytic review and assessment of its antecedents and consequences", *Journal of Management Studies*, 45(4): 830-853.

Venture Economics (1998). "Venture capital funding statistics press release", October 1. http://www.secdata.com/vepressrlse/VEpressrlse.html.

Venture One (1999). "*3Q'99 Venture Capital Financings Top 8 Billion Dollars*",November 2, http://www.v1.com/news/press/Q399PRFinancings.html.

von Hippel, Eric (1973). *An Exploratory Study of Corporate Venturing—A. New Product Innovation Strategy Used by Some Major Corporations*, Tese não publicada, Carnegie Mellon University.

von Hippel, Eric (1977). "Successful and failing internal corporate ventures: an empirical analysis", *Industrial Marketing Management*, 6(3): 163-174.

von Hippel, Eric (1988). *The Sources of Innovation*. New York: Oxford University Press.

von Hippel, Eric (1994). "Sticky information and the locus of problem solving: implications for innovation", *Management Science*, 40(4): 429-439.

von Hippel, Eric (2001). "User toolkits for innovation", *Journal of Product Innovation Management*, 18(4): 247-257.

von Hippel, Eric (2005). *Democratizing Innovation*. Cambridge, Mass.: MIT Press.

von Hippel, Eric (2007). "Horizontal innovation networks—by and for users", *Industrial & Corporate Change*, 16(2): 293-315.

von Hippel, Eric (2010). "Open user innovation", *Handbook of the Economics of Innovation*, edited by Bronwyn H. Hall e Nathan Rosenberg, Volume 1: 411-427.

von Hippel, Eric e Katz, Ralph (2002). "Shiffing innovation to users via toolkits", *Management Science*, 48(7): 821-834.

von Hippel, Eric e de Jong, Jeroen P. J. (2010). *Open, Distributed and User-Centered: Towards a Paradigm Shifts in Innovation Policy*, EIM Research Report, Number H201009, Zoetermeer, NL: EIM Business & Policy Research, URL: http://www.entrepreneurship-sme.eu/pdf-ez/H201009.pdf.

von Hippel, Eric, Ogawa, Susumu e de Jong, Jeroen P. J. (2012). "The age of consumer-innovator", *Sloan Management Review*, 53(1): 27-33.

von Hippel, Eric e von Krogh, Georg (2003). "Open source software and the 'private-collective' innovation model: Issues for organization science", *Organization Science*, 14(2): 209-223.

von Hippel, Eric e von Krogh, Georg (2006). "Free revealing and the private-collective model for innovation incentives", *R&D Management*, 36(3): 295-306.

von Krogh, Georg, Spaeth, Sebasian e Lakhani, Karim R. (2003). "Community, joining, and specialization in open source software innovation: a case study", *Research Policy*, 32(7): 1217-1241.

von Krogh, Georg, Wallin, Martin e Sieg, Jan Henrik (2012). "A problem in becoming: How firms formulate sharable problems for innovation contests", Artigo preliminar. ETH Zürich.

Vossen, Robert W. (1988). "Relative strengths and weaknesses of small firms in innovation", *International Small Business Journal*, 16(3): 88-94.

Wagner, Marcus (2011). "Growth of university-based start-ups and acquisition as an exit strategy in academic entrepreneurship: evidence from software-based ventures", *International Journal of Entrepreneurship and Small Business*, 12(4): 395-412.

Wall Street Transcript (2001). "Internet security software", Report 327, Wall Street Transcript Corporation, April 23,

Wall Street Transcript (2004a). "Security/Internet security & Identity authentication", Report 904, Wall Street Transcript Corporation, April 26.

Wall Street Transcript (2004b). "Analyst interview: Gary Spivak, Network security", Report 18485, Wall Street Transcript Corporation, May 19.

Wall Street Transcript (2004c). "CEO interview: Peter Privateer, Internet Security Systems", Report 18652, Wall Street Transcript Corporation, June 2.

Wallin, Martin W. e von Krogh, Georg (2010). "Organizing for open innovation: Focus on the integration of knowledge: Designing organizations for the 21st-century global economy", *Organizational Dynamics*, 39(2): 145-154.

Webb, David e Pettigrew, Andrew (1999). "The temporal development of strategy: patterns in the U.K. insurance industry", *Organization Science*, 10(5): 601-621.

Wernerfelt, Birger (1984). "A resource based view of the firm", *Strategic Management Journal*, 5(2): 171-180.

West, Joel (2003). "How open is open enough? melding proprietary and open source platform strategies", *Research Policy*, 32(7): 1259-1285.

West, Joel (2006). "Does appropriability enable or retard open innovation?", em Henry Chesbrough, Wim Vanhaverbeke e Joel West (eds.), *Open Innovation: Researching a New Paradigm*. Oxford: Oxford University Press, 109-133.

West, Joel (2007a). "The economic realities of open standards: black, white and many shades of gray", em Shane Greenstein e Victor Stango (eds.), *Standards and Public Policy*, Cambridge: Cambridge University Press, 87-122.

West, Joel (2007b). "What is Open Innovation?", Open Innovation Blog, Aug. 28, URL: http://blog.openinnovation.net/2007/08/what-is-open-innovation.html.

West, Joel e Dedrick, J. (2001). "Open source standardization: the rise of Linux in the network era", *Knowledge, Technology & Policy*, 14(2): 88-112.

West, Joel e Gallagher, Scott (2006a). "Challenges of open innovation: The paradox of firm investment in open-source software", *R&D Management*, 36(3): 319-331.

West, Joel e Gallagher, Scott (2006b). "Patterns of open innovation in open source software", em Henry Chesbrough, Wim Vanhaverbeke e Joel West (eds.), *Open Innovation: Researching a New Paradigm*. Oxford: Oxford University Press, 82-106.

West, Joel, Vanhaverbeke, Wim e Chesbrough, Henry (2006). "Open innovation: a research agenda", em Henry Chesbrough, Wim Vanhaverbeke e Joel West (eds.), *Open Innovation: Researching a New Paradigm*. Oxford: Oxford University Press, 285-307.

West, Joel e Lakhani, Karim R. (2008). "Getting clear about communities in open innovation", *Industry and Innovation*, 15(2): 223-261.

West, Joel e O'Mahony, Siobhán (2008). "The role of participation architecture in growing sponsored open source communities", *Industry & Innovation*, 15(2): 145-168.

West, Joel e Mace, Michael (2010). "Browsing as the killer app: Explaining the rapid success of Apple's iPhone", *Telecommunications Policy*, 34(5-6): 270-286.

West, Joel e Sims, Jonathan (2012). "Coupling firms and communities: how innovative are innovation communities, and when do firms care?", Artigo preliminar, UT Austin, McCombs School of Business.

West, Joel e Bogers, Marcel (2014). "Leveraging external sources of innovation: A review of research on open innovation", *Journal of Product Innovation Management*, 31(4): 814-831.

West, Joel e Wood, David (2013). "Evolving an open ecosystem: the rise and fall of the Symbian platform", em Ron Adner, Joanne E. Oxley e Brian S. Silverman (eds.). *Advances in Strategic Management*. Volume 30: Collaboration and Competition in Business Ecosystems: 27-67.

Westergren, Ulrika H. e Holmström, Jonny (2012). "Exploring preconditions for open innovation: Value networks in industrial firms", *Information and Organization*, 22(4): 209-226.

Wijen, Frank, Noorderhaven, Niels e Vanhaverbeke, Wim (2011). "Structural antecedents of corporate network evolution", *International Journal of Business Environment*, 4(3): 207-233.

Wikström, Solveig (1996). "Value creation by company-consumer interaction", *Journal of Marketing Management*, 12(5): 359-374.

Williamson, Oliver E. (1975). *Markets and Hierarchies: Analysis and Antitrust Implications, Study in the Economics of Internal Organization*. New York: Free Press.

Williamson, Oliver E. (1985). *The Economic Institutions of Capitalism: Firms, Markets, Relational Contracting*. New York: Free Press.

Wynarczyk, Pooran, Piperopoulos, Panagiotis e McAdam, Maura (2013). "Open innovation in small and medium-sized enterprises: An overview", *International Small Business Journal*, 31(2): 1–16.

Xu, Sean Xin, Zhu, Christina e Zhu, Kevin Xiaoguo (2012). "Why do firms adopt innovations in bandwagons? Evidence of herd behaviour in open standards adoption", *International Journal of Technology Management*, 59(1): 63–91.

Yin, Robert K. (2009). *Case Study Research: Design and Methods*. 4. ed. Thousand Oaks, CA: Sage.

Yoffie, David B. (1996). "Competing in the age of digital convergence", *California Management Review*, 38(4): 31–53.

Yost, Matthew (1994). "The state of corporate venturing: the number of active programs levels off as corporations complete shifts back to core businesses", *Corporate Venturing*, June.

Zajac, Edward J. e Olsen, Cyrus P. (1993). "From transaction cost to transactional value analysis: implications for the study of interorganizational strategies", *Journal of Management Studies*, 30(1): 131–145.

Zenger, Todd R. (1994). "Explaining organizational diseconomies of scale in R&D: the allocation of engineering talent, ideas, and effort by firm size", *Management Science*, 40(6): 708–729.

Zott, Christoph e Amit, Rafael (2007). "Business model design and the performance of entrepreneurial firms", *Organization Science*, 18(2): 181–199.

Zott, Christoph e Amit, Rafael (2008). "The fit between product market strategy and business model: implications for firm performance", *Strategic Management Journal*, 29(1): 1–26.

Índice remissivo

Páginas em negrito referem-se a tabelas e figuras.

Adams, Robert 245
Adner, Ron 89
Air Products and Chemicals (APD) 188
alianças baseadas em ações 190
alianças/parcerias estratégicas 44, 64, 93, 100-102, 167, 294
    Ver também inovação aberta acoplada
Amazon 81
Apple 102, 114, 195
    iPhone 81, 86-87, 111, 112, 116, 118, 119, 121, 122n4, 122n10
Ariely, Dan 62
Arora, Ashish 228-229, 281
Arrow, Kenneth J. 41, 232
Asakawa, Kazuhiro 193
AT&T 229
    Unix 105, 117, 118, 122n5
atividades a jusante e a montante 43, 151
atores externos **64**, 65
    seleção e recrutamento **67**, 70-71, 75

Baldwin, Carliss Y. 62
BASF 187
Better Place **81**, 88-90, 92, 95n15
Bianchi, Mattia 195
biotecnologia 101, 135, 167, **171**, 179, 230
Bogers, Marcel 43, 50, 64, 103

Boudreau, Kevin J. 75, 76n3, 312n7
Bowie, David 235
BP (née British Petroleum) 92, 265, 268
British Telecom 248, 251
    BrightStar 248-251, 262
Brunswicker, Sabine 315

cadeias de suprimento 49
    Ver também cadeias de valor
cadeias de valor:
    extração vs. inclusão 7
    fechado/linear vs. aberto/complexo 6-7
    híbrido 209-211, **210**
    integração vertical vs. integração horizontal 6, 61, 173, 180, 230
caminhos de comercialização 41, 42, 65, 73-74, 173, 178-179, 303
Cantwell, John 194
capital de risco 40, 44, 47, 119-121, 178, 188, 242, 244-246, 248, 253
CAS Software AG 184
chamada aberta, *ver crowdsourcing*
Chen, Eric 256
Chesbrough, Henry 5, 28, 29, 34, 40, 43, 47-50, 55, 60, 77-80, 103, 147, 188, 198, 228, 256, 258, 315, 318, 321, 323
Chiaroni, Davide 184

China **114**, 230

Christensen, Clayton 44

Chu, Youngeon 194

Cisco 129, 142n9

cocriação:

    colaboração com partes interessadas 66

    conceito de marketing 56, 66

    desenvolvimento de produtos/serviços 66

    iniciação da empresa 66-68, **67**

    inovação incremental vs. radical 73, 123-124

    interativo 56

    parceiros externos 71-75

    pesquisa 64, 72-76

    Ver também colaboração; *crowdsourcing*; inovação aberta acoplada; inovação do usuário; redes;

Cohen, Wesley M. 41, 182, 304

colaboração:

    alavancagem e comercialização 73-74

    alocação de recursos 69

    atores externos/parceiros **64**, 65, **67**, 69-73

    barreiras para 68

    bidirecional 65

    comunidade **64**, 65

    contratuais 72

    dentro da empresa 72

    diádico 56, **64**, 65, 69, 100-102

    escolhendo os parceiros **67**, 70-71, 75, 152

    formulação da tarefa 68-69

    intenção estratégica 65

    interativo 56, 63-64, 65-66

    modelo de processo 66-76, **67**

    motivando os participantes 69-71

    rede 64, **64**

    regras de cooperação 69

    relação empresa-ambiente 124, 131-132

    Ver também alianças estratégicas; comunidades; *crowdsourcing*; inovação aberta acoplada; inovação do usuário; redes

Collabra Software 181

comunicação e relações públicas (RP) 267-269

comunidades:

    autônomas 101

    competitivo versus cooperativo 76n4

    open source (*software* livre/de código aberto) 62, 65, 69, 87-88, 101, 103, 113

    Ver também ecossistemas empresariais; inovação do usuário; redes

ConAgra Foods 84

Cooper, Robert G. 34, 49

competência central 5, 6, 140, 301

comunidades abertas de inovação 35, 62

conhecimento:

    capacidades acessíveis, adaptativas e integrativas 183

    complementar 136, 139

    contribuição para as cadeias de valor 6

    know-how/conhecimento 6, 87, 172, 203, 240n3, 304

    local 161, 193-194

    modelo da "caixa-preta" 6, 146

    síndrome do "não inventado aqui" (NIA) 6, 68, 74, 197, 240, 270, 282

    partilhado 5-7, 58, 62, 65, 67, 232

    útil 55, 65, 227-229

    Ver também cocriação; colaboração; conhecimento; conhecimento externo; conhecimento interno; *crowdsourcing*; propriedade intelectual; P&D

conhecimento externo:

    acoplamento e comercialização 42, 52, 63-64

    alavancando 35-41, 51, 55, **67**, 190

    capacidade de absorção das empresas 35, 41, **57**, 74, 182-183, 190, 194, 270, 304-306

    equilíbrio com o conhecimento interno 302, 309

    estratégia de negócio 310

    fornecendo 85, 92, 183, 187-188, 192

    fornecendo no exterior 193-194

    papel dos intermediários e corretores 277-290, 298-299, 311nn3, 6

    pesquisando 277-290, **280**

    utilização ótima/ideal 34, 41

Ver também colaboração; comunidades; conhecimento interno; *crowdsourcing*; inovação aberta conjugada; P&D; propriedade intelectual; redes

conhecimento interno 31, 41, 52, 183, 282

    acessibilidade **81**, 87-88

    comercialização 92, 294, 295

    criação de valor 85

    equilíbrio com o conhecimento externo 302-306, 309-310

    licenciamento 145, 261, 293

    não usadas 40, 41, 81, 83-84, 145, 219, 241, 278

    rigidez do núcleo 302

    spin-off 80, 84, 145, 293, 305, 307

    Ver também inovação aberta de dentro para fora; propriedade intelectual

Coreia 187

corporações multinacionais (MNCs) 187-199, 257-276

criação e captura de valor 42, 53n9, 77, 119-121

    abordagem aberta 86-92

    baseado em eventos 6

    divisão do trabalho 80

    modelos de negócio 79-82, 99, 104, 190

    papel dos "inomediários" 277-290, 311nn3, 6

crowdsourcing 44, **57**, 66, 283

    ativado por TI 175-177, 319

    convite aberto aos participantes 70, 175, 177

    pesquisa de difusão/propagação 35, 63

    torneios e competições 68-72, 175, 268

dados abertos 50, 61

Dahlander, Linus 43, 45, 60, 62

Davies, Charles 115

Dell 59, 299

desenvolvimento de produtos:

    abordagem "*scrum*" 5

    desenvolvimento de novos produtos (DNP) 146-147, 156, 294

    modelo de Ciclo de Vida do Produto (CVP) 123-124, 131, 136, 138-139, **138**, 141

    modelo *stage-gate* 34, 49, 161n1, 294

    quatro fases (inicialização, planejamento, execução, finalização) 156

Di Minin, Alberto 195

Dittrich, Koen 103

divisão do trabalho 45, 80, 126, 130, 154

Drayton, Bill 207, 208, 212, 220n6

Dreyfuss, Rochelle 228

Drucker, Peter 220n2, 241

DuPont 81, 83

Duysters, Geert 103

Dyer, Jeffrey H. 297

ecossistemas, *ver* ecossistemas de negócio

ecossistemas de negócio 7, 44, 81, 90-92, 99-122, 131-141, **133**, 317-318

    Ver também redes

economias emergentes 195-196, 323

Enkel, Ellen 63, 65, 74, 281

empreendedores sociais 207-212, 219, 220n6, 321

empreendedorismo 35, 59, 119

    colaborativo 207-212

    Ver também empreendedores sociais; inovação social aberta

empreendimentos corporativos 241-256, 294

    divisões de novos empreendimentos (DNEs) 243

    spin-outs complexas 251-256

    Ver também capital de risco; investimento; P&D

empresas *startup* 40, 44, 47, 119-121, 166, 242, 250, 294

    Ver também capital de risco

Estados Unidos:

    declínio da hegemonia 40, 47

    Lei Bayh-Dole (1980) 264

    sistema de inovação 48

Exxon 242, 244-247, 251

Facebook **81**, 119, 237

Fast, Norman D. 243

finanças, *ver* investimento; P&D

Fleming, Lee 34

fluxo de conhecimento:
    externo/interno 41, 65, 83-86
    gestão intencional 42, 44, 45, 59-60, 79
    inovação fora-dentro/dentro-fora/acoplada 28, 34-35, 42-44, **43**, 59, **81**, 83-92, 103, 189, 203, 260
    modelo de inovação aberta **43**
    transferência de conhecimento 57, 154-155, 189, 270, 305-306

Fórum Econômico Mundial 201, 219

Füller, Johann 70

Fundação Young 202, **202**

funil de inovação aberta 79, 81, 292-295, **293**, 298, 305, 306, 308, 311n2

fusões e aquisições 136-137, 139, 190

Gallagher, Scott 103

Gann, David M. 43, 45, 62

Garman, Andrew R. 256

Gassmann, Oliver 63, 65, 74

Gates, Bill 108

gestão de recursos humanos (GRH) 267-268, 326-327

gestão do conhecimento 7, 183, 267, **275**, 325

gestão estratégica 310
    capacidades dinâmicas 34, **36**, 125, 140, 296, 301-304
    modelo de Cinco Forças 123-124, 132, 139
    paradigma delimitado pela indústria 123, 139, 141
    relacionamentos colaborativos 124
    Ver também modelos de negócio; teoria dos negócios

globalização 6, 7, 198, 299, 322

Google 27, 29, 112, 113, **121**

governo aberto 50, 322

Groen, Aard J. 48

Gronum, Sarel 174

Grove, Andy 117

Hartmann, Dap 46-47

Hayek, F. A. 40

Heyman, James 62

Holmström, Jonny 270

IBM 60, **81**, 87-88, 102, 117, **118**, **121**, 134, 188, 194, 227, 301, 318

incentivos e recompensas **31**, 62-64, 70-71, 74-76, 154

Índice de Citação em Ciências Sociais (SSCI) 31

Índice de Citações de Artes e Humanidades 31

indústria alimentar 84

indústria da aviação 90-91, 95n18

indústria de energia 78, 90-93, 244-245, 265, 283

indústria de semicondutores 229-230, 233

indústria de telefonia móvel 86, 99-122, **106**, **108**, **109**, **111**, **114**, **116**, **118**, 139

indústria do gás, *ver* indústria de energia

indústria farmacêutica 180, 230, 256

indústria petrolífera, *ver* indústria de energia

indústria química 83, 187-188, 229-231, 295

indústrias de alta tecnologia vs. de baixa tecnologia 320

"infomediação" 238

inovação:
    "centrado no usuário" 45
    ciclo de vida 123-124, 131
    contexto de incorporação 128-130
    democratização 61
    fatores de erosão 40, 47, 50, 188-189
    modelo distributivo 55
    modelos privados vs. coletivos 62, 71
    natureza de bem público 45, 62
    mudança de produtos para serviços 6
    síndrome do "não foi inventado aqui" 6, 68, 74, 197
    sistêmico 127, 131, 136, 138
    teorias de 5-6, 44-46
    Ver também inovação aberta

inovação aberta (IA):
    agendas de pesquisa para o futuro 49-52, **51**, 174-186, **274-275**, 290, 309-310, 317-328

contraste com modelos de negócios abertos 77-95

contraste com inovação aberta colaborativa 28, 45

contraste com inovação de distribuição aberta 45, 62

contraste com a inovação do usuário 56-63, **57**, 61-63

críticas sobre IA 46-48

decisões de localização 191-192, 195, 263-264

definições de IA 5-7, 28, 40-46, 48, 52, 78-79

de fora para dentro/de dentro para fora/acoplada 28, 34-35, 42-44, **43**, 59, **81**, 83-92, 103, 189, 203, 260

estratégias de abertura seletiva 69

facilitadores e barreiras 269-271

foco na empresa 55, 61, 323-325

fluxo de pesquisa global 187-199, **191**, **198**

habilitados por TI para IA 175, 177, 270, 319

implicações para a política pública 322

modelo de implementação 223-273, **272**

pesquisa 27-53, **29**, **30**, **33-33**, **35-36**, 64, 76n2, 100-106, 145-147, **168-171**

papel dos líderes e gestores 265-266, 326

teoria de gestão 316-218, 325-326

tipos e mecanismos de IA 42-44, **43**

Ver também cocriação; colaboração; modelos de negócio; inovação aberta conjugada; inovação aberta de dentro para fora; inovação aberta de fora para dentro; inovação do usuário; inovação externa; inovação social aberta; fluxo de conhecimento

inovação aberta acoplada 29-76

atores externos/parceiros **64**, 65, **67**, 70-73

contraste com a inovação do usuário 56-63, **57**

ferramentas e infra-estruturas 72-73

governança da colaboração 72

interativa 63-74

modelo de colaboração 66-76, **67**

inovação aberta de dentro para fora 28, 35, **81**, **216-217, 274**

caminhos de comercialização 41, 42, 65, 73-74, 17, 178-179, 303, 304, 307

empreendimentos complexos 241-256

licenciamento para fora (*out-licensing*) **57**, 150, 172, 261, 293, 305

modelos de negócios 91-92

motivo de lucro 60, 71

revelação livre/seletiva 35, **36**, 44, 58, 61, 172, 180-181

rentabilização de tecnologia 196

spin-off 80, 84, 145, 293, 307

inovação aberta distribuída 45, 322

inovação aberta e colaborativa 28, 45

inovação comercial 60

inovação de fora para dentro (*inbound*):

benefícios 60

capacidade de absorção das empresas 35, 41, **57**, 74, 182-183, 190, 194, 270, 304-306

colaboração diádica 69, 74, 103

fluxo intencional de conhecimento 42, 59-60

modelos de negócio **81**, 85, 88

Ver também P&D; pequenas e médias empresas

inovação de produtos 77, 92

ciclo de vida de inovação (CVI) 124, 130, 131, 135-136, 138-139, **138**, 141

desintegração do mercado 133-134

formação de mercado 125-141, **138**

inserção de contexto 128-130, 140

integração do mercado 25, 132-133

modelo de Ciclo de Vida do Produto (CVP) 123-124, 131, 136, 138-139, **138**, 141

pacotes 125, 127, 130-131, 139, 140

inovação do usuário 55-63

busca 69

código aberto (*open source*)/*creative commons* **57**

colaboração entre usuários e empresas 72

compartilhamento de conhecimento 58

comunidades 58, 60, 71, 76n4

contraste com a inovação aberta 56-63, **57**

empreendedorismo 59

empresas usuárias 76n2

informação livremente revelada **57**, 61, 180-181, 239

"informação pegajosa/aderente" **31**, 71

motivação social vs. motivação monetária 71

propriedade intelectual (PI) 62

usuários líderes/principais 58-59, 69, 70, 72, 197

inovação externa:

    custos de transação 296-298

    efeito nas fronteiras e na atividade da empresa 294

    fontes 35, 103, 140, 188, 189-190, 195-196

    inovação aberta de dentro para fora 44, 56, 60, 61, **170-171**, 171-172, 182, 325

    mercados monetários 63

    pesquisa em inovação 100

    utilizando intermediários/"inomediário" 73, 176, 277-290, **280**, 298-299, 310, 311n3

    Ver também cocriação; colaboração; conhecimento externo; *crowdsourcing*; inovação aberta; inovação aberta acoplada; inovação aberta de dentro para fora; inovação aberta de fora para dentro; inovação do usuário; inovação social aberta; modelos de negócios abertos; P&D

inovação interna:

    alavancando conhecimento externo 35, 55, 65-66

    fluxos de conhecimento intencionais 28, 59-60, 79

    Ver também laboratórios de pesquisa; P&D

inovação social aberta 201-221, **202**, 321

    Ashoka 203, 207-212, **210**, 214-219, **216-217**, 220n1

    Cadeia de Valor Híbrida 209

    Emergency 203, 204-207, 214-217, **216-217**, 220nn4, 5

    iniciativas de administração local de Birmingham 212-216, **214**, **216-217**, 218-219, 221n8

"inomediários" 242-290, **280**,

integração horizontal, *ver* cadeias de valor

integração vertical, *ver* cadeias de valor

Intel 60, 88, **106**, **121**, 122n14, 195, 301, 318

intercâmbio Internacional de Propriedade Intelectual (IPXI) 236-237

intermediários e corretores 73, 176, 277-290, **280**, 298-299, 311n3, 312n6

Internet, *ver* segurança em TI (tecnologia da informação); mídia social

investimento:

    capital 6

    desenvolvimento de plataforma 107-112

    retorno privado vs. retorno social 40-42

    Ver também capital de risco; P&D

Isobionics 179

ITRI (Instituto de Pesquisa em Tecnologia Industrial, Taiwan) 237-238

Iwasa, Tomoko 192, 193

Jacobides, Michael G. 231

Japão 5, 83, **114**, 187

Jobs, Steve 86

joint ventures 44, 84-85

Joy, Bill 205, 207

Kearns, David 246,

KLM 90-92

Kodak 134, 227, 234, 261, 268

Kramer, Mark R. 220n2

laboratórios de pesquisa 48, 60, **64**, 83, 103, 121n1, 158, 242, 263, 237

    alavancagem de competência vs. criação de competências 192

    ampliação da capacidade da sede vs. expansão de ativos domésticos 192, 196

    "colaboratórios" 188

laboratórios vivos 7

Lafley, A. G. 265

Lakhani, Karim R. 50, 75, 76n3, 312n7

Laursen, Keld 34, 103

Lee, S. 65, 173, 323

Leibovitz, Annie 235

Lei de Joy ("as pessoas mais inteligentes trabalham na outra empresa") 40, 205, 207

Lemley, Mark 232

Levinthal, David A. 41, 182, 304

Lhuillery, Stephane 50

limites da empresa, 5, 6, 41, 293
    permeável 42, 61, 62, 300
    Ver também modelos de negócio; teoria dos negócios ; fluxo de conhecimento

Linton, Jonathan D. 48

Lucent 247-248

MacMillan, Ian C. 244, 246, 323

marketing:
    criação de valor 85
    modelo de inovação aberta **43**

Mathews, John A. 196

Maula, Markku 103

Meijer, Elise 160

Mendel, Gregor 238

mercados:
    intermediário 228-235
    mercado monetário vs. mercado social **57**, 62-63, 71
    modelo de inovação aberta **43**
    visão neoclássica 7

Microsoft 86, 107, 110, 129-130, 134, 142n11, 182, 195, 255, 261
    Windows 87, 100, 105, **114**, 115, 117, **118**, **121**, 129, 142n10

mídias sociais 40, 119, 175

Mild, Andreas 271

Millennium Pharmaceuticals 230

Mintzberg, Henry 65

mobilidade dos trabalhadores 40, 47, 189

modelos de negócio 5-7, 35, 43, 44, 45, 46, 202, 293, 295
    estático 78, 93, 258
    fechado/stand-alone (independente) 80, 82, 83-85, 92
    flexível 205
    híbrido 62, 71, 84
    inclusivo 7
    inovação fechada 40, 47, 82-84
    ligado/ligado em rede 80, 82, 88, 91-92, 95n20, 100-102
    Ver também criação e captura de valor; inovação aberta; inovação externa; modelos de negócios abertos; teoria empresarial

modelos de negócios abertos 77-95
    combinado com modelos de inovação aberta 80-82, **81**
    definição 79-80

Mortara, Letizia 269

Mowery, David C. 47-48

Mudambi, Ram 194

negociação competitiva:
    estrutura de cinco forças 123-124, 132

Nelson, Richard 41

NESTA 202, **202**

Ninesigma 279, 281, 284-286, 289

Nokia 103, 106-116, **106**, **108**, **109**, **114**, **116**, 261, 263, 269

Nortel Networks 234

Ocean Optics 177

Odagiri, Hiroyuki 192,193

Open Invention Network 238

Organizações de Transferência de Tecnologia (OTTs) 176

organizações não governamentais (ONGs) 321
    Ver também inovação social aberta

P&D (pesquisa e desenvolvimento) 145-161
    alianças 72, 188
    atividades a montante e a jusante 42-43, **152**, 197
    capacidade de absorção da empresa 35, 41, **57**, 74, 182-183, 190, 194, 270, 304-306
    ciclos de centralização-descentralização 262
    composição individual e da equipe 160
    desempenho e impactos da colaboração 145-148, 149-151
    escolha do modo de organização/governança 152, 157-158, **159**

escolha de parceiros 151

estratégia de busca de mercado vs. busca de tecnologia 192

fases de desenvolvimento do produto (Inicialização, planejamento, execução, finalização) 156

fornecimento de conhecimento 85, 92, 156, 183, 187-188, 192-194

funil da inovação aberta 79, 81, 292-295, **293**, 298, 305, 306, 308, 311n2

inovação inversa 196

interno 41, 153

investimento 41

transferência de conhecimentos 149-151, 154-156

medição do sucesso da inovação 149-151, 153-160

modelo de inovação aberta 41

modelo de inovação do usuário **57**

modelo de inovação fechada 40, 47, 82-83, 292

papel da P&D na estratégia empresarial 159-160

projetos fechados de inovação 155-156

pesquisa de fluxo global 187-198, **191**, **198**, 299, 322

projetos de inovação aberta 147-161, **152**, **159**, 294, 324

tempo de colaboração 156-157

vantagem do primeiro a mudar 302

P&G (Procter & Gamble) 60, **81**, 84-86, 94nn4, 6, 8, 184, 187, 230, 262, 265

Pasteur, Louis 238

Paul, Roshan 212

Penner-Hahn, Joan 193

pequenas e médias empresas (PME) 165-186, 255, 308, 319-320

colaboração em inovação aberta 178-179

crowdsourcing 175-177

definição 166, 186n1

despesas de P&D 166

efeito da estrutura de propriedade na inovação aberta 167, 172

foco externo da inovação aberta 165, 167

gestão da propriedade intelectual (PI) 179-182

gestão da inovação aberta 182-184

impacto no desempenho da inovação aberta 172-173

importância das redes pessoais 167

inovação de entrada e saída 171-172

redes e desempenho de rede 172-174,

pesquisa sobre a inovação aberta nas PME 168-171, 174-186

Ver também empresas *startup*

pesquisa de broadcast, *ver crowdsourcing*

Petroni, Giorgio 267

plataformas abertas de inovação 44, 59, 87-88, 93, 95n20, 99-122, **106**, **108**, **109**, **111**, **114**, **116**, **118**, **121**, 134, 154

Porter, Michael E. 123, 124, 220n2

processo de inovação 93, 124, 131, 135, 139

Psion 105-110, **106**, **108**, **109**, 115, 119, 134

propriedade intelectual (PI) 35, 60, 61-62, 175, 188

aquisição e licenciamento de IP 44, **57**

barreiras aos mercados de PI 233-235

caminhos de criação **227**

contratos de Direito de Licença Unitária (ULR) 236

efeitos da inovação aberta 225-240

estratégia de gestão 46, 179-181, 226-228, 231-232, 238-240

licenciamento 126-127, 128, 130, 136, 137, 225, 227-229, 134, 235, 240n3

mecanismos de monetarização 235-239

mercados intermediários 228-235

modelo colaborativo 62

motivadores de compra e venda 228-233

patentes 150-151, 179-181, 226, **227**, 233, 234, 236-238

PatentBooks da TAEUS 237

rede de negócios 232-233

regimes fracos vs. fortes 225

Rambus 233

redes 65, 78, 100, 173-174, 178-178, 232-233, 264-265

aglomerados industriais ou tecnológicos 188
consórcios 101, 121n1
clusters de mercado 132
clusters regionais 323
gerenciamento 194-195
grupos de P&D 191-192, 195
plataformas 44, 59, 87-88, 93, 95n20, 99-122, **106, 108, 109, 111, 114, 116, 118, 121**
Ver também alianças estratégicas; ecossistemas de negócio; empresas de pequeno e médio porte
relações universidade-indústria 34, 60
revelação livre, *ver* inovação aberta de dentro para fora
Rind, Kenneth W. 243
Rosenberg, Nathan 41
Royal Philips Electronics 149, 150, **152**, 161

Salomon Brothers 233, 234
Salter, Ammon 34, 103
Samsung 106-110, **106, 108, 109, 114, 116,** 187
Schroll, Alexander 271
Schwartz, Ken 198
Science Citation Index (SCI) 31
segurança em TI (tecnologia da informação) 125-132, 134-135, 137-139, 140-142
Semmelweis, Ignaz 238
Shah, Sonali K. 58
Shane, Scott 323
Shaver, J. Myles 193
Shin, Jongtae 192, 193
Siegel, Eric 244, 246
Siegel, Robin 244, 246
Silveira, Rafael 282
Simard, Caroline 323
SkyNRG-KLM **81**, 90-92, 95n17
software para organização social 73
sociedade do conhecimento 5, 239
software livre (*open source*) 62, 65, 69, 87-88, 101
Linux 87-88, 117, 122n11, 238

Song, Jaeyong 192, 193
spin-offs 49, 84, 245-246, 326
Spithoven, André 172
Strada, Cecilia 205, 206
Strada, Gino 204
Symbian 99-122, **106, 108, 109, 111, 114, 116, 118**

Teece, David J. 34, 120, 253, 301, 302, 303
tecnologia 42, **57**, 79
licenciamento 126, 128, 130, 136, 137, 225, 226-229, 234, 235, 240n3
patentes 150-151, 179-180, 226, **227**, 233, 234, 236-238
plataforma de tecnologias 154
tecnologias de interface 136, 137
Ver também P&D; propriedade intelectual
tecnologia da informação, *ver* segurança em TI (tecnologia da informação)
teoria da evolução 258, 272
teoria da gestão 34, 123-143, 291-312
convergência/divergência 123-124, 131-132, 133-137
ciclo de vida de convergência 124, 125, 127-131, 138-139, **138**
ciclo de vida de inovação 123-125, 130, 131, 135-137, 138-139, **138**, 141
decisões de fazer/comprar/aliar 293
Dinâmica de Negócios Aberta 133
ecossistema vs. frameworks industriais 131-132
gerenciamento de mudanças 259
Modelo de Ciclo de vida do produto (CVP) 123-124, 130, 135-136, 138-139, **138**, 141
modelo de cinco forças 123-125, 13
visão baseada no conhecimento da empresa 5-8, 294, 309
opções reais 295, 306-307
relação empresa-ambiente 124, 131-133, **133**
teoria da dependência de recursos 301, 308, 312n8
teoria do escalão superior 259, 266

visão baseada em recursos 292, 294, 299-301, 309, 312n8

visão relacional da empresa 300-301, 308

Ver também criação e captura de valor; desenvolvimento de produtos; inovação de produto

Teoria econômica:

economia de custos de transação 292, 296-299, 308, 312n5

economia evolucionária 258, 272

economia industrial 123

economia neoclássica 7

economia schumpeteriana 124

racionalidade limitada 259

terceirização 35, 87, 132, 134, 141, 175, 293, 311

Texas Instruments (TI) 227, 229

Thomson Reuters (antigo ISI) *Web of Science* 31, 52n7, 240n2

TIC (Tecnologia informação e comunicação) 6, 41, 103

Ver também mídia social; segurança em TI (tecnologia da informação)

transbordamentos:

gerenciamento proposto 28, 40-44, **43**

P&D 28, 40-41, 308

transferência de conhecimento 189

Tripsas, Mary 59

Trott, Paul 46-47

Van de Vrande, Vareska 343, 308

Vanhaverbeke, Wim 49, 79, 147, 306, 322, 323

vantagem competitiva 77, 79, 84, 120, 300-301

Venkataraman, S. [Sankaran] 323

Von Hippel, Eric 45, 52n5, 55, 58, 59, 61, 62, 71, 243

Von Krogh, Georg 71, 183

Waguespack, David M. 34

Wallin, Martin W. 60, 183

West, Joel 43, 49, 50, 64, 79, 103, 147, 323

Westergren, Ulrika R. 270

Wright, Randall 282

Xerox 93, 205, 242, 245-247, 267

GRÁFICA PAYM
Tel. [11] 4392-3344
paym@graficapaym.com.br